DAS NEUE BLV ZIMMERPFLANZEN BUCH

Herta Simon

DAS NEUE BLV ZIMMERPFLANZEN BUCH

Auswahl nach Standorten, Pflanzenporträts, Pflegepraxis

blv

Inhalt

Vorwort **6**

Mit Zimmerpflanzen wohnen

Zimmerpflanzen kaufen . . **8**
Pflanzen als Luftfilter? . . . **9**
Raumgestaltung mit Pflanzen **10**
Große oder kleine Pflanzen . 11
Mit Wuchsformen gestalten . 11
Farben kombinieren 12
Pflanzen kombinieren 12
Die Raumgestaltung mit einbeziehen 13
Gruppenbildung 13
Mobile oder feste Gemeinschaften? 14
Wohin mit den Pflanzen in der Wohnung? 14

Der richtige Standort . . . **17**
Lebensnotwendiges Licht . . 17
Wieviel Licht brauchen Pflanzen? 17
Vorsicht vor praller Sonne! . 17
Licht in Abhängigkeit von der Temperatur 18

Die Palette der Standorte **18**
Sonnige Standorte 18
Helle Standorte 19
Halbschattige Standorte . . . 20
Schattige Standorte 20

Spezielle Standorte für Pflanzen mit besonderen Ansprüchen **21**
Blumenfenster und Pflanzenvitrinen 21
Wintergärten 22
Kleingewächshäuser 22

Auswahl der Pflanzen nach Standorten **23**

Zimmerpflanzen im Porträt

Blüten- und Blattpflanzen **24**
Kakteen und andere Sukkulenten . . . **108**
Orchideen **127**
Bromelien **132**
Palmen **138**
Farne **144**
Pflanzen für eine Saison **152**
Kübelpflanzen **156**
Hydrokultur **160**

Zimmerpflanzen pflegen

Standort und Pflege . . . **165**
Licht 164
Temperatur 167
Bodenwärme 168
Luft und Luftfeuchtigkeit . 168
Wasser 169
Dünger 172
Substrate und Erden 174
Blumentöpfe 175
Umpflanzen 176
Weitere Pflegemaßnahmen 177

Vermehrung **179**
Aussaat 180
Ableger nehmen und Teilen 181
Stecklinge schneiden 182
Abmoosen 183
Stecklinge und Jungpflanzen weiterkultivieren 184

Pflanzenschutz – Schadbilder erkennen, vorbeugen und heilen . . **185**
Vorbeugen 186
Erste Erkennungszeichen für Schadbilder 186
Kulturfehler 187
Pilzkrankheiten 189
Bakterienkrankheiten 191
Viruskrankheiten 191
Tierische Schädlinge 192
Maßnahmen zur Schädlingsbekämpfung . 195

Pflanzenpflege im Überblick **198**

Anhang **200**
Tabellen 200
Adressen 203
Weiterführende Literatur . 203
Stichwortverzeichnis 204

Vorwort

Seite 4/5: Wer an seinen Topfpflanzen lange Freude haben möchte, der arrangiert sie nicht nur nach dekorativen Gesichtspunkten, sondern nach ihren speziellen Ansprüchen.

Hinter dem sehr allgemeinen Begriff »Zimmerpflanzen« verbirgt sich ein riesiges Pflanzensortiment. Hunderte von Arten aus aller Herren Länder mit einer Vielzahl von Sorten sorgen in öffentlichen und privaten Räumen für Ästhetik und Wohlbehagen. Ohne diese Gewächse, die in der Mehrzahl aus tropischen und subtropischen Regionen stammen, wäre unser Leben um einiges ärmer. Pflanzen von Fingerhutgröße bis zum großen Baum, Allerweltsgewächse und kostbare Raritäten befinden sich darunter. Sie werden um ihrer Schönheit oder Eigenart willen gesammelt, oder aber zur Dekoration der Räume verwendet.

Ob nun echte botanische Liebhaberei oder lebendige Raumgestaltung, Pflanzen schaffen in jedem Fall ein behagliches Wohnumfeld und haben positive Auswirkungen auf die Psyche. Die Freude an den Zimmerpflanzen wächst jedoch meistens mit dem Erfolg bei der Kultur. Ein angeborener »grüner Daumen« ist zwar hilfreich, aber man kann den Umgang mit Pflanzen auch lernen. Bücher sind unentbehrlich, wenn es um die Ansprüche bestimmter Gewächse geht, denn diese geben Hinweise auf die genaue Pflege der einzelnen Arten. Oft verhalten sich die Pflanzen jedoch sehr individuell und nicht immer nach Lehrbuch. Darum steht bei diesem Hobby das genaue Beobachten an erster Stelle. Wer diese Gabe besitzt oder erlernt, gepaart mit ein paar Grundkenntnissen über Herkunft und Pflanzenleben, wird bald zum erfolgreichen Zimmergärtner.

Es kann auch nicht schaden, »mit den Pflanzen zu reden«. Im übertragenen Sinne heißt das, sich wirklich um sie zu kümmern, sie zu beobachten und die Ansprüche jeder einzelnen Pflanze zu ergründen. Pflanzen sind Lebewesen und empfänglich für alle Zuwendungen.

Es ist oft nicht leicht, die unterschiedlichen Bedürfnisse von Gewächsen aus dem tropischen Regenwald, aus Trockengebieten oder gemäßigten Zonen innerhalb einer Wohnung zu befriedigen. In größeren Wohnungen oder Häusern bieten sich meist verschiedene Möglichkeiten an, Pflanzen zu halten. In kleinen Appartements oder Büros dagegen muß man die Auswahl beschränken und den vorhandenen Gegebenheiten anpassen, oder aber einen hohen persönlichen, technischen und finanziellen Aufwand betreiben, um auch anspruchsvolle Pflanzen integrieren zu können.

Fühlen sich Pflanzen an dem ihnen zugewiesenen Platz wohl, zeigen sie dies meist durch frische Farben, gesundes Laub und kräftigen Wuchs. Entsprechen Standort und Pflege jedoch nicht ihren Bedürfnissen, wirken sie leicht fahl und schlaff, das Wachstum stockt und ihr äußeres Erscheinungsbild ist untypisch für die jeweilige Art. Außerdem werden geschwächte Pflanzen leichter von Krankheiten und/oder Schädlingen befallen.

Die Topfpflanzen zeigen also an, wenn ihnen etwas fehlt – aber leider sind die Symptome nicht immer eindeutig: Braune Spitzen, Blattflecken und schlaffe Triebe können ganz verschiedene Ursachen haben. Das macht die Zimmerpflanzenpflege oft nicht gerade leicht. Pflanzen gehen meist durch Achtlosigkeit ein, – aber auch zuviel gutgemeintes Umhegen führt manchmal zum Tod.

Das Ziel jedes Zimmerpflanzen-Liebhabers ist der langfristige Erfolg mit seinen Zöglingen, und nicht die kurzlebige Pracht, die ständig ausgewechselt wird. Es ist ganz natürlich, daß man mit einigen Arten mehr Glück hat, mit anderen weniger. Viele unserer Zimmerpflanzen sind ausgesprochen tolerant, robust und anpassungsfähig, und bei manchen als heikel beschriebenen Arten bedarf es oft nur eines Tricks, um sie erfolgreich zu kultivieren. So lassen sich zum Beispiel viele Pflanzen durch das Einhalten von Ruhezeiten wieder zur Blüte bringen.

Der richtige Standort ist für das Gedeihen einer Pflanze jedoch unabdingbar, andernfalls muß der Mangel durch aufwendige Pflegemaßnahmen ausgeglichen werden.

Dieses Buch will durch seine Gliederung nach Standorten dabei helfen, Enttäuschungen zu vermeiden. Trotzdem kann diese Einteilung nur als grobes Schema und Leitlinie betrachtet werden, denn wie alle Lebewesen sind auch Pflanzen Individualisten, deren Wohlbefinden und Gedeihen von vielen Faktoren abhängen. Alle Angaben in diesem Buch beziehen sich auf optimale Standort- und Pflegebedingungen – die tägliche Praxis sorgt von selbst für fließende Übergänge. Daß sich durch diese ständige Übung der »grüne Daumen« allmählich einstellt und somit die Freude an Ihren Zimmerpflanzen wächst, wünscht Ihnen

Herta Simon

Um die edlen Kamelien regelmäßig zum Blühen zu bringen, benötigt man im Winter einen kühlen Raum mit Temperaturen unter 16 °C.

Zimmerpflanzen kaufen

Gesunde und kräftige Pflanzen sind die Grundvoraussetzung für dauerhafte Freude an der Zimmergärtnerei – die Pflanzen müssen also schon beim Erwerb die Voraussetzungen für ein gutes Weitergedeihen mitbringen, d. h. noch einen gewissen Vorrat an Nährstoffen haben und gesund sein. Einem gewissen Streß ist die Pflanze natürlich immer ausgesetzt, bedingt durch die Standortveränderungen zwischen optimalen Anzuchtbedingungen in der Gärtnerei über den Groß- und Fachhandel bis zu ihrem endgültigen Platz bei uns.

Es ist auch nützlich, über gärtnerische Kulturmethoden Bescheid zu wissen. So werden etwa bei einer ganzen Reihe blühender Topfpflanzen, z. B. *Aphelandra, Pachystachus* und *Allamanda,* wuchshemmende Stoffe eingesetzt, die die Pflanze sehr kräftig und kompakt erscheinen lassen, jedoch über kurz oder lang ihre Wirkung verlieren. Wenn dann dem natürlichen Wachstum der Pflanze bei ihrem neuen Besitzer freier Lauf gelassen wird, kann sie lang und sparrig werden.

Glänzend dunkelgrüne Blätter können das Ergebnis von Blattglanzmitteln oder Spezialdüngern sein. Unter der häuslichen Pflege läßt der Effekt jedoch bald nach. Man sollte dann nicht enttäuscht sein, denn auch durch gute Pflege erhält man Pflanzen von natürlicherer Schönheit.

Die Pflanzenzusammenstellung in dieser Schale ist nur fürs Auge schön. Die wärmeliebenden Gewächse vertragen sich jedoch nicht mit der Azalee!

Worauf beim Kauf zu achten ist

- Die Blätter müssen makellos sein und dürfen keine Flecken oder braune Ränder aufweisen.
- Auf der Blattunterseite oder an den Triebspitzen dürfen keine Schädlinge sitzen. Am besten betrachten Sie die Pflanze gründlich von allen Seiten bei Tageslicht!
- Ist die Erde ausgetrocknet und sind die Töpfe zu klein oder wachsen die Wurzeln bereits aus dem Topf und das Laub ist fahl, dann deutet dies auf einen schlechten Pflegezustand hin – die Pflanzen sind überständig und schon lange im Handel. (Bekommt man eine solche Pflanze geschenkt, sollte sie möglichst schnell in neue Erde und ein größeres Gefäß umgepflanzt werden.)
- Andererseits sollten die Pflanzen beim Erwerb fest im Topf sitzen, denn frisch umgetopfte und schlecht durchwurzelte Pflanzen reagieren empfindlicher auf einen Standortwechsel.
- Das Gefäß selbst verrät manchmal auch etwas über die Qualität einer Pflanze, ebenso wie das Pflanzsubstrat. Weißliche Beläge, Vernässung oder ein unangenehmer Geruch sind schlechte Anzeichen. Dies kommt allerdings im Fachhandel selten vor.
- Besonderes Augenmerk sollte auch auf den Platz und den Raum gerichtet werden, in dem die Pflanzen vor dem Kauf gestanden haben: Pralle Sonne oder Lichtmangel, Zugluft oder niedrige Temperaturen können – vor allen Dingen bei empfindlichen Arten – Vorschädigungen hervorrufen, die sich erst später auswirken. Es gilt hier also, den Blick für Qualität zu schulen.
- Beim Kauf von Pflanzenarrangements, also Schalen und Gefäßen mit mehreren Pflanzen, muß man sich im Klaren darüber sein, daß hier meist der dekorative Charakter im Vordergrund steht, seltener die Ansprüche der einzelnen Gewächse, die hier miteinander auf oft viel zu engem Raum stehen. Am besten beobachtet man sie eine Weile, informiert sich über die einzelnen Arten und pflanzt nicht zusammenpassende auseinander oder versucht eine neue Zusammenstellung. Für neue Pflanzkombinationen sollten die Gefäße groß genug gewählt werden, damit Raum zwischen den Wurzelballen bleibt und eine Höhenstaffelung möglich ist, so daß sich die einzelnen Pflanzen nicht gegenseitig behindern.

Pflanzen als Luftfilter?

Längst ist bekannt, daß grüne Pflanzen über das Auge das seelische Wohlbefinden der Menschen positiv beeinflussen und bei Licht den lebensnotwendigen Sauerstoff produzieren. Aber erst seit 10 Jahren weiß man, welche weiteren positiven Effekte das Leben mit Pflanzen auf die Gesundheit hat. Die Ergebnisse einer Studie, die im Auftrag der Weltraumbehörde NASA durchgeführt wurde, erregten damals großes Aufsehen. Seither werden altbekannte Zimmerpflanzen wie Grünlilie und Philodendron als Mittel gegen die Luftverunreinigung von Büros und Wohnungen eingesetzt.
Moderne Gebäude sind aufgrund immer besserer Bautechniken oft so stark isoliert, daß die Konzentration schädlicher Gase, die aus Baustoffen, Möbeln, Büromaterialien, synthetischen Stoffen, Farben, Klebern und auch dem Tabakrauch herrühren, stetig steigt. Die wichtigsten Verursacher der »dicken Luft« sind Formaldehyd, Benzol und Trichlorethylen. Verschiedene Pflanzen besitzen jedoch die Fähigkeit, diese Schadstoffe aus der Luft aufzunehmen und abzubauen. Die Untersuchung ergab, daß die Vorliebe der Pflanzen für bestimmte Stoffe je nach Art sehr unterschiedlich ausgeprägt ist. Beispielsweise liegt Efeu mit seiner Wirksamkeit bei Benzol an der Spitze, beim Schadstoff Trichlorethylen aber nur im unteren Bereich.
Zu den erfolgreichen pflanzlichen Entgiftern gehören eine ganze Reihe robuster Zimmerpflanzen, wie Efeutute, Drachenbaum, Strahlenaralie, Birkenfeige, Kolbenfaden und Bogenhanf. Es sind jedoch nicht allein die grünen Pflanzenteile an der Luftreinigung beteiligt. Sie nehmen zwar die Schadstoffe über ihre Poren in sich auf, aber auch die Wurzeln und ihre umgebenden Erdballen spielen bei der Entgiftung der Luft eine wesentliche Rolle. Verantwortlich hierfür sind spezielle im Wurzelbereich lebende Mikroorganismen, die sich zusätzlich von organischen Stoffen wie Zucker und Aminosäuren ernähren, die von den Pflanzenwurzeln ausgeschieden werden.
Neuere Versuche haben gezeigt, daß sogenannte »Biofilter« – eine Kombination von Pflanzen, speziellen Bodenbakterienstämmen und Aktivkohlefiltern – eine noch effektivere Luftreinigung ergeben. Die Bakterien sorgen für eine ständige Regenerierung der Aktivkohle, die bei nicht-biologisch wirkenden Systemen nach einiger Zeit ausgetauscht werden muß. Der Reinigungsprozeß mit Biofiltern funktioniert in Erd-, Granulat- und Hydrokultur bei Tag und Nacht.

Ein paar Blumentöpfe allein reichen oft nicht aus, um höhere Mengen gesundheitsgefährdender Schadstoffe in einem Raum abzubauen, aber sie sind unverzichtbare Komponenten in einem biotechnischen System.
Noch längst sind nicht alle chemischen Vorgänge untersucht und die Leistungen der Pflanzen auf diesem Gebiet getestet, aber es ist erwiesen, daß ein Großteil unserer Zimmerpflanzen zum gesünderen Klima in den Wohn- und Arbeitsräumen beiträgt. Atembeschwerden, Kopfschmerzen und Allergien lassen sich – vor allem in den Wintermonaten – mit ihrer Hilfe lindern. Trotzdem sollte man, wenn möglich, nie auf das Lüften der Räume verzichten!

Drachenbaum, Grünlilie und Strahlenaralie gehören zu den Pflanzen, die helfen, das Raumklima zu verbessern.

Besonders wirksame Pflanzen bei der Schadstoffbindung
(in der Reihenfolge ihrer Wirksamkeit):
Grünlilie – *Chlorophytum comosum*
Efeutute – *Epipremnum pinnatum*
Drachenbaum – *Dracaena marginata*
(u. a. Arten und Sorten)
Drachenbaum – *Dracaena deremensis*
(u. a. Arten und Sorten)
Philodendron – *Philodendron selloum*
(u. a. Arten und Sorten)
Efeu – *Hedera helix*
Bogenhanf – *Sansevieria trifasciata*
Kolbenfaden – *Aglaonema commutatum*
Purpurtute – *Syngonium podophyllum*
Einblatt – *Spathiphyllum wallisii*
Strahlenaralie – *Schefflera arboricola*
Birkenfeige – *Ficus benjamina*
(u. a. *Ficus*-Arten)
Bergpalme – *Chamaedorea* (u. a. Palmen)
Zierbanane – *Musa acuminata*
Königswein – *Cissus rhombifolia*
Echte Aloë – *Aloë vera*
Aber auch mit einigen Blütenpflanzen, wie Gerbera, Chrysanthemen und Azaleen, wurden nachweislich positive Ergebnisse erzielt.

Raumgestaltung mit Pflanzen

Um aus einem Raum gleichzeitig einen hübschen Zimmergarten zu machen, ist schon etwas mehr Aufwand nötig, als nur ein paar Blumentöpfe auf der Fensterbank zu verteilen. Aber nicht jeder Wohn- oder Arbeitsraum muß einer »grünen Hölle« gleichen. Je nach Stil, Funktion und Größe der Räumlichkeiten müssen Unterschiede gemacht werden. Manchmal kann eine einzige dekorative Pflanze größere Wirkung haben als ein ganzer Wald von Exoten. In anderen Fällen wiederum sind üppige Pflanzenarrangements oder hübsche Solitärgruppen angesagt.
Die Auswahl an geeigneten Topfpflanzen für alle möglichen Bereiche ist groß, und die Züchtung macht immer mehr Fortschritte, ob es sich nun um blühende Topfpflanzen, Grünpflanzen, Orchideen oder Sukkulenten handelt.
Die persönlichen Vorlieben für bestimmte Gewächse sollten sich bei der Auswahl jedoch soweit wie möglich nach den vorhandenen Raumbedingungen richten. Die Standortverhältnisse sind nun einmal die Voraussetzung

Zimmerbäume, grüne und blühende Topfpflanzen verbessern nicht nur die Luft, sondern geben einem Raum auch ein besonderes Flair.

für ein gutes Gedeihen der Pflanzen! Oberstes Ziel sollte es bei der Gestaltung mit lebendigem Grün immer sein, der Pflanze optimale Lebensbedingungen zu verschaffen und sie nicht zum reinen Dekorationsgegenstand verkommen zu lassen. Wenn man schöne und kostbare Pflanzen, beispielsweise eine Orchidee, wie einen Blumenstrauß auf einem Tisch in der Zimmermitte plaziert, ist das nicht artgerecht und schadet der Pflanze. So kann man höchstens mit kurzlebigen Blütenpflanzen verfahren.
Für den rein ästhetischen Umgang mit Pflanzen gibt es keine festen Regeln, der Geschmack entscheidet. Doch einige allgemeine gestalterische Prinzipien helfen beim Arrangieren. Die Kriterien lauten hier: Größe, Proportion, Form, Farbe und Struktur.

Große oder kleine Pflanzen?

Das Verhältnis von Raum- und Pflanzengröße ist entscheidend für die Wirkung. Ebenso wichtig ist die Wechselwirkung mit den Einrichtungsgegenständen.

- Kleine Pflanzen verlieren sich in weitläufigen, hohen Räumen, neben oder auf großen Möbelstücken.
- Große, voluminöse Gewächse erdrücken ein kleines Zimmer und gehören auch nicht auf kleine Tischchen oder Hocker oder neben zierliche Möbelstücke.
- Kleine Pflanzen sollten etwa in Augenhöhe stehen, große, baumartige stellt man besser auf den Boden.

Mit Wuchsformen gestalten

Pflanzen haben, wie alle Lebenwesen, einen eigenen Charakter, der sich im äußeren Erscheinungsbild ausdrückt. Dazu gehört in erster Linie die Wuchsform. Aber auch Blatt- und Blütenformen prägen den Habitus einer Pflanzenart.
Ganz grob lassen sich die Wuchsformen gliedern in:

- baum- bzw. strauchartig
- buschig, horstig
- straff aufrecht
- kletternd, hängend, kriechend
- grasartig
- rosettig, polsterförmig

Mit diesen unterschiedlichen Wuchsformen können, wie in einem Garten, hübsche Pflanzkombinationen gebildet werden – wobei immer darauf zu achten ist, daß alle Pflanzarten dieselben Standortansprüche haben müssen.

Pflanzen mit unterschiedlichen Wuchs- und Blattformen lassen sich – ähnliche Ansprüche vorausgesetzt – zu hübschen Gruppen komponieren.

Beispielsweise gesellt man einem aufrechtwachsenden Strauch (z. B. Zimmerzypresse) gern breitbuschige Nachbarn (z. B. Hibiskus und Buntnessel) zu. Oder man kombiniert strauchige, buntlaubige Pflanzen (z. B. Kroton) mit grasartigen, hellgrünen Formen (z. B. Zimmerbambus).
Die unterschiedlichen Blattformen bringen zusätzliche Vielfalt in eine Gruppe von Pflanzen. Herz-, pfeil- und handförmig, gelappt, gefiedert, eiförmig, elliptisch, fächerartig, schwert-, nieren- oder strahlenförmig, einzeln oder zusammengesetzt können sie sein. Und damit nicht genug: Ihre Ränder sind gezähnt, gesägt, gekerbt, ganzrandig, gekräuselt, gewellt oder stachelig. Die Oberfläche kann glänzend oder matt, ledrig, schuppig oder weich behaart sein.
Hinzu kommen die vielfältigen Blütenformen der Pflanzenwelt.
Dieses breite Spektrum zeigt die Möglichkeiten auf, mit denen bei der Pflanzenkombination allein aufgrund der unterschiedlichen Formen gespielt werden kann.

• TIP •

Hochstämme oder unfreiwillig verkahlende Pflanzen lassen sich mit Kletterpflanzen wie Purpurtute, *Cissus* oder Efeu beranken.

• TIP •

Starke Muster bei Textilien und viele Bilder machen einen Raum unruhig – hier sind großblättrige Pflanzen ohne Zeichnung und Struktur angebracht.

Farblich passende Blütenpflanzen in hübschen Gefäßen – ein Blickfang nicht nur am Fenster.

Blühende Topfpflanzen und reine Blattschmuckpflanzen ergänzen sich hervorragend.

Farben kombinieren

Das Farbenspiel im Pflanzenreich ist überaus variabel und vielfältig. Nicht nur blühende Pflanzen bilden einen Höhepunkt innerhalb eines Arrangements, auch bunte, panaschierte (gefleckte) oder schön gezeichnete Blattpflanzen können zum Blickfang werden. Sie zeigen eine Palette von vielerlei Grüntönen, doch es gibt sie auch in Weiß, Grau, Silber, Cremefarben und Gelb bis hin zu allen Rotschattierungen. Blatt- und Blütenpflanzen lassen sich gut Ton-in-Ton miteinander kombinieren. Man kann mit ihnen aber auch gezielt Kontraste erzeugen und Blickfänge schaffen.

Pflanzen kombinieren

Pflanzenzusammenstellungen sollen Harmonie ausdrücken. Dabei ist es aber wichtig, Kontraste herauszuarbeiten, unterschiedliche Größen, Formen, Farben und Strukturen gegeneinanderzustellen, verschiedene Schwerpunkte zu setzen und Höhenstufungen vorzunehmen, um nötige Spannung zu erzeugen. Kontrastpaare ergeben sich durch runde und längliche, breite und schmale, steife und locker überhängende oder kletternde Formen. Eine steif aufrechtwachsende Pflanze kombiniert man am besten mit niedrigen, horstartigen Gewächsen, um ein Verkahlen von unten zu verdecken, oder mit hängenden und kriechenden Pflanzen, die die Ränder des Gefäßes umspielen. Grüne Blattpflanzen wirken durch die Kombination verschiedener Wuchs- oder Blattformen. Sie können aber auch mit buntlaubigen Arten oder – je nach Jahreszeit – mit Blütenpflanzen kombiniert werden. Auch farbige Pflanzgefäße und Dekorationselemente können eine Pflanzgruppe verbinden, aufwerten und verändern.

Die Raumgestaltung mit einbeziehen

Nicht zu vergessen bei der Raumgestaltung mit Pflanzen sind Farbe und Muster von Wänden, Vorhängen, Teppichen und Möbeln.

- Dunkle Tapeten schlucken z. B. Farben, hier sind panaschierte (gefleckte) und hellgrüne Blattpflanzen sowie leuchtende Blütenfarben geeigneter als dunkles Grün.
- Helle Wände und Einrichtungsgegenstände dagegen reflektieren das Licht – hier heben sich vor allem zarte Pflanzenkonturen gut ab.

Gruppenbildung

Wer viele Pflanzen besitzt, hat es nicht immer leicht, all den verschiedenen Ansprüchen gerecht zu werden. Die Pflege läßt sich vereinfachen, wenn Gruppen aus Pflanzen gebildet werden, die ähnliche Licht-, Temperatur- und Feuchtigskeitsbedürfnisse haben. Das spart nicht nur Arbeit, sondern kommt auch den Pflanzen zugute und sieht obendrein noch schön aus. Die Pflanzen steigern sich dabei gegenseitig in ihrer gestalterischen Wirkung und auch in ihrer Lebenskraft. Denn in einer größeren Gruppe entsteht durch Verdunstung der Blätter und zusätzlich durch eine größere Oberfläche – beispielsweise in einer Blumen-

Im lichtdurchfluteten Raum ersetzen aufstrebende und hängende Pflanzengestalten die Gardinen.

Wohnen mit Pflanzen – hier scheint es Wirklichkeit geworden zu sein.

• TIP •

Wirkungsvoll in Szene setzen lassen sich Zimmerpflanzen am Abend durch Spotlights. Strukturen werden deutlicher, und Schatteneffekte sorgen für Spannung.

wanne – ein besseres Kleinklima. Je größer und üppiger diese Pflanzengemeinschaften, desto positiver ist auch die Auswirkung auf das Raumklima – gut für Mensch und Pflanze.

Mobile oder feste Gemeinschaften?

Pflanzgruppen kann man entweder einzeln und mobil in zueinander passenden Übertöpfen dekorativ zusammenstellen, z. B. auf der Fensterbank oder in unmittelbarere Nähe auf einem Blumentisch. Oder aber man senkt die einzelnen Topfpflanzen zusammen in größeren Schalen oder Wannen ein oder arrangiert sie von Anfang an als dauerhafte Gruppen in einem Beet, in Terrarien, Vitrinen und Blumenfenstern. Im Beet ausgepflanzt, entwickeln sich alle Gewächse meist optimal! Bei stark wuchernden Pflanzen sollte man allerdings auch in einem Beet den Topf nicht entfernen, um die Wuchsfreude etwas einzudämmen.

Wohin mit den Pflanzen in der Wohnung?

Pflanzen am Fenster

Die Fensterbank ist der wichtigste Platz, um Topfpflanzen aufzustellen, denn hier sind die Lichtverhältnisse am besten (siehe Seite 15f.).

- Um den einzelnen Pflanzen den Gruppencharakter zu geben, sollte man Übertöpfe in zueinander passenden Farben und Formen oder sogar im gleichen Farbton auswählen, und die Pflanzen mit ein paar netten Accessoires wie Steinen, Glas und ähnlichem kombinieren.
- Für Pflanzen günstiger wäre allerdings eine Wanne oder ein Blumenkasten in der Breite des Fensterbretts, in die die Töpfe zwischen Erde, Blähton oder Kies eingebettet werden. Die Ränder des Gefäßes sollten durch überhängende Triebe oder Blätter etwas überspielt werden.
- Um das ganze Fenster auszunützen, können zusätzlich Ampeln aufgehängt werden und Kletterpflanzen eine Umrahmung bilden.
- Kleinere Fensterausschnitte kann man auch mit Schienen und Glasböden zu einem Blumenregal umfunktionieren – ideal für eine Pflanzensammlung und netter Blickfang zugleich.

Blumentöpfe auf Rollen, ob einzeln oder als Gruppe, sind eine praktische Sache.

Pflanzen im Raum

Nicht immer stehen genügend Fensterbänke zur Verfügung, und sie eignen sich auch nicht für große Pflanzen. Dagegen gibt es innerhalb des Raumes genügend Möglichkeiten, Einzelpflanzen oder Pflanzgruppen dekorativ einzusetzen. Mit Grünpflanzen lassen sich viele Räume aufwerten, Blickfänge einrichten, Räume unterteilen, Raumhöhen optisch verändern, architektonische Mängel ausgleichen oder verdecken und weniger schöne Stellen kaschieren. Problematisch wird es nur, wenn der Raum zu dunkel ist; dann müssen Pflanzenleuchten eingesetzt werden (siehe Seite 166)!

Blickfang Einzelpflanze

Besonders schöne Einzelpflanzen bilden stets einen Blickfang. Sie sollten nicht in eine Ecke oder zwischen Möbel gezwängt werden, sondern sich frei entfalten können. Ein passender Übertopf verleiht der Pflanze zusätzlichen Wert.

- Überhängende Gewächse kommen besser zur Geltung, wenn sie erhöht stehen.
- Große, schwere Pflanzen stellt man am besten auf einen Untersatz mit Rollen, um sie mobil zu machen.

Blumenfenster und Vitrine

Im Blumenfenster oder einer Vitrine sind die Pflanzen in Beeten mit einer festen, schließbaren Hülle untergebracht; hier ist das Kleinklima am besten steuerbar. Je nach Lage, Belichtung und klimatischer Voraussetzung kann darin ein dschungelartiger Tropenwald oder ein wüstenartiges Trockengebiet mit Kakteen und vielen anderen bizarren Sukkulenten entstehen. In einem Tropenfenster z. B. lassen sich vor allem Orchideen und Bromeliensammlungen unterbringen, die im feucht-warmem Klima am besten gedeihen. Hier ist auch der geeignetste Standort für einen malerisch bepflanzten **Epiphytenstamm.** Ein knorriger, mehrfach verzweigter Ast aus hartem Robinienholz, aber auch von alten Obstbäumen wird dazu im Glasgehäuse fest verankert. In den Astgabeln und an den Zweigen lassen sich Blumentöpfe oder auch moosummantelte Topfballen gut mit Draht aufbinden. Korkstücke oder Kokosmaterial kaschieren die Töpfe ganz gut. Man kann diese ab und zu abnehmen und die Pflanzen tauchen. Andererseits lassen sich Blätter und festsitzende Wurzelballen auch einfach besprühen. Das Wasser kann ins Beet abfließen und macht keinen Schaden, wie bei frei im Raum stehenden Epiphytenstämmen.

Miniaturgärtchen

In Schalen, Kästen, Aquariengläsern, Flaschen und professionellen Terrarien lassen sich sehr gut kleine Pflanzgärtchen aus niedrigen, flachwurzelnden und langsamwachsenden Pflänzchen anlegen. Vorzugsweise für sonnige Plätze werden sukkulente Pflanzen gewählt, z. B. Kakteen, Euphorbien, Lebende Steine oder Fetthennen. Je nach Art der Bepflanzung kann man bei der Gestaltung dieser kleinen Gärtchen mit Steinen, Kieseln, Sand oder Wurzeln spielen und Steingärtchen, Blüten- oder Schattengärtchen zaubern.

Grüne Raumteiler

Viele grüne, aber auch einige blühende Pflanzen eignen sich hervorragend, einen Raum zu gliedern oder mehrere Räume horizontal oder vertikal miteinander zu verbinden. An Spalieren zieht man z. B. rankende Pflanzen wie *Cissus*, Efeu, Purpurtute, Efeutute und Kletterfeige und läßt sie am oberen Ende locker überhängen. Oder man verwendet diese Pflanzen ähnlich wie einen Vorhang und läßt sie von oben nach unten wachsen, z. B. von einer Galerie herunter. Die Pflanzen schirmen nicht völlig ab wie eine Wand, sondern bilden eine dekorative grüne Kulisse aus Einzelpflanzen oder als festgefügte Gruppe.
Mit Pflanzen lassen sich auch am besten harmonische neutrale Übergänge in Innenräumen schaffen. Sie können Wohn- und Arbeitsbereiche voneinander trennen, ohne die Kommunikation zu stören, können einen Durchgang abgrenzen und Ober- und Untergeschoß miteinander verbinden.

Grünpflanzen machen einen nostalgischen Erker erst richtig gemütlich.

Strahlenaralie, Farne, Grünlilie und Efeutute kommen auch an lichtärmeren Plätzen zurecht und eignen sich deshalb besonders als grüne Raumteiler.

Schmückendes Beiwerk

Schöne und gesunde Zimmerpflanzen sind immer ein großartiger Anblick, ob als Solitär oder reizvoll gestaltetes Arrangement. Durch dekoratives Beiwerk – passende **Accessoires** in Form von Übertöpfen, Pflanzgefäßen und Halterungen – läßt sich ihre Wirkung jedoch noch beträchtlich steigern. Abgestimmt auf

Terrakottagefäß und -schmuck sind passende Accessoires für ein Zitrusbäumchen.

das Wohnumfeld oder einen eher nüchternen Arbeitsplatz werden Pflanzenmobiliar und Gefäße ausgesucht. Die Vielfalt ist groß, und es gibt Passendes zu jedem Einrichtungsstil, ob modern, antik, elegant, rustikal, mediterran oder ostasiatisch.
Alle nur erdenklichen Werkstoffe sind im Handel, wenn es um schöne Übertöpfe und Pflanzgefäße geht: Weiße, farbige und gemusterte Keramiken und Porzellan, Terrakotten, Glas- und Korbwaren, sogar Metallgefäße. Wichtig dabei ist, daß die Behälter wasserundurchlässig sind, damit es auf Möbeln und Böden keine Flecken gibt – ansonsten braucht man einen Untersetzer.

Pflanzenleuchten ermöglichen auch in dunklen Zimmerecken eine Begrünung. Auch mit Blumenständern lassen sich ungünstige Lichtsituationen verbessern.

- Lebhaft gefärbte und gezeichnete Pflanzen kommen in neutralen Gefäßen besser zur Geltung als in gemusterten. Wird jedoch der passende Farbton gefunden, kann ein Behälter auch zur hübschen Ergänzung werden.
- Korb- und Flechtwerk aller Art aus Weide, Rattan und Bambus sind natürliche Materialien, die mit Pflanzen wunderbar harmonieren und sich auch nahezu überall integrieren lassen.
- Auch Glas bzw. Acrylglas ist ein Werkstoff, auf und in dem Blumen und Grünpflanzen bestens zur Wirkung kommen.

Kleinmöbel für Pflanzen

Vor Jahrzehnten waren Blumentische, -bänke und -behälter modern, und auch davor gab es schon eine große Vielfalt an **Etageren und Blumenkrippen** aus Holz oder Gußeisen. Heute sind Säulen aus Stein oder Ton als Blumenständer wieder ganz groß in Mode. Pflanzen wie Grünlilie, Asparagus und Schwertfarn machen sich sehr gut auf einem Sockel, wenn ihr Laub nach allen Seiten überhängen kann. Manchmal findet man auf dem Trödelmarkt noch alte einfache Holzständer oder eine Blumenkrippe. Vor einer Wand direkt neben das Fenster gerückt, werden solche Stücke dann zum vielbeachteten Blickfang. Antike Einzelstücke vertragen sich meist auch mit modernem Mobiliar und können vielseitig eingesetzt werden. Regale, Blumentische und -bänke sowie Etageren haben den Vorteil, daß sich vielerlei Pflanzen auf kleinem Raum unterbringen lassen – allerdings ist von Nachteil, daß sie viel Platz einnehmen, der in Fensternähe oft nicht zur Verfügung steht. Darum werden heute für die Innenraumbegrünung häufig kleine bis mittelgroße Pflanzgefäße aus Kunststoff (möglichst sogar auf Rollen) gewählt, die sich leichter bewegen und integrieren lassen. Große Auswahl hierfür bietet der Markt für Hydrokulturprodukte.

Wasser im Zimmer

Schon im vergangenen Jahrhundert gab es Vorrichtungen, um das Klima in den Wohnräumen pflanzenfreundlicher zu machen. Heute gibt es viele schöne Gestaltungsbeispiele für moderne **Zimmerbrunnen, Sprudelsteine** oder **Wasserspiele** aus Keramik, Metall oder Stein. Das leise Plätschern des Wassers ist ebenso wohltuend wie die Luftfeuchtigkeit, die damit im Raum verbreitet wird. Es werden zahlreiche kleine Anlagen angeboten, die, mit entsprechendem Bewuchs aus Farnen, Ziergräsern und Blattschmuckpflanzen kombiniert, eine besondere Atmosphäre schaffen. Mit ein wenig Geschick lassen sich solche Anlagen sogar selbst herstellen.

Der richtige Standort

Neben dem Lichtbedarf spielen im Pflanzenleben die Temperatur- und Luftverhältnisse eine wesentliche Rolle. Erst alle Faktoren zusammen bestimmen den Standort einer Pflanze, und dieser entscheidet neben der entsprechenden Pflege über ihr langfristiges Gedeihen. Die Wachstumsfaktoren Licht, Luft, Wasser und Nährstoffe müssen dabei in einem ausgewogenem Verhältnis zueinander stehen.

Lebensnotwendiges Licht

Licht ist einer der wesentlichsten Faktoren für das Pflanzenleben. Ohne Licht ist der gesamte Assimilationsprozeß (Photosynthese) – also die Umwandlung von anorganischer in organische Substanz – nicht möglich. Zu diesem chemischen Vorgang, der aus Wasser, im Boden gelösten mineralischen Stoffen und dem Kohlendioxid der Luft schließlich Zucker, Stärke und Sauerstoff produziert, sind nur grüne Pflanzen befähigt. Mit Hilfe ihres Blattgrüns (Chlorophyll) und der Sonnenenergie liefern sie dadurch auch uns Menschen die elementare Lebensgrundlage. Licht ist ausschlaggebend für alle Wachstumsvorgänge der Pflanzen – die Entwicklung der Blattmasse, von Blüten, Früchten und Samen, für die Ausbildung von Wurzeln und Knollen. Dabei kann der Grad der Helligkeit, den bestimmte Pflanzenarten für ihr individuelles Wachstum benötigen, durchaus unterschiedlich sein. Der Lichtbedarf von Zimmerpflanzen ist in erster Linie abhängig von ihrer Herkunft, also dem ursprünglichen Heimatstandort. Die Variationsbreite reicht hier vom Wüstenbewohner, der ununterbrochen sengender Sonne ausgesetzt ist, bis zur Waldpflanze, die noch im tiefsten Schatten großkroniger Bäume lebt. Schon das äußere Erscheinungsbild einer Pflanze gibt oft Auskunft über ihren Lichtanspruch.

- Sonnenpflanzen haben Anpassungsmechanismen entwickelt, die sie vor dem Verbrennen und Austrocknen bewahren – beispielsweise derbes, ledriges Laub oder eine blaugraue Bereifung. Auch extrem harte, kleine oder dicht behaarte Blätter sowie gedrungener Wuchs und saftreiches Gewebe deuten auf hohe Sonnen- und Trockenheitsverträglichkeit hin.
- Pflanzen, die in schattigen Bereichen leben, versuchen dagegen mit Hilfe von üppigen und großflächigen, dünnen, dunkelgrünen Blättern jeden Lichtstrahl einzufangen.

Trotz aller unterschiedlicher Lebensbedingungen sind unsere Zimmerpflanzen aber in Regionen beheimatet, in denen mehr oder weniger ganzjährig gleichmäßige Lichtverhältnisse herrschen. Im Gegensatz dazu betragen die Schwankungen in unseren gemäßigten Zonen zwischen Sommer und Winter acht Stunden. Überdies holen wir diese ursprünglich unter freiem Himmel und in frischer Luft lebenden Pflanzen auch noch in unsere geschlossenen Räume, wo sie meistens nur noch von einer Seite Licht erhalten.

Wieviel Licht brauchen Pflanzen?

Optimales Pflanzenwachstum entsteht bei 2 000 Lux aufwärts. Die von Pflanzen noch tolerierten Lichtwerte bewegen sich zwischen 1 500 Lux für Arten mit hohem und 500 Lux für Arten mit geringem Lichtbedarf – normale Zimmertemperartur vorausgesetzt, denn mit steigender Temperatur steigen auch die Lichtbedürfnisse! Blütenpflanzen und buntblättrige Arten haben immer einen höheren Lichtanspruch als grüne Blattpflanzen.
Als beste Methode zur Prüfung der erforderlichen Lichtmenge gilt das Beobachten der Pflanze in jedem einzelnen Fall. Je größer der Lichtmangel, desto sichtbarer die Fehlentwicklungen bei der Pflanze:

- Die Triebe werden lang und dünn.
- Der Abstand zwischen den einzelnen Blättern wird immer größer.
- Die Pflanzen verlieren ihren kompakten, charakteristischen Wuchs, die Pflanze streckt sich zum Licht.
- Die Blätter werden kleiner und vergilben.
- Bunte Pflanzen verlieren ihre Farben.
- Die Blütenbildung wird unterdrückt.

Vorsicht vor praller Sonne!

Die Mehrzahl aller Pflanzen liebt einen hellen Standort ohne direkte Sonneneinstrahlung (mit Ausnahme der Morgen- und Abendstunden und während des Winterhalbjahres). Mit dem Begriff »pralle Sonne« sind die von Mitte Februar bis Mitte September direkt auf die Scheibe auftreffenden Sonnenstrahlen am Mittag und frühen Nachmittag gemeint.
Pflanzen, die im Freien ohne weiteres nach einer Umgewöhnungszeit in voller Sonne stehen können, ertragen dies oft nicht hinter geschlossenen Glasscheiben (z. B. Kakteen), weil sich dort die Hitze staut. Etwas abgerückt vom

• TIP •

Lichtmangel und trockene Heizungsluft machen den Pflanzen im Winterhalbjahr das Leben schwer. Wenn möglich, sollte man seine Topfpflanzen in den dunklen Monaten etwas kühler stellen.

Fenster zu stehen, bedeutet für viele Pflanzen schon die Lösung.
Nicht zu unterschätzen ist die Mittagssonne im zeitigen Frühjahr, vor allen Dingen deshalb, weil die Pflanzen nach langer winterlicher Dunkelperiode nicht daran gewöhnt sind. Hier gibt es eher Verbrennungsschäden als im Spätsommer.

Licht in Abhängigkeit von der Temperatur

Neben dem Lichtbedarf spielt auch die Temperatur eine wichtige Rolle. Beides zusammen bestimmt erst den Standort einer Pflanze.
Der wiederum entscheidet zusammen mit der entsprechenden Pflege über das langfristige Gedeihen. Licht, Luft, Wärme, Wasser und Nährstoffe sind die Wachstumsfaktoren, die in ausgewogenem Verhältnis zueinander stehen müssen und nicht isoliert betrachtet werden können.
Beispielsweise kann mangelndes Licht im Winter durch kühlere Temperaturen ausgeglichen werden. Auch der Wasser- und Nährstoffbedarf wird dann gedrosselt.
Bei Lichtmangel stockt auch das Wachstum, es sollte den Winter über deshalb auch in geheizten Räumen nicht übermäßig gegossen und gedüngt werden – eher für höhere Luftfeuchtigkeit sorgen!

Tips zur Beleuchtung

- Pflanzen, die man nach der dunklen Jahreszeit ins Freie stellt, dürfen nicht in der prallen Sonne stehen, sondern müssen sich erst akklimatisieren – entweder bei bewölktem Himmel oder unter einem Dach.
- Pflanzen auf der Fensterbank bereits ab Februar/März in den Mittagsstunden vor den gefährlichen Strahlen der Frühlingssonne schützen.
- Pflanzen, die keine ausgesprochene Ruhezeit einlegen, grundsätzlich in den Wintermonaten ans Licht rücken oder zusätzlich künstlich belichten.
- Die meisten Pflanzen bilden nur Blüten bei Tageslängen um 12 Stunden. Einige wenige wie der Weihnachtsstern, *Kalanchoë* oder Chrysantheme sind dagegen ausgesprochene Kurztagspflanzen.
- Falls ein Umstellen notwendig ist, helfen Markierungen am Topf bei empfindlichen Pflanzen wie Kamelie, Gardenie, Weihnachts- oder Osterkaktus, die richtige Lichtrichtung zu finden, damit die Blütenknospen nicht abgeworfen werden.

Die Palette der Standorte

Aus Licht-, Temperatur- und Luftverhältnissen ergeben sich Standortbedingungen, nach denen sich die Pflanzen in unseren Räumen richten müssen. In erster Linie sind hier die Lichtbedingungen entscheidend. Probieren Sie verschiedene Plätze für Ihre Pflanzen aus, um zu sehen, wo es ihnen am besten zusagt. Und verzagen Sie nicht – es gibt immer die Möglichkeit, die durch die Wohnverhältnisse vorgegebenen Standorte zu verbessern und ein pflanzenfreundliches Umfeld zu schaffen.

Sonnige Standorte

Die sonnigsten Standorte in der Wohnung sind Süd-, Südwest- und Westfenster – bevorzugte Himmelsrichtungen für Wohnräume, meist ohne schattenspendenden Überhang (z. B. darüberliegender Balkon), Markise oder Jalousie.
Zu beachten ist bei solchen Standorten, daß der Hitzestau bei Sonneneinstrahlung hinter

Die besten Pflanzenstandorte sind in der Nähe der Fenster – möglichst hell, aber ohne dauernde, direkte Sonneneinstrahlung.

den Glasscheiben enorm groß wird – nicht vergleichbar mit ähnlichen Verhältnissen im Freien. Es muß also für ausreichende Lüftung gesorgt und daran gedacht werden, daß der Wasserbedarf auch entsprechend steigt – vor allem bei Blüten- und Blattpflanzen, die nicht aus solch extremen Klimazonen stammen, die man aber zumindest zeitweise an diese Fenster stellt.
Sonnige Standorte sind meistens auch sehr warm und lufttrocken. Solch extreme Standorte sind im Grunde nur Wüstenbewohnern zuzumuten, die sich diesen harten Bedingungen angepaßt haben. Dazu gehören Kakteen und andere Sukkulenten, dickfleischige oder hartstengelige, derblaubige und wasserspeichernde Gewächse von meist graugrüner Farbe mit zusätzlichen Schutzeinrichtungen vor direkter Sonneneinstrahlung, wie Dornen, Haaren oder Bereifung.
Dankbar sind sicher alle Pflanzen, wenn sie in der prallen Mittagssonne etwas Schutz durch Jalousien o. ä. erhalten, so daß die sengenden Sonnenstrahlen z. T. gebrochen werden. Eine entsprechende Luftbefeuchtung durch aufgestellte Wasserbehälter oder Sprühen verbessern darüber hinaus das Klima.

Ausgesprochen sonnige, heiße Plätze vertragen nur wenige Pflanzen in geschlossenen Räumen. Zu diesen Ausnahmen gehören sukkulente Gewächse wie Kakteen, Euphorbien und Yuccas.

In etwas Abstand zum Fenster sind die Standortbedingungen für viele sonnenhungrige und wärmeliebende Pflanzen jedoch ideal. Hier wäre der Platz für große Blatt- und Blütenpflanzen, die auf dem Boden oder einem Pflanzentisch vor dem Fenster stehen könnten, z. B. Orangenbäumchen, Hibiskus oder Myrte.

Helle Standorte

Von der Belichtung her ist ein nach Osten ausgerichtetes Fenster ideal für Pflanzen. Hier fällt einige Stunden direktes Sonnenlicht ein, jedoch ohne die schädliche Strahlenintensität. In der Praxis sind meist Küche, Schlaf- und Kinderzimmer in diese Himmelsrichtung orientiert. Aus praktischen Gründen können Pflanzen hier aber nur vereinzelt oder bedingt gehalten werden, denn in der Küche wird öfter einmal das Fenster geöffnet, Pflanzen würden daher stören. Im Kinderzimmer stehen Pflanzen sehr gefährlich, und im Schlafzimmer ist es zwar hell am Fensterbrett, dafür aber meist kühl, so daß hier nur ganz bestimmte Pflanzen aufgestellt werden können, wie z. B. Alpenveilchen, Hortensien, Jasmin oder Azalee. Helle, warme Standorte sind ideal für große Pflanzen wie Palmen oder Birkenfeigen.

• TIP •

Auch die sonnenverträglichsten Pflanzen können einen regelrechten Sonnenbrand bekommen, der sich in häßlichen, braunen Flecken äußert.

Ein nach Osten orientiertes Fenster bietet den meisten Pflanzenarten optimale Bedingungen. Das milde Morgenlicht läßt die Blätter nicht verbrennen und verursacht keinen Hitzestau.

Halbschattige Standorte

Die Übergänge von hell zu halbschattig sind oft fließend, und entsprechend auch die Auswahl der Pflanzen. Hier spielen kleine standörtliche oder bauliche Unterschiede oft eine große Rolle für das jeweilige Pflanzenleben. Halbschattig liegen meist Nordfenster oder Räume wie Küche, Bad, Arbeitszimmer und Diele. Für Pflanzen, die eigentlich an einem halbschattigen Platz gut gedeihen würden, etwa Farne, Einblatt, Aralien oder Orchideen, ist dort das Leben in den Wintermonaten trotzdem schwer, denn dann ist der Lichteinfall noch geringer als in der übrigen Zeit des Jahres.

Nordfenster ohne jegliche Sonneneinstrahlung sind günstige Standorte für Farne, Efeu und alle schattenverträglichen Pflanzen, aber auch noch ausreichend hell für Halbschatten liebende Pflanzen.

Eine gute Hilfe wäre es für sie, wenn die Temperaturen zum Ausgleich für den Lichtmangel nun etwas reduziert werden könnten und das Wachstum durch eine gleichzeitige Einschränkung der Wasser- und Nährstoffgaben gebremst würde – das ist aber nicht in allen Räumen möglich, so daß hier in den dunklen Monaten am besten mit Zusatzbeleuchtung gearbeitet wird (siehe Seite 166).

Schattige Standorte

Ein schattiger Standort erhält meist weder direktes noch indirektes Sonnenlicht – ohne daß der Raum dunkel ist. Auch beim Begriff schattig sind die Übergänge wieder fließend und in Relation zur Jahreszeit und Umgebung zu sehen. Wenn es um die lagemäßige Ausrichtung innerhalb der Wohnung geht, sind schattige Standorte typischerweise in Räumen mit Nordfenstern anzutreffen. Hier kann es durchaus direkt am Fenster noch hell sein – ohne direkte Sonneneinstrahlung –, aber schon in kurzer Entfernung vom Fenster ist für Pflanzen tiefster Schatten. Auch Flure und Dielen sind meist zu schattig für einen dauerhaften Aufenthalt von Pflanzen.
Um solche ungünstig plazierte Pflanzen dennoch über längere Zeiträume zu erhalten, sollte man ihnen von Zeit zu Zeit sozusagen im Tausch ein Urlaubsquartier anbieten, indem man umschichtend mit anderen Pflanzen wechselt oder ihnen den Sommer über einen Platz im Freien anbietet.
An schattigen Standorten können – ebenso wie an vollsonnigen – nur ganz bestimmte Pflanzen aufgestellt werden. Meist gehören diese Pflanzen auch in die Gruppe der Gewächse, die gleichzeitig kühlere Temperaturen bevorzugen. Zu diesen standorttoleranten Pflanzen gehören z. B. die Schusterpalme und der Efeu.

In einer Diele oder einem Treppenhaus mit indirektem Licht kommen nur noch wenige Pflanzen zurecht, z. B. das Fensterblatt *(Monstera)*.

Spezielle Standorte für Pflanzen mit besonderen Ansprüchen

Viele tropische und subtropische Zimmerpflanzen haben ganz spezielle Ansprüche an Licht, Temperatur und Luftfeuchtigkeit, die in einem normalen Wohnraum meist nur teilweise erfüllt werden können. Um mit Erfolg auch diese Pflanzen kultivieren zu können, muß man auf spezielle Konstruktionen zurückgreifen, die den Pflanzen das Wachsen und Blühen erleichtern.

Blumenfenster und Pflanzenvitrinen für feucht-warmes Klima

Empfindlichere tropische Gewächse werden nur über längere Zeit im Wohnraumklima zu halten sein, wenn sie neben Temperaturen von 20–24 °C (evtl. nachts 1–2 °C weniger) auch die entsprechende Wärme im Wurzelbereich bekommen und vor allen Dingen gleichmäßige Bedingungen geboten werden, also kein starkes Austrocknen, aber auch keine stauende Nässe.
Optimale Voraussetzungen für diese empfindlicheren Pflanzen, bei denen das große Problem der mangelnden Luftfeuchtigkeit zusätzlich zum Tragen kommt, schafft deshalb ein Blumenfenster. Hier sind alle Faktoren eher regulierbar und obendrein noch ein dekorativer Effekt zu erzielen (siehe auch Seite 14f.).

- Das Blumenfenster sollte möglichst nahe am Boden (höchstens kniehoch) beginnen und 60–70 cm tief sein.
- Schließt man es zum Raum hin mit Glas ab **(geschlossenes Blumenfenster),** lassen sich durch vollständige Klimatisierung alle tropischen Gewächse darin halten.
- Wenn man jedoch die Zeit erübrigen kann, 2–3mal am Tag zu sprühen, ist auch ein **offenes Blumenfenster** optimal.
- In das Fenster kommt eine 30–50 cm hohe Pflanzenwanne, in die entweder die Pflanzen mitsamt ihren Töpfen in feuchtes Substrat eingesenkt oder auch direkt ausgepflanzt werden.
- Bodenwärme muß durch Heizkörper oder gesonderte Heizkabel gewährleistet werden.
- Größere Pflanzenwannen können durch hängende und kletternde Pflanzen umrahmt und gegliedert werden – hier findet auch ein Epiphytenstamm Platz (siehe Seite 15).

In solch einem Blumenfenster lassen sich eine Fülle verschiedener Pflanzen halten, von Orchideen, Bromelien und Kolumneen auf einem Epiphytenstamm über große, grün- und buntblättrige Blattpflanzen bis hin zu Moosen und Farnen und anderen Bodendeckern, die alle ein feucht-warmes Klima bevorzugen.
Wer keine Möglichkeit hat, ein richtiges Blumenfenster einzubauen, aber auf tropische

Flamingoblumen in allen Variationen gehören zu den Pflanzen, die bei hoher Luftfeuchtigkeit besonders gut gedeihen.

In einem Blumenfenster, in dem die Pflanzen dicht beieinanderstehen und in die Erde eingesenkt sind – ganz besonders natürlich in einem auch zum Zimmer hin geschlossenen Blumenfenster – entsteht ein ideales Tropenklima mit hoher Luftfeuchtigkeit.

Gewächse nicht verzichten will, dem bieten sich heute eine Vielzahl von Pflanzenvitrinen in verschiedenen Größen und Formen an: vollklimatisierte kleine Räume mit eingebauter Beleuchtung, die überall aufgestellt werden können.

Wintergärten für Kübel- und Topfpflanzen

Ein Wintergarten ist die ideale Ergänzung für den Pflanzenliebhaber.

- Kühle, aber **frostfreie Wintergärten** eignen sich hervorragend zur Überwinterung von Balkon- und Kübelpflanzen. Nachttemperaturen zwischen 5–10 °C sind ideal, um die sommerblühenden, subtropischen Pflanzen, aber auch einige Palmenarten und Kakteen über den Winter zu bringen. Da der Raum im Winter nur frostfrei gehalten werden muß, genügt schon ein einfacher Heizlüfter für den Bedarfsfall, denn so ein Glashaus heizt sich auch an Frosttagen bei Sonnenschein auf weit über 20 °C auf und speichert die Wärme noch eine ganze Weile. Dazu sollte der Wintergarten allerdings am besten mit dem Lauf der Sonne von Ost nach West ausgerichtet sein.
- **Geheizte Wintergärten** können das ganze Jahr über als Wohnraum genutzt und mit den verschiedensten Zimmerbäumen und anderen helligkeits- und wärmeliebenden Pflanzen ausgestattet werden. Bei Ganzjahresbetrieb muß eine Heizmöglichkeit für die Wintermonate bestehen. Die eleganteste Lösung – allerdings nur bei Neubauten zu verwirklichen – ist die Verbindung mit der Hausheizung, ansonsten eignen sich Konvektoren sehr gut. Je umfangreicher ein Wintergarten ausgelegt wird, desto notwendiger erscheinen gesteuerte Bedienungseinrichtungen wie Heizung, Schattierungen, Lüftungs- und Bewässerungsautomatik.

Kleingewächshäuser

Ein Kleingewächshaus kann – wie ein Wintergarten – nicht groß genug sein, das wird sich bald herausstellen. Zweckmäßig ist es auf jeden Fall, zwei Abteilungen einzurichten:

- Die eine Abteilung im Sinne eines **Warmhauses,** in dem auch im Winter die nächtliche Temperatur nicht unter 16–18 °C fallen sollte, um wirklich botanische Raritäten zu halten, z. B. Maranten (Seite 94/95), oder um Zimmerpflanzen vermehren zu können.

Ein luftiger, temperierter Wintergarten bietet Menschen und Pflanzen optimale Bedingungen. Werden die Temperaturen niedrig gehalten, eignen sich diese Räume nur zum Überwintern von Kübelpflanzen.

Die andere Abteilung als **Kalthausteil** mit Temperaturen um 5–10 °C zur Überwinterung tropischer und subtropischer Kübelpflanzen oder zur Einhaltung von kühlen Ruhezeiten. Je nachdem was der einzelne in seinem Kleingewächshaus kultivieren will, muß die Ausstattung gewählt werden. Zur besseren Raumaussnutzung bieten sich ein- oder beidseitig Gitterrosttische und Hängetabletts an. Höher werdende und rankende Pflanzen sollten genügend Freiraum bekommen und in einem Grundbeet eingesenkt werden. Lüftungsmöglichkeiten müssen reichlich vorhanden sein. Die Schattierung sollte am besten außen angebracht werden, damit die Hitze gar nicht erst ins Haus gelangt.

Auswahl der Pflanzen nach Standorten

Im Porträtteil dieses Buches (Blüten- und Blattpflanzen Seite 24–107, sowie die Sondergruppen, Seite 108–159) sind die Pflanzen nach den verschiedenen Standortbedingungen eingeteilt, wie sie im Zimmer auftreten können. Bei der Beschreibung wird immer vom optimalen Standort ausgegangen; oft gedeihen die Pflanzen jedoch auch noch bei schlechteren Bedingungen. Innerhalb der einzelnen Standorte sind jeweils zunächst die Blüten- und dann die Blattpflanzen aufgeführt. Nachfolgend eine Kurz-Übersicht über die verschiedenen Standorte (mehr dazu Seite 17ff.):

Sonnig / luftig (Seite 26–33)
Volle Sonne und trockene Luft werden vertragen, die Pflanzen können also direkt an einem Südfenster stehen, sollten jedoch vor Hitzestau hinter der Scheibe geschützt werden.
Normale Zimmertemperatur (18–20 °C).
Ab und zu lüften (ohne Gegenzug).

Hell / luftig (Seite 34–53)
Hell, jedoch keine pralle Sonne, vor allem nicht im Frühjahr und Hochsommer während der Mittagsstunden. Geeignet sind z. B. Ost- und Westfenster.
Normale Zimmertemperatur (18–20 °C).
Ab und zu lüften (Zugluft vermeiden!).

Hell / warm (Seite 54–71)
Hell, jedoch vor praller Sonne schützen, vor allem im Frühjahr und Hochsommer in den Mittagsstunden.
Für optimales Gedeihen sollte die Luftfeuchte mindestens 60% betragen. Ideal sind geschlossene Blumenfenster, Vitrine oder warmes Kleingewächshaus. Hilfreich sind aber auch schon Pflanzenwannen, in die die Töpfe eingesenkt werden, oder ein feuchtes Kiesbeet, auf dem die Töpfe stehen.
Zimmertemperatur und wärmer (20–24 °C).

Halbschattig / luftig (Seite 72–83)
Mittlerer Lichtbedarf, also auch etwas abgerückt vom Fenster. Von der Himmelsrichtung her eignen sich Fensterplätze an Nord-, Nordost- und Nordwestfenstern.
Normale Zimmertemperatur (18–20 °C).
Ab und zu lüften (Zugluft vermeiden!).

Halbschattig / warm (Seite 84–99)
Etwas abgerückt vom Fenster oder direkt an Nord-, Nordost- oder Nordwestfenstern. Luftfeuchte mindestens 60%, also am besten im geschlossenen Blumenfenster, in der Vitrine oder im warmen Kleingewächshaus.
Zimmertemperatur und wärmer (20–24 °C).

Schattig / luftig (Seite 100–107)
Schattenverträgliche Pflanzen lieben gleichzeitig auch kühlere Temperaturen, d. h. eine Nachtabsenkung und den Winter über auch Temperaturen um 16–18 °C und tiefer.

Die beliebte Amaryllis, auch Ritterstern genannt, hat ganz besondere Ansprüche: Während der Blütezeit mag sie es hell und warm, in der Ruhephase im Herbst oder Winter jedoch kühl – sie kann sogar völlig trocken am dunklen Platz stehen.

Blüten- und Blattpflanzen

Grüne und blühende Pflanzen sind ein unverzichtbarer Bestandteil in unseren Wohnungen und Häusern.

Im Gegensatz zur rein botanischen Bedeutung unterscheidet man im gärtnerischen Sinne bei den Topfpflanzen etwas willkürlich und rein nach der Optik und ihrem Schmuckwert zwischen Blatt- oder Grün- und Blütenpflanzen. Trennlinien zu ziehen, ist schwierig; es hängt vom Geschmack jedes einzelnen ab, ob er einer Pflanze wegen ihrer Blüten oder Früchte oder ihres Blattschmucks den Vorzug gibt. Der Schmuckwert der Blütenpflanzen liegt natürlich in ihren Blüten, der der Blatt- oder Grünpflanzen in erster Linie in der Struktur, Farbe oder Zeichnung des Laubes oder in ihrer gesamten Wuchsform.

Blatt- oder Grünpflanzen

Rein botanisch betrachtet, handelt es sich auch bei den hier aufgeführten Blattpflanzen – außer bei Farnen und *Selaginella*-Arten – im eigentlichen Sinne um »Blütenpflanzen« – ein Ausdruck für die entwicklungsgeschichtlich höherentwickelten Pflanzenarten, die sich alle durch Samen vermehren. Neben den verschiedenartigen Blattformen der für die Zimmerkultur ausgewählten Blattpflanzen spielen vor allem die Farben der Blätter eine besondere Rolle – und hier hat die gärtnerische Züchtungsarbeit inzwischen sehr viel geleistet. **Panaschierung** nennt man die unvollständige Ausbildung bzw. den Mangel an Blattgrün einzelner Pflanzenteile. Sie findet ihren Ausdruck in den

weiß- oder gelbbunten Sorten, die gestreift, gefleckt oder marmoriert aussehen können. In den letzten Jahren geht der Trend sehr stark in Richtung lebhaft gezeichneter, bunter und auch eigenwillig geformter Blätter, wie es am Beispiel von *Schefflera-*, *Ficus-*, *Maranta-* oder *Cordyline-*Arten erkennbar ist.

Form, Farbe und Beschaffenheit der Blätter geben vielfach Auskunft über die jeweiligen Ansprüche einer Pflanze an Standort und Pflege. Buntlaubige Arten und Sorten haben beispielsweise einen höheren Licht-, Wärme- und Luftfeuchtigkeitsbedarf als die reingrünen Vertreter einer Gattung; außerdem sind ihr Wachstum und ihre Widerstandskraft manchmal vermindert. Derbes, ledriges, graugrünes Laub, ebenso wie extrem kleine, harte oder dicht behaarte Blätter deuten auf hohe Sonnen- und Trockenheitsverträglichkeit hin, ganz im Gegensatz zu Pflanzen, die in schattigen Bereichen leben und jeden Lichtstrahl auffangen müssen. Diese haben oft ausgeprägt dunkelgrüne, großflächige Blattspreiten oder viel Blattmasse.

Blütenpflanzen

Die Vielfalt an Blütenpflanzen für die Zimmerkultur ist unbeschreiblich und geht weit über das gärtnerisch genutzte Angebot hinaus. Der Reiz einer Blüte kann in ihrer Farbigkeit, ihrer Form oder auch in einem besonderen Duft liegen.

Es sind nicht immer nur die Blüten- also Kronblätter, die den Schmuckwert einer Pflanze ausmachen; auch umgewandelte Laub- oder Kelchblätter können die Signal- und Schauwirkung übernehmen (zum Beispiel die leuchtenden Hochblättern der Weihnachtssterne und Bougainvilleen oder das Hüllblatt der Aronstabgewächse). In solchen Fällen sind die eigentlichen Blütenorgane nur unscheinbar ausgebildet.

Jede Blütenpflanze hat, entsprechend ihrer Herkunft, einen natürlichen Lebensrhythmus, den sie üblicherweise auch als Zimmerpflanze beibehält. Manche muß man in ihren Gewohnheiten genau kennenlernen, um zu wissen, ob und wann sie eine Ruhezeit durchmacht, um ein nächstes Mal zur Blüte zu kommen. Oft handelt es sich um 4–6 Wochen, in denen die Temperatur um einige Grad niedriger als gewohnt sein muß, damit es zur Knospenbildung kommt; in anderen Fällen können auch langanhaltende Dunkel- oder Trockenperioden notwendig sein. Ganz entscheidend für die Blütenentwicklung wirken sich bei bestimmten Pflanzen Lang- oder Kurztage aus (s. Seite 165).

Beim Umgang mit Blütenpflanzen lassen sich außer hohem Lichtbedarf – das heißt jedoch nur ausnahmsweise volle Sonne – und dem Einhalten arttypischer Ruhezeiten einige weitere Kriterien nennen, die zum guten Gedeihen beitragen können: Grundsätzlich sollten die Pflanzgefäße nicht zu groß gewählt werden, weil damit der Wuchs gefördert und einer gewissen Blühfaulheit Vorschub geleistet wird. Verblühtes immer gleich entfernen, sofern ein Fruchtansatz *(Citrus, Ardisia)* nicht gerade erwünscht ist – Samen- und Fruchtbildung kostet die Pflanze Kraft, die sie sonst in zusätzliche Knospenentwicklung investieren würde.

Edelpelargonie

Pelargonium- Grandiflorum-Gruppe — Storchschnabelgewächse

Merkmale: Die strauchartigen *Pelargonium*-Arten stammen aus dem südafrikanischen Kapland und haben schon frühzeitig den europäischen Markt erobert.
Edelpelargonien sind Zimmerpflanzen mit weichen, hellgrünen Blättern. Je nach Sorte haben sie große oder kleinere, rosafarbene, rote, violette oder weiße Einzelblüten. Sie sind dunkel geadert oder haben Flecken, helle oder dunkle Augen und bilden große Blütendolden. Blütezeit ist von April bis Juni.
Standort: Hell und sonnig; luftig bei etwa 18–20 °C. Überwinterung kühler bei 8–12 °C und so hell wie möglich.
Pflege: Im Sommer regelmäßig gießen und düngen, im Winter beides einschränken. Nach der Blüte bei Bedarf in nicht zu große Töpfe umpflanzen. Erde kräftig-humos, durchlässig.
Schadbilder: Überdüngung oder zuviel Wärme im Winter verringern den Knospenansatz.
Vermehrung: Durch Stecklinge im Spätsommer; Schnittstellen vor dem Einpflanzen etwas antrocknen lassen.

Rechts: Die dankbaren und pflegeleichten Geranien blühen rund ums Jahr, wenn sie im Winter hell und kühl stehen.

Unten: Edelpelargonien können nach der Blüte ins Freie gebracht werden.

Geranie, Zonalpelargonie

Pelargonium- Zonale-Gruppe — Storchschnabelgewächse

Merkmale: Außer den Edelpelargonien eignen sich auch die zahlreichen Sorten der beliebten aufrechtwachsenden Balkongeranie als Zimmerpflanzen. Die buschigen Pflanzen tragen rundliche bis nierenförmige, mittelgrüne Blätter mit ringförmiger, dunkelrotbrauner Zeichnung. Die Einzelblüten sind etwas kleiner als bei den Edelpelargonien, dafür blühen sie wesentlich länger. *Pelargonium zonale* stammt aus Südafrika. Sie zählt zu den sukkulenten, Trockenheit vertragenden Pflanzen.
Standort: Hell bis sonnig; bei 18–20 °C, am besten im Freien. Überwinterung hell und kühl, luftig, bei maximal 16–18 °C.
Pflege: Im Sommer regelmäßig gießen und düngen, im Winter beides einschränken. Im Frühjahr bei Bedarf umtopfen. Erde kräftig-humos, durchlässig. Um ein Verkahlen von unten her zu vermeiden, müssen die Pflanzen im Herbst oder im zeitigen Frühjahr zurückgeschnitten werden.
Vermehrung: Durch Stecklinge, am besten im August – September oder im Frühjahr; Schnittstellen vor dem Pflanzen etwas antrocknen lassen.
Hinweise: Mehrjährige Pflanzen können meterhoch werden und bizarre, fleischige Triebe entwickeln.

Duftgeranie

Pelargonium-Arten Storchschnabelgewächse

Merkmale: Die anspruchslosen *Pelargonium*-Wildarten stammen wie ihre üppig blühenden Verwandten aus Südafrika. Duftgeranien besitzen meist kleine, wenig auffallende Blüten, dafür verströmen ihre Blätter ganz verschiedene Düfte. Spezielle Drüsen auf den Blattflächen setzen bei Berührung ätherische Öle frei, die einen Rosen-, Zitronen-, Minze-, Flieder-, Apfel- oder Fichtennadelduft erzeugen. Leider sind Duftgeranien nicht sehr häufig im Handel und in der Regel nur in Spezialgärtnereien oder als Stecklinge direkt von anderen Pflanzenliebhabern zu bekommen. Wegen ihrer unterschiedlichen Duftnuancen ist es reizvoll, mehrere Arten zu sammeln.
Zu den sogenannten **Rosengeranien** zählen *Pelargonium capitatum*, *P.* x *graveolens* und *P. radens* mit ihren verschiedenen Kulturformen. Sie werden ziemlich groß und haben tief gelappte bzw. geschlitze mittelgrüne Blätter. Besonders häufig ist *P.* x *graveolens* als Topfpflanze anzutreffen, vor allem in bäuerlichen Haushalten. Nach Zitrone duften die üppig wachsende *P. crispum* mit gekraustem Laub und zartrosa Blüten, aber auch *P.* x *citrosmum* und *P.* 'Mable Grey'. *P. exstipulatum* und *P. tomentosum* verströmen einen minzeähnlichen Geruch. Die hübschen kleinen Blüten in Weiß, Rosa und Violett bringen Duftgeranien nur nach winterlich kühlem Stand hervor.

Standort: Hell und sonnig; luftig bei Zimmertemperatur (ca. 20 °C). In der frostfreien Jahreszeit auch geschützt im Freien. Überwinterung hell und kühl bei etwa 10 °C.
Pflege: In der Vegetationsperiode reichlich gießen und wöchentlich düngen, den Winter über eher trocken halten. Umpflanzen bei Bedarf im Frühjahr nach leichtem Rückschnitt. Erde humos und durchlässig.
Schadbilder: Bei zu dunklem Standort bilden die Pflanzen lange Triebe.
Vermehrung: Im Frühjahr oder Herbst durch Triebstecklinge; Schnittflächen vor dem Einpflanzen etwas antrocknen lassen. Jungpflanzen stutzen, um buschigeren Wuchs zu erreichen.
Hinweise: Da Duftgeranien im Laufe der Zeit große Büsche bilden, eignen sie sich hervorragend für den Wintergarten. Sie sollten unbedingt in Reichweite aufgestellt werden, damit man sie »in vollen Zügen« genießen kann.

Links und unten: *Pelargonium* x *graveolens* verströmt bei Berührung der Blätter einen zarten Rosenduft.

Die Wüstenrose ist eine der wenigen Zimmerpflanzen, die auch pralle Sonne vertragen.

Wüstenrose

GIFTIG

Adenium obesum Hundsgiftgewächse

Merkmale: Diese sukkulente Pflanze hat sich in ihrer Wildform durch Dickenwachstum des Stammgrundes an das heimatliche Wüstenklima Nord- und Ostafrikas angepaßt. Der langsamwachsende Strauch hat sehr viel Ähnlichkeit mit seinem Verwandten, dem raschwüchsigen Oleander *(Nerium oleander*, siehe Seite 157), und dies hat ihm eigentlich zum Durchbruch von der botanischen Rarität zur leicht kultivierbaren Zimmerpflanze verholfen. Denn durch Veredelung auf Oleander konnte die Wuchs- und Blühfreudigkeit von *Adenium obesum* wesentlich gesteigert werden. Nachteilig ist allerdings das unterschiedliche Dickenwachstum beider Teile. Die Wüstenrose bildet auf der schlanken Oleanderunterlage einen richtigen Wulst, so daß die ganze Pflanze etwas gestelzt wirkt. Wer auf bizarren Wuchs Wert legt, muß sich eine wurzelechte, aus Stecklingen oder Samen gezogene Wüstenrose besorgen. *A. obesum* trägt kräftig rosarote Blüten, die vom Frühjahr bis zum Herbst an den Triebspitzen erscheinen. Es gibt aber auch Zuchtformen mit weißen, rot gerandeten oder lila Blüten.

Standort: Ganzjährig vollsonnig und warm. Auch im Winter kann die Wüstenrose bei normalen Zimmertemperaturen um 20 °C gehalten werden. Eine Ruhezeit bei 12–15 °C ist jedoch möglich, dann allerdings sparsamer gießen!

Pflege: In der Hauptwachstumszeit von Frühjahr bis Herbst gut feucht halten, aber zwischendurch immer wieder abtrocknen lassen (Tontöpfe sind hier günstiger als Plastiktöpfe). Während der Sommermonate alle 14 Tage schwach düngen. Umpflanzen nach Bedarf im Frühjahr in kräftighumose und durchlässige Erde. Töpfe nicht zu groß wählen: Pflanzen mit Stammverdickung sehen am schönsten in flachen Schalen aus, wenn man sie mit anderen flachwachsenden Sukkulenten zusammenpflanzt.

Schadbilder: Besonders bei den nicht veredelten Pflanzen besteht bei zu starkem Gießen die Gefahr der Wurzelfäulnis. Ähnlich wie beim Oleander können Woll-, Schmier- und Schildläuse auftreten.

Vermehrung: Durch Kopfstecklinge im Frühjahr. Stecklinge vor dem Einpflanzen 1–2 Tage abtrocknen lassen. Stecklinge bilden allerdings nicht die typische Sproßverdickung wie die aus Samen gezogenen Pflanzen. Aus Samen gezogene Pflanzen benötigen 3–4 Jahre, bis sie blühen.

Hinweise: Vorsicht, austretender Milchsaft ist giftig! Bei der Pflege unterschiedliche Wasser- und Nährstoffansprüche von wurzelechten bzw. veredelten Pflanzen beachten! Bei wurzelechten Exemplaren am besten Kakteenerde verwenden.

Schraubenbaum

Pandanus veitchii Schraubenbaumgewächse

Merkmale: Auf den ersten Blick glaubt man einen Drachenbaum oder – wegen des rosettenartigen Wuchses und der gezähnten Blattränder – eine Bromelie vor sich zu haben. Bei genauerem Hinsehen erkennt man aber dann die Eigenheiten des Schraubenbaumes (im Jugendstadium ist das allerdings noch schwierig): Oberhalb eines kurzen Stammes sind die langen, schmalen Blätter wie in einem Gewinde spiralig angeordnet (Name!), dazwischen beginnen sich ringsherum Seitensprosse zu bilden. Schon nach wenigen Jahren entstehen im unteren Bereich der Blattrosette Stelzwurzeln, die nach und nach verholzen und die Stützfunktion des Stammes übernehmen können. Mit der Zeit heben sie die Pflanze regelrecht aus dem Topf heraus. Dies ist ein ganz natürlicher Vorgang, und man sollte nicht versuchen, die Pflanze immer tiefer zu setzen. Gärtnerisch durchgesetzt hat sich bisher nur *Pandanus veitchii* mit seinen weiß und grün gestreiften Riemenblättern. Wie die meisten Schraubenbaum-Arten stammt er von den Südseeinseln.

Standort: Hell, keine pralle Sonne; Zimmertemperatur und wärmer. Auch im Winter nicht unter 18 °C.

Pflege: Mäßig feucht halten; den Sommer über – der Temperatur entsprechend – reichlich gießen und dann auch regelmäßig düngen. Umpflanzen nach Bedarf in kräftig-humose Erde, jüngere Pflanzen öfter als ältere.

Schadbilder: Blattschäden durch Austrocknen oder bei zu nassem, kühlem Stand.

Vermehrung: Durch Kindel mit Wurzelansatz.

Hinweise: Äußerst robuste Pflanze, auf Dauer jedoch nur für größere Räume geeignet. Optimal in ausgepflanztem Zustand. Das Umtopfen größerer Pflanzen ist wegen des bedornten Blattschopfes keine reine Freude und bedarf der Vorsicht.

Das größte Problem in der Zimmerkultur des Schraubenbaumes ist die ausladende Breite des starren, bedornten Blattschopfes.

Links: Der Australische Flaschenbaum kann durch regelmäßiges Stutzen zum Bonsai erzogen werden.

Rechts: Der Elefantenfuß bildet einen dichten Blattschopf aus langen, grasähnlichen Blättern, die sich teilweise am Ende verdrehen.

Australischer Flaschenbaum

Brachychiton rupestris Stinkbaumgewächse

Merkmale: In seiner australischen Heimat Queensland wird der halbimmergrüne Flaschenbaum bis zu 15 m hoch. Sein deutscher Name rührt von seinem flaschenförmig verdickten, wasserspeichernden Stamm her, der an Wildexemplaren im Alter einen Durchmesser von bis zu 3,5 m erreichen kann und auf stelzenartigen Wurzeln steht. Die Blattformen sind sehr variabel, sogar an einer Pflanze können ganzrandige und handförmig geteilte Blätter auftreten.
Standort: Hell und sonnig, luftig! Die Temperaturtoleranz ist groß; am besten den Sommer über im Freien halten und bei niedrigeren Temperaturen überwintern.
Pflege: Mäßig feucht – je nach Temperatur –, keine stauende Nässe. Häufig sprühen. Düngergaben sind abhängig von der Verwendung: Soll die Pflanze Bonsaiformat behalten, nur einmal monatlich düngen und regelmäßig stutzen, als Kübelpflanze dagegen alle 14 Tage düngen. Bei Bedarf im Frühjahr in kräftig humose (lehmhaltige) Erde umpflanzen.
Schadbilder: Wurzelfäulnis durch Staunässe.
Vermehrung: Durch Kopfstecklinge im Vermehrungskasten oder durch Aussaat – Samen sind jedoch selten im Handel.
Hinweise: Vor allen Dingen nicht zu feucht halten und eher mäßig warm kultivieren.

Elefantenfuß, Flaschenbaum

Beaucarnea recurvata Agavengewächse

Merkmale: Im Zuge der in Mode gekommenen, exotischen Zimmerbäume kam auch die *Beaucarnea* (Syn.: *Nolina*) zu neuen Ehren. Ähnlich wie bei der Yucca wurde auch vom Elefantenfuß reines Stamm-Material aus Übersee nach Europa importiert und wieder angetrieben. Ältere Pflanzen mit ausgeprägter Verdickung sind grundsätzlich importiert, jüngere Exemplare dagegen hier angezogen und im Sinne des Washingtoner Artenschutzübereinkommens unbedenklich. Die keulenförmige Stammverdickung hat der Pflanze den Namen »Elefantenfuß« eingebracht. Die schmalen, langen Riemenblätter fallen kaskadenartig auseinander und lockern sich am Ende etwas.
Standort: Hell und sonnig, luftig! Im Sommer auch im Freien. Den Winter über hell und kühl, möglichst aber nicht unter 10 °C.
Pflege: Gießen, Düngen und Umtopfen ähnlich wie *Brachychiton* und *Yucca*. Bei *Beaucarnea* ist jedoch keinerlei Rückschnitt nötig.
Schadbilder: Bei zu kühlem Standort werden die Blattspitzen braun.
Vermehrung: Seitensprosse abtrennen, antrocknen lassen und in den Vermehrungskasten setzen.
Hinweise: Robuster und attraktiver, mit zunehmendem Alter schöner werdender Zimmerbaum.

Yucca, Palmlilie

Yucca elephantipes, Y. aloifolia Agavengewächse

Merkmale: Palmlilien, Drachenbäume und Keulenlilien zählen heute zu den beliebtesten Topfpflanzen bzw. Zimmerbäumen, wobei die *Yucca* aus den Halbwüstengebieten Mittelamerikas wohl als robusteste Gattung bezeichnet werden kann. Es gibt sowohl stammlose als auch stammbildende Arten darunter, alle haben einen palmenähnlichen Blattschopf. Wegen ihrer weißen, glockigen Blüten, die wie ein Schellenbaum zusammenstehen, werden sie auch Palmlilie genannt. Als Zimmerpflanze am wichtigsten sind die Riesen-Palmlilie *(Y. elephantipes)*, die an ihrem Heimatstandort 4–8 m hoch werden kann, und *Y. aloifolia*, von der es auch schöne buntblättrige Sorten gibt, die aber leider nicht sehr häufig im Handel anzutreffen sind. *Y. elephantipes* wurde Ende letzten Jahrhunderts in England eingeführt, während *Y. aloifolia* schon seit 1605 in Kultur ist. *Y. gloriosa* eignet sich vor allem als Kübelpflanze. *Y. filamentosa* ist die bekannte winterharte Gartenform.
In der Natur bildet *Y. elephantipes* einen an der Basis verdickten Stamm und viele Seitentriebe. Die einzelnen Blattrosetten sind aus mattgrünen Blättern locker aufgebaut. *Y. aloifolia* trägt blaugrüne, steife und spitze, schwertförmige Blätter, die dicht um einen meist unverzweigten Stamm stehen. Beide Arten werden heute vorwiegend als sogenannte »Ti-plants« kultiviert, d. h., importierte Stammschnittlinge werden in beliebig lange Stücke zersägt und unter feuchtwarmen Bedingungen bewurzelt; unter dem versiegelten oberen Ende des Stammes treiben dadurch neue Blattschöpfe aus.
Standort: Hell, sonnig und luftig! Zimmertemperatur bzw. im Sommer im Freien. Möglichst helle und kühle Überwinterung bei 5–10 °C.
Pflege: Mäßig feucht halten, vor allem im Winter; im Sommer regelmäßig düngen. Umpflanzen in nährstoffreiche, durchlässige Erde mit guter Drainage, wenn der Ballen durchwurzelt ist, bzw. alle 2–3 Jahre im Frühjahr. Bei zu großen Pflanzen ist Rückschnitt möglich, siehe Seite 178.
Schadbilder: Es besteht Fäulnisgefahr durch Nässe! Zuviel Wärme und zu dunkler Standort machen die Pflanze anfällig für Schädlinge. Hitzestau fördert Spinnmilbenbefall. Braune Blattspitzen durch Mangel an Luftfeuchtigkeit oder Ballentrockenheit. Verlust der unteren Blätter ist in gewissem Umfang normal.
Vermehrung: Durch Kopfstecklinge, Seitensprosse oder Stammstücke (mindestens 10 cm lang); Schnittstellen antrocknen lassen. Verbleibenden Stamm versiegeln, er treibt am oberen Ende wieder aus. Weitere Möglichkeiten sind Abmoosen oder Aussaat. Alle Methoden erfordern hohe Luftfeuchtigkeit und Wärme.
Hinweise: Konventionell durch Aussaat oder Stecklinge angezogene Pflanzen sind in der Regel langlebiger und bis unten beblättert. Beim Kauf von bewurzelten Stämmen darauf achten, daß die Pflanzen fest im Topf stehen. Im allgemeinen werden Yuccas viel zu warm gehalten. Sie halten es auch aus, weil sie sehr robust sind, aber der Wuchs leidet darunter, die schwertförmigen Blätter hängen schlaff herunter, und die grüne Farbe wird matt.

Yucca elephantipes, die Riesen-Palmlilie, zählt zu den beliebtesten Zimmerpflanzen.

Bei *Darlingtonia* (links) sind die Enden der Blatttrichter gewölbt und von fischschwanzartigen Blättern geziert. Bei *Sarracenia* sind sie dagegen nach oben erweitert und enden in einem fächerartigen Deckel.

Rechts: Fettkräuter besitzen ganz reizende Blüten, wie diese *Pinguicula gypsicola* zeigt.

Tierfangende Pflanzen

Carnivoren / Insektivoren

Merkmale: Bei den Tier- bzw. Insektenfangenden Pflanzen (Carnivoren bzw. Insektivoren), auch Fleischfressende Pflanzen genannt, handelt es sich um Gewächse, die über spezielle Fangvorrichtungen und Verdauungsapparate verfügen, um an ihren oft nährstoffarmen Naturstandorten (z. B. Mooren) ihren Bedarf an Stickstoff und Phosphorsäure aufzubessern. Sie sind jedoch auch ohne diese Zusatznahrung lebensfähig! Diese Pflanzen sind über die ganze Welt verbreitet und stammen aus verschiedenen Familien.
Als bekannteste tropische Vertreterin gilt *Nepenthes*, die **Kannenpflanze** (siehe Seite 59).
Die nordamerikanischen Schlauchpflanzen, *(Sarracenia* und *Darlingtonia)*, die Venusfliegenfalle *(Dionaea muscipula)* sowie Sonnentau-*(Drosera)* und Fettkraut-*(Pinguicula)*Arten brauchen dagegen einen hellen und luftigen Stand.
Die trichterförmigen, zu Kesselfallen umgeformten Blätter der **Schlauchpflanzen** kommen direkt aus dem Wurzelstock. Sie sind grün- oder rotlaubig, stark geadert und außerordentlich hübsch im durchscheinenden Licht. Eine weitere Besonderheit stellen die lampenförmigen Blüten dar. Es gibt viele interessant geformte Züchtungen mit entsprechender Zimmereignung.
Bei der berühmten **Venusfliegenfalle** kann man den aktiven Fangmechanismus am besten beob-

achten. Die beiden Blatthälften klappen nach zweimaliger Berührung der kleinen Fühlborsten zusammen und halten das Insekt fest – eine eingebaute »Sicherung«, damit nicht Regen oder fallendes Laub zum Auslöser der Bewegung werden. Der Verdauungsvorgang, von dem nur der Chitinpanzer des Insekts zurückbleibt, dauert etwa eine Woche. Eine dritte Gruppe arbeitet dagegen mit Klebevorrichtungen. Dazu zählen auch unsere heimischen **Sonnentau**-Arten und die **Fettkräuter.** Für die Kultur im Haus eignen sich jedoch nicht-heimische Arten besser – unsere Pflanzen stehen außerdem unter Naturschutz!

Standort: Viel Sonne und frische Luft sind für die hier vorgestellten Arten unerläßlich, damit der Wuchs kräftig bleibt und sich das Laub ausfärben kann.

Den Sommer über sollten sie möglicht ins Freie gestellt werden; sonst nur mäßig warm halten, im Winter möglichst um die 10 °C. Bei den Schlauchpflanzen genügt es auch, wenn der Raum nur frostfrei bleibt, weil die Blätter teilweise einziehen.

Pflege: Diese Pflanzen müssen gut feucht gehalten werden. Im Sommer ruhig etwas Wasser in den Untersatz geben oder am besten Glasaquarien verwenden. Das sieht nicht nur schön aus, gleichzeitig kann man so den Wasserstand gut regulieren und es läßt sich darin eine höhere Luftfeuchtigkeit halten, wie es die Pflanzen von ihren heimatlichen moorigen Standorten gewöhnt sind. Immer möglichst kalkfreies Wasser verwenden! Als Pflanzstoff dient ungedüngter Torf, eventuell mit einem Zusatz von Torfmoos *(Sphagnum)* und Sand (pH 4–5). Umgepflanzt wird jährlich im Frühjahr, um Kalk- und Salzanreicherungen im Substrat vorzubeugen. Wenn überhaupt gedüngt wird, dann nur sporadisch in schwächsten Konzentrationen.

Vermehrung: Durch Teilung oder Aussaat.

Hinweise: Am schönsten kommen diese Gewächse ausgepflanzt in einem Terrarium zur Geltung, wenn mehrere Arten eine Gemeinschaft bilden. »Gefüttert« werden brauchen die Pflanzen übrigens nicht – höchstens zum Spaß, wenn man seine Freunde und Bekannte etwas »auf den Arm nehmen« möchte!

Fettkraut *(Pinguicula,* oben) und Sonnentau *(Drosera,* unten) fangen ihre Opfer mit Hilfe klebriger Sekrete.

Großes Bild links: Die Venusfliegenfalle mit ihren raffinierten Klappfallen (siehe kleines Bild rechts oben) stammt wie die Schlauchpflanzen aus Nordamerika. Sonnentau (links im Bild) und Fettkraut (Mitte) wachsen auch in mitteleuropäischen Mooren und im Gebirge. Die heimischen Arten sind jedoch streng geschützt!

Azalee

Rhododendron-
Simsii-Gruppe

Heidekrautgewächse

Merkmale: Azaleen gehören zur Gattung *Rhododendron*, deren Heimat die feucht-kühlen Gebirgswälder Ostasiens sind. Aber nur *Rhododendron simsii* wird als Stammform unserer Topfazaleen angesehen. In seltenen Fällen erhält man auch die reizende kleinblütige Japanische Azalee. *R. molle* subsp. *japonicum.*
Standort: Hell, keine pralle Sonne und luftig, nicht zugig! Den Sommer über am besten halbschattig im Freien; Töpfe möglichst in Erde einfüttern, um die Feuchtigkeit zu halten. Im September einräumen und kühl bei 10–15 °C aufstellen. Mit zunehmender Entwicklung, wenn die Knospen Farbe zeigen, werden höhere Temperaturen toleriert – langsamer Übergang auf 15–18 °C. Je wärmer der Stand, desto kürzer die Haltbarkeit der Blüter.
Pflege: Ganzjährig gleichmäßige Feuchtigkeit ist für den Kulturerfolg ausschlaggebend. Der Ballen darf nie ganz austrocknen! Die Wassergaben müssen auf die herrschenden Temperaturen abgestimmt sein. Ein wöchentliches Tauchbad ist hilfreich, damit sich der Ballen richtig vollsaugen kann. Ständige Staunässe führt allerdings zu Wurzelschäden. Auch im Raum ist es ratsam, den Topf einzufüttern, denn damit läßt sich zugleich die Luftfeuchtigkeit erhöhen. Zusätzlich viel Sprühen. Nur enthärtetes, temperiertes Wasser verwenden. Während der Blüte selten, von Mai bis Ende Juli regelmäßig, aber schwach düngen. Azaleen werden nach ihrer Blütezeit im 2 bis 3jährigen Rhythmus umgepflanzt, alte Exemplare nur mit neuer Erde auffüllen. Spezialerde verwenden! Flache Töpfe wählen. Samenansätze regelmäßig abknipsen und abgestorbene Teile entfernen. Jungtriebe, die sich im Frühjahr bilden, können eingekürzt werden, wenn die Pflanzen buschig bleiben sollen.
Schadbilder: Auf Kulturfehler wie Trockenheit, Staunässe, Überdüngung, zu kalkhaltiges Wasser und zuviel Wärme reagieren Azaleen sehr empfindlich mit Blatt- und Knospenfall, auch die Anfälligkeit für Schädlinge wird erhöht.
Vermehrung: Durch Stecklinge, jedoch auch im Vermehrungskasten schwierig.
Hinweise: Azaleen können alt und dabei immer schöner werden, wenn man sie nur vorübergehend im warmen Zimmer hält, gleichmäßig pflegt und nie ganz austrocknen läßt. Die einzige Ausnahme für reduzierte Wassergaben ist im Herbst, wenn die Blütenbildung erfolgt.

Azaleen sind in einem riesigen Sortiment im Handel – in allen Zwischentönen von Weiß bis Violett, mit gefüllten und ungefüllten Blüten, von der Mini-Pflanze bis zum dekorativen Hochstämmchen.

Alpenveilchen zählen mit zu den wichtigsten blühenden Topfpflanzen überhaupt und dienen nicht selten als Blumenstraußersatz. Dabei sind mehrjährige, kräftige Alpenveilchen eine besondere Zierde.

Alpenveilchen

Cyclamen-Persicum-Gruppe Primelgewächse

Merkmale: Vorfahre dieser beliebten Topfpflanze ist *Cyclamen persicum* – das nicht aus den Alpen, wie der deutsche Name vermuten läßt, sondern aus den Bergen im Mittelmeerraum und in Kleinasien stammt. Vielfache züchterische Bearbeitung haben das Alpenveilchen längst zur wichtigsten Topfpflanze des Winterhalbjahres werden lassen. Der Handel bietet ein breites Sortiment in den Blütenfarben Rot, Rosa, Violett und Weiß an, die Formen variieren von mit oder ohne Auge, glattrandig bis gefranst. Neben den verschiedenartigen Blütenformen und -farben bilden die Pflanzen zusätzlich schön gezeichnete, herzförmige Blätter aus. Stark gefragt sind auch wieder die Miniatur-Alpenveilchen, die in ihrem Erscheinungsbild der ursprünglichen Wildform näherkommen. Sie zeichnen sich durch besonders gute Haltbarkeit aus, und es gibt auch duftende Sorten darunter.
Standort: Hell, vor praller Sonne geschützt; ganzjährig nicht zu warm. Ideal sind Temperaturen von 15–18 °C, jedoch nicht unter 10 °C. Bei Weiterkultur den Sommer über möglichst an halbschattigen Plätzen im Freien aufstellen, besser noch den Topf im Boden einsenken.
Pflege: Gleichmäßig und vorsichtig gießen. Nie austrocknen lassen und keinesfalls zu naß halten, sonst besteht Fäulnisgefahr. Aus diesem Grund auch nicht direkt auf die Knolle gießen (Knollen sind allerdings bei neugekauften Pflanzen noch kaum ausgebildet!) Überschüssiges Wasser aus Untersetzern nach einer Weile entfernen. Möglichst nur kalkarmes und temperiertes Wasser verwenden. Blätter besprühen. Während der Wachstums- und Blütezeit alle 8-14 Tage düngen. Bei Weiterkultur die abgeblühten Pflanzen etwa 6 – 8 Wochen ruhen lassen, das Laub muß aber nicht absterben. Danach neu in humose Erde topfen (bei älteren Pflanze ein Drittel der Knolle über der Erde) und wieder mit der intensiven Pflege beginnen; ab Herbst setzt die Blütenknospenentwicklung ein.
Schadbilder: Anfällig für vielerlei pilzliche und tierische Schädlinge. Besonders wichtig zur Gesunderhaltung sind deshalb optimale Standort- und Pflegebedingungen. Fäulnis von Blüten- und Blattstielresten vermeiden, indem man Stengel ruckartig herauszieht oder abdreht.
Vermehrung: Durch Aussaat von Spätsommer bis Frühjahr. Achtung, Dunkelkeimer! Keimtemperatur etwa 18–20 °C. Die Kulturzeit bis zur Blüte beträgt etwa ein Jahr. Auch Teilung alter Knollen ist möglich (durchschneiden, abtrocknen lassen, neu eintopfen).
Hinweise: Wochen- und monatelangen Blütenflor gibt es nur bei kühlem Stand. Ein beheizter, lufttrockener Raum Schränkt die Haltbarkeit stark ein.

Kamelie

Camellia japonica — Teegewächse

Merkmale: Kameliensträucher stammen aus den feuchten Gebirgsregionen und küstennahen Wäldern Ostasiens. Schon im 19.Jahrhundert wurde ihre Kultur auch hier zur Liebhaberei – allerdings nur unter Glas. Seit jeher steht die Kamelie im Ruf, eine »heikle Schöne« zu sein. Das hat jedoch nur damit zu tun, daß in einer normalen Wohnung keine für ihre Ansprüche geeigneten Räume vorhanden sind.
Die Blütenformen der Kamelien variieren sehr stark. Bei den ungefüllten Sorten kommen die gelben Staubgefäße voll zur Geltung. Das Farbspektrum reicht vom reinen Weiß über alle Nuancen von Rosa zu Rot. Auch zweifarbige Sorten sind darunter, wie die großblütige 'Chandleri Elegans'. Trotz aller Sortenvielfalt ist sie eine der wenigen, die über Jahre zu halten ist. Wer allerdings über genügend helle, luftige und kühle Räume, Wintergarten oder Gewächshaus verfügt, kann es auch mit vielen anderen herrlichen Kameliensorten versuchen. Die Blütezeit ist temperatur- und sortenabhängig – sie beginnt im Winter und reicht bis weit ins Frühjahr hinein.
Standort: Ganzjährig sehr hell und luftig, aber hinter Glas keine zu intensive Sonneneinstrahlung. Den Sommer über im Freien, im Winter frostfrei – nicht über 15 °C.
Pflege: Während und nach der Blütezeit im ausgehenden Winter und Frühjahr gleichmäßig feucht halten und häufig sprühen. Nur kalkarmes Wasser verwenden! Im Winter bei niedrigen Temperaturen sparsam gießen. Nährstoffgaben 8–14tägig von Blühbeginn bis etwa Ende Juli – kalkfreie Dünger in schwacher Konzentration verwenden, da die Pflanzen salzempfindlich sind. Ab August Gießen einschränken – fördert gemeinsam mit hohen Temperaturen die Knospenentwicklung.
Umgepflanzt wird nur nach Bedarf in größeren zeitlichen Abständen. Saures Spezialsubstrat (pH um 5) wie für Azaleen und Rhododendron verwenden, jedoch mit Lehmzusatz.
Schadbilder: Schild- und Schmierlausbefall durch zuviel Wärme, Lufttrockenheit und Lichtmangel im Winterquartier. Außerdem führen noch Kulturfehler wie Ballentrockenheit, Staunässe, zu hoher Kalkgehalt durch Gießwasser oder zuviel Salzanteil durch Überdüngung zu Blatt- und Knospenfall.
Vermehrung: Halbreife Kopfstecklinge im Hochsommer vor der Knospenbildung im Vermehrungskasten bewurzeln.
Hinweise: Mit zunehmendem Alter werden die Pflanzen immer schöner, deshalb Vorsicht beim Zurückschneiden – ist aber möglich! Kurz vor und während der Blütezeit den Standort möglichst nicht verändern, kann Knospenfall verursachen. Häufig ist dieser jedoch durch zu hohe Temperatur bedingt!

Die altbewährte Sorte 'Chandleri Elegans' wirft die Knospen nicht gleich ab, wenn die Temperaturen etwas über das sonst übliche Limit von 15 °C steigen und die Luftfeuchtigkeit unter 50 % liegt.

Die natürliche Blütezeit der Gardenie erstreckt sich auf die Sommer- und Herbstmonate.

Gardenie

Gardenia jasminoides Krappgewächse

Merkmale: Gardenien sind, ähnlich wie die Kamelien, von einem Flair der Kostbarkeit umgeben. Die Heimat beider Sträucher liegt in Ostasien. Die cremefarbenen, über dunkel glänzendem Laub stehenden Blüten von *Gardenia jasminoides* sind gefüllt und wirken etwas wachsartig. Großzügig verströmen sie ihren charakteristisch betörenden Duft. Leider ist ihre Kultur im Haus nicht ganz unproblematisch – auch das verbindet sie mit der Kamelie.
Standort: Ganzjährig hell und luftig, keine pralle Mittagssonne – den Sommer über im Freien an geschützter Stelle. Zimmertemperatur wird gut vertragen, im Winter aber kühler stellen – um die 15 °C. Je heller ein Raum ist, um so mehr Wärme toleriert die Pflanze. Für die dunkle Jahreszeit ist ein Wintergarten am besten geeignet. Die optimalen Temperaturen für Wachstum und Blütenbildung bewegen sich zwischen 16 und 20 °C. Die Weiterentwicklung der Blüten wird allerdings wieder durch niedrigere Temperaturen um 15–17 °C begünstigt, sonst besteht die Gefahr des Knospenfalls. Eine wichtige Rolle spielt immer die Bodenwärme – auch während der Kühlphasen! Wichtig ist, daß während des Knospenansatzes keine allzugroßen Temperaturschwankungen auftreten und bei der Kultur insgesamt gleichmäßige Bedingungen herrschen.
Pflege: Für gleichmäßige Feuchtigkeit sorgen – nie zu naß halten, vor allem nicht im Winter. Luftfeuchtigkeit durch Sprühen erhöhen – besonders im Knospenstadium; dabei nicht in die Blüten sprühen! Wichtig: Nur kalkarmes, temperiertes Wasser verwenden! Von Frühjahr bis Sommer 8–14tägig kalkfrei düngen. Umpflanzen im zeitigen Frühjahr bei Bedarf – saures Substrat wählen, wie bei der Kamelie. Keine zu großen Töpfe!
Schadbilder: Wie bei der Kamelie. Außerdem führen zu hohe Temperaturen und Lichtmangel zu Blatt-und Knospenfall. Aufhellen der Blätter vom Rand her (Chlorose) entsteht durch zu hohen Kalkgehalt des Bodens (falsches Gießen und Düngen) – eisenhaltige Mittel als Gegenmaßnahme verbunden mit Umtopfen in frische Erde.
Vermehrung: Wie bei der Kamelie.
Hinweise: Gardenien lassen sich auch als reizende Hochstämmchen ziehen. Grundsätzlich ist ein leichter Rückschnitt der Triebspitzen im Frühjahr zu empfehlen. Bei Verkahlen älterer Pflanzen ist ein kräftiger Rückschnitt notwendig.

Zwergorange, *Calamondine*

x *Citrofortunella microcarpa* Rautengewächse

Merkmale: Verschiedene *Citrus*-Arten und ihre Verwandten, vor allem die *Calamondine*, sowie *Fortunella japonica*, die echte Kumquat, mit ihren kleinen ovalen, genießbaren Früchten, sind die Eltern der Zwergorangen. In allen Fällen handelt es sich um kleinfrüchtige Zitrusgewächse. Auch die Sträucher werden nur 1–2 m hoch. Diese Pflanzen sind nicht unbedingt auf Bestäubung angewiesen, darum eignen sie sich gut für die Zimmerkultur. Besonders reizvoll ist, daß sich oft während des ganzen Jahres gleichzeitig herrlich duftende Blüten und hübsche Früchte in unterschiedlichen Stadien am Strauch befinden – so, wie man es auch von den großfrüchtigen Zitrusbäumen her kennt. Die Zwergapfelsinen entwickeln sich über Wochen bis zur vollen Reife, halten dann aber auch ebenso lang an der Pflanze. Die dünnen Triebe werden manchmal von der Last der vielen kleinen Orangen regelrecht nach unten gezogen.

Standort: Ganzjährig hell und sonnig, warm, aber luftig. Im Sommer auch geschützt im Freien. Die Überwinterung von x *Citrofortunella* kann bei Zimmertemperaturen um 18 °C erfolgen, also nur wenig kühler als im übrigen Jahr. *Fortunella* hingegen will weniger warm stehen – etwa bei 10–15 °C.

Pflege: Im Sommer hoher Feuchtigkeits- und Nährstoffbedarf, auch häufig besprühen. Im Winter jedoch nur sparsam gießen und nicht düngen – das bedeutet eine gewisse Ruhezeit für die Pflanze. Sie sollten aber auch in der Vegetationszeit nie zu naß gehalten werden. Umpflanzen erst, wenn der Topfballen völlig durchwurzelt ist. Sonst nur bei Bedarf frische Erde auffüllen. Das Pflanzsubstrat soll humos und nahrhaft sein mit einem pH-Wert um 5. Tonhaltige Erden verwenden oder Fertigsubstrate noch mit Lehm und Kompost mischen.

Schadbilder: Zu warmer und wenig durchlüfteter Stand begünstigt Schädlinge. Zuviel Feuchtigkeit bei kühler Überwinterung bedingt Blattfall. Eine Aufhellung der Blätter (Chloroseerscheinung) wird speziell bei den Zitrusgewächsen immer wieder beobachtet. Häufig wird dies durch fehlenden Lehmanteil im Substrat hervorgerufen. Um das Blattgrün wieder zu verbessern, müssen Eisenpräparate dem Gießwasser zugesetzt werden.

Vermehrung: Durch nicht zu weiche Kopfstecklinge im Frühjahr im Vermehrungskasten – ist jedoch nicht unbedingt erfolgreich.

Hinweise: Entgegen der landläufigen Meinung wollen Zwergorangen auch im Winter mäßig warm stehen und nicht wie Kübelpflanzen behandelt werden. Wenn die Büsche zu groß oder einzelne Triebe zu lang werden, sollte man einen Rückschnitt ähnlich wie im Obstbau vornehmen. Es gelten die gleichen Regeln: Starker Schnitt bewirkt kräftiges Wachstum, Einkürzen fördert Blütentriebe; schwache Zweige entfernen. Übrigens: Aus Samen gezogene Pflanzen von eßbaren, großfrüchtigen Sorten ergeben meist sparrige, nichtfruchtende Sträucher – sie müssen erst veredelt werden!

Zitrusgewächse bringen gleichzeitig Blüten und Früchte hervor.

Ganz unten: Eine Kumquat mit den typischen, ovalen Früchten – hier eine panaschierte Form.

Spitzblume

Ardisia crenata Myrsinengewächse

Merkmale: Der kleine, ostasiatische Strauch mit den abstehenden Zweigen und den ledrig dunkelgrünen Blättern wirkt erst richtig attraktiv, wenn ihn Blüten und Früchte schmücken. Den eigentlichen Zierwert stellen die roten, lange haltbaren Beeren dar. Sie hängen manchmal ein ganzes Jahr an der Pflanze, ehe sie schrumpfen. In der Zwischenzeit bilden sich ab Frühsommer oft schon wieder neue, weiße Blütenrispen.
Standort: Sehr heller Stand bei Zimmertemperatur, aber keine direkte Sonneneinstrahlung in der Mittagszeit. Im Winter sollte der Strauch bei 15–18 °C etwas kühler stehen – das ist wichtig für die Haltbarkeit der Beeren. Er darf aber dabei keine »kalten Füße« bekommen, man muß also für Bodenwärme sorgen. Dazu genügt es schon, am Boden ein Styroporstück unterzulegen oder den Topf hochzustellen.
Pflege: Ganzjährig nur mäßig gießen, aber viel sprühen! Während der Wachstumsperiode wöchentlich düngen. Umgepflanzt wird im Frühjahr vor dem Neutrieb, jedoch nur nach Bedarf. Die Erde soll locker und kräftig-humos sein. Fertigsubstrate sind geeignet.
Vermehrung: Durch nicht zu weiche, leicht verholzende Kopfstecklinge im Vermehrungskasten. Auch Aussaat ist möglich – zuvor das Fruchtfleisch entfernen. Die Keimtemperatur liegt bei 20 °C. Diese Anzucht ist jedoch sehr langwierig.
Hinweise: Anspruchsvolle Pflanze, die für den Fruchtansatz sowie für die Haltbarkeit des Fruchtschmucks möglichst hohe Luftfeuchtigkeit benötigt.
Eine Besonderheit sind die winzigen Knötchen am gewellten Blattrand, die Bakterien enthalten, deren Funktion jedoch noch nicht vollständig geklärt ist.

Links: Die Kranzschlinge gehört zu den am angenehmsten duftenden Zimmerpflanzen.

Spitzblumen besitzen nicht nur attraktive Früchte, auch die weißen Blütenrispen sind sehr zierend.

Kranzschlinge

Stephanotis floribunda Seidenpflanzengewächse

Merkmale: Die Kranzschlinge stammt aus den Bergen Madagaskars, wo sie als rankender Strauch wächst. Mit ihren meterlangen, biegsamen Trieben sucht sie Halt in der Nachbarschaft. Die wunderbar duftenden, weißen Blütendolden über dem dunkelgrünen, ledrig-glänzenden Laub erscheinen in Kultur etwa in der Zeit von April bis September.
Standort: Möglichst hell und luftig, aber keine pralle Sonne. Zimmertemperatur wird vertragen. Im Winter jedoch eine Ruhezeit bei Temperaturen von 10–15 °C einhalten, damit der Blütenansatz gewährleistet ist.
Pflege: Reichlich gießen, aber immer mit enthärtetem, temperiertem Wasser. Auch regelmäßig sprühen und düngen. Nach der Blüte ab dem Spätsommer möglichst kühl stellen und im Winter, entsprechend den sinkenden Temperaturen, nur mäßig feucht halten. Beim Umpflanzen die Wurzeln nicht verletzen und nur wenig größere Töpfe benutzen, sonst kann es zu Blühfaulheit kommen. Gute Dränage ist wichtig. Das Pflanzsubstrat soll kräftig-humos sein. Tonhaltige Erden verwenden.
Vermehrung: Im Frühjahr durch Teilstecklinge mit 1–2 Blattpaaren im Vermehrungskasten.
Hinweise: Anspruchsvolle Blütenpflanze, die eine gleichmäßige und aufmerksame Pflege verlangt. Kräftiges Wachstum und reiche Blüte werden nur bei entsprechender Winterruhe erreicht. Nach dem Knospenansatz möglichst kein Standortwechsel mehr. Rückschnitt ist möglich.

Hibiskusblüten, besonders die ungefüllten, faszinieren wegen ihres weit herausragenden Griffels. Es gibt sie vor allem in Rot- und Gelbtönen, aber auch in Weiß.

Roseneibisch, Hibiskus

Hibiscus rosa-sinensis — Malvengewächse

Merkmale: Die meterhoch werdenden Sträucher stammen aus Asien, sind aber längst in allen tropischen und subtropischen Regionen der Welt verbreitet. Hibiskus gibt es in vielen Farbschattierungen, von Weiß über Gelb bis Rot. Die einzelne Blüte ist zwar sehr kurzlebig, ein Strauch bringt jedoch fast das ganze Jahr über neue Knospen hervor. Am häufigsten werden kleine Töpfe für die Fensterbank angeboten, aber bei liebevoller Pflege erreichen sie rasch stattliches Kübelformat.

Standort: Hell und sonnig, den Sommer über auch im Freien. Bei ganzjähriger Zimmerkultur sollte die Raumtemperatur 20 °C nicht übersteigen und nachts abgesenkt werden! Eine Ruhezeit von November bis Januar bei 16–18 °C ist günstig. Im Gegensatz zu anderen Kübelpflanzen will Hibiskus nie unter 15 °C stehen, sonst reagiert er mit Laubfall. Dadurch werden Neutrieb und Blütenbildung verzögert. Zuviel Wärme führt zu übermäßigem Längenwachstum.

Pflege: Vom Frühjahr bis zum Sommer reichlich wässern, düngen, sprühen. Ab August das Gießen reduzieren und die Düngung einstellen, damit das Holz ausreifen kann. Im Winter Wassergaben entsprechend der Raumtemperatur. Eine Ruhezeit fördert Gesundheit und Blütenbildung. Umgetopft wird im Frühling – junge Pflanzen jährlich, ältere in größeren Abständen. Kräftiges, tonhaltiges Substrat verwenden.

Schadbilder: Zuviel Wärme und Lufttrockenheit begünstigen Schädlinge. Starke Temperatur-und Feuchtigkeitsschwankungen führen zu Knospen- und Blattfall.

Vermehrung: Durch halbreife Stecklinge im Frühsommer.

Hinweise: Rückschnitt zu lang gewordener Triebe im zeitigen Frühjahr. Vor allem bei Hochstämmchen ist ein Formschnitt erforderlich.

Brunfelsie

Brunfelsia pauciflora var. *calycina* — Nachtschattengewächse

Merkmale: Nur diese eine Art der Gattung befindet sich in gärtnerischer Kultur. Sie erreicht bei uns etwa 50 cm Höhe, während sie in ihrer Heimat Brasilien baumartige, reichverzweigte Sträucher bildet. Die 7–10 cm langen, lanzettlichen Blätter sind ledrig und derb. Die zarten Einzelblüten haben ca. 5 cm Durchmesser und sind lavendelblau bis dunkelviolett (die Farbe variiert stark). Sie sind nicht lange haltbar, aber immer wieder erscheinen neue Knospen, die nacheinander aufblühen. Die Blütezeit erstreckt sich vom ausgehenden Winter oft über mehrere Wochen. Beim Aufblühen ist die Farbe intensiv, nach ein paar Tagen hellt sie mehr und mehr auf, manchmal sind die Blüten bis zum Abfallen fast weiß.
Standort: Hell, aber unbedingt vor starker Sonneneinstrahlung schützen. Von der Knospenbildung im zeitigen Frühjahr bis zum Herbst bei Zimmertemperatur. Ab Oktober ist unbedingt 2–3 Monate lang eine Kühlperiode (um 15 °C) notwendig, um die Blütenbildung anzuregen.
Pflege: Gleichmäßig feucht halten, weder austrocknen lassen noch zu naß halten. Kalkarmes Wasser verwenden! Während der Wachstumsphase alle 14 Tage düngen, in der Ruhezeit Wasser- und Nährstoffgaben einschränken. Im zeitigen Frühjahr in humose Erde umpflanzen. Nach der Blüte unbedingt Rückschnitt, da die Pflanze zu sparrigem Wuchs neigt.
Schadbilder: Schädlinge sowie Knospen- und Blattfall durch zuviel Wärme und Lufttrockenheit. Neigt zu Chlorose (Blattaufhellung) durch zu hohen pH-Wert (erhöhter Kalkgehalt), dadurch wird Eisenmangel verursacht. Solche Blattaufhellungen lassen sich durch Gießen mit Eisenpräparaten beseitigen.
Vermehrung: Durch Kopfstecklinge im Vermehrungskasten; auch mit hoher Bodenwärme nicht einfach. Jungpflanzen stutzen.
Hinweise: Brunfelsien reagieren empfindlich auf ungleichmäßige Wachstumsbedingungen – außer der Ruhezeit möglichst keine Schwankungen! Vosichtig sprühen! Blüten werden fleckig.

Brunfelsien neigen trotz Rückschnitt zu sparrigem Wuchs.

Passionsblume

Passiflora-Arten Passionsblumengewächse

Merkmale: Diese Pflanzengattung aus den tropischen Gebieten Amerikas besteht überwiegend aus starkwachsenden, kletternden Sträuchern, die sich mit Hilfe ihrer Ranken selbständig Halt suchen. Manche Arten, wie *P. edulis* und *P. quadrangularis*, bilden wohlschmeckende Früchte (Grenadille bzw. Maracuja).

Alle Passionsblumen haben einen faszinierenden Blütenaufbau. Rechts: *Passiflora violacea*, unten: *P. caerulea*, unten rechts: *P. coccinea*.

Der charakteristische Aufbau der Blüten führte zur Bezeichnung Passionsblume. Der Strahlenkranz wird mit der Dornenkrone Christi, die Griffel mit den Kreuznägeln und die Narben mit dem Schwamm aus der Passionsgeschichte verglichen. Die einzelnen Arten und Sorten unterscheiden sich in Blattform, Farbe und Größe der Blüten, aber auch im Pflegeanspruch. Die weiße *P. caerulea* mit dem blauen Kranz und ihre Zuchtformen haben sich bereits im Zimmer bewährt. Die violettblühende *P. violacea* und die roten *P. racemosa* und *P. coccinea* sind etwas anspruchsvoller. Alle Arten blühen im Sommer.

Standort: *P. caerulea* und ihre Abkömmlinge wollen von Frühjahr bis Herbst sehr hell, sonnig und warm stehen. Den Sommer über können sie auch im Freien an einer geschützten, warmen Stelle verbringen. Schatten beeinträchtigt die Blütenbildung. Im Winter sollen die Temperaturen zwischen 5 und 15 °C betragen, bei gleichzeitig luftigem Stand, im milden Klima und mit etwas Schutz kann sie sogar draußen überwintern. *P. violacea* eignet sich für temperierte Räume, auch im Winter nicht unter 15 °C. *P. racemosa* und *P. coccinea* brauchen noch etwas mehr Wärme und höhere Luftfeuchtigkeit.

Pflege: Während der Sommermonate wegen des starken Wachstums reichlich gießen und düngen, im Winter mäßig. Umpflanzen nach Bedarf im Frühjahr in nährstoffreiche, humose Erde; nicht zu große Töpfe wählen, da die Pflanzen sonst blühfaul werden.

Schadbilder: Zuviel Wärme im Winter verursacht Schädlingsbefall.

Vermehrung: Aus dem Wurzelstock kommende Ableger eintopfen oder Kopfstecklinge im Vermehrungskasten bewurzeln.

Hinweise: Rückschnitt aller Seitentriebe auf 6 bis 8 Augen im Frühjahr fördert die Blütenbildung.

Das aromatische Jasminöl wird vor allem aus dem weißblühenden *Jasminum officinale* 'Grandiflorum' gewonnen, der aus Ostasien stammt und im Sommer blüht.

Jasmin

Jasminum-Arten Ölbaumgewächse

Merkmale: Eine artenreiche Gattung in tropischen und subtropischen Gebieten Afrikas, Asiens und Australiens: z. T. aufrechtwachsende, z. T. kletternde Sträucher, sowohl immergrüne als auch laubabwerfende Arten. Die Blätter können ganzrandig sein, wie bei *J. sambac*, oder gefiedert, wie bei *J. polyanthum*. Die Blütenfarbe ist weiß oder gelb. Meist stark duftend! Nur *J. nudiflorum*, der gelbblühende Winterjasmin, ist frosthart. *J. officinale* ist leicht zu verwechseln mit *J. polyanthum*, der bereits während der Wintermonate blühend angeboten wird. Die Knospen von *J. polyanthum* sind jedoch rosa überhaucht.
Standort: Hell, keine pralle Sonne; mäßig warm und luftig, wenn möglich, im Sommer geschützt im Freien. Überwinterung kühl und frostfrei, möglichst unter 10 °C (wichtig zur Blütenentwicklung).
Pflege: Gleichmäßig feucht halten, jedoch temperaturabhängig im Sommer reichlich, im Winter sparsam gießen; viel sprühen. In der Hauptwachstumszeit alle 8–14 Tage düngen. Nach Bedarf im Frühjahr in lockere, nährstoffreiche Erde umpflanzen.
Schadbilder: Bei zu warmem, dunklem Stand werden die Triebe lang und dünn, es treten Schädlinge auf, und die Blütenansätze können absterben.
Vermehrung: Durch halbreife Stecklinge vom Frühjahr bis zum Sommer im Vermehrungskasten oder durch Abtrennen von Ausläufern.
Hinweise: Jasmin ist eine recht anspruchslose Topf- bzw. Kübelpflanze. Ein Rückschnitt nach der Blüte fördert die Seitentriebbildung und damit den Blütenreichtum.
Verwandte: *J. sambac* aus Indien wird bis 3 m hoch und trägt stark duftende, große Blüten. Er ist starkwachsend und benötigt eine Rankhilfe. Er braucht keine Ruhezeit, Temperaturen von 18–20 °C sind optimal.
Hier soll auch noch der **Sternjasmin** *(Trachelospermum jasminoides)* erwähnt werden. Es ist mit dem Jasmin zwar nicht verwandt, ihm aber ähnlich: Eine duftende Kletterpflanze mit ledrigem Blatt und weißen Blüten, die an kleine Windräder erinnern – wie beim Oleander (siehe Seite 157), zu dessen Familie er gehört und dessen Ansprüche er teilt.

Die Blüten der Kalla wirken fast unnatürlich in ihrer Makellosigkeit.

Zimmerkalla, Schlangenwurz

Zantedeschia aethiopica

Aronstabgewächse

Merkmale: Die weiße Kalla stammt aus den tropischen Gebieten Südafrikas. Dort wächst sie meterhoch in Sümpfen, die im Sommer austrocknen. An diesen Zyklus ist ihr Lebensrhythmus auch in Kultur angepaßt. Ihre Vorliebe für kühle, luftige Räume hat die Zimmerkalla schon vor Jahrzehnten zur dankbaren Zimmerpflanze gemacht.
Aus ihrem fleischigen Wurzelstock entspringen große, schildförmige Blätter. Die Blüten sitzen auf kräftigen, straffen Stielen. Die reinweißen Blütenhüllblätter, die die gelben Blütenkolben umfassen, erscheinen bereits im zeitigen Frühjahr.
Standort: Sonnig bis halbschattig; im Winter, zur Zeit der Blütenbildung, hell und kühl (10–15 °C). Ab Jahresbeginn und mit zunehmender Knospenentwicklung wieder auf Zimmertemperatur (um 20 °C) umstellen. Kann im Sommer in milden Klimagebieten auch ganzjährig geschützt im Freien stehen.
Pflege: Nach der Blüte (etwa Mai/Juni) unbedingt eine Ruheperiode einlegen und die Pflanze einige Wochen trockener halten; erst danach die Wassergaben langsam wieder steigern. Im Sommer reichlich gießen, evtl. auch in wassergefüllten Untersatz stellen. Bei Bedarf in frische, lehmige und nährstoffreiche Erde umtopfen. Gedüngt wird alle 14 Tage ab dem Knospenansatz bis zum Ende der Blütezeit. Ruhende, knollenartige Rhizome, wie sie im Handel angeboten werden, pflanzt man im Spätsommer ca. 5 cm tief ein und behandelt sie wie nach einer Trockenperiode.
Schadbilder: Bei Trockenheit während der Blühperiode kann es zu Blattlausbefall kommen.
Vermehrung: Durch Teilen des Wurzelstocks.
Hinweise: Die Hybriden haben einen anderen Lebensrhythmus als *Z. aethiopica.*: Das Laub zieht im Herbst nach der Blüte ein. Die Pflanzen werden kühl (frostfrei) und trocken überwintert. Im März in frische Erde setzen und hell, aber kühl weiterkultivieren.

Rechts: Die bunten Neuzüchtungen mit geflecktem Laub entstanden aus Kreuzungen von *Z. elliottiana* (gelb blühend) mit *Z. rehmannii* (rosa), sie bleiben meist zierlich und ruhen im Gegensatz zur weißen Kalla den Winter über.

Links: Die Engländer nennen *Justitia carnea* wegen ihres kronenartigen Blütenstandes »King's Crown«.

Jakobinie

Justitia carnea Akanthusgewächse

Merkmale: Die Jakobinie (Syn.: *Jacobinia carnea*) ist ein strauchartiges Gewächs, das in seiner Heimat Brasilien 1–2 m hoch wird. In Kultur erreicht sie eine Höhe von 40–60 cm. Die Zweige und Blätter sind dunkelgrün und weich behaart. An den Triebenden erscheinen ährenförmige Blütenstände, aus denen sich vom Sommer bis in den Herbst hinein büschelweise rosarote, leicht klebrige Blüten hervorschieben.
Standort: Hell bis halbschattig, keine pralle Sonne. Zimmertemperatur (um 20 °C) bei hoher Luftfeuchtigkeit; im Winter etwas kühler, aber nicht unter 15 °C. Die Jakobinie kann den Sommer über auch im Freien verbringen.
Pflege: Ganzjährig gleichmäßig feucht halten. Während der Wachstumszeit alle 8–14 Tage düngen. Umpflanzen im Frühjahr nach kräftigem Rückschnitt in humose, nährstoffreiche Erde.
Schadbilder: Durch Staunässe, Ballen- oder Lufttrockenheit entsteht Blattfall.
Vermehrung: Durch Kopfstecklinge im Frühjahr bei einer Bodenwärme von ca. 22 °C. Um einen buschigen Wuchs zu erreichen, Jungpflanzen frühzeitig stutzen.
Hinweise: Kräftigen Rückschnitt und kühle Überwinterung dankt die Jakobinie durch buschigen Wuchs und zahlreiche Blüten. Durch Stutzen einiger Triebe im Frühsommer läßt sich die Blütezeit insgesamt etwas verlängern.

Pentas

Pentas lanceolata Krappgewächse

Merkmale: Die eigentliche Heimat der zahlreichen *Pentas*-Arten ist das tropische Afrika. Am Naturstandort werden die Halbsträucher rund einen halben Meter hoch und wachsen etwas sparrig; in Kultur behandelt man die Pflanze mit Wuchshemmstoffen, um sie klein und buschig zu halten. Die kleine Topfpflanze schmückt sich mit zahlreichen Blütendolden, die aus einer Vielzahl kleiner Einzelblütchen bestehen. Die Farbpalette reicht von Weiß über Rosa, Lachs und Rot bis Lila. Die Pflanzen blühen mit Unterbrechung fast ganzjährig.
Standort: Hell, jedoch nicht in der prallen Sonne. Im Sommerhalbjahr um 20 °C, bodenwarm, aber luftig; im Winter kühl bei 10–15 °C.
Pflege: Gleichmäßige Feuchtigkeit, jedoch keine stauende Nässe. In den Sommermonaten regelmäßig düngen. Nach der Blüte eine kurze Ruhepause einlegen und das Gießen und Düngen auf ein Minimum reduzieren; eventuell auch Rückschnitt und Umpflanzen in kräftig-humose, auch lehmhaltige Erde.
Schadbilder: Zu nasser und kalter Standort sowie Ballentrockenheit führen zu Blattfall.
Vermehrung: Im Frühjahr durch Kopf- und Teilstecklinge im Vermehrungskasten. Jungpflanzen frühzeitig stutzen, um eine Verzweigung anzuregen.
Hinweise: Pentas bleibt kompakt und blühfreudig, wenn sie nach der Blüte kräftig zurückgeschnitten und umgetopft wird.

Von *Pentas lanceolata* gibt es mehrere Sorten mit verschiedenen Blütenfarben und kompaktem Wuchs.

Amaryllis, Ritterstern

GIFTIG

Hippeastrum — Amaryllisgewächse

Merkmale: Die Heimat der Rittersterne ist Mittel- und Südamerika, dort, wo es ausgeprägte Trokkenzeiten gibt. Diese Ruheperioden müssen auch bei den vielen großblütigen Kultursorten eingehalten werden, damit sie regelmäßig zur Blüte kommen.
Hauptblütezeit ist im Winter und Frühjahr. Neben leuchtendroten gibt es auch helle und zweifarbige Blüten, wie die Sorte 'Appleblossom' oder die reinweiße 'Picotee' mit rotem Rändchen. Anzahl und Größe der Blüten ist abhängig von der Qualität der Zwiebeln. Meistens bringen sie ein bis zwei Stiele mit 2–4 Einzelblüten hervor, die aber jeweils nur einige Tage halten. Die riemenförmigen Blätter erscheinen mit oder kurz nach der Blüte. Der Blütenschaft mißt etwa 40–70 cm. Insgesamt ist die Pracht aber meist schon nach zwei Wochen vorbei. Darum lohnt es sich, mehrere Zwiebeln nacheinander anzutreiben, um einige Monate lang Freude an diesen herrlichen Blumen zu haben.
Standort: Zwiebeln, die angetrieben werden, kommen ans helle Fenster im warmen Zimmer. Blühende Amaryllis eventuell wieder etwas kühler stellen, um die Haltbarkeit zu erhöhen. Den Sommer über die Pflanzen auch ins Freie an sonnighelle Plätze bringen.

Amarylliszwiebeln lassen sich Jahr für Jahr wieder zur Blüte bringen. Neben einfachen gibt es auch ausgefallene Sorten, z. B. mit gestreiften Blüten.

Pflege: Wenn man die Zwiebeln kauft, läßt sich oft schon die Spitze eines kleinen Triebes erkennen. Den Topf so groß wählen, daß 2–3 cm eines Substrates zwischen Zwiebel und Rand Platz haben. Die Zwiebel muß mindestens ein Drittel über der Erde sitzen. Unbedingt für guten Wasserabzug sorgen. Nach etwa 6 Wochen beginnt die Pflanze zu treiben. Mit dem Gießen aber erst beginnen, wenn die Knospe schon zu erkennen ist und nicht nur ein paar grüne Blattspitzen, sonst läuft man Gefahr, daß der Trieb »steckenbleibt«. Nach dem völligen Verblühen wird der Blütenstand abgeschnitten. Samenansatz schwächt die Pflanze nur. Den letzten Trieb besser langsam eintrocknen lassen. Den Sommer über die Pflanzen gleichmäßig feucht halten und wöchentlich düngen, um die Laubbildung zu fördern, denn daraus schöpft die Zwiebel wieder neue Kräfte. Ab August alle Gaben immer weiter reduzieren, bis zum völligen Einziehen der Blätter etwa Ende September. Alles Verwelkte entfernen. Es folgt ein Vierteljahr völliger Ruhe bei ca. 16 °C. Dabei kann die Zwiebel dunkel stehen und entweder noch im Topf bleiben oder alte Wurzeln und Erde werden gleich entfernt und die Zwiebel wird in trockenem Torf gelagert. Ab Januar/Februar dann in frisches Substrat, eventuell auch in einen größeren Topf setzen und die Treiberei von neuem beginnen
Schadbilder: Häufigste spezielle Pilzerkrankung ist der »Rote Brenner«, meistens durch zuviel Feuchtigkeit verursacht
Vermehrung: Am besten durch mehrjährige Brutzwiebeln (Kindel).
Hinweise: Nach neuesten Erkenntnissen aus England wird statt einer Ruheperiode bei völliger Trockenheit (Einziehen des Laubes) eine Kühlphase bei etwa 9–13 °C ab Mitte Oktober empfohlen. Dabei nur mäßig feucht halten und nicht düngen. Heller, luftiger Stand erwünscht. Nach ca. 10 Wochen vorsichtig umtopfen oder die Erde oberflächlich erneuern. Blätter auf 10 cm Länge stutzen und Pflanze wieder warmstellen.
Verwandte: Eine hübsche kleine Verwandte des Rittersterns mit gleichen Ansprüchen ist die **Jakobslilie** *(Sprekelia formosissima)*.

Sorgt man für die entsprechende Ruhezeit, läßt sich jedes Jahr aufs Neue beobachten, wie sich die wunderbaren Blüten aus der scheinbar leblosen Zwiebel schieben.

Das Laub der Klivie ist im Gegensatz zu dem des Rittersterns immergrün.

Klivie, Riemenblatt GIFTIG

Clivia miniata Amaryllisgewächse

Merkmale: Die Klivie stammt aus Südafrika und wird wegen ihres derben Laubes auch Riemenblatt genannt. Sie bildet einen zwiebelähnlichen Stamm mit fleischigen Wurzeln, dem paarweise die langen Blätter entspringen. Die Pflanze wird etwa 60–70 cm hoch. Die Blüten erscheinen im Frühjahr. Häufig entwickeln sich anschließend hübsche, orangerote Früchte. Vor allem bei jüngeren Pflanzen nicht zum Fruchtansatz kommen lassen – das kostet nur viel Kraft.
Standort: Ganzjährig hell, aber keine pralle Sonne, den Sommer über auch halbschattig im Freien.
Pflege: Wenn der Blütenschaft etwa Handlänge erreicht hat, bei 16–20 °C gleichmäßig feucht halten und etwa 14tägig düngen. Besonders während der Blütenentwicklung nicht austrocknen lassen. Während der Ruhezeit ab September/Oktober bei kühlen Temperaturen um 10 °C halten, Düngung einstellen, fast trocken halten. Umtopfen nur, wenn die Wurzeln den Topf zu sprengen drohen. Tonhaltige Erden verwenden.
Schadbilder: Schmier-und Schildläuse bei zu warmem Stand.
Vermehrung: Kräftige Seitensprosse (Kindel) vorsichtig aus dem Ballen herauslösen. Blühbeginn nach 3–4 Jahren.
Hinweise: Wichtig ist eine Ruheperiode: kühl und trocken halten! Verträgt keine Staunässe – Fäulnisgefahr! Laub häufig reinigen. Nach Blütenansatz möglichst nicht mehr drehen!

Oben: *Abutilon megapotamicum* ist eine hübsche Ampelpflanze mit graziös überhängenden Zweigen.

Rechts: Die Känguruhpfote wurde ursprünglich als exotische Schnittblume eingeführt.

Schönmalve

Abutilon Malvengewächse

Merkmale: Die Schönmalve ist eine strauchige Pflanze, die in tropischen und subtropischen Gebieten aller Erdteile vorkommt und bei uns etwa 1,5 m hoch werden kann. Ihre Blätter sind samtig, grün oder gelblich-gefleckt. Die zahlreichen Blüten hängen wir gelbe, orangefarbene oder rote Lampions in den Blattachseln. Bei guter Pflege blüht die Pflanze das ganze Jahr über.
Standort: Hell, sonnig, mäßig warm und luftig. Im Sommer, wenn möglich, etwas halbschattig an windgeschützter Stelle im Freien. Im Winter hell und temperiert, nicht unter 10–12 °C.
Pflege: Während der Hauptwachstumszeit reichlich gießen und regelmäßig düngen. Im Winter mäßig feucht halten, je kühler der Standort, desto weniger gießen! Im Frühjahr zurückschneiden und in nährstoffreiche Erde umpflanzen.
Schadbilder: Starker Temperaturwechsel verursacht Blatt- und Blütenfall.
Vermehrung: Im Spätwinter oder zeitigen Frühjahr durch Kopfstecklinge. Auch durch Aussaat möglich.
Hinweise: Um die Pflanzen buschig zu halten, schneidet man sie jährlich im Frühjahr um ein Drittel zurück, z. T. bis in die verholzten Triebe. Kühlerer Stand im Winter fördert Gesundheit und kräftigen Wuchs.

Die *Abutilon*-Sorte 'Feuerglocke' zeichnet sich durch leuchtendrote Blüten aus. Neu ist die niedrige 'Bella'-Mischung mit großen Blüten in zarten Pastelltönen.

Känguruhpfote

Anigozanthos flavidus Känguruhpfotengewächse

Merkmale: Diese neuere Zierpflanze stammt aus Australien. Aus einem fleischigen Wurzelstock entwickeln sich schmale, schwertförmige, bläulich-grüne Blätter und feste Blütenstiele, die sich im oberen Teil verzweigen. Die Blüten überragen den Blattschopf um das Doppelte und erscheinen im Sommer. Bei *A. flavidus* sind die filzigen Blüten gelb oder orange gefärbt. *A. manglesii* bleibt niedriger. Ihre fast grünlichen Blüten und die Stengel sind mit einem rötlichen Filz überzogen.
Standort: Sehr hell und warm. Im Sommer gern sonnig im Freien. Im Winter kühl und luftig um 10 °C, dabei können die oberirdischen Teile der Pflanze einziehen.
Pflege: Im Sommer reichlich gießen und alle 14 Tage düngen, im Winter bei kalter Überwinterung nahezu trocken halten und gar nicht düngen. Im Frühjahr in nährstoffreiche, lehmhaltige Erde umpflanzen.
Schadbilder: Bei mangelnder Helligkeit lassen Blühfreudigkeit und Blattwuchs nach.
Vermehrung: Im Frühjahr durch Teilung älterer Pflanzen oder ganzjährig durch Aussaat bei Zimmertemperatur.
Hinweise: Die Känguruhpfote ist eine aparte Topfpflanze, die sich besonders für einen hellen Wintergarten eignet.

Elefantenohr

Haemanthus albiflos Amaryllisgewächse

Merkmale: Dieses immergrüne Zwiebelgewächs aus Afrika wird bis 30 cm hoch und hat bis 20 cm lange, breit riemenförmige, dickfleischige Blätter, die paarweise aus einer Zwiebel wachsen. Vom Sommer bis zum Herbst erscheinen auf kräftigem Schaft die kugelförmigen, weißen Blütenstände. Typisch für die gesamte Gattung sind die zahlreichen gelben Staubgefäße, die weit aus den feinstrahligen Einzelblüten herausragen.
Standort: Sonnig und warm; im Sommer vor praller Sonneneinstrahlung etwas geschützt, im Winter, zur Ruhezeit, möglichst kühler, um 15 °C.
Pflege: Ganzjährig mäßig feucht halten, vor dem nächsten Gießen jedoch immer wieder abtrocknen lassen. Im Sommer sparsam düngen, im Winter gar nicht. Bei Bedarf in breite, flache Töpfe mit lockerer, durchlässiger Erde umtopfen, dabei Zwiebel zu $^1/_3$ über den Topfrand hinausschauen lassen.
Schadbilder: Staunässe führt zum Absterben der Zwiebel.
Vermehrung: Durch Kindel, aber langwierig.
Hinweise: Alte Pflanzenhorste des Elefantenohrs bieten einen unvergleichlichen Anblick, wenn im Sommer eine ganze Reihe weißer Blütenbälle über dem hellgrünen Laub erscheint.

Das Elefantenohr ist eine ausgesprochen anspruchslose, robuste und gesunde Zimmerpflanze.

Eine Hybridform der Blutblume, die Sorte 'König Albert', hat besonders große Blütenbälle.

Blutblume

Scadoxus multiflorus subsp. *katherinae* Amaryllisgewächse

Merkmale: Im Unterschied zum nah verwandten Elefantenohr ist die Blutblume (Syn.: *Haemanthus multiflorus* bzw. *H. katherinae)* nur sommergrün. Aus der Zwiebel wachsen 30–40 cm lange, schwertförmige, sattgrüne Blätter. Im Sommer erscheinen auf 40–50 cm hohem Blütenschaft die kugeligen, leuchtendroten Blütendolden mit gelben, hervorstehenden Staubfäden.
Standort: Sonnig bis halbschattig bei Zimmertemperatur (ca. 20 °C). Zur Zeit des Neutriebes und der Blüte heller als im Herbst und Winter stellen. Im Sommer auch im Freien als Kübelpflanze. Während der Ruhezeit, wenn das Laub einzieht, kühler (10–15 °C) und dunkler halten.
Pflege: Zur Wachstumszeit reichlich gießen und düngen, ab September Wassergaben reduzieren und im Winterquartier nur gelegentlich gießen. Im Frühjahr vor Beginn des Neutriebes in lockere, humose Erde umpflanzen. Darauf achten, daß die Zwiebeln nicht ganz mit Erde bedeckt sind; eventuell nur jährlich die oberste Erdschicht erneuern.
Schadbilder: Bodennässe verursacht Zwiebelfäule.
Vermehrung: Durch Abtrennen und Einpflanzen von Brutzwiebeln im Frühjahr.
Hinweise: Auch die Blutblume entwickelt sich mit zunehmendem Alter zu einer eindrucksvollen Pflanze mit zahlreichen roten, allerdings kurzlebigen Kugelblüten.

Zimmerlinde

Sparmannia africana Lindengewächse

Merkmale: *Sparmannia africana* wurde bereits vor mehr als 100 Jahren eingeführt. Der reich verzweigte, breit ausladende Strauch mit den hellgrünen, großen und weichfilzigen Blättern stammt aus Südafrika. Mit Ausgang des Winters erscheinen an mehrjährigen Exemplaren oft als zusätzliche Zierde wunderschöne, weiße Blütendolden mit zahlreichen gelbbraunen Staubgefäßen.

Die Zimmerlinde wächst schnell bis an die Decke, verträgt aber einen Rückschnitt und blüht obendrein sehr schön (oben rechts).

Standort: Ganzjährig hell bis sonnig – keine pralle Sonne! Mäßig warmer, luftiger Stand. Sommeraufenthalt im Freien nur, wenn der Platz vor Wind und Sonne geschützt ist. Überwinterung am besten zwischen 5–15 °C, um die Pflanze kräftig zu halten.

Pflege: Während der Vegetationsperiode die Pflanze reichlich und regelmäßig mit Wasser und Nährstoffen versorgen, denn über die großen, weichen Blätter wird sehr viel Flüssigkeit verdunstet. Im Topf darf jedoch nie stauende Nässe herrschen. Besonders im Winter bei niedrigeren Temperaturen sparsam gießen. Umgepflanzt wird nach Bedarf im zeitigen Frühjahr nach einem Rückschnitt. Jungpflanzen regelmäßig in etwas größere Gefäße umtopfen. Die Erde soll nährstoffreich und humos sein.

Schadbilder: Lichtmangel und zu hohe Temperaturen lassen die Triebe lang und die Blätter klein werden. Über längere Zeit bewirkt dies völliges Vergilben und Blattverlust. Durch ungünstigen Stand wird Schädlingsbefall gefördert. Ballentrockenheit und Nährstoffmangel führen zu ähnlichen Schäden. Intensive Sonneneinstrahlung verursacht Verbrennungen.

Vermehrung: Durch kräftige Stecklinge im Sommer mit Folien- oder Glasabdeckung; dabei möglichst abgeblühte Triebe verwenden, dann ist die Wahrscheinlichkeit größer, wieder blühende Pflanzen zu bekommen.

Hinweise: Zimmerbaum mit hohem Platzbedarf für kühlere und sehr helle Räume. Eine gleichmäßige Versorgung mit Wasser und Nährstoffen ist wichtig. Bei älteren Pflanzen ist ein Rückschnitt bis ins alte Holz möglich. Günstigster Zeitpunkt: im Frühjahr (nach der Blüte). Nicht alle Pflanzen kommen zur Blüte!

Buntnessel

Solenostemon scutellarioides Lippenblütler

Merkmale: Buntnesseln (Syn.: *Coleus*-Blumei-Hybriden) kommen in etwa 150 Arten in den tropischen Bereichen Afrikas und Asiens vor. Die Kulturformen bestechen durch die unübertroffene Farbenvielfalt und Zeichnung ihrer Blätter. Die Palette reicht von Gelbgrün über alle Arten von Rottönungen bis zum dunklen Violett. Dagegen sind die hübschen blauen, salbeiähnlichen Blüten fast unscheinbar. Man bricht sie am besten schon im Knospenstadium aus, damit die Pflanze nicht geschwächt wird.
Standort: Hell und sonnig – wichtig für die Ausbildung der Farben und einen gedrungenen Wuchs. Intensives Sonnenlicht hinter Glasscheiben läßt das Laub allerdings verbrennen. Luftiger, mäßig warmer Stand, möglichst unter Zimmertemperatur. Im Sommer auch im Freien – dann vollsonnig!
Pflege: Gleichmäßige Feuchtigkeit erwünscht. Im Sommer hoher Wasserbedarf – die weichen Blätter schlappen leicht. Im Winter sparsamer, entsprechend der niedrigeren Temperatur. Von Frühjahr bis Herbst 8–14tägig düngen. Die Buntnesseln nicht höher als 30–50 cm wachsen lassen, sonst werden sie sparrig – das heißt, immer wieder entspitzen. Nach kräftigem Rückschnitt regelmäßig im Frühling umtopfen.
Vermehrung: Leicht durch Kopfstecklinge in Wasser oder Erde heranzuziehen. Durch Aussaat im zeitigen Frühjahr läßt sich das Farbspektrum erhöhen. Jungpflanzen regelmäßig stutzen, damit die Pflanzen buschig werden.
Hinweise: Junge Pflanzen sind schöner und haben eine bessere Laubausfärbung, deshalb jährlich Neuanzucht ratsam. Buntnesseln wachsen rasch und sind leicht zu kultivieren.

Die Blüten des Zimmerhopfens sind nicht spektakulär, aber sehr apart.

Zimmerhopfen

Justitia brandegeana Akanthusgewächse

Merkmale: Dieser Hopfen (Syn.: *Beloperone guttata*) aus Mexiko ist eine dankbare, altbekannte Zimmerpflanze wie auch Buntnessel und Zimmerlinde. Der Halbstrauch besitzt weiche, überhängende Triebe, samtige Blätter und sehr aparte, traubenförmig nach unten hängende, rotbraune Blütenstände mit gelbgrünen Spitzen. Zwischen den Deckblättern erscheinen nahezu ganzjährig die eigentlichen weißen Blütchen mit dunklen Staubgefäßen.
Standort: Ganzjährig heller, sonniger Stand ist für gedrungenen Wuchs und Ausfärbung der Deckblätter des Blütenstandes wichtig. Pralle Sonne wird nicht vertragen. Zimmertemperatur ist günstig, im Winter möglichst etwas kühler stellen.
Pflege: In der Wachstumszeit reichlich gießen und düngen – im Winter mäßig feucht halten. Umpflanzen nach der Ruhezeit, verbunden mit starkem Rückschnitt. Erde humos, durchlässig.
Vermehrung: Stecklinge im Anzuchtkasten bewurzeln lassen und anschließend stutzen.
Hinweise: Ausgesprochen robuste, mehrjährige Zimmerpflanze! Schöne buschige Pflanzen erhält man jedoch nur durch regelmäßigen Rückschnitt. Neutrieb im Frühjahr etwa um die Hälfte einkürzen und zusätzlich im Sommer Triebspitzen ausbrechen. Es lassen sich auch Stämmchen erziehen.

Das Laub der Buntnesseln zeigt ein reiches und sehr unterschiedliches Farbenspiel.

Links: Die Zimmertanne war schon bei den Großeltern eine beliebte Zimmerpflanze und hält heute wieder vermehrt Einzug in die Wintergärten.

Rechts: Die Zimmerzypresse hat im Gegensatz zur Zimmertanne sehr hellgrünes Laub und einen schlanken Wuchs.

Zimmertanne

Araucaria heterophylla Araukariengewächse

Merkmale: Von allen bekannten *Araucaria*-Arten, die heute noch in Südamerika und Australien verbreitet sind, ist nur die Zimmertanne (Syn.: *A. excelsa*) von den Norfolkinseln für eine Zimmerkultur geeignet. In ihrer Heimat ist die Zimmertanne ein hoher Baum, in Kultur wird sie meist nur 1–1,5 m hoch. Sie hat in Etagen angeordnete, waagerecht abstehende Seitenäste mit dunkelgrünen, nadelartigen Blättern.
Standort: Um ihren symmetrisch angeordneten Pflanzenaufbau zu erhalten, braucht die Zimmertanne einen freien, möglichst rundum hellen Stand, jedoch keine pralle Sonne. Im Sommer kann sie auch halbschattig im Freien stehen. Im Winter eher kühler (5–10 °C) stellen.
Pflege: Insgesamt mäßig feucht halten, aber oft sprühen. Kalkarmes Wasser verwenden! Vom Frühjahr bis in den Sommer regelmäßig düngen. Bei kühler Winterruhe trockener halten. Bei Bedarf im Frühjahr in kräftig-humose, durchlässige Erde umtopfen.
Schadbilder: Hängende Zweige und Blattfall bei zu warmem, trockenem Standort.
Vermehrung: Im Frühjahr durch Kopfstecklinge – unter zweitem Astkranz schneiden (Seitentriebe wachsen nicht aufrecht).
Hinweise: Dunkle, lufttrockene Räume meiden.

Zimmerzypresse

Cupressus macrocarpa Zypressengewächse

Merkmale: Die Zimmerzypresse ist ein immergrünes Nadelgehölz aus Kalifornien und wird dort ein ca. 40 m hoher Baum. In Kultur bildet *Cupressus macrocarpa* einen säulenförmigen Busch mit hellgrünen, feinen Nadeln. Die Zimmerzypresse ist sehr schnellwüchsig und kann beachtliche Größen erreichen. Sie läßt sich aber leicht stutzen und kann beliebig in Form gebracht werden.
Standort: Hell und luftig, keine direkte Sonneneinstrahlung. Vom späten Frühjahr bis zum Herbst am besten geschützt im Freien – langsam umgewöhnen! Im Winter kühler, bei etwa 5–10 °C.
Pflege: Zur Wachstumszeit mäßig feucht halten, Wurzelballen nie austrocknen lassen, jedoch Staunässe vermeiden. Im Sommer alle 3 Wochen sparsam düngen. Bei Bedarf im Frühjahr in durchlässige Erde umtopfen.
Schadbilder: Bei zu dunklem Standort wird der Pflanzenaufbau sehr locker und sparrig. Bei zu warmem Stand im Winter siedeln sich oft Spinnmilben an.
Vermehrung: Im Frühjahr durch Kopfstecklinge bei hoher Bodenwärme.
Hinweise: Die Sorte 'Goldcrest' trägt gelblichgrüne Nadeln und wird als Buschform, Pyramide und Hochstämmchen im Handel angeboten.

Palmfarn, Sagopalme

GIFTIG

Cycas revoluta Palmfarngewächse

Merkmale: Der Palmfarn stammt aus dem tropischen Südostasien. Aus einem schuppigen Stamm mit ananasähnlichem Vegetationskegel entspringen kranzförmig die langen, dunkelgrünen, gefiederten Wedel. Die Pflanze wächst sehr langsam, nur alle 1–3 Jahre bildet sich ein neuer Blattkranz, und man muß schon sehr geduldig warten, bis sich der Palmfarn zu einer ansehnlichen Pflanze entwickelt hat.
Standort: Hell, jedoch keine pralle Sonne; luftig! Zimmertemperatur und wärmer. Im Winter kühler, bei ca. 15 °C, nicht darunter.
Pflege: Im Sommer reichlich gießen, jedoch Staunässe vermeiden; alle 14 Tage düngen, regelmäßig sprühen. Im Winter sparsam gießen, nicht mehr düngen. Umpflanzen im Frühjahr in kräftig-humose, durchlässige Erde, jedoch nur wenn es im Topf gar zu eng wird.
Schadbilder: Bei zu nasser Haltung im Winter kann die Wurzel faulen.

Links: Die zierliche Muehlenbeckie ist vielseitig verwendbar.

Der Palmfarn wird heute wieder vermehrt im Handel angeboten, nachdem er – ähnlich wie die Palmen – schon vor 100 Jahren einmal modern war.

Vermehrung: Durch Aussaat bei hoher Luftfeuchtigkeit und Wärme, jedoch sehr langwierig.
Hinweise: Der Palmfarn ist zweihäusig, d. h. es gibt männliche und weibliche Pflanzen. Je älter Palmfarne sind, desto schöner werden sie. Allerdings wachsen die Pflanzen in Kultur sehr langsam, entsprechend kostbar sind größere Exemplare. Ältere Pflanzen beanspruchen sehr viel Platz.

Muehlenbeckie

Muehlenbeckia adpressa Knöterichgewächse

Merkmale: Dieser reizende Zwergstrauch mit den winzigen, rundlichen Blättchen stammt aus Neuseeland und Australien und ist in manchen milden Gegenden mit etwas Schutz sogar in Mitteleuropa winterhart. Neuerdings wird die Muehlenbeckie in den Blumengeschäften häufig als Kletterpflanze angeboten. Sie eignet sich auch gut als Ampelpflanze, wenn die Triebe herabhängen. Sehr oft werden die zierlichen Triebe der Muehlenbeckie jedoch an hübsch geformten Bögen, Spalieren und anderem Rankwerk dekorativ aufgebunden.
Standort: Das ganze Jahr über hell und luftig. Im Sommer am besten an einem halbschattigen Standort im Freien. Im Winter auf jeden Fall kühl, bei unter 16 °C.
Pflege: Gleichmäßig feucht halten und in der Hauptwachstumszeit leicht düngen. Bei Bedarf im Frühjahr in humose Erde umtopfen.
Schadbilder: Bei zu dunklem Stand werden die Triebe lang und schwach. Zuviel Nässe bei niedrigen Temperaturen führt zu Wurzelfäulnis.
Vermehrung: Im Frühjahr durch Teilen der Pflanze oder Stecklinge; immer mehrere Stecklinge zusammen in einen Topf stecken.
Hinweise: Manchmal werden die Blättchen im Winter abgeworfen, die Pflanze treibt jedoch im Frühjahr wieder durch.

Ixore

Ixora coccinea Krappgewächse

Merkmale: In ihrer tropischen Heimat Indien werden die immergrünen Sträucher übermannshoch. Sie besitzen glänzend-lederartige, mittelgrüne Blätter und leuchtende Blüten, die sich in dichten Doldentrauben an den Triebenden entwickeln und den Sommer über ununterbrochen blühen. In den Fachgeschäften werden heute hauptsächlich orangefarbene und rote, aber auch gelbblühende *Ixora*-Sorten angeboten. Die rote *I. coccinea* ist neben einigen anderen Arten der wichtigste Elternteil für eine ganze Reihe von Hybriden.
Standort: Hell, aber keine pralle Sonne; warm und luftfeucht, möglichst immer entsprechende Bodenwärme, am besten im geschlossenen Blumenfenster. Im Winter am besten etwas kühler (16–18 °C) halten, damit die Blütenbildung angeregt wird.
Pflege: Zur Wachstumszeit gleichmäßig feucht halten, stauende Nässe jedoch vermeiden. Luftfeuchtigkeit durch reichlich Sprühen verbessern und alle 14 Tage leicht düngen. Zimmerwarmes, enthärtetes Wasser verwenden. Im Winter nicht mehr düngen und etwas trockener halten. Nach der Blüte zurückschneiden. Bei Bedarf in humose, gut durchlässige Erde umpflanzen und für gute Drainage sorgen.
Schadbilder: Zuviel Feuchtigkeit und niedrige Temperaturen im Wurzelbereich verursachen Blattfall und Fäulnis; Lufttrockenheit führt zu Schädlingsbefall.
Vermehrung: Im Frühjahr durch Kopfstecklinge, jedoch nicht einfach.
Hinweise: Sehr attraktive, aber anspruchsvolle Topfpflanze, die optimal in einem geschlossenen Blumenfenster gedeiht.

Rechts: Das Helmkraut bringt im Frühsommer Farbe aufs Fensterbrett.

Unten: *Ixora*-Sorten lassen sich gut Ton-in-Ton kombinieren.

Helmkraut

Scutellaria costaricana Lippenblütler

Merkmale: *Scutellaria costaricana* ist in Mittelamerika zu Hause und wächst dort als Halbstrauch. In Kultur wird die Pflanze etwa 30–40 cm hoch. Von den eiförmigen, dunkelgrünen Blättern heben sich die leuchtend orangefarbenen Lippenblüten mit dem gelben Schlund wunderbar ab. Sie sitzen büschelartig in einer Ähre an den Triebenden und erscheinen im Frühsommer.
Standort: Sehr hell, jedoch keine pralle Sonne; vom Frühling bis zum Herbst bei Zimmertemperatur (ca. 20 °C), in den Wintermonaten kühler, jedoch nicht unter 16 °C. Die Bodenwärme sollte nicht unter der Lufttemperatur liegen.
Pflege: Der Temperatur entsprechend gleichmäßig mäßig feucht halten; jedoch Staunässe unbedingt vermeiden. Während der Wachstumszeit alle 14 Tage schwach düngen. Nach der Blüte zurückschneiden und eine Ruhezeit mit weniger Gießen und Düngen einhalten. Bei Bedarf im Frühjahr in kräftig-humoses, lehmhaltiges, durchlässiges Substrat umtopfen.
Schadbilder: Bei zu dunklem Standort wächst die Pflanze sparrig.
Vermehrung: Im Herbst oder Frühjahr durch Kopfstecklinge im warmen Vermehrungskasten.
Hinweise: Das Helmkraut ist eine attraktive Topfpflanze fürs Zimmer. Sie ist nicht so empfindlich gegen Lufttrockenheit wie die Ixore.

Links: Die Goldähre mag es warm, vor allem an den Füßen.

Goldähre

Pachystachys lutea Akanthusgewächse

Merkmale: Die Goldähre stammt aus Peru und zeigt sehr viel Ähnlichkeit mit dem Glanzkölbchen *(Aphelandra squarrosa*, siehe Seite 153). Die strauchig wachsende Pflanze besitzt mittelgrüne, länglich-ovale Blätter und trägt von Frühjahr bis Herbst Blütenähren aus gelblich-weißen Blütchen, die von gelben Hochblättern umgeben sind. Dem sparrigen Wuchs wird bei der Anzucht in der Gärtnerei mit Wuchshemmstoffen entgegenwirkt.
Standort: Ganzjährig hell und sonnig, jedoch keine pralle Sonne; Zimmertemperatur und wärmer, auch im Winter nicht unter 18 °C. Bodenwärme ist wichtig!
Pflege: Gleichmäßig gießen und düngen und für ausreichende Luftfeuchtigkeit sorgen. Keine ausgesprochene Ruhezeit, nach der Blüte jedoch Wasser- und Düngergaben kurzzeitig reduzieren und die Pflanze regelmäßig zurückschneiden, um sie buschig zu halten. Bei Bedarf in lockere, humose Erde umtopfen.
Schadbilder: Zu trockene Haltung führt zu Schädlingsbefall.
Vermehrung: Im Frühjahr durch Kopfstecklinge im Vermehrungskasten. Jungpflanzen mehrmals stutzen.
Hinweise: Die Goldähre reagiert sehr empfindlich auf ungleichmäßige Kulturbedingungen und kalte Füße.

Crossandre

Crossandra infundibuliformis Akanthusgewächse

Merkmale: Dieser kleine Halbstrauch stammt aus Indien. Er hat glänzendes, leicht gewelltes, dunkelgrünes Laub. An den Triebenden bilden sich grünbehaarte Ähren mit schuppig übereinanderliegenden Deckblättchen, zwischen denen vom Frühjahr bis zum Spätsommer nach und nach intensiv orangefarbene Blüten hervorkommen.
Standort: Hell, aber vor praller Sonne geschützt; zur Wachstumszeit bei Zimmertemperatur (ca. 20 °C), im Winter nur wenig kühler bei 18 °C. Optimal ist ein bodenwarmes, geschlossenes Blumenfenster.
Pflege: Regelmäßig mit temperiertem, kalkarmem Wasser gießen und reichlich sprühen, im Sommer mehr als im Winter; zwischendurch die Oberfläche etwas abtrocknen lassen. Zur Wachstumszeit wöchentlich düngen. Bei Bedarf im Frühjahr in humose Erde umtopfen, dabei kräftig zurückschneiden.
Schadbilder: Lufttrockenheit führt zu Schädlingsbefall und eingerollten Blättern.
Vermehrung: Im Frühsommer durch Kopfstecklinge im Vermehrungskasten. Jungpflanzen mehrmals stutzen, um Verzweigungen anzuregen.
Hinweise: Die Crossandre ist eine relativ anspruchvolle Zimmerpflanze.

Unten: Von der Crossandre ist hauptsächlich die zierliche Sorte 'Mona Wallhead' in Kultur. Es gibt jedoch verschiedene Sorten, auch mit lachsfarbenen oder gelben Blüten.

Das Farbspektrum der vielen *Achimenes*-Sorten reicht von Rosa über Rot und Violett bis zu Blau und Weiß.

Schiefteller

Achimenes-Sorten Gesneriengewächse

Merkmale: Die ursprüngliche Heimat des Schieftellers ist Mittel- und Südamerika. Die krautigen Gewächse kommen in verschiedenen Arten vor. Die relativ kleinen, eiförmigen Blätter sind dunkelgrün oder rötlich gefärbt und behaart. Im Handel gibt es eine Vielzahl reichblühender Hybriden in Blau, Rosa und verschiedenen Rottönen; weiße Blüten sind seltener zu finden, manche besitzen auch ein dunkleres Auge. Die Blütengröße variiert je nach Sorte. Die Blüten erscheinen einzeln oder zu mehreren in den Blattachseln. Die Haltbarkeit der Blüten hat durch neuere Züchtungen zugenommen, trotzdem fallen sie leicht ab. Aber es werden den Sommer über ständig neue Knospen gebildet. In der Ruhezeit zieht das Laub ein, und die Pflanze überdauert den Winter mit kleinen, tannenzapfenähnlichen Rhizomen, die im Frühjahr wieder zu neuem Leben erwachen. *Achimenes* liebt gleichmäßige Pflegebedingungen und reagiert empfindlich auf nasse Füße. Anders als viele andere Blütenpflanzen verträgt sie auch noch etwas lichtärmere Standorte.

Standort: Von Februar bis Oktober hell, jedoch ohne direkte Sonneneinstrahlung; bei Temperaturen von 20–25 °C aufstellen, Bodenwärme ist wichtig. Überwinterung der Rhizome kühler, aber nicht unter 16 °C.
Pflege: Während der Wachstumszeit mäßig feucht halten, den Ballen aber nie austrocknen lassen. Mit zimmerwarmem, weichem Wasser gießen. Von April bis Juli alle 14 Tage leicht düngen. Ab September das Gießen reduzieren, das Laub zieht dann langsam ein. Vertrocknete Teile tief abschneiden, und die Töpfe relativ warm und dunkel stehen lassen. Ab Februar werden die schuppenförmigen Rhizome in frische humose, nährstoffreiche Erde gedrückt – immer mehrere zusammen eintopfen – und bei 20 °C und wärmer wieder angetrieben. Die Wassergaben werden langsam gesteigert und die treibenden Pflänzchen ab und zu besprüht, um die Luftfeuchtigkeit zu erhöhen.
Schadbilder: Bei zu trockenem Standort siedeln sich leicht Blattläuse an.
Vermehrung: Im Sommer durch Kopfstecklinge im Vermehrungskasten oder im Frühjahr durch Brutrhizome.
Hinweise: Schiefteller bilden von Juli bis September unentwegt zahlreiche neue Blüten.

Dipladenie

Mandevilla sanderi Hundsgiftgewächse

Merkmale: Die Dipladenie (Syn.: *Dipladenia sanderi)* ist ein zierlicher, leicht windender Kletterstrauch mit glänzend grünen, derben Blättern aus den Tropen Südamerikas. Die rosa Blüten haben einen gelben Schlund. Die Blütezeit erstreckt sich vom Frühjahr bis zum Herbst.
Standort: Hell, jedoch keine pralle Sonne; Zimmertemperatur (ca. 20 °C) und mehr. Im Winter kurzzeitig etwas kühler, bei 12–15 °C; Bodentemperatur jedoch nie niedriger als die Lufttemperatur.
Pflege: Während der Wachstumszeit gleichmäßig feucht, im Winter etwas trockener halten. Kalkarmes, temperiertes Wasser verwenden. Für hohe Luftfeuchtigkeit sorgen. Im Sommer alle 14 Tage düngen. Im zeitigen Frühjahr Rückschnitt der Langtriebe, damit die Pflanze gedrungener bleibt. Älteren Pflanzen eine Rankhilfe anbieten. Bei Bedarf im Frühjahr in lockere, humose Erde umpflanzen.
Schadbilder: Bei zu trockener Luft Einrollen der Blätter und Eintrocknen der neuen Triebe.
Vermehrung: Im Frühjahr durch Teilstecklinge im Vermehrungskasten.
Verwandte: Die ähnliche Verwandte *Mandevilla* x *amabilis* hat größere Blüten und stark genervte Blätter.

Die Medinille sollte zur Blütezeit etwas erhöht stehen, damit die prachtvolle, hängende Blütenrispe auch gut zur Geltung kommt.

Medinille

Medinilla magnifica Schwarzmundgewächse

Merkmale: Die Medinille aus den philippinischen Urwäldern ist ein eindrucksvoller Strauch mit ledrigen Blättern und prachtvollen, hängenden, rosafarbenen Blütenständen. Sie wird am Heimatstandort bis 2,5 m hoch und erreicht in Kultur noch die stattliche Höhe von 1 m. Die Blüten erscheinen vom zeitigen Frühjahr bis zum Sommer.
Standort: Hell, keine direkte Sonneneinstrahlung; Zimmertemperatur und mehr, bodenwarm und luftfeucht – am besten ist sie im warmen Wintergarten aufgehoben. Günstig auf die Blütenbildung wirkt sich eine 2–3 Monate lange Ruhezeit bei ca. 16 °C aus. Den Sommer über auch geschützt und halbschattig im Freien.
Pflege: Zur Wachstumszeit gleichmäßig feucht halten, aber zwischen dem Gießen die Oberfläche etwas abtrocknen lassen, reichlich sprühen! Kalkarmes, temperiertes Wasser verwenden. Zur Ruhezeit weniger gießen. Bei Bedarf nach der Blüte in lockere, humose Erde umpflanzen.
Schadbilder: Bei zu trockener Luft Wachstumsschäden und Schädlingsbefall.
Vermehrung: Durch Stecklinge im Vermehrungskasten, aber schwierig.
Hinweise: Wenn notwendig, ist bei großen Pflanzen ein Rückschnitt ins alte Holz möglich.

Links: *Mandevilla sanderi* 'Rosea', eine großblütige, lachsrosa Sorte mit gelbem Schlund, ist am häufigsten anzutreffen.

Wachsblume, Porzellanblume

Hoya carnosa, H. bella Seidenpflanzengewächse

Merkmale: Die Heimat Gattung *Hoya* liegt in China, Malaysia und Australien. Die immergrünen Kletterpflanzen mit ledrigen Blättern bringen Blütendolden aus wachsartigen, sternförmigen, weißen bis rosafarbenen Einzelblüten hervor, die reichlich Nektar absondern und stark duften. Zwei im Wuchs ganz unterschiedliche Arten trifft man häufig an: Zum einen *H. carnosa*, eine meterlang an Spalieren rankende Art mit großen, dickfleischigen Blättern und weißen bis blaßrosafarbenen Blüten mit einem rotem Fleck in der Mitte. Zum anderen *H. bella*, eine zierlichere Art mit überhängenden, kurzen, aber verzweigten Trieben, kleinen, hellgrünen Blättchen und ebenfalls weißen Blüten, die jedoch eine ausdrucksvollere, rote Nebenkrone besitzen. Von beiden Arten gibt es einige Sorten, die sich vor allem durch die Färbung der Blätter unterscheiden.
Die lange haltbaren Blütenstände erscheinen von Frühjahr bis Herbst und entwickeln vor allem in den Abendstunden einen intensiven, süßlichen Duft. Die dichten Blütendolden sitzen bei *H. carnosa* an einem kurzen, verdickten Seitentrieb, der auf keinen Fall entfernt werden darf, da sich dort immer wieder neue Blütenstände entwickeln.
Standort: Hell und sonnig, jedoch keine pralle Sonne. Leichter Schatten wird zwar vertragen, jedoch leidet dann die Blütenbildung. Zur Wachstumszeit bei Zimmertemperatur *(H. carnosa)* oder wärmer *(H. bella)* halten; den Winter über – wenn möglich – *H. carnosa* bei 10–15 °C, *H. bella* bei 15–18 °C, aber bodenwarm.
Pflege: Zur Wachstumszeit gleichmäßig feucht halten, im Winter das Gießen reduzieren, aber nicht austrocknen lassen. Vorsichtig düngen (1–2mal im Monat), zuviel Nährstoffe behindern die Blütenbildung. Bei Bedarf in lockere, nährstoffreiche Erde umpflanzen. Bei *H. carnosa* zur Zeit der Blütenbildung den Standort der Pflanze nicht verändern und die Blütenansatzpunkte nicht verletzen (siehe unter „Merkmale«).
Schadbilder: Zu dunkler oder zu warmer Stand während der Ruhezeit im Winter verursacht Schädlingsbefall; abfallende Blätter zeigen sich bei Staunässe, schlechte Blütenbildung bei zu hohem Nährstoffangebot.
Vermehrung: Im Frühjahr durch Stecklinge.
Hinweise: *H. carnosa* benötigt für ihre langen Triebe unbedingt eine Rankhilfe. Sie ist die robustere Art und gedeiht auch bei trockener Luft.

Je älter sie werden, desto schöner wirken Wachsblumen (hier: *Hoya carnosa)*. Man zieht sie am besten an einem Bogen.

Oben: *Hoya bella* eignet sich sehr gut als Ampelpflanze.

Ganz rechts unten: *Hoya carnosa* 'Compacta' zeichnet sich durch ihre ungewöhnlich gedrehten, grün-gelben Blätter aus.

Links: Der Losbaum ist zur Blütezeit äußerst attraktiv.

Rechts: Die Kannenpflanze ist eine sehr interessante, aber nicht leicht zu pflegende Zimmerpflanze.

Losbaum

Clerodendrum thomsoniae Verbenengewächse

Merkmale: Der Losbaum stammt aus Westafrika. Der meterlange Kletterstrauch wird durch Wuchshemmstoffe und Entspitzen während der Anzucht auf Zimmergröße gebracht. Von Frühjahr bis Sommer schmückt sich die Pflanze mit großen, sehr schönen Blütenrispen: Aus einem strahlendweißen Blütenkelch ragen leuchtendrote, sternförmige Blütchen mit langen Staubfäden heraus, die mit dem dunkelgrünen Laub einen attraktiven Kontrast bilden.
Standort: Hell, aber keine pralle Sonne; warm, nicht unter 18 °C. Wichtig sind Bodenwärme und hohe Luftfeuchtigkeit! Im Winter 2–3 Monate Ruhezeit bei 10–15 °C; Laubfall ist dabei möglich, aber nicht schädlich.
Pflege: Zur Wachstumszeit gleichmäßig feucht halten und regelmäßig sprühen. Während der Ruhezeit nur sparsam gießen. In der Hauptwachstumszeit alle 8–14 Tage düngen. Im zeitigen Frühjahr oder nach der Blüte um die Hälfte zurückschneiden. Vor dem Neuaustrieb in lockere, humose Erde umpflanzen.
Schadbilder: Bei zu trockener Luft fallen die Blüten ab.
Vermehrung: Im Frühjahr durch Kopf- oder Triebstecklinge im Vermehrungskasten. Jungpflanzen öfter stutzen.
Hinweise: Die Pflanze ist recht anspruchsvoll und am besten im geschlossenen Blumenfenster zu halten.

Kannenpflanze

Nepenthes Kannenpflanzengewächse

Merkmale: Als die bekannteste tropische Vertreterin der insektenfangenden Pflanzen (siehe Seite 32f.) gilt die Kannenpflanze, ein kletternder oder epiphytisch lebender, kleiner Halbstrauch aus Südostasien und Australien. Bei ihm sind die Blattspitzen teilweise zu regelrechten Gleitfallen umgebildet, aus denen die Insekten nicht mehr entkommen können. Sie ertrinken in einer wässrigen Flüssigkeit und werden durch spezielle Pflanzensekrete verdaut. Die Blüten der aparten Kannenpflanze sind unscheinbar und eher unangenehm riechend.
Standort: Hell und sehr warm, ohne direkte Sonneneinstrahlung. Temperatur auch im Winter nicht unter 18 °C. Braucht sehr hohe Luftfeuchtigkeit!
Pflege: Gleichmäßig feucht, nicht zu naß; nur mit temperiertem, kalkarmem Wasser gießen. Regelmäßig sprühen. Im Sommer schwach düngen – ähnlich wie Orchideen (siehe Seite 127ff.). Zum Pflanzen grobes Substrat wählen (wie für Orchideen) und am besten auch in Hängekörbchen pflanzen.
Schadbilder: Lufttrockenheit wirkt sich sehr schädigend auf die Pflanze aus.
Vermehrung: Über Kopfstecklinge im feuchtwarmen Vermehrungskasten – aber sehr schwierig.
Hinweise: Die Kannenpflanze läßt sich über längere Zeit nur im geschlossenen Blumenfenster oder in der Vitrine halten.

Die Goldtrompete bildet rasch sehr lange, steife Triebe.

Goldtrompete

GIFTIG

Allamanda cathartica Hundsgiftgewächse

Merkmale: Die raschwachsende Liane aus dem tropischen Südamerika bildet meterlange, kräftige Triebe, die immer dem Licht entgegenstreben. In Kultur befinden sich Sorten mit leuchtendgelben Trichterblüten, die von Frühsommer bis Herbst erscheinen.
Standort: Licht- und Wärmeanspruch sind sehr hoch. *Allamanda* gehört zu den Ausnahmepflanzen, die auch einen vollsonnigen Platz am Fenster lieben. Auch im Winter nicht unter 18 °C, mit entsprechender Bodenwärme.
Pflege: Wasser- und Nährstoffbedarf sind wegen des starken Wachstums ebenfalls hoch. Im Winter Gießen und Düngen einschränken. Regelmäßiger Rückschnitt nach der Blüte oder im zeitigen Frühjahr. Dann auch in lehmhaltige Substrate umpflanzen.
Schadbilder: Gelbwerden und Abfallen der Blätter deuten auf Mangelerscheinungen hin.
Vermehrung: Durch Stecklinge unter Glas/Folie.
Hinweise: Ideale Pflanze für sehr helle, große Räume (warme Wintergärten). Neugekaufte Pflanzen sind anfangs noch in ihrer Wuchsfreudigkeit gebremst. Sie wurden bei der Anzucht im Gartenbaubetrieb mit Hemmstoffen behandelt, die jedoch nach und nach wieder abgebaut werden.

Ruhmeskrone

GIFTIG

Gloriosa rothschildiana Liliengewächse

Merkmale: Es ist durchaus möglich, die exotisch wirkende *Gloriosa* auch selbst aus Knollen heranzuziehen. Ihre kostbaren leuchtendroten Blüten mit dem gelben Rand erscheinen im Sommer. Die glänzendgrünen Blätter der grazilen Kletterpflanze aus dem tropischen Asien und Afrika enden jeweils in einer Ranke, damit sich die schwachen Triebe an anderen Gewächsen festhalten können. Im Haus befestigt man sie jedoch am besten an einem kleinen, unauffälligen Gerüst aus Draht.
Standort: Beim Antreiben der Knollen Töpfe sehr hell und warm, auch bodenwarm aufstellen; Temperatur auch nachts nicht unter 18 °C absinken lassen. Ruhende Knollen bei 15–17 °C und hoher Luftfeuchtigkeit im Topf überwintern.
Pflege: In der Wachstumsperiode gleichmäßig feucht, nicht naß halten. Wöchentlich düngen. Im Herbst Wasser-und Düngergaben reduzieren und mit dem Einziehen des Laubes ganz einstellen. Im Frühjahr die neugebildeten Knollen flach in frische, kräftige Erde legen und etwa 5 cm hoch abdecken – große Töpfe verwenden.
Hinweise: Vorsicht beim Umgang mit den Knollen – sie enthalten giftiges Cholchicin! Außerdem dürfen die kleinen Knospen an der Knolle nicht beschädigt werden.

Rechts: Die Triebe der Ruhmeskrone lassen sich leicht um einen Drahtbügel winden.

Links: Plüschartige Blütenstände zeichnen den Katzenschwanz-Strauch aus.

Katzenschwanz

GIFTIG

Acalypha hispida Wolfsmilchgewächse

Merkmale: Der lustige deutsche Name von *Acalypha hispida* bezieht sich auf die bis zu 50 cm langen, plüschartigen Blütenstände der Pflanze. Die Art blüht hellrot, seltener ist dagegen die Sorte 'Alba' mit cremeweißen Blüten. *Acalypha hispaniolae* ist eine ausgesprochene Ampelpflanze mit kurzen dicken walzenförmigen Blütenständen. Alle Arten blühen im Sommer.
Standort: Hell, jedoch keine intensive Sonneneinstrahlung. Ganzjährig Zimmertemperatur oder wärmer. Auch im Winter nicht unter 16 °C. Hohe Luftfeuchtigkeit!
Pflege: Gleichmäßig und mäßig gießen ist wichtig. In der Hauptwachstumszeit täglich sprühen und 8–14tägig düngen – im Winter alle diese Maßnahmen einschränken. Regelmäßig im Frühjahr in humoses, nährstoffreiches Substrat verpflanzen und ältere Pflanzen dabei zurückschneiden.
Schadbilder: Lufttrockenheit fördert Schädlingsbefall und Blattschäden.
Vermehrung: Durch Stecklinge im Vermehrungskasten.
Hinweise: Ganzjährig feuchtwarmer Stand – ideal im geschlossenen Blumenfenster.

Nesselschön

GIFTIG

Acalypha-Wilkensiana-Gruppe Wolfsmilchgewächse

Merkmale: Im Gegensatz zum Katzenschwanz wirkt das Nesselschön durch das wunderbar variationsreiche Farbenspiel seines Laubes. Das Blattwerk ist rot-grün- oder braun marmoriert, manche Sorten besitzen helle Ränder. Die Pflanzen sehen den Buntnesseln (siehe Seite 51) zwar ähnlich, haben im Unterschied zu ihnen aber glattes Laub. Die Heimat der Urform sind die Südseeinseln, inzwischen sind *Acalypha*-Arten und -Sorten jedoch überall in den Tropen beheimatet und bilden dort üppige Sträucher. In Kultur werden sie mit Wuchshemmstoffen behandelt und verlieren deshalb später ihre kompakte Form. Ältere Pflanzen müssen jährlich etwas zurückgeschnitten werden, um Seitentriebbildung anzuregen. Nur junge Triebe bringen schön gezeichnetes Blattwerk.
Pflege: Über Sommer gleichmäßig und reichlich gießen – weder ganz austrocknen lassen noch zu naß halten. Während der Wachstumsphase ständig sprühen und regelmäßig düngen. Im Winter alle Maßnahmen reduzieren und den Pflanzen möglichst eine Ruhepause bei etwas niedrigeren Temperaturen gönnen, bevor im Frühjahr der Neutrieb beginnt. Umpflanzen wie Katzenschwanz.
Schadbilder: Lichtmangel wirkt sich negativ auf die Laubfärbung aus. Siehe auch *A. hispida*.
Standort, Vermehrung, Hinweise: Wie beim Katzenschwanz.

Auch Nesselschön wächst strauchartig. Die Pflanze besticht in erster Linie durch das vielfältige Farbenspiel des Laubes.

Curcuma gehört zu den neueren, apart blühenden Topfpflanzen.

Safranwurz, Kurkume

Curcuma alismatifolia Ingwergewächse

Merkmale: Die Safranwurz stammt aus Hinterindien. Wenn im Sommer ihre kräftig rosafarbenen, außen grün überhauchten, blütengleichen Hochblätter erscheinen, zieht die Pflanze sämtliche Blicke auf sich. Der Blütenstand, eine etwa 10 cm lange Ähre, ähnelt einem Zapfen und blüht von oben nach unten auf. Die Knospen sitzen in tütenförmigen grünen Kelchen. Die langen schwertförmigen Blätter entspringen einem fleischigen Rhizom. Die ganze Pflanze strebt straff nach oben und wird ungefähr 50 cm hoch.
Standort: Hell, aber vor praller Mittagssonne geschützt. Vom Frühjahr bis Herbst sehr viel Wärme; im Sommer auch geschützt im Freien. Die Pflanze zieht nach der Blüte ein und kann dann bei etwa 18 °C ruhen.
Pflege: In der Vegetationszeit gleichmäßig feucht halten und düngen. Während der Ruhephase ganz trocken aufbewahren. Ab Februar/März in frische, nahrhafte Erde setzen und die Wassergaben langsam steigern.
Schadbilder: Zu geringe Luftfeuchtigkeit führt zu Befall mit Roter Spinne.
Vermehrung: Durch Teilen des Wurzelstocks nach der Blüte.
Hinweise: Die Safranwurz ist eine relativ unempfindliche tropische Schönheit, die erst vor kurzem den Zimmerpflanzenmarkt erobert hat.

Heliconie

Heliconia-Arten Heliconiengewächse

Merkmale: Die Heimat der Heliconien liegt im tropischen Amerika. Die einzelnen Arten tragen, entsprechend ihres ungewöhnlichen Blütenstandes, sehr plakative Namen: *H. aurantiaca* heißt Falscher Paradiesvogel, *H. stricta* Aufrechte Hummerschere, *H. rostrata* Hängende Hummerschere.
Standort: Hell, ohne pralle Sonne; ganzjährig viel Wärme mit Temperaturen über 20 °C – nie darunter. Hohe Luftfeuchtigkeit.
Pflege: Gleichmäßige Feuchtigkeit und besonders hohe Luftfeuchtigkeit sind lebensnotwendig. Nie zu naß halten! Temperiertes, kalkfreies Wasser zum Gießen und Sprühen verwenden. Zur Wachstumszeit wöchentlich mit kalkfreiem Dünger düngen. Nur nach Bedarf in humose, nährstoffreiche Erde umpflanzen.
Schadbilder: Trockene Luft wirkt sich schädigend auf das Wachstum der Pflanze aus.
Vermehrung: Durch Teilen älterer Pflanzen.
Hinweise: Die starkwachsenden, bis meterhohen Pflanzen gedeihen über längere Zeit nur im geschlossenen Blumenfenster oder im feuchtwarmen Gewächshaus.

Heliconien zählen zu den anspruchsvolleren Zimmerpflanzen. Am auffallendsten an ihren Blüten sind die lebhaft gefärbten Hüllblätter, die die eigentliche Blüte umgeben (kleines Bild).

Banane

Musa- und *Ensete*-Arten Bananengewächse

Merkmale: Kaum eine andere Pflanze wächst – optimale Haltungsbedingungen vorausgesetzt – so schnell wie die Banane, so daß selbst Zwergbananen für die Haltung im Zimmer bald zu üppig werden. Neben *Musa* x *paradisiaca*, die überall in den Tropen angebaut wird, eignen sich speziell zur Hauskultur *M. acuminata* (Syn.: *M. cavendishii)*, die Zwergbanane aus Südostasien, sowie *Ensete ventricosum* (Syn.: *Musa ensete)*, eine Zierbanane aus Afrika. Als Kübelpflanze bietet sich *M. basjoo* an, die Japanische Faserbanane. Fast alle Bananen bilden mit ihren Blattscheiden einen Scheinstamm. Bei *Musa*-Arten entwickeln sich aus dem Wurzelstock zahlreiche Ausläufer, bei *Ensete* unterbleibt dies. Es gibt auch Züchtungen mit rötlichen Blättern.
Standort: Hell und sonnig, vom Frühjahr bis zum Herbst an einem windgeschützten Platz im Freien; zur Wachstumszeit immer über 20 °C. Überwinterung möglichst nicht unter 16 °C.
Pflege: Im Sommer sehr großer Wasser- und Nährstoffbedarf, jedoch Staunässe vermeiden. Im Winter sehr sparsam gießen. Nach Bedarf im Frühjahr in kräftig humose, lehmhaltige Erde umpflanzen.
Schadbilder: Bei Lichtmangel und Trockenheit Befall mit Spinnmilben, Fäulnisgefahr bei zu nasser Haltung, vor allem im Winter.
Vermehrung: Durch Aussaat frischer Samen im Spätherbst im Vermehrungskasten oder (außer bei *Ensete)* durch Wurzelschößlinge.
Hinweise: Blüten bilden sich nur bei älteren Exemplaren.

Bananenpflanzen benötigen viel Platz, selbst die Zwergbanane *Musa acuminata* kann eine Höhe von 2 m erreichen.

Paradiesvogelblume

Strelitzia reginae Strelitziengewächse

Merkmale: Die Strelitzie stammt aus Südafrika. Von den verschiedenen Arten ist *Strelitzia reginae* nicht nur eine sehr schöne Schnittblume, sondern auch eine dankbare Kübelpflanze. Sie wird über 1 m hoch und trägt lanzettförmige, langgestielte Blätter.
Standort: Hell und sonnig, im Sommer im Freien, Überwinterung bei ca. 16 °C.
Pflege: Zur Wachstumszeit viel Wasser und wöchentlich Dünger, im Winter nur mäßig gießen. Bei Bedarf in nährstoffreiche, lehmhaltige Erde umpflanzen.

Die bizarren Blüten, die *Strelitzia reginae* ihren deutschen Namen »Paradiesvogelblume« gaben, erscheinen im Winter und Frühjahr.

Links: Die Pavonie zeichnet sich durch besonders aparte Blüten aus, die sie bei Zimmerkultur allerdings nur im geschlossenen Blumenfenster regelmäßig hervorbringt.

Rechts: Wer weiße Blüten liebt, sollte es einmal mit der aparten Whitfieldie versuchen.

Pavonie

Triplochlamys multiflora — Malvengewächse

Merkmale: Von den mehr als 150 Arten der Gattung *Triplochlamys* (Syn.: *Pavonia*), die in Brasilien beheimatet sind, ist bisher nur *T. multiflora* als Zimmerpflanze bekannt geworden. Die immergrüne Pflanze, die sich kaum verzweigt, trägt schmale, glänzendgrüne Blätter. Vom Herbst bis zum Frühjahr erscheinen in den Blattachseln der Triebspitzen auffällig schöne Blüten. Ein roter Hüllkelch umschließt dunkelblaue Blütenblätter, aus denen Staubgefäße, Griffel und orangefarbene Narbe weit herausragen.
Standort: Ganzjährig hell, keine pralle Sonne; bei Zimmertemperatur (ca. 20 °C) oder wärmer.
Pflege: Zur Wachstumszeit mäßig gießen und für hohe Luftfeuchtigkeit sorgen, alle 8–14 Tage düngen. Nach der Blüte kurze Ruhezeit bei weniger Wassergaben einlegen. Danach in nährstoffreiche Erde umpflanzen.
Schadbilder: Lufttrockenheit und unregelmäßige Pflegemaßnahmen verursachen Laub- und Knospenabwurf und Schädlingsbefall.
Vermehrung: Im Frühjahr durch Kopfstecklinge im Vermehrungskasten.
Hinweise: Der straff aufrechte Wuchs der Pflanze läßt sich leider auch durch kräftigen Rückschnitt kaum verändern. Sehr gut eignet sich die Pavonie für ein Blumenfenster.

Whitfieldie

Whitfieldia elongata — Akanthusgewächse

Merkmale: *Whitfieldia* gehört zu den etwas selteneren Neuentdeckungen für die Zimmerkultur. Sie ist eng verwandt mit der Jakobinie (siehe Seite 45) und dem Glanzkölbchen (siehe Seite 153). Ihre Heimat ist jedoch das tropische Westafrika. Dort wachsen mehrere Arten als Sträucher oder Halbsträucher. Der Wuchs ist locker, und das dunkelgrüne, glänzende Laub steht in herrlichem Kontrast zu den reinweißen, traubenförmigen Blütenständen.
Standort: Hell, jedoch keine pralle Sonne, eher verträgt sie leichten Halbschatten. Während der Wintermonate etwas kühler um 18 °C, aber nie unter 16 °C fallend.
Pflege: Während der Wachstumszeit gleichmäßig feucht halten und regelmäßig düngen. Den Winter über beides reduzieren. Im Frühjahr in lehmhaltige Erde umtopfen, dabei gute Drainage nicht vergessen.
Schadbilder: Blattschäden durch zu hohe Sonneneinstrahlung.
Vermehrung: Durch Kopfstecklinge im Spätsommer im Vermehrungsbeet. Öfter stutzen, damit die Pflanzen buschig werden.
Hinweise: Regelmäßiger Rückschnitt nach der Blüte notwendig, damit die Pflanzen nicht zu sparrig werden.

Links: Den besonderen Reiz der Gynure bildet die flaumige Behaarung der rotvioletten Blätter, die sich vor allem an den Triebspitzen zeigt.

Gynure, Samtpflanze

Gynura aurantiaca Korbblütler

Merkmale: Dieser Halbstrauch mit den samtigen, rotvioletten Blättern stammt aus den tropischen Gebieten Ostafrikas. Die Gynure entwickelt lange Triebe, so daß sie im Zimmer entweder als buschig aufrecht wachsende Topfpflanze, als Kletterpflanze am Rankgerüst oder in der Ampel als Hängepflanze gehalten werden kann. Ältere Pflanzen entwickeln im Spätsommer Blütenkörbchen mit orangegelben Einzelblütchen, die einen schönen Kontrast zum dunklen Laub bilden, leider aber unangenehm riechen.
Standort: Ganzjährig hell und sonnig bei Zimmertemperatur (20–22 °C).
Pflege: Ganzjährig mäßig feucht halten, im Sommer regelmäßig düngen. Bei Bedarf im Frühjahr kräftig stutzen und in lockere, humose Erde umpflanzen.
Schadbilder: Bei zu dunklem Standort vergrünen die Blätter und vergeilen die Triebe. Häufig ist Blattlausbefall.
Vermehrung: Im Herbst durch Kopfstecklinge, die sich rasch bewurzeln.
Hinweise: Ältere Pflanzen sind weniger schön. Obwohl ein Rückschnitt gut möglich ist, wird besser Nachwuchs herangezogen.

Bootspflanze

Tradescantia spathacea Commelinengewächse

Merkmale: Die Bootspflanze (Syn.: *Rhoeo spathacea* bzw. *Rh. discolor*) ist in den tropischen Gebieten Mittelamerikas zu Hause. Die rosettenartig wachsende Pflanze wird 30–40 cm hoch und bildet mit der Zeit einen kurzen Stamm, um den schwertförmige, unterseits rote Blätter sitzen. Aus den Blattachseln der älteren Blätter erscheinen von Mai bis Juli kurzgestielte, von Hochblättern umgebene, weiße Blüten. Sie sitzen dort an der Basis wie in einem kleinen Schiffchen – daher auch der deutsche Name. Spätestens wenn sich die Blütenknospen öffnen erkennt man die enge Verwandtschaft der Bootspflanze mit den Dreimasterblumen (Tradeskantien, siehe Seite 74).
Standort: Hell, keine pralle Sonne. Ganzjährig Zimmertemperatur oder wärmer, nicht unter 16 °C; bodenwarm und luftfeucht.
Pflege: Mäßig feucht, aber oft sprühen. Im Sommer alle 8–14 Tage düngen, im Winter seltener. Bei Bedarf im Frühjahr in lockere, humose Erde umpflanzen.
Schadbilder: Braune Spitzen und Schädlingsbefall durch zu trockene Luft.
Vermehrung: Im Frühjahr durch Kopfstecklinge oder Seitensprossen.

Unten: Von der Bootspflanze wird am häufigsten die Sorte 'Vittata' (= 'Variegata') mit gelb-grün gestreiften Blättern im Handel angeboten.

Wunderstrauch, Kroton GIFTIG

Codiaeum variegatum Wolfsmilchgewächse

Merkmale: Von mehreren Arten, die im südostasiatischen Raum beheimatet sind, inzwischen aber überall in den Tropen vorkommen, ist nur eine einzige Form in gärtnerischer Kultur – das ist *Codiaeum variegatum* var. *pictum* (Syn.: *Croton variegatus*). Es gibt davon jedoch zahlreiche Sorten. Sie zeichnen sich alle durch besonders farbenprächtige, unterschiedlich geformte und verschiedenartig gefärbte Blätter aus. Die Palette reicht von Grün mit Gelb, Gelb-Orange-Rot bis zum Braunrot mit fleckenförmiger, streifiger oder marmorierter Zeichnung. Die Blattformen wechseln zwischen groß, ganzrandig, gelappt und klein, riemenförmig und zusätzlich in sich gedreht. Das Laub ist im Jugendstadium oft noch nicht so intensiv gefärbt, so erscheint jede Pflanze in sich schon unterschiedlich bunt.
Die Sträucher werden in der Natur 1–2 m hoch und verzweigen sich erst mit zunehmendem Alter stärker. Man kann sie jedoch durch Rückschnitt dazu anregen, besonders, wenn die Pflanzen von unten anfangen zu verkahlen. »Blutende« Schnittstellen werden abgesengt (Wolfsmilchgewächs!). Manchmal bilden sich in den Blattachseln waagerecht abstehende Blütenstände. Die Einzelblütchen sind kugelig und bestehen nur aus Staubgefäßen.

Rechts und unten: Der Wunderstrauch ist auch noch unter seinem alten botanischen Namen als Kroton bekannt. Von ihm gibt es eine Fülle von Sorten mit den verschiedensten Blattfarben und -formen.

Standort: Hell, aber keine pralle Sonne. Doch Licht ist zur Ausbildung der Farben unerläßlich. Zimmertemperatur und wärmer – nie unter 18 °C –, verbunden mit Bodenwärme und hoher Luftfeuchtigkeit.
Pflege: Gleichmäßig feucht halten, die Pflanzen sollen weder zu naß noch ballentrocken werden. Immer reichlich sprühen! Kalkarmes und temperiertes Wasser verwenden!

Von Frühjahr bis Herbst regelmäßig düngen. Im Winter Wasser- und Nährstoffgaben einschränken, um das Pflanzenwachstum in der dunklen Jahreszeit etwas zu bremsen. Umpflanzen im Frühjahr nach Bedarf alle 1–3 Jahre. Erde lockerhumos.
Schadbilder: Lufttrockenheit bewirkt Schädlingsbefall, besonders durch Rote Spinne, Thrips und Schildläuse, ist aber auch für das Einrollen und den Verlust von Blättern verantwortlich. Ungleichmäßige Pflegebedingungen führen ebenfalls zu Laubfall. Die unteren Blätter werden bei älteren Pflanzen normalerweise mit der Zeit abgestoßen.
Vermehrung: Am besten durch Abmoosen. Die Stecklingsvermehrung ist problematisch.
Hinweise: Attraktive, buntblättrige Zimmerpflanze, die man jedoch leider meistens in schlechtem Zustand antrifft. Idealer Platz dafür ist ein Blumenfenster.

Keulenlilie

Cordyline fruticosa Agavengewächse

Merkmale: Cordylinen stammen hauptsächlich aus tropischen und subtropischen Gebieten Australiens, Neuseelands und Südostasiens. Sie sind selbst für Fachleute sehr leicht mit den eng verwandten Drazänen (siehe Seite 93) zu verwechseln. An älteren botanischen Bezeichnungen läßt sich das gut ablesen. Andererseits ähneln einige der grünblättrigen Formen wiederum stark den Yuccas (Seite 31). Da blühende Exemplare in Zimmerkultur nur selten vorkommen, lassen sich Unterscheidungsmerkmale manchmal auch an den unterirdischen Organen feststellen: Bei den Cordylinen sind sie beispielsweise weiß und keulenförmig verdickt, während Drazänen gelborange gefärbte Wurzeln besitzen.
Die gärtnerisch wichtigste Keulenlilie ist *Cordyline fruticosa* mit vielen verschiedenen Sorten, die sich alle durch unterschiedliche Blattfärbung auszeichnen: von Grün-Weiß über Gelb-Grün-Rosa bis Rot-Grün. Nur eine Sorte, 'Red Edge', bleibt schmal und zierlich, alle anderen wachsen breitbuschig. *Cordyline fruticosa* ist gut erkennbar an den langgestielten, lanzenförmigen und auch deutlich geaderten Blättern.
Standort: Hell, ohne direkte Sonneneinstrahlung, entsprechend ihrer Herkunft aus den tropischen Regenwäldern. Dabei reagieren die roten Sorten weniger empfindlich als solche mit hellgezeichneten Blättern.
Keulenlilien wollen ganzjährig warm stehen – auch im Winter nicht unter 18 °C.

Pflege: Gleichmäßig feucht, aber nie zu naß halten. Besonders wichtig ist die hohe Luftfeuchtigkeit, deshalb regelmäßig mit temperiertem, enthärtetem Wasser besprühen. Vom Frühjahr bis in den Herbst sollte 8–14tägig gedüngt werden. Umgepflanzt wird nach Bedarf, am besten im Frühling. Erde locker-humos, Fertigsubstrate sind geeignet.
Schadbilder: Schädlingsbefall, vor allem durch Rote Spinne, entsteht bei zu sonnigem, lufttrocknen Stand. Braune Blattspitzen durch Ballentrockenheit. Wurzelschäden entstehen leicht durch zuviel Feuchtigkeit.
Vermehrung: Durch Kopf-und Triebstecklinge im Anzuchtkasten oder auch durch Aussaat möglich. Wichtig ist, frisches Saatgut zu verwenden.
Hinweise: *Cordyline fruticosa*-Sorten sind ausschließlich für Zimmerkultur mit hohem Anspruch an Wärme und Luftfeuchtigkeit geeignet – auch für die Hydrokultur. Ideal stehen sie in einem geschlossenen Blumenfenster!
Verwandte: Die meisten anderen Cordylinen mit derben, ungestielten und riemenförmigen Blättern, wie *C. indivisa, C. australis, C. stricta*, sind nur als Kübelpflanzen zu verwenden.

Von *Cordyline fruticosa* (links und unten) gibt es viele verschiedene Sorten mit unterschiedlicher Blattfärbung.

Oben: *Leea amabilis* braucht einen freien Stand.

Leea

Leea amabilis Leeagewächse

Merkmale: Diese mit den Weinrebengewächsen näher verwandte Pflanzenfamilie besteht aus nur einer Gattung, doch sie umfaßt rund 70 Arten, von denen die meisten aus dem tropischen Asien stammen. Am schönsten ist *Leea amabilis* mit ihrem gefiederten Laub. Der Austrieb im Jugendstadium ist rötlich und verändert sich mit zunehmendem Alter. Besonders hübsch wirkt die filigrane Blattpflanze in ihrer dunkellaubigen Sorte 'Burgundy'. Blüten entwickeln sich in Kultur kaum, aber der kleine Strauch ist schon durch seinen lockeren Wuchs und seine Belaubung attraktiv.
Standort: Hell, aber keine direkte Sonneneinstrahlung. Ganzjährig bei Zimmertemperatur (20 °C) und darüber. Im Winter nur wenig kühler stellen, Temperatur nie unter 16 °C fallen lassen. Besonders auf Bodenwärme achten.
Pflege: Gleichmäßig feucht, weder zu naß noch zu trocken halten. Vor allen Dingen für hohe Luftfeuchtigkeit sorgen. Im Sommer mäßig düngen. Alle paar Jahre umpflanzen in locker humoses Substrat. Für gute Drainage sorgen.
Schadbilder: Staunässe oder Ballentrockenheit führen zu Laubfall. In zu trockenen, geheizten Räumen werden die Pflanzen leicht von Schädlingen befallen.
Vermehrung: Durch Samen oder Stecklinge im Sommer im warmen und feuchten Vermehrungskasten.
Hinweise: Diese hübsche, aber empfindliche Pflanze gedeiht am besten in einem geschlossenen Blumenfenster oder im feuchtwarmen Wintergarten.

Pachira

Pachira aquatica Wollbaumgewächse

Merkmale: In ihrer Heimat, dem tropischen Amerika, wird *Pachira* ein stattlicher Baum mit attraktiven Blüten und Früchten. Als Zimmerbaum wirkt er vor allem durch seine großen, handförmig geteilten Blätter. Typisch für die Pflanzenfamilie der Wollbäumgewächse sind die verdickten Stämme.
Standort: Hell, ohne pralle Sonne; luftfeucht bei Zimmertemperatur. Den Winter über auch etwas kühler um 15 °C. Im Sommer auch halbschattig im Freien.
Pflege: Regelmäßig mäßig gießen und reichlich sprühen. Schwach düngen und nur bei Bedarf in humoses Substrat umtopfen.
Schadbilder: Trockene Luft verursacht Blattschäden und begünstigt Schädlingsbefall.
Vermehrung: Durch Samen oder Stecklinge im Sommer bei hoher Wärme im Vermehrungskasten.
Hinweise: Rückschnitt ist möglich.

Rechts: Im Handel sind häufig *Pachira*-Pflanzen erhältlich, deren Stämmchen zopfartig geflochten sind.

Pisonie

Pisonia umbellifera Wunderblumengewächse

Merkmale: Von *Pisonia umbellifera*, die aus Südostasien und Australien stammt, ist nur die weißbunte Sorte 'Variegata' als Zimmerpflanze im Handel. Die strauchartige Pflanze trägt große, gummibaumähnliche, grün-weiße Blätter, die quirlartig angeordnet sind. Die Triebe verholzen nur langsam und treiben nach einem Rückschnitt wieder gut durch.
Standort: Ganzjährig hell, jedoch keine pralle Sonne; bei Zimmertemperatur, nicht unter 16–18 °C.
Pflege: Gleichmäßig feucht halten und für hohe Luftfeuchtigkeit sorgen. Vom Frühjahr bis zum Herbst alle 8–14 Tage düngen. In 2–3jährigem Rhythmus im Frühjahr in kräftig-humose Erde umpflanzen. Um den strauchartigen Wuchs aufrechtzuerhalten, im Frühjahr kräftig zurückschneiden.
Schadbilder: Staunässe und niedrige Bodentemperaturen führen zu Wurzelfäulnis, bei zu dunklem Stand vergrünen die Blätter.
Vermehrung: Im Frühjahr durch Kopfstecklinge im Vermehrungskasten.
Hinweise: *P. umbellifera* 'Variegata' ist eine Alternative zu den etwas anspruchvolleren, weißbunten Gummibaum-Sorten (siehe Seite 82f.).

Kaffeebäumchen

Coffea arabica Krappgewächse

Merkmale: Der Kaffeebaum ist in Arabien und im tropischen Afrika beheimatet und wird heute in vielen Teilen der Erde als Nutzpflanze angebaut. Als Zierpflanze hat er noch nicht sehr lange seine Liebhaber gefunden. Der anfangs einstämmige Strauch kann bei guter Pflege bis 3 m hoch werden. Die waagerecht abstehenden Seitenzweige tragen glänzend dunkelgrüne, leicht gewellte Blätter. Bei älteren Pflanzen erscheinen auch in Kultur vom Sommer bis zum Spätsommer in den Blattachseln kleine, sternförmige, reinweiße und wohlriechende Blüten.
Standort: Ganzjährig sehr hell, aber keine pralle Mittagsonne. Luftig, zur Wachstumszeit bei Zimmertemperatur (ca. 20 ° C) und wärmer. Im Winter, zur Ruhezeit, etwas kühler (um 16 °C), Bodenwärme jedoch nicht unter 16 °C sinken lassen.
Pflege: Im Sommerhalbjahr reichlich gießen, über Winter mäßig feucht halten, aber immer viel sprühen. Zum Gießen, Düngen und Sprühen abgestandenes, möglichst kalkfreies und temperiertes Wasser verwenden. Auch im Winter für Frischluft sorgen, jedoch ohne Zugluft! Im Sommer alle 14 Tage düngen und etwa alle 2–3 Jahre in lehmhaltige, gut durchlässige Erde umtopfen.
Schadbilder: Lufttrockenheit führt zum Einrollen der Blätter und zu Schädlingsbefall, vor allem durch Wolläuse in den Blattachseln sowie durch Schildläuse und Spinnmilben.
Vermehrung: Am besten durch Aussaat der frischen Samen, der Kaffeebohnen, die direkt aus der fleischigen Hülle kommen sollten. Auch Stecklingsvermehrung im Sommer ist möglich! Keimung und Bewurzelung gelingt nur bei hohen Temperaturen (ca. 25 °C), wenn möglich im Vermehrungskasten.
Hinweise: Der Kaffeestrauch braucht sehr viel Wärme und Luftfeuchtigkeit zum Gedeihen – ist also keine robuste Zimmerpflanze, obwohl sie so wirkt.

Links: Die Pisonie gleicht ein wenig dem Gummibaum.

Unten: Bei guter Pflege kann das Kaffeebäumchen auch im Zimmer zu einem beachtlichen Strauch heranwachsen.

Ganz unten: Die Frucht des Kaffeebaumes, eine zweisamige, kirschenähnliche, rote Beere, enthält die Samen, die geröstet die Kaffeebohnen ergeben.

Links: Der Zimmerbambus wird bei guter Pflege mit zunehmendem Alter immer schöner.

Rechts: Die Nickende Simse ist am besten in einer Ampel oder einem hohen Pflanzgefäß untergebracht, so daß die Halme weit überhängen können.

Zimmerbambus

Pogonatherum paniceum Süßgräser

Merkmale: Der Zimmerbambus (Syn.: *Saccharum paniceum*), auch Zuckergras genannt, stammt aus dem tropischen Asien und Australien. Die angebotenen Jungpflanzen mit ihren grazil überhängenden, gegliederten Halmen und den schmalen, hellgrünen Blättern wachsen buschig und verzweigen sich immer mehr. Bei etwas älteren Exemplaren treiben aus dem Wurzelstock zunehmend höhere Halme, die bis zu 60 cm lang werden können. Es gibt auch Sorten mit mehr kugeligem, buschigem Wuchs und etwas breiterem Laub.
Standort: Hell, sonnig, warm (20–25 °C) und luftfeucht; auch im Winter nicht unter 15 °C. Kann den Sommer über auch im Freien stehen.
Pflege: Reichlich gießen und nie austrocknen lassen, im Sommer regelmäßig düngen. Jedes Jahr im Frühjahr in durchlässige, humose Erde umpflanzen.
Schadbilder: Ballentrockenheit kann zum Absterben der Pflanze führen.
Vermehrung: Durch Teilen größerer Pflanzen im Frühjahr.
Hinweise: Wegen der überhängenden Halme sollte der Zimmerbambus einen erhöhten Standplatz erhalten, damit die Pflanze voll zur Geltung kommen kann und die Blattspitzen nicht aufstoßen.

Nickende Simse, Frauenhaar

Scirpus cernuus Sauergräser

Merkmale: Die Nickende Simse stammt aus tropischen Gegenden und gleicht einem frischgrünen Grasbusch. Die zarten Halme neigen sich mit zunehmendem Wachstum nach unten, so daß man die Pflanze gut als Ampelpflanze verwenden kann. Im Sommer erscheinen an den Halmspitzen stecknadelkopfgroße, zunächst weißliche, später braune Grasblütchen. Im Handel sieht man immer wieder auch Pflanzen, die in einer braunen oder weißen Hülse aus Kunststoff stecken, aus der nur noch die oberen Pflanzenteile herausschauen – ähnlich einer lebenden Fontäne.
Standort: Hell bis halbschattig, keine pralle Sonne; zur Wachstumszeit bei Zimmertemperatur (ca. 20 °C), im Winter kühler, aber nicht unter 10 °C; durchgehend hohe Luftfeuchtigkeit.
Pflege: Ständig gut feucht halten, Wasser in den Untersatz gießen und sprühen! Im Sommer ganz schwach düngen. Bei Bedarf im Frühjahr in kräftig-humose Erde umpflanzen.
Schadbilder: Ballen- und Lufttrockenheit verursachen braune Blattspitzen.
Vermehrung: Im Frühjahr durch Teilen der Pflanze.
Hinweise: Die Nickende Simse braucht sehr viel Feuchtigkeit und ist daher ideal für ein Terrarium oder eine Vitrine geeignet.

Buntwurz, Kaladie

Caladium bicolor Aronstabgewächse

Merkmale: Kaladien sind bunte Blattpflanzen mit schild-, herz- oder pfeilförmigen Blättern von ungewöhnlicher Farbenpracht und Leuchtkraft. Die zarten, beinahe durchscheinenden Blätter muten fast wie Seidenpapier an und strahlen gleichzeitig eine unglaubliche Frische aus. Weiß, Grün, Rosa und Rot in unterschiedlicher Zusammensetzung und Marmorierung oder Zeichnung bilden die Grundfarben des außerordentlich großen Sortenspektrums.
Die vielen unterschiedlichen Sorten haben sich aus mehreren Wildarten entwickelt, die aus den tropischen Regenwäldern Südamerikas stammen. Im Winter ziehen die Pflanzen ihre Blätter ein, überwintern mit einer Knolle und treiben im Frühjahr wieder neu aus. Man kann die Buntwurz als fertige Pflanzen erwerben oder auch als trockene Knolle im Frühjahr. Problematisch bei diesen Pflanzen ist nicht die Überwinterung der Knollen, sondern das Überleben der ausgesprochen empfindlichen Pflanzen.
Standort: Zur Wachstumszeit hell, aber vor direkter Sonneneinstrahlung geschützt; Zimmertemperatur und darüber, bei hoher Luftfeuchtigkeit. Im Herbst und Winter, wenn das Laub eingezogen ist, können die Töpfe trocken und warm – keinesfalls unter 16 °C – aufbewahrt werden. Am besten ist die Buntwurz im geschlossenen Blumenfenster oder in der Vitrine zu halten.
Pflege: Nach dem Ein- oder Umtopfen in kräftig-humose Erde im Frühjahr werden die Töpfe mit den Knollen zum Antreiben wieder möglichst luftfeucht und warm aufgestellt. Mit der Blattentwicklung die Wassergaben steigern, die Pflanzen jedoch nicht zu naß halten. Anschließend die Pflanzen etwas abhärten und bei Zimmertemperatur (20–22 °C) halten. Nach dem Austrieb bis in den Sommer hinein alle 8–14 Tage düngen. Ab August/September Wasser- und Nährstoffgaben einstellen, damit das Laub bis zum Spätherbst langsam einziehen kann.
Schadbilder: Verbrennungserscheinungen an den Blättern durch zu starke Sonneneinstrahlung; Fäulnis der Knollen durch Nässe und niedrige Temperaturen; am häufigsten jedoch Blattschäden durch zu trockene Luft.
Vermehrung: Im zeitigen Frühjahr durch Teilen der Wurzelstöcke und Abnehmen von Brutknollen.

Wenn man sich auf diese Blattschönheiten einläßt und die richtigen Voraussetzungen bieten kann, legt man sich am besten gleich eine ganze Sammlung verschiedenfarbiger Kaladien zu.

Blatt- und Strauchbegonien

Begonia-Arten und -Sorten Begoniengewächse

Merkmale: Die ganze Bandbreite der Begonien-Arten und -Sorten ist aus dem Zimmerpflanzensortiment nicht mehr wegzudenken. Allein die Vielzahl der hübschen Blütenbegonien (siehe Seite 152), die in unterschiedlichsten Farbsorten auf dem Markt sind, haben daran einen großen Anteil. Blatt- und Strauchbegonien tragen im Gegensatz dazu das ganze Jahr über ihren Schmuck zur Schau. Vielleicht nicht so spektakulär wie die echten Blütenpflanzen, aber dafür um so ausdauernder. Ganz anders als bei den ständig verbesserten Züchtungen der Blütenbegonien dominieren hier noch viele reine Arten oder sehr alte Sorten.
Die bekannten und beliebten Schiefblätter, die ***Begonia*-Rex-Sorten,** gehören noch immer zu den schönsten buntblättrigen Pflanzen im Haus. Charakteristisch ist das große, asymmetrische Laub mit der metallisch glänzenden Zeichnung auf grünem und rotem, manchmal nahezu schwarzem Grund. Sie vertragen die trockene Zimmerluft allerdings nicht ganz so gut.
Robuster sind dagegen Sorten von ***Begonia boweri*** – sie sind stärker gefleckt. Eine trägt beispielsweise den Namen 'Tiger' – die hellgrünen Tupfen auf braunrotem Blatt sind sehr ausdrucksvoll.
In gleicher Farbstellung, aber ganz anderer Zeichnung stellt sich ***Begonia masoniana* 'Iron Cross'** vor – auf dem smaragdgrünen runzeligen Blatt läßt sich mit etwas Phantasie ein dunkles Eisernes Kreuz erkennen. Als hübsche Dreingabe wirkt hier noch der gelbe Blütenstand.
Die Reihe der attraktiven Blattbegonien läßt sich beträchtlich verlängern. Es gibt Arten mit rundem und vielfach geschlitztem Laub, teilweise unscheinbar gefärbt. Manche besitzen behaartes, andere dagegen glattes Laub. Zum Teil sind Blattunterseiten und Stengel rot und behaart. Einen zusätzlichen Schmuck bilden oft hoch über dem Laub stehende Blütenstände.
Im Gegensatz zu den mehr buschig und kriechend wachsenden Blattbegonien bleibt die Gruppe der **Strauchbegonien** aufrecht. Sie werden wesentlich höher als ihre Verwandten. Anfangs bilden sie etwas hochschießende, später leicht überhängende Triebe . Die Artenvielfalt ist sehr groß, und die Übergänge zwischen den Begoniengruppen sind fließend. Die Palette reicht von einfachen grünen Blättern und reizvollen großen Blütenständen wie bei der sehr robusten ***Begonia metallica*** bis zu

Rechts: Die Strauchbegonie *B. limmingheana* eignet sich auch hervorragend als Ampelpflanze.

Unten: 'Tamaya' ist der Sortenname für eine Spezialform der *Begonia*-Corallina-Gruppe.

Durch ein besonderes Anzuchtverfahren entwickelt sie sich zum Hochstämmchen. Damit sie ihre hübsche Form behält, müssen die immer wieder entstehenden, langen Neutriebe ganz dicht am Stamm weggeschnitten werden, so daß nur noch ein Auge verbleibt.

solchen mit zusätzlich schön geformten und farbigen Blättern, wie beispielsweise Sorten aus der ***Begonia*-Corallina-Gruppe** mit ihrem reizenden, silbrig gefleckten Laub. Man könnte sie ebensogut unter die Blütenbegonien einordnen, denn ihre rosaroten Blumen erscheinen fast das ganze Jahr über. Diese Pflanzen werden jedoch meterhoch und müssen regelmäßig zurückgeschnitten werden. Viele der Blatt- und Strauchbegonien eignen sich hervorragend als Ampelpflanzen wie etwa ***Begonia glabra*** und die rosablühende, den Corallina-Sorten ähnliche ***Begonia limmingheana*** mit glänzend grünen Blättern.

Standort: Hell bis halbschattig, keine direkte Sonneneinstrahlung. Zimmertemperatur, jedoch nicht unter 16 °C. Luftiger, aber zugfreier Stand. Als Waldbewohner tropischer Zonen leben Begonien in der Natur im lichten Schatten der Bäume bei hoher Luftfeuchtigkeit.

Pflege: Gleichmäßig feucht, aber nicht naß halten. Samtige und runzlige, behaarte Arten nicht besprühen! Zum Gießen temperiertes, kalkarmes Wasser verwenden. Den Sommer über regelmäßig düngen. Blattbegonien am besten in breite, flache Gefäße pflanzen, damit die kräftigen Rhizome Platz finden. Fertigsubstrate verwenden.

Schadbilder: Pilzbefall und Fäulnisgefahr bei Nässe. Sonne läßt die Blätter verbrennen, zu dunkler Standort verhindert die Laubausfärbung und läßt die Pflanzen lang werden.

Vermehrung: Durch Blatt- und Triebstecklinge oder durch Kopfstecklinge mit Rhizomansatz. Einfache Bewurzlung in Erde oder Wasser.

Begonia-Corallina-Sorten gehören zu den dankbarsten, schön blühenden Strauchbegonien.

Hinweise: Optimal gedeihen Blattbegonien ausgepflanzt in einem feuchtwarmen Blumenfenster. Ältere Blätter sterben mit der Zeit ab. Strauchbegonien sind in der Regel langlebiger, auch toleranter und wirklich anspruchslos. Sie müssen aber immer wieder zurückgeschitten werden.

Grün- und glattlaubige Arten und Sorten sind meist robuster als buntblättrige und behaarte, das heißt, sie sind unempfindlicher für schwankende Temperaturen und Lichtverhältnisse.

Auffallend gezeichnete Blattbegonien: eine *Begonia*-Rex-Sorte (links) und *Begonia masoniana* 'Iron Cross' (rechts).

Tradeskantie

Tradescantia-Arten Commelinengewächse

Merkmale: Tradeskantien sind ausdauernde Kräuter aus dem tropischen Mittel- und Südamerika mit fleischigen, saftreichen Stengeln und Blättern. Sie bilden immer neue Seitentriebe, die zuerst aufrecht, später hängend oder kriechend wachsen. Es sind mit Sicherheit die am weitesten verbreiteten Zimmerpflanzen – sie gedeihen an warmen, kühlen, sonnigen und schattigen Plätzen. Für die Zimmerkultur eignen sich vor allem zwei Arten: *Tradecantia fluminensis* (Syn.: *T. albiflora*), mit rötlichem Sproß und rötlichen Blattunterseiten, sowie *T. cerinthoides*, mit dickfleischigen, weißbehaarten Blättern und Stengeln sowie rötlichen Blattunterseiten und rosafarbenen Blüten.
Standort: Ganzjährig hell bis halbschattig; bei Zimmertemperatur und kühler, im Winter nicht unter 10–12 °C.
Pflege: Gleichmäßig feucht halten; je kühler und je dickfleischiger die Blätter, desto weniger gießen; im Sommer regelmäßig schwach düngen.
Schadbilder: Bei Lichtmangel keine gute Blattausfärbung und lange, dünne Triebe; pralle Sonne läßt die Farben verblassen.
Vermehrung: Kopf- und Teilstecklinge sind leicht in Wasser oder Erde zu bewurzeln.
Hinweise: Lange Triebe ausbrechen, damit die Pflanzen buschiger wachsen. Äußerst pflegeleicht!

Oben links: *Tradescantia fluminensis* 'Albovittata' ist eine der häufigsten gestreiftblättrigen Tradeskantien.

Rechts und oben rechts: Das Zebrakraut wird heute den Tradeskantien zugerechnet. Es blüht rosa (Bild oben).

Unten: *Tradescantia cerinthoides* mit rosa überhauchtem Laub gehört zu den anspruchslosesten Zimmerpflanzen.

Zebrakraut

Tradescantia zebrina Commelinengewächse

Merkmale: Das Zebrakraut (Syn.: *Zebrina pendula*) hat seinen Namen von den breiten, silbrig schimmernden Streifen auf den länglicheiförmigen, grünen Blättern. Es gibt auch Sorten mit zusätzlich rötlicher Tönung der Sprosse und Blätter.
Standort: Ganzjährig hell bei Zimmertemperatur oder kühler, jedoch nicht unter 12 °C.
Pflege: Mäßig feucht halten, je kühler, desto weniger gießen. Zur Wachstumszeit schwach düngen.
Schadbilder: Bei zu dunklem Standort verblaßt die Blattfärbung, und die Pflanze wird sparrig.
Vermehrung: Durch Kopfstecklinge im Frühjahr oder Frühsommer.
Hinweise: Da ältere Pflanzen leicht verkahlen, rechtzeitig Jungpflanzen nachziehen.

Kardamom

Elettaria cardamomum Ingwergewächse

Merkmale: Kardomom, die bekannte Gewürzpflanze, stammt aus dem südostasiatischen Raum. Im Gegensatz zu vielen Verwandten aus der Ingwerfamilie, z. B. *Curcuma* (siehe Seite 62), besitzt sie nur unscheinbare Blüten und wird als reine Grünpflanze in Töpfen oder Kübeln gehalten. Sie bildet kräftige Horste und kann meterhoch werden. Typische Merkmale sind das knollige Rhizom, häufig mit verdickten Wurzeln, und die langgestielten, einen Schaft bildenden Blätter.
Standort: Hell bis halbschattig, die Pflanze kann sogar schattig stehen, nur pralle Sonne verträgt sie nicht. Entweder ganzjährig um 20 °C bei luftigem Stand oder im Winter kühler jedoch bei mindestens 15 °C und hellem Stand.
Pflege: Während der Wachstumsphase gleichmäßige Feuchtigkeit und 14tägige Düngergaben. Ab und zu besprühen. Im Winter das Gießen stark einschränken und nicht düngen. Bei Bedarf im Frühjahr in humose, lehmige Erde umpflanzen.
Schadbilder: Staunässe führt zu Fäulnis der Wurzeln. Temperaturen unter 15 °C verursachen Braunfärbung der Blätter. Bei praller Sonne ergeben sich Blattschäden.
Vermehrung: Durch Teilen des Wurzelstocks bei älteren Pflanzen.
Hinweise: Kardamom ist eine äußerst robuste Blattpflanze und sehr licht- und temperaturtolerant.

Scheinrebe

Ampelopsis brevipedunculata Weinrebengewächse

Merkmale: Eine graziös rankende Pflanze aus China. Sie wirkt fast wie ein kleiner Weinstock, hat jedoch grün-weiß-rötlich-panaschiertes Laub an roten Trieben. Im Gegensatz zum Wilden Wein *(Parthenocissus)* besitzt sie keine Haftscheiben, man muß ihr also entweder eine Kletterhilfe geben oder sie als Ampelpflanze frei wachsen lassen. Auch als Bodendecker breitet sie sich rasch aus.
Standort: Hell bis halb schattig, keine pralle Sonne; luftig! Temperatur mäßig warm bis kühl, den Sommer über auch im Freien möglich. Überwinterung frostfrei bis maximal 15 °C.
Pflege: Im Sommer gleichmäßig feucht, im Winter bei niedrigen Temperaturen trocken halten. Je nach Temperatur verliert die Pflanze mehr oder weniger Laub. Nach kräftigem Rückschnitt im zeitigen Frühjahr färbt sich der Neutrieb besonders intensiv; zugleich in lockere, humose Erde umpflanzen.
Schadbilder: Zu dunkler Stand oder niedrige Temperaturen begünstigen den Blattfall.
Vermehrung: Kopf- oder Triebstecklinge im Sommer schneiden und mehrere zusammen in einen Topf stecken; Jungpflanzen anschließend entspitzen.
Hinweise: Wichtig zu wissen ist, daß die Pflanze zum Ende der Vegetationszeit ihr Laub zumindest teilweise abwirft. Für ungeheizte Räume oder Wintergärten gut geeignet.

Links: Kardamom, die bekannte Gewürzpflanze, eignet sich auch als robuste Grünpflanze.

Unten: Die Scheinrebe ist eine laubabwerfende Rank- oder Ampelpflanze.

Zypergras

Cyperus-Arten Sauergräser

Merkmale: *Cyperus*-Arten besiedeln Sumpf- und Uferzonen in allen tropischen und subtropischen Gebieten der Erde. Aus dem ausläuferbildenden Wurzelstock treiben schlanke, im Unterschied zu den Süßgräsern ungegliederte Halme, die an der Spitze einen schirmartigen Blattquirl tragen. Bekanntester und größter Vertreter dieser Gattung ist die **Papyrusstaude** *(Cyperus papyrus)* mit ihrem fadenförmigem Schopf. Sie wird mehrere Meter hoch und ist deshalb für die üblichen Wohnräume ungeeignet. Im Gegensatz dazu bleibt der ähnlich aussehende, aber etwas wärmeliebendere *C. haspan* wesentlich kleiner.
Zimmerformat haben auch noch eine Reihe anderer Arten. Am weitesten verbreitet ist *C. involucratus* (Syn.: *C. alternifolius)* mit langen, schmalen Blättern – er erreicht über 1 m Höhe. *C. gracilis* ist eine zierlichere Variante, die eher auf der Fensterbank Platz hat.
Im Gegensatz zu den meisten Topfpflanzen, muß bei den Zypergräsern darauf geachtet werden, daß sie ständig »nasse Füße« haben. Eine Ausnahme macht hier nur *C. albostriatus* (Syn.: *C. diffusus)*. Er besitzt von allen Arten die breitesten Blätter und bleibt mit etwa 30–40 cm auch sehr niedrig.
Standort: Hell, im Freien auch sonnig. Zimmertemperatur geeignet; die Pflanzen besitzen jedoch große Temperaturtoleranz. Den Sommer über auch im Freien – möglicherweise in der Sumpfzone des Gartenteichs. Luftiger bzw. luftfeuchter Stand wirkt sich günstig auf Gesundheit und Standfestigkeit der Pflanzen aus, ebenso eine kühlere Überwinterung intemperierten Räumen, jedoch nicht unter 15 °C.

Pflege: Permanentes Fußbad – außer bei dem breitblättrigen *C. albostriatus*; dazu am besten den Topf in eine große Schale oder einen geräumigen Übertopf stellen. Ständig sprühen. Den Sommer über regelmäßig düngen – allerdings Vorsicht im Teich!
Anfangs jährlich umpflanzen, lehmhaltige Erde verwenden. Bei alten, völlig durchwurzelten Töpfen ist das Verpflanzen schwierig – durch Düngung kompensieren.
Schadbilder: Trockene Spitzen und Rote-Spinne-Befall durch Wassermangel und zu geringe Luftfeuchtigkeit. Knickende Halme, wenn die Pflanzen ständig zu warm und dunkel stehen oder überdüngt wurden.
Vermehrung: Einfach durch Teilen des Wurzelstocks; oder einige Blattschöpfe mit kurzem Stengelstück abschneiden, Ränder einkürzen und in Wasser schwimmen lassen – im Zentrum des Quirls bilden sich bald neue Pflänzchen. Auch Aussaat ist z. T. möglich.
Hinweise: Den Wasserstand im Untersatz ständig überprüfen – ein Austrocknen der Pflanzen ruft sofort häßliche braune Spitzen hervor. Man kann sie zwar abschneiden, die Ränder trocknen jedoch ebenfalls ein.

Rechts: *Cyperus albostriatus* (rechts) möchte wie andere Topfpflanzen behandelt werden, also keine ständig »nassen Füße« haben – im Gegensatz zu den anderen Zypergräsern, wie *C. involucratus* (Mitte) und *C. haspan* (links).

Auch *C. papyrus* braucht es feucht.

Links: *Saxifraga stolonifera* 'Tricolor' mit seinen bunten Blättern ist ein besonders reizendes Judenbärtchen.

Rechts: Das Bubiköpfchen wirkt in kunstvollen Gefäßen oft noch dekorativer.

Judenbart

Saxifraga stolonifera Steinbrechgewächse

Merkmale: Die Heimat dieser reizenden, altbewährten Zimmerpflanze liegt in China und Japan. Sie ist übrigens die einzige Art der umfangreichen Gattung, die im Haus gehalten wird. Alle anderen Steinbrech-Arten verwenden wir im Garten.
Der Judenbart wächst rosettig. Die behaarten, dunkelgrünen, rundlichen Blätter sind im Bereich der Adern aufgehellt, was eine hübsche Zeichnung ergibt. Die Blattunterseiten und die Stengel sind rotviolett gefärbt. Etwas freundlicher wirkt dagegen die Sorte 'Tricolor' in hellerem Grün mit weißen Rändern, die sich zu Anfang rosarot färben. Das besondere am Judenbart sind die vielen reizenden Kindel, die sich am Ende der langen, fadenförmigen Triebe bilden. Als zusätzliche Zierde können die weißen Blütenrispen gelten, die den Sommer über erscheinen und die Rosetten weit überragen.
Standort: Hell bis halbschattig, keine pralle Sonne; luftig, im Sommer auch im Freien. Zimmertemperatur oder auch kühler, im Winter bis zu 5–10 °C. Die Sorte 'Tricolor' muß hell und wärmer gehalten werden – mindestens um 15 °C.
Pflege: Gleichmäßig feucht halten, vor allem bei kühlem Stand, jedoch nie zu naß! Den Sommer über 14tägig düngen. Zum Umtopfen kräftig-humose Erde verwenden.
Vermehrung: Leicht durch Ausläufer – jeweils mehrere in einen Topf setzen.
Hinweise: Sehr anspruchslose Ampel- oder Bodendeckerpflanze für mäßig warme Räume.

Bubiköpfchen

Soleirolia soleirolii Nesselgewächse

Merkmale: Diese reizende, kleine Polsterpflanze stammt aus Korsika, Sardinien und Elba. Sie wächst in der Natur sowohl in Felsfugen als auch auf Waldböden. Wir verwenden das Kräutchen wegen seines kompakten, überhängenden Wuchses gern in Töpfen, andererseits auch als Unterwuchs und Bodendecker im Blumenfenster, Wintergarten und Gewächshaus. Es bildet mit seinen dünnen Trieben und den winzigen Blättchen dichte, rasenähnliche Teppiche. Neben der bekannten reinen Art (früher: *Helxine soleirolii*) gibt es vom Bubiköpfchen noch eine hellgrüne Form.
Standort: Hell bis halbschattig und am besten luftig bis kühl. Zimmertemperatur wird aber gut vertragen. Im Winter können die Temperaturen sogar bis gegen 0 °C sinken.
Pflege: Immer gleichmäßig feucht, aber nie zu naß halten. Ausnahmsweise über den Untersetzer gießen, nicht ins Laub – Fäulnisgefahr! Den Sommer über schwach düngen.
Schadbilder: Lange Triebe mit weit auseinanderstehenden Blättchen deuten auf zu dunklen und/oder warmen Stand hin, absterbende Spitzen auf Ballentrockenheit. In der Mitte verkahlende Stellen zeigen sich bei Überalterung.
Vermehrung: Am besten ältere Pflanzen rechtzeitig verjüngen. Dazu mehrere Rißlinge in einen neuen Topf mit humoser Erde setzen.
Hinweise: Bubiköpfchen dürfen nie austrocknen, aber auch kein Dauerfußbad nehmen! Sie lassen sich durch Schnitt in Form bringen.

Unten: Das **Korallenmoos** *(Nertera granadensis)* wird ähnlich gepflegt wie das Bubiköpfchen. Im Sommer bildet es korallenrote Beeren, die aber nur an luftigen, mäßig warmen Plätzen auch haltbar sind. Voraussetzung für den Fruchtansatz ist eine winterliche Ruhezeit um 10 °C.

Asparagus, Zierspargel

GIFTIG

Asparagus-Arten und -Sorten **Liliengewächse**

Merkmale: Die zahlreichen *Asparagus*-Arten stammen aus Afrika und Asien. Viele davon haben sich inzwischen als unkomplizierte Zimmerpflanzen einen guten Ruf erworben. Der am längsten bekannte und heute noch der robusteste unter ihnen ist *A. densiflorus* 'Sprengeri'. Er gehört wie die Grünlilie, Sansevierie, Schusterpalme und Kentie zu den Pflanzen, die auch schon im vergangenen Jahrhundert »en vogue« waren. Das spricht für seine Unempfindlichkeit und Temperaturtoleranz, denn gleichmäßig beheizte Räume gab es damals noch nicht. *A. sprengeri* (jetzt: *A. densiflorus*) und *A. plumosus*, wie die beiden früher hießen, waren lange Zeit als Schnitt- und Bindegrün aus der Floristik nicht wegzudenken. Die Ähnlichkeit mit unserem Kulturspargel ist offensichtlich. Gemeinsam ist den verschiedenen Arten die nadelförmige Belaubung – botanisch betrachtet handelt es sich dabei jedoch um umgewandelte Seitensprosse (Phyllocladien). Die eigentlichen Blätter wurden hier zu Dornen umgebildet. Damit erhalten die Pflanzen die Chance, zu klettern. Ihre schlanken, weichen, oft meterlangen Triebe machen *Asparagus*-Arten aber auch zu wunderbaren Ampelpflanzen. Vor allem *A. falcatus* wächst lieber strauchartig aufrecht und sucht mit zunehmender Höhe etwas Halt. In seiner Heimat findet er das an anderen Pflanzen, wir müssen künstlich etwas nachhelfen. Besonders feines fedriges Grün entwickelt *A. setaceus* (Syn.: *A. plumosus*), er ist jedoch auch empfindlicher als seine Verwandten und verträgt keine Lufttrockenheit. Der dekorative *A. densiflorus* 'Meyeri' gehört mit seinen dichten, weit ausladenden Ruten seit längerem zum bewährten Sortiment, braucht allerdings rundum etwas Platz.

Standort: Hell bis halbschattig, nur der 'Sprengeri' verträgt auch pralle Sonne. Zimmertemperatur. Im Winter ist eine Ruhezeit bei etwas kühleren Temperaturen günstig, aber nicht zwingend.

Pflege: Gleichmäßige, von der Temperatur abhängige Feuchtigkeit, vor allem im Winter keinesfalls zu naß halten. Den Sommer über 14tägig düngen. Umpflanzen nur nach völliger Durchwurzelung; starkwachsend – große Töpfe und tonhaltiges Substrat verwenden. Falls durch Schädigungen ein Rückschnitt nötig wird, treiben die Pflanzen willig wieder aus.

Schadbilder: Zuviel Wärme verursacht Schädlingsbefall. Vergilben und »Rieseln« durch zuwenig oder zuviel Wasser und hohe Lufttrockenheit.

Vermehrung: Durch Teilung des Wurzelstocks im Frühjahr – bei großen Pflanzen kein leichtes Unterfangen! Aussaat (20–25 °C) ist leicht möglich (Dunkelkeimer!).

Hinweise: Dankbare, pflegeleichte Pflanze mit einigem Platzbedarf. Die häufig entstehenden, dekorativen roten Beeren sind leider giftig!

Links: Auf Blumenständern kann sich *Asparagus* frei entfalten und wirkt gleichzeitig etwas nostalgisch. Von unten nach oben: *A. falcatus*, *A. densiflorus* 'Sprengeri', *A. acutifolius*, *A. densiflorus* 'Meyeri' und *A. setaceus* 'Pyramidalis'.

Grünlilie

Chlorophytum comosum Liliengewächse

Merkmale: Die unverwüstliche Südafrikanerin gehört nach wie vor zu den beliebtesten Zimmerpflanzen. Charakteristisch sind ihre meterlangen Blütentriebe, die überwiegend im Frühjahr und Sommer bogig aus dem dichten grünen oder weißbunten Blattschopf herauswachsen und sich elegant neigen. Nach dem Verblühen der weißen Sternchen bilden sich an den Triebspitzen büschelweise neue Rosettenpflänzchen – bereits mit Wurzelansätzen.
Standort: Hell bis halbschattig, sonnenverträglich – den Sommer über auch im Freien. Ganzjährig mäßig warm, aber äußerst tolerant gegenüber wechselnden Temperaturen.
Pflege: Gleichmäßige Feuchtigkeit – immer abhängig von Temperatur und Jahreszeit –, sonst Fäulnisgefahr! Den Sommer über 14tägig düngen. Umpflanzen, wenn sich die knolligen Wurzeln aus dem Topf drücken. Große Gefäße wählen. Tonhaltige Erde bevorzugen.
Schadbilder: Braune Blattspitzen durch ungleichmäßiges Gießen. Knickende Blätter bei zuviel Wärme oder Lichtmangel.
Vermehrung: Kräftige Kindel abtrennen, eintopfen oder in Wasser als Hydrokultur ziehen.
Hinweise: Die gestreiften Sorten sind ebenso robust wie die grünblättrigen Arten.

Sansevierie, Bogenhanf

Sansevieria trifasciata Agavengewächse

Merkmale: Aus den festen Gewebsfasern dieser afrikanischen Steppenpflanze fertigten die Eingeborenen Sehnen fürs Bogenschießen – daher der Name. Die Pflanzen breiten sich durch dicke Rhizome aus, sie werden deshalb besser in breite flache Töpfe gesetzt. Mit den Jahren entstehen dann aus den fleischigen, derben und unterschiedlich marmorierten Blättern dichte Horste. Ältere Pflanzen entwickeln sogar herrlich duftende, weiße Blütenstände. Bereits unsere Urgroßeltern hatten an diesen unempfindlichen Gewächsen ihre Freude. Neben der grünen, meterhohen Art haben gelbgerandete Sorten wie 'Laurentii' und die niedrigen, rosettenförmig wachsenden 'Hahnii'-Typen weitaus größere Bedeutung.
Standort: Sonnig bis halbschattig. Heller Stand begünstigt die Blattzeichnung. Zimmertemperatur – nicht unter 15 °C.
Pflege: Eher trocken als zu feucht halten. Nässe führt zu Fäulnis! Im Sommer schwach düngen. Nur umtopfen, wenn die Rhizome den Topf zu sprengen drohen. Kakteenerde verwenden oder Substrat mit Sand oder Blähton versetzen.
Vermehrung: Durch Teilung oder Blattstecklinge.
Hinweise: Äußerst pflegeleichte Pflanze!

Links: Grünlilien bilden viele Kindel.

Unten: Das Sortiment aus Sansevierien eignet sich für viele Plätze.

Strahlenaralie

Schefflera actinophylla,
Schefflera arboricola — Araliengewächse

Merkmale: In den tropischen Zonen der Erde sind *Schefflera*-Arten meist als hohe, wenig verzweigte Bäume bekannt. Im Handel trifft man auf zwei Arten, die als stattliche Topfpflanzen und Zimmerbäume besonders dankbar und deshalb so beliebt sind: *Schefflera actinophylla* mit sehr großen, handförmig gegliederten, meist ledrig glänzenden Blättern, und *Schefflera arboricola,* deren Laub ebenfalls strahlig geteilt, aber kleiner, derber und stumpfgrün ist. Ihr Wuchs ist anfangs schmal aufrecht und sie bleibt etwas schlanker als die von vornherein breitausladende Schwester. Von dieser kleinblättrigeren *Schefflera arboricola* gibt es auch panaschierte Formen mit gelber Marmorierung oder feinen hellen und teilweise sogar gekerbten Rändern.

Standort: Hell bis halbschattig, keine pralle Sonne. Im Sommer ist auch ein leicht schattiger Platz im Freien zu empfehlen. Den Winter über so hell wie möglich stellen, jedoch nicht in die volle Sonne. Die relative Schattenverträglichkeit dieser Pflanzen sollte übrigens nicht überstrapaziert werden. Luftiger, aber zugfreier Stand bei Zimmertemperatur, möglichst mit Nachtabsenkung. Günstig auf kräftigen Wuchs und Gesundheit wirkt eine winterliche Ruhepause bei etwa 16 °C; die Temperatur soll aber nicht unter 12 °C absinken. Bunte Sorten müssen etwas wärmer stehen – nicht unter 18 °C. Niedrigere Temperaturen im Winter sind zwar vorteilhaft für die Pflanze, lassen sich in der Praxis jedoch meist nicht verwirklichen. Deshalb besser in solchen Fällen die Luftfeuchtigkeit erhöhen und, wenn möglich, heller stellen.

Pflege: Mäßig feucht halten, immer abhängig von der jeweiligen Temperatur, aber keinesfalls zu naß. Häufig sprühen! Kalkarmes, temperiertes Wasser verwenden. Von Frühjahr bis Herbst regelmäßig düngen, im Winter – bei zimmerwarmem Stand – nur ab und zu. Umpflanzen nur bei Bedarf, ältere Exemplare in immer größeren Abständen. Substrat humos und durchlässig.

Schadbilder: Schädlingbefall durch zuviel Wärme und damit auch Lufttrockenheit im Winter. Blattfall bei zu niedrigen Temperaturen oder bei anhaltender Staunässe.

Vermehrung: Die Anzucht von Stecklingen ist problematisch. Abmoosen oder auch Aussaat sind wesentlich erfolgreicher.

Hinweise: Die beiden *Schefflera*-Arten sind gleichermaßen dekorative, robuste und anspruchslose Grünpflanzen, die beachtliche Größe erreichen können. Nach einem Rückschnitt treiben sie jedoch unterhalb der Schnittstelle bereitwillig wieder aus. Das Stutzen führt gerade bei der schlankeren *Schefflera arboricola* zu stärkerer Verzweigung. Wer einen buschigen Wuchs wünscht, muß die Triebe rechtzeitig und tief genug schneiden.

Strahlenaralien (rechts: *Schefflera arboricola,* unten: *Sch. actinophylla*) sind anspruchslose Grünpflanzen, die beachtliche Größen erreichen können.

Zimmeresche

Radermachera sinica Bignoniengewächse

Merkmale: *Radermachera* wurde erst 1985 in Deutschland eingeführt. Doch inzwischen konnte man in der Zimmerkultur einige Erfahrungen sammeln. In ihrer Heimat, dem Südwesten Chinas und in Taiwan, entwickelt sie sich zum kleinen immergrünen Baum oder auch mehrtriebig zu einem großen Strauch. Charakteristisch sind die glänzend-dunkelgrünen, doppelt gefiederten Blätter, die ein wenig an Eschen erinnern – daher der deutsche Name.
Die Pflanze wächst rasch und bringt unter natürlichen Bedingungen schon frühzeitig wunderbare große, glockige Blüten hervor, wie es für die ganze Familie typisch ist. Als Zimmerbaum wird ihr das allerdings kaum gelingen. Das schnelle Wachstum ist erfreulich, solange es um die Begrünung von Räumen geht. Im Haus kann die Pflanze jedoch bald an Grenzen stoßen; dann hilft jedoch ein kräftiger Rückschnitt. Danach treibt der Baum willig wieder aus und verzweigt sich obendrein sehr schön.
Standort: Hell, doch keinesfalls sonnig. Den Sommer über auch geschützt und halbschattig im Freien möglich. Die Pflanze gedeiht am besten bei Temperaturen zwischen 16–18 °C, dann bleibt sie kompakt und gesund.
Pflege: Nur mäßig feucht halten, und im übrigen wie Gummibäume *(Ficus)* pflegen (siehe Seite 83).
Vermehrung: Durch frisches Saatgut.

Australische Silbereiche

Grevillea robusta Proteusgewächse

Merkmale: In ihrer Heimat Queensland wächst die immergrüne *Grevillea* zu einem 50 m hohen Baum heran. Fast unvorstellbar, wenn man den Zimmerbaum mit seinem farnartigen Laub betrachtet. Aber nur so läßt sich vielleicht der Vergleich mit einer Eiche erklären. Blüten bringt die Pflanze in Kultur nicht hervor, aber ihre prachtvolle und filigrane Erscheinung tröstet leicht darüber hinweg
Standort: Hell, höchstens im Winter sonnig. Im Sommer möglichst draußen im lichten Schatten. Ein luftiger und mäßig warmer Platz unter 20 °C ist der Pflanze immer am liebsten. Die Wintertemperatur soll niedriger sein, damit die Pflanze kräftig bleibt und die Triebe nicht lang und schwach werden.
Pflege: Gleichmäßige Feuchtigkeit ist erwünscht, bei kühleren Temperaturen im Winter die Wassergaben jedoch einschränken. Von Frühjahr bis Herbst 14tägig düngen. Umpflanzen bei Austriebsbeginn im Frühling. Töpfe nur wenig größer wählen. Für gute Dränage sorgen. Tonhaltiges Substrat verwenden.
Schadbilder: Aufgehelltes Laub deutet auf Mangelerscheinungen hin.
Vermehrung: Frisches Saatgut bei 18–20 °C aussäen.
Hinweise: Ebenfalls als Zimmerbaum für kühlere Räume und Wintergärten eignet sich der ähnliche »Palisander« *(Jacaranda mimosifolia)*.

Links: Die Zimmeresche ist ein raschwüchsiger Zimmerbaum.

Für luftige Räume eignen sich als Zimmerbäume Australische Silbereiche (links) und Palisander (rechts).

Gummibaum und Verwandte

Ficus-Arten und -Sorten — Maulbeergewächse

Merkmale: *Ficus*-Arten kommen in tropischen und subtropischen Gebieten der Alten Welt vor, hauptsächlich aber in Südostasien. Dort bilden viele Urwaldriesen mächtige Luftwurzeln, so daß man kaum Ähnlichkeit mit unseren Zimmerbäumen entdecken kann.
Gemeinsam sind dieser Pflanzengattung die meist ledrigen Blätter und der weiße Milchsaft, der auch dem Gummibaum *(F. elastica)* seinen Namen gab. Von den insgesamt etwa 2 000 *Ficus*-Arten werden nur wenige kultiviert, aber es ist trotzdem eine der vielfältigsten Pflanzengattungen auf dem Zimmerpflanzenmarkt.
F. elastica, der echte **Gummibaum,** galt jahrzehntelang als unverwüstliche Zimmerpflanze, wuchs kerzengerade bis zur Decke und dann im Bogen in Richtung zum Licht. Solche Pflanzen boten keinen schönen Anblick und wurden meistens irgendwann geköpft; der eintriebige, etwas steife Wuchs blieb jedoch auch nach der Verzweigung erhalten.

Rechts: *Ficus binnendijkii* verträgt auch Halbschatten.

Besonders hübsch: Eine Birkenfeige mit geflochtenem Stamm (unten).

Von *F. elastica* gibt es inzwischen verbesserte Neuzüchtungen. Hauptsächlich sind die breitblättrige Form 'Decora' und die Sorte 'Variegata' mit hellen Rändern im Handel.
F. lyrata, die **Geigenfeige**, mit dem schön geformten Blattwerk, ist die größte unter den zahlreichen Verwandten. Sie sprengt schon bald die normale Dimension eines Wohnraumes, aber die Sorte 'Bambino' bleibt kleiner.
F. benghalensis, der **Banyanbaum,** im Jugendstadium an seinen behaarten Blättern erkennbar, wächst breit ausladend und behält auch darum nicht gerade Zimmerformat.
F. binnendijkii in den Sorten 'Arlii' und 'Amstel King' ist ausgesprochen langblättrig und erinnern etwas an einen Bambus. Beide Sorten haben sich inzwischen als äußerst robust erwiesen und kommen auch mit weniger Licht zurecht als die anderen *Ficus*-Arten.
F. benjamina, die **Birkenfeige** mit ihrem fast unübersehbaren Sortiment, ist inzwischen der absolute Star unter den Zimmerbäumen. Seine elegante, leicht überhängende und buschige Wuchsform hat mit Sicherheit dazu beigetragen. Neben grünen gibt es auch viele buntlaubige Sorten, die sich durch unterschiedliche Weißanteile im Laub (Ränder, Flecken) oder auch Gelb- und Olivtöne auszeichnen. 'Danielle' ist eine besonders dunkelgrüne Auslese, 'Golden King' und 'Bushy King' haben gelbgrünes Laub, sind aber unterschiedlich im Wuchs. Auch 'Reginald' besticht durch goldolivfarbene Blätter. 'Starlight' und 'Curly' sind dagegen unterschiedliche weißbunte Sorten – um nur eine kleine Auswahl zu nennen. Birkenfeigen

werden auch in allerlei verschiedenen Wuchsformen angeboten. Am häufigsten sieht man sie mit geflochtenem Stamm, der entsteht, wenn mehrere Pflänzchen zu einem gemeinsamen Bäumchen erzogen wurden.

F. pumila (Syn.: *F. repens*), die **Kletterfeige**, ist die zierlichste Art und vielseitig verwendbar – man kann sie sowohl als Kletterpflanze als auch als Bodendecker einsetzen. Außer der sehr robusten Stammform gibt es reizende Sorten mit buntem, gekerbtem oder krausem Laub.

F. sagittata, die **Pfeilförmige Feige,** wächst ebenfalls kriechend und überhängend, ist jedoch wesentlich empfindlicher als *F. pumila*.

Standort: Hell, keine pralle Sonne; zugfrei! Ganzjährig bei Zimmertemperatur mit entsprechender Bodenwärme, auch im Winter nicht unter 18 °C. *F. benjamina* (die grünblättrigen Sorten) kann auch etwas kühler (mindestens 16 °C) stehen, *F. rubiginosa* bei mindestens 8–10 °C, *F. pumila* frostfrei. Buntblättrige Sorten brauchen grundsätzlich einen etwas helleren und wärmeren Platz.

Pflege: Mäßig feucht halten, nie zu naß! Boden immer wieder abtrocknen lassen. Bei Austriebsbeginn im Frühjahr bis zum Spätsommer reichlicher gießen als in den Wintermonaten. Pflanzen mit großen, glatten Blättern regelmäßig feucht abwaschen, die anderen besprühen. Kalkarmes, temperiertes Wasser verwenden. Während der Wachstumszeit nur mäßig düngen. Umpflanzen nach Bedarf in nährstoffreiche, humose und lockere Erde, jüngere Exemplare öfter als ältere. Rückschnitt möglich; bei *F. benjamina* geht der lockere Wuchs dann aber leicht verloren.

Schadbilder: Staunässe, auch in Verbindung mit fehlender Wärme, führt zu Blattfall. Zu dunkler, warmer Stand regt die Triebe zu übermäßigem Längenwachstum an; zu warme, sonnige und lufttrockene oder zugige Standorte verursachen Schädlingsbefall.

Vermehrung: Durch Stecklinge im Vermehrungskasten; *F. benjamina* bewurzelt jedoch nur schwer. Auch durch Abmoosen bei älteren und großblättrigen Pflanzen, die von unten verkahlen.

Hinweise: »Blutende« Schnittstellen mit Holzkohlepulver oder mit fließendem Wasser zum Stillstand bringen. Der beim Rückschnitt austretende weiße Milchsaft kann hautreizend sein.

Links: *Ficus pumila*-Sortiment – die grüne Form kann auch kühl stehen.

Unten: Eine Auswahl verschiedener *Ficus*-Arten und -Sorten.
Am Boden stehend: *F. benghalensis* (hinten oben Mitte), *F. elastica* 'Variegata' (hinten links), *F. benjamina* (hinten rechts), *F. deltoidea* (vorne links), *F. lyrata* (vorne rechts).
Auf der Stellage: *F. pumila* (hinten links), *F. pumila* 'Sunny' (vorne links), *F. benjamina* 'Exotica' (hinten rechts) und *F. sagittata* 'Variegata' (vorne rechts).

Usambaraveilchen

Saintpaulia ionantha Gesneriengewächse

Merkmale: *Saintpaulia ionantha* stammt ursprünglich aus den Usambara-Bergen Ostafrikas. Dort wachsen die mehrjährigen, rosettenförmigen Wildarten im Waldboden. Durch langjährige, intensive Züchtungsarbeit entstand inzwischen ein farbenprächtiges, formenreiches und fast ganzjährig blühendes Sortiment, neuerdings auch mit einer Vielzahl reizender Miniaturformen.
Usambaraveilchen und Drehfrucht, aber auch die ganze Verwandtschaft innerhalb der Familie der Gesneriengewächse, wie Kolumnee und Schamblume (siehe Seite 86/87) sowie Gloxinie (Seite 153) und Schiefteller (Seite 56), haben viele Gemeinsamkeiten. Sie besitzen in der Regel samtige, fleischige, leicht verletzbare Blätter und wurzeln flach in humosem Substrat.
Standort: Hell bis halbschattig, ideal am Nordfenster – keine pralle Sonne am Mittag und im Sommer. Zimmertemperatur (ca. 20 °C), Bodenwärme soll nicht darunter absinken.
Pflege: Optimal für das Usambaraveilchen und andere Gesneriengewächse sind Temperaturen zwischen 18 °C und 24 °C mit hoher Bodenwärme, wie sie in den Tropen vorherschen. Keine der Pflanzen verträgt pralle Sonne, alle wollen aber – besonders im Winter – hell stehen. Zur Blütenbildung sind 10–14 Stunden Licht pro Tag erforderlich.
Empfindlich reagieren Gesneriengewächse auf direktes Ansprühen – Blätter auch beim Gießen nicht benetzen! – sowie auf kaltes, kalkhaltiges Wasser und hohe Salzkonzentrationen! Das Usambaraveilchen daher mäßig feucht halten, abgestimmt auf die umgebenden Temperaturen. Zimmerwarmes, kalkfreies Wasser verwenden.
Im Sommer für höhere Luftfeuchtigkeit sorgen und schwach düngen. Bei Bedarf im Frühjahr in flache Töpfe mit kräftig-humoser, durchlässiger Erde umtopfen. Vorher trocken halten, damit die Blätter nicht abbrechen!
Schadbilder: Helle Ringe auf den Blättern entstehen durch Gießen mit kaltem Wasser, helle Blattflecken bei Sonneneinwirkung auf Wassertropfen. Feuchtigkeit, verbunden mit niedrigen Temperaturen und mangelnder Luftbewegung, führt zu Pilzbefall. Staunässe verursacht Wurzelfäule und kann zu völligem Absterben führen.
Vermehrung: Blattstecklinge mit kräftigem Ruck aus der Mitte ziehen, Stiel einkürzen, in Wasser oder Anzuchterde bewurzeln lassen. Innerhalb von 7–10 Wochen bilden sich an der Basis kleine Pflänzchen – man kann sie abtrennen und einzeln bzw. in Gruppen eintopfen.
Hinweise: Usambaraveilchen und Drehfrucht sind in den Kulturmaßnahmen gleich, vor allem sind beide empfindlich gegen zuviel Feuchtigkeit.

Blau, Rosa und Weiß sind die Hauptfarben beim Usambaraveilchen. Es gibt aber auch zweifarbige und gefüllte Sorten.

Links: Die Drehfrucht bekam ihren Namen aufgrund ihrer spiralig gedrehten Samenkapseln.

Drehfrucht

Streptocarpus Gesneriengewächse

Merkmale: In seiner Heimat, überwiegend dem südlichen und östlichen Afrika, ist *Streptocarpus* eine rosettig wachsende, mehrjährige Staude mit langen, zungenförmigen, leicht runzeligen Blättern und asymmetrischen Trichterblüten auf etwa 20–30 cm hohen Stengeln. Die heute kultivierten Pflanzen sind alle aus verschiedenen Kreuzungen hervorgegangene Hybriden. Man unterscheidet kleinblumige, aber sehr reichblühende Formen, bei denen mehrere Einzelblüten an einem Stiel zusammenstehen, und neuere, großblütige Sorten, oftmals mit einer Zeichnung. Die Blütenfarben sind die gleichen wie beim Usambaraveilchen: Weiß, Rosa, Rot, Violett und Blau in vielen Tönungen. Die Blütezeit erstreckt sich vom zeitigen Frühjahr bis zum Herbst. Ähnlich wie bei den Usambaraveilchen bedeutet die dunkle Jahreszeit eine kleine Blühpause.
Standort: Hell bis halbschattig, keine pralle Sonne, jedoch schlechteren Lichtverhältnissen gegenüber etwas toleranter als andere Blütenpflanzen. Zimmertemperatur (20–25 °C) und wärmer ist zur Blütenbildung am vorteilhaftesten. Kleinblütige Sorten tolerieren im Winter auch bis zu 18 °C. Bodenwärme jedoch nie darunter!
Pflege: Wie beim Usambaraveilchen.
Schadbilder: Braune Blattränder durch Trockenheit und Stoß.
Vermehrung: Teilen oder ausgewachsenes Blatt in Einzelstücke schneiden und schräg in den Vermehrungskasten stecken.
Hinweise: Abgestorbene, verblühte Teile jeweils bis zur Basis entfernen, da Fäulnisgefahr!

Ruellie

Ruellia devosiana Akanthusgewächse

Merkmale: Die Ruellie (Syn.: *Dipteracanthus devosianus*) stammt aus dem tropischen Südamerika und schmückt sich in den Wintermonaten mit zahlreichen rosafarbenen Blüten. Sie wächst buschig und trägt schön gezeichnete, samtige Blätter.
Standort: Ganzjährig hell bis halbschattig bei Zimmertemperatur (ca. 20 °C), bodenwarm und luftfeucht!
Pflege: Zur Wachstumszeit gleichmäßig feucht halten. Temperiertes, kalkarmes Wasser verwenden. Nach der Blüte etwas trockener halten. Im Frühjahr kräftig zurückschneiden, um buschigen Wuchs zu erzielen, und in humose, gut durchlässige Erde umpflanzen.
Schadbilder: Eingerollte Blätter bei zu trockener Luft.
Vermehrung: Im Frühjahr durch Kopfstecklinge im Vermehrungskasten.

Die Ruellie eignet sich hervorragend als Ampelpflanze oder Bodendecker in der Vitrine oder einem geschlossenen Blumenfenster.

Oben: Von *Columnea* gibt es unzählige, schwer unterscheidbare Formen und Hybriden – allen voran die attraktive Sorte 'Stavanger'.

Kolumnee

Columnea Gesneriengewächse

Merkmale: Die epiphytisch lebende Kolumnee aus dem tropisch-feuchten Amerika ist mit ihren lang überhängenden Trieben eine ideale Ampelpflanze. Doch sie stellt auch einige Ansprüche an Standort und Pflege. Wer sich darauf einläßt, wird belohnt – vorwiegend im Frühjahr sind die Triebe kaskadenartig mit leuchtend orangeroten Röhrenblüten übersät. Die Blüten haben einen tiefen Schlund und sind oftmals gelb gezeichnet. Im Handel sind neben verschiedenen Sorten auch 3 Arten erhältlich: *C. hirta* mit weichen, länglichen Blättchen sowie *C. microphylla* und *C.* x *kewensis* mit winzigem, eiförmigem Laub.
Standort: Hell, aber keine direkte Sonne, sehr hohe Luftfeuchtigkeit und Bodenwärme. Ganzjährig über 20 °C, nie unter 18 °C – eine Ausnahme bilden *C.* x *kewensis* und *C. hirta*, die im Winter zur Blütenbildung 30–40 Tage lang bei 15 °C gehalten werden sollen. Langsam wärmer stellen, wenn die Knospen etwa 0,5 cm groß sind. Ohne Sortenkenntnisse sollte man vorsichtshalber erst versuchen, die Pflanzen bei 18 °C zur Blütenbildung anzuregen.
Pflege: Ganzjährig vorsichtig gießen, vermehrt in der Wachstumszeit, dann auch schwach düngen. Nur kalkarmes, temperiertes Wasser verwenden. Bei Bedarf nach der Blüte in lockere, humose Erde umtopfen.
Schadbilder: Bei zu trockener Luft Schädlingsbefall.
Vermehrung: Durch Kopfstecklinge im Vermehrungskasten.
Hinweise: Vorsicht bei Zusatzbeleuchtung, denn die Blütenbildung erfolgt meist nur im Kurztag! Optimal im geschlossenen Blumenfenster.

Schattenröhre

Episcia cupreata Gesneriengewächse

Merkmale: Die Schattenröhre stammt wie die Kolumnee aus dem tropischen Amerika. Beide Pflanzengattungen haben auch ähnliche Ansprüche. *Episcia* zeichnet sich durch vielfältig gezeichnetes und strukturiertes Laub sowie kleine, rote Blüten aus. Die Blütezeit reicht vom Frühjahr bis zum Herbst.
Hinweise: Entscheidende Kulturbedingungen sind hohe Luftfeuchtigkeit und Wärme. *Episcia* stellt innerhalb der Gesneriengewächse die geringsten Ansprüche an die Lichtverhältnisse, wird bei halbschattigem Standort aber blühfaul, weil in unseren Breiten die Helligkeit im Winter zusätzlich eingeschränkt ist.

Rechts: *Episcia cupreata* eignet sich aufgrund ihrer langen, ausläuferbildenden Triebe gut als Ampelpflanze.

Schamblume

Aeschynanthus Gesneriengewächse

Merkmale: Die Heimat der Schamblume liegt in Südostasien. *Aeschynanthus* hat in allem Ähnlichkeit mit *Columnea*; sie ist jedoch etwas weniger anspruchsvoll, blüht dafür aber auch nicht so reich und leuchtend. Die Blätter sind ledrig und glänzend, die Blüten stehen in Büscheln am Ende der jeweiligen Triebe. Bei *A. radicans* (Syn.: *A. pulcher)* kommen rote Blüten aus schwarzbraunen Kelchen, während bei *A. speciosus* die leuchtend gelborange gefärbten Röhrenblüten auffallend lang sind. Die Hauptblütezeit liegt im Sommer. *A. radicans* und *A. speciosus* werden hauptsächlich als Ampelpflanzen, aber auch als aufrechtwachsende Topfpflanzen angeboten (mehrere Kopfstecklinge in einem Topf).

Standort: Hell, kein direktes Sonnenlicht. Ganzjährig über 20 °C, nie unter 18 °C; bodenwarm und luftfeucht!

Pflege: Ganzjährig mäßig gießen, in der Wachstumszeit etwas mehr; kalkarmes und temperiertes Wasser verwenden. Während der Vegetationszeit schwach düngen. Bei Bedarf nach der Blüte in lockere, humose Erde umpflanzen und eventuell um ein Drittel zurückschneiden.

Schadbilder: Knospenfall durch zu dunklen Standort oder ungleichmäßige Bedingungen. Blattverlust durch Lufttrockenheit.

Vermehrung: Durch Kopfstecklinge, im Vermehrungskasten bewurzeln lassen, später stutzen.

Hinweise: Bei geringem Blütenansatz kurze Ruhepause im zeitigen Frühjahr bei 12–15 °C, dabei etwas trockener halten! Für gleichmäßige Bedingungen sorgen.

Aeschynanthus radicans (oben) ist unempfindlicher als *A. speciosus* (links).

Die *Anthurium*-Andraeanum-Gruppe bringt eine Fülle von Neuheiten hervor. Sie besitzen, im Gegensatz zu den älteren Sorten, meist kleinere, aber zahlreichere Blüten in ausgefallenen Rot, Rosa- und Pinktönen. Sehr apart ist auch die weiße Sorte 'Champion' mit orangefarbenem Kolben.

Flamingoblume, Anthurie

Anthurium-Arten und -Sorten Aronstabgewächse

Merkmale: In ihrer Heimat, den tropischen Regenwäldern Amerikas, wachsen diese Pflanzen auch auf Bäumen. Die unteren Blätter werden dabei nach und nach abgestoßen; es bildet sich ein kurzer Stamm, an dem fleischige Adventivwurzeln entstehen. Die eigentlichen Blüten sind winzig und zu einem schlanken Kolben vereinigt, der von einem leuchtend gefärbten Hochblatt umgeben ist. Rot in allen Schattierungen ist neben Weiß die dominierende Farbe. Durch den wachsartigen Überzug der Hochblätter sind die Blüten sehr haltbar.

Typisch für die A.-Scherzerianum-Gruppe ist ihr stumpfgrünes Laub und die gedrehten Blütenkolben.

Bei *Anthurium*-Scherzerianum-Hybriden, den Kleinen Flamingoblumen, sind die Laubblätter lanzettförmig, der Blütenkolben gedreht und farblich dem Hochblatt angeglichen.
Die bis 1 m hoch werdenden Sorten von *A. andraeanum* tragen dagegen herzförmige, glänzende Laub- und Hochblätter mit geradem und unterschiedlichen ausgefärbtem Blütenkolben; das Hochblatt erscheint hier metallisch glänzend. Die Blütezeit erstreckt sich bei den beiden Hybriden unter günstigen Bedingungen über das ganze Jahr.
Standort: Hell bis halbschattig, keine pralle Sonne. Zimmertemperatur (ca. 20 °C) und wärmer. Für *A. scherzerianum* wird zur besseren Blütenbildung im Winter eine kurze Ruhezeit bei ca. 16 °C empfohlen (auch die entsprechende Bodenwärme!).
Pflege: Mäßig feucht halten. Den Sommer über alle 14 Tage schwach düngen. Für hohe Luftfeuchtigkeit sorgen, aber die Blüten nicht benetzen (Flecken!). Wenn die Pflanzen zu stark aus dem Topf gewachsen sind, in lockere, humose, gut durchlässige Erde (mit grober Struktur) umtopfen, dabei Teile des Ballens entfernen und Pflanzen mit Hilfe der Adventivwurzeln verjüngen; nicht zu tief setzen.
Schadbilder: Einrollen der Blätter und Spinnmilbenbefall bei zu trockener Luft.
Vermehrung: Durch Teilung der Wurzelstöcke.
Hinweise: Optimal im geschlossenen Blumenfenster. Für Hydrokultur gut geeignet.

Einblatt

Spathiphyllum Aronstabgewächse

Merkmale: Die vielen verschiedenen *Spathiphyllum*-Wildarten sind hauptsächlich in den tropischen Regionen Mittel- und Südamerikas zu Hause, einige wenige aber auch in Südostasien. Die horstig wachsenden, üppigen Stauden gibt es in verschiedenen Größen. Ihr Laub ist dunkelgrün und glänzend, die einzelnen Blätter sind langgestielt mit sich deutlich abzeichnender Nervatur. An noch längeren Stielen entwickeln sich vom Frühling bis zum Herbst die Blütenstände. Als typische Aronstabgewächse bestehen diese aus einem Hochblatt, das fahnenartig den Blütenkolben an einer Seite umgibt und den Blütenstiel umfaßt. Das Hochblatt ist bei den in Kultur befindlichen Arten und Sorten weiß, manchmal auch grünweiß, und es verfärbt sich mit der Zeit zum grünen Laubblatt – fällt also nicht wie ein Blütenblatt ab. Der Kolben ist in den meisten Fällen gelblich, bei einigen Formen auch weiß und grün.
Das Einblatt ist keine sehr auffallende Erscheinung in der bunten Gesellschaft der Blütenpflanzen, aber eine überaus dankbare Zimmerpflanze, die gleichzeitig auch eine schöne Grünpflanze darstellt und es wie kein anderes blühendes Gewächs auch an relativ dunklen Plätzen im Raum noch aushält. Sie gehört wie die Anthurien zu den wenigen für Hydrokultur bestens geeigneten Pflanzen.
In Kultur sind vor allem Hybriden. Sie können stattliche Größen von bis nahezu 1 m Höhe erreichen. *S. wallisii* ist eine beliebte niedrige Art, die sehr buschig wächst.
Standort: Hell bis halbschattig, sogar schattig, aber auf keinen Fall in die pralle Sonne stellen. In den Wintermonaten möglichst etwas heller stellen. Ganzjährig bei Zimmertemperatur (ca. 20 °C) halten, den Sommer über auch wärmer, im Winter etwas darunter (bei ungefähr 18 °C).
Pflege: In der Wachstumszeit von Frühjahr bis Herbst gleichmäßig feucht halten, weder Nässe noch Ballentrockenheit sind erwünscht. Für möglichst hohe Luftfeuchtigkeit sorgen. Von März bis September regelmäßig düngen, den Winter über Wasser- und Nährstoffgaben einschränken. Umgetopft wird bei Bedarf im Frühjahr in humoses, durchlässiges Substrat.
Schadbilder: Lufttrockenheit verursacht häufig Schädlingsbefall, besonders durch Rote Spinne. Ballentrockenheit führt zu braunen Blattspitzen. Direkte Sonneneinstrahlung hinterläßt leicht gelbe Flecken im Laub und unter schattigen Verhältnissen, sowie bei Kälte und Nässe kümmert die Pflanze.
Vermehrung: Durch Teilen der Pflanze beim Umtopfen.

Hinweise: *Spathiphyllum* ist den Lichtverhältnissen gegenüber ausgesprochen tolerant. Wärme und hohe Luftfeuchtigkeit lassen es üppig gedeihen, aber auch unter ungünstigeren Bedingungen enttäuscht das Einblatt nur selten.
Spathiphyllum-Arten und -Sorten gehören zu den wichtigsten Pflanzen für die Raumbegrünung im privaten wie im öffentlichen Bereich. Sie eignen sich gleichermaßen gut für Erd- und Hydrokultur.

Beim Kauf von *Spathiphyllum* muß man auf die unterschiedliche Größe der einzelnen Sorten achten.

Die häufigste *Dieffenbachia*-Sorte 'Tropic Snow' hat großes, ovales, grün-weiß geflecktes Laub und kann fast Zimmerhöhe erreichen. Sie gilt als recht robust.

Dieffenbachie

GIFTIG

Dieffenbachia Aronstabgewächse

Merkmale: Die einzelnen Arten, aus denen die heutigen *Dieffenbachia*-Hybriden hervorgingen, sind in den tropischen Regenwäldern Südamerikas beheimatet. Sie unterscheiden sich mehr oder weniger in der Musterung ihrer Blätter (der Weiß- oder Gelbanteil ist unterschiedlich hoch). Entsprechend viele Sorten mit ausgesprochen variationsreicher Blattzeichnung gibt es. Bei der Sorte 'Camilla' ist die gesamte Blattspreite gelb getönt und nur der Blattrand grün.
Standort: Hell bis schattig, keine pralle Sonne! Zimmertemperatur und wärmer, nicht unter 18 °C; möglichst bodenwarm und luftfeucht!
Pflege: Gleichmäßig feucht halten, sprühen; kalkarmes, temperiertes Wasser verwenden. Im Sommer alle 8–14 Tage düngen, den Winter über Wasser- und Nährstoffgaben einschränken.
Schadbilder: Bei zu trockener Luft starker Spinnmilbenbefall. Tritt Stammfäule auf, Pflanze sofort vernichten (Ansteckungsgefahr für andere Pflanzen)! Lichtmangel läßt die Blätter vergrünen.
Vermehrung: Durch Kopf- oder Stammstecklinge.
Hinweise: Vorsicht, Hautreizungen durch Pflanzensaft möglich! Pflanzen mit hohem Weißanteil sind empfindlicher!

Purpurtute

Syngonium Aronstabgewächse

Merkmale: *Syngonium*-Arten stammen aus dem tropischen Amerika. Sie haben im Jugendstadium typisch pfeilförmige, im Alter aber zunehmend tief und mehrfach gelappte Blätter. Die Laubzeichnung und Panaschierung (Fleckung) ist je nach Art und Sorte unterschiedlich, meist sind es von der Nervatur ausgehende Aufhellungen. Die Pflanzen können eine Länge von 1,5 m erreichen. Schön sind sie als buschige Ampelpflanzen, im anderen Fall muß man ihnen eine Kletterhilfe geben, oder man läßt sie einfach über den Boden wandern, wenn der Platz dafür zur Verfügung steht. *Syngonium* führt im Gegensatz zu anderen Aronstabgewächsen Milchsaft.
Standort: Hell bis halbschattig, keine pralle Sonne. Zimmertemperatur und wärmer, luftfeucht und bodenwarm; im Winter möglichst nicht unter 16–18 °C.
Pflege: Gleichmäßig feucht halten, sprühen, kalkarmes, temperiertes Wasser verwenden. Im Sommer alle 8–14 Tage düngen, im Winter Wasser- und Nährstoffgaben einschränken. Im Frühjahr nach Bedarf in breite, flache Töpfe mit lockerer, humoser Erde umpflanzen.
Vermehrung: Sehr leicht durch Stecklinge; Wurzelansätze sind häufig schon an den Blattknoten vorhanden.
Hinweise: Optimal im warmen Wintergarten.

Rechts: Je höher der Grünanteil im Blatt von *Syngonium*, desto unempfindlicher ist die Pflanze.

Tropenwurz

GIFTIG

Alocasia — Aronstabgewächse

Merkmale: Zahlreiche *Alocasia*-Arten birgt der tropische Regenwald in Südostasien. Besonders dekorativ sind die großen, schildförmigen Blätter von *A. sanderiana* oder *A.* x *amazonica*. Die weiße Aderung tritt auf dem metallisch glänzenden Laub besonders gut hervor. Die Blätter sind am Rand gewellt, die Unterseite bei vielen Arten rötlich-violett gefärbt. Die Blätter sitzen auf extrem langen Stielen. Die Pflanzen können insgesamt meterhoch werden.
Standort: Halbschattig und sehr warm bei 22–25 °C, in den Wintermonaten auch etwas kühler, aber möglichst nicht unter 18 °C.
Pflege: Gleichmäßige Feuchtigkeit in der Wachstumsphase, aber keine Nässe; nur temperiertes, enthärtetes Wasser verwenden, viel sprühen. Nur schwach düngen. In der Ruhezeit Gießen und Düngen einschränken, die Luftfeuchtigkeit aber erhalten. Im zeitigen Frühjahr in humoses, durchlässiges Substrat umpflanzen.
Schadbilder: Schädlingsbefall und eingetrocknete Blattränder durch Lufttrockenheit. Fäulnis durch niedrige Temperaturen und Nässe.
Vermehrung: Durch Aussaat, Ausläufer oder Teilen der Rhizome. Anzucht im Vermehrungskasten.
Hinweise: Am besten sind diese Pflanzen in großen, feuchtwarmen Blumenfenstern, Wintergärten und Gewächshäusern ausgepflanzt zu halten. Hautreizungen durch Pflanzensaft sind möglich.

Links: Im Gegensatz zur Dieffenbachie sollte man bei *Aglaonema commutatum* mögliche Blüten und Früchte nicht entfernen!

Alocasia-Arten sind anspruchsvolle Blattpflanzen mit relativ hohem Platzbedarf.

Kolbenfaden

GIFTIG

Aglaonema — Aronstabgewächse

Merkmale: *Aglaonema* ist in Südostasien zu Hause. Auf den ersten Blick sehen sich manche Exemplare von *Aglaonema* und *Dieffenbachia* zum Verwechseln ähnlich, vor allem *A. commutatum*. Insgesamt hat der Kolbenfaden jedoch schmalere Blätter und neben weißbunter Panaschierung (Fleckung) in vielen Fällen graugrün oder silbrig gezeichnetes Laub. Die häufigsten Sorten sind 'Silver Queen' und 'Silver King'.
Standort: Hell bis schattig, besser jedoch nur halbschattig; auf keinen Fall pralle Sonne! Zimmertemperatur und wärmer, möglichst bodenwarm und luftfeucht; auch im Winter nicht unter 15–18 °C.
Pflege: Gleichmäßig feucht, aber nicht naß halten; durch Sprühen für Luftfeuchtigkeit sorgen; kalkarmes, temperiertes Wasser verwenden. Im Sommer alle 8–14 Tage düngen, im Winter Nährstoff- und Wassergaben einschränken. Nach Bedarf im Frühjahr in breite, flache Töpfe mit lockerer, humoser Erde umtopfen.
Hinweise: Der Lichtbedarf von *Aglaonema* ist geringer als der von *Dieffenbachia*. Insgesamt ist der Kolbenfaden auch robuster, optimale Entwicklung zeigt er bei tropischen Verhältnissen (feucht-warm und luftfeucht). Optimal für geschlossene Blumenfenster.
Vorsicht, *Aglaonema* kann Hautreizungen verursachen! Die Beeren sind giftig!!

Links: Die Fingeraralie ist eine anspruchsvolle Blattpflanze und langfristig nur unter feucht-warmen Bedingungen zu halten.

Rechts: *Polyscias scutellaria* hat die gleichen Kulturansprüche wie die Fingeraralie.

Fingeraralie

Schefflera elegantissima Araliengewächse

Merkmale: Die Fingeraralie (Syn.: *Dizygotheca* bzw. *Aralia elegantissima)* wächst in ihrer Heimat auf Neukaledonien zum kleinen Baum heran. Wir kennen nur ihr jugendlich graziles Erscheinungsbild, das sich eintriebig und schlank langsam bis zu einer Höhe von etwa 1,5 m entwickelt. Ihr fingerförmig geteiltes Laub ist anfangs rötlich. Seltener findet man *Sch. veitchii*, eine Zwergform. Von *Sch. elegantissima* sind heute die Sorten 'Castor' und 'Gemini' im Handel. Sie sind robuster, ihr Laub ist jedoch weniger filigran und der Wuchs sehr kompakt.
Standort: Hell bis halbschattig, keine pralle Sonne. Zimmertemperatur und wärmer, besonders hohe Bodenwärme! Auch während einer möglichen Ruhepause im Winter nicht unter 16–18 °C. Keine Zugluft!
Pflege: Ganzjährig mäßig, aber gleichmäßig feucht halten; hohe Luftfeuchte! Sprühen mit temperiertem, kalkarmem Wasser. Vom Frühjahr bis zum Herbst regelmäßig düngen. Nach Bedarf umpflanzen in humose, durchlässige Erde.
Schadbilder: Bei zu hoher Lichtintensität und trockener Luft vor allem Befall mit Spinnmilben und Schildläusen.
Vermehrung: Durch Stecklinge, dies ist jedoch sogar im Vermehrungskasten problematisch. Aussaat möglich.
Hinweise: Rückschnitt möglich. Optimal im geschlossenen Blumenfenster.

Fiederaralie

Polyscias scutellaria Araliengewächse

Merkmale: Diese Art stammt wie die Fiederaralie aus Neukaledonien. Dort gehört sie zu den üblichen tropischen Gartenpflanzen und bildet kleine, dichte Büsche. Im Gegensatz zu den übrigen Vertretern dieser Gattung besitzt *P. scutellaria* (Syn.: *P. balfouriana)* keine gefiederten Blätter, sondern das Laub ist rundlich und ganzrandig, meist sitzen drei Blättchen beieinander. Der Blattrand ist ungleichmäßig weiß gefleckt. Die Sorte 'Pennockii' ist gelb gefleckt und marmoriert.
Standort: Hell bis halbschattig, keine pralle Sonne. Ganzjährig Zimmertemperatur und wärmer; hohe Bodenwärme! Vorsicht vor Zugluft! Erst ältere Pflanzen werden unempfindlicher.
Pflege: Ganzjährig mäßig feucht, aber nicht naß halten; für hohe Luftfeuchtigkeit sorgen! Kalkarmes, temperiertes Wasser verwenden. Von Frühjahr bis Herbst regelmäßig düngen. Nach Bedarf in lehmig-humose Erde umpflanzen.
Schadbilder: Zu viel Licht und zu trockene Luft fördern den Schädlingsbefall. Blattfall bei zu dunklem oder zu nassem, kühlem Stand, aber auch durch Ballen- und Lufttrockenheit.
Vermehrung: Durch halbreife Stecklinge im Vermehrungskasten.

Drachenbaum, Drazäne

Dracaena-Arten und -Sorten Agavengewächse

Merkmale: Drachenbäume kommen größtenteils aus tropischen Gebieten Afrikas und Asiens und bilden dort meterhohe Stämme. Charakteristisch ist ihr eintriebiger Wuchs, Verzweigungen treten erst mit zunehmendem Alter ein. Unter den zahlreichen Arten und Sorten sind drei Gruppen besonders hervorzuheben: die Abkömmlinge von *D. fragrans*, von *D. deremensis* und von *D. marginata*. Von jeder dieser Arten gibt es mehrere Sorten.
Die Sorten von *D. fragrans* sind besonders robust. Die bekannteste ist hier 'Massangeana', mit breiten, gelb-grünen Mittelstreifen.
D. deremensis mit der Sorte 'Warneckii' gehört zu den altbekannten Zimmerpflanzen. Bei diesen Formen bilden sich erst bei älteren Pflanzen Stämme – sie werden ca. 1 m hoch. Die Blätter sind schmal, wachsen anfangs aufrecht und hängen dann über. Die meisten Sorten sind gestreift und haben grau-grünes Laub. Die Sorte 'Lemon Lime' besticht jedoch durch gelb-grüne Blätter mit grünem Mittelstreif.
Sorten von *D. marginata* sind sehr unterschiedlich in der Laubfärbung und in ihren Ansprüchen. Sie besitzen lange, schmale Blätter und bilden regelrechte Schöpfe aus. Die härteste und heute bekannteste Drazäne ist die reine Art, *D. marginata* (siehe Seite 102). Die hellen, zwei- oder dreifarbigen Sorten sind dagegen wesentlich empfindlicher.
Zu den anspruchsvolleren Arten hinsichtlich Wärme und Luftfeuchte gehören auch die zierliche, schlanke *D. sanderiana*, die reichverzweigte *D. reflexa* sowie *D. surculosa*, die im Wuchs ganz aus dem Rahmen fällt und eher anderen Blattpflanzen gleicht. Ihr Laub ist gefleckt. Diese Arten entsprechen in ihrer Kultur eher den Keulenlilien (siehe Seite 67).
Standort: Hell bis halbschattig, keine direkte Sonne. Zimmertemperatur (ca. 20 °C), auch im Winter nicht unter 16–18 °C, zugfrei!
Pflege: Gleichmäßige, an die Temperatur angepaßte Feuchtigkeit, im Sommer regelmäßig düngen. Nach Bedarf im Frühjahr in nährstoffreiche, durchlässige Erde umpflanzen.
Schadbilder: Fäulnisgefahr durch Nässe und zu kühlen Stand.
Vermehrung: Durch Kopfstecklinge, Seitensprosse oder Stammstücke wie Yucca (siehe Seite 31) bei hoher Luftfeuchtigkeit und Wärme.
Hinweise: Rückschnitt ist jederzeit möglich! Die Robustheit der Pflanzen ist schon äußerlich erkennbar: sehr hell gezeichnete Formen sind durchweg anspruchvoller.

Eine der häufigeren, gestreiftblättrigen Sorten von *D. marginata* ist 'Tricolor'.

Ein ganzes Drachenbaum-Sortiment (von links nach rechts): die breitblättrige *D. fragrans*, *D. sanderiana*, die hellgestreifte *D. deremensis* 'Warneckii' und der echte Drachenbaum, *D. draco*.

Marante und Verwandte

Maranta, Calathea, Ctenanthe, Stromanthe Marantengewächse

Merkmale: Alle Marantengewächse stammen aus den tropischen Regenwäldern Brasiliens und brauchen zum Gedeihen dieses feucht-warme Klima. Wärme gibt es in unseren geheizten Wohnräumen zwar genügend, aber die Kultur dieser exotischen Blattschmuckpflanzen scheitert meistens an der mangelnden Luftfeuchtigkeit. Darum können sie über einen längeren Zeitraum nur in geschlossenen Blumenfenstern gehalten werden. Die kleinen unter ihnen, wie *Maranta leuconeura*, eignen sich auch für Vitrinen, die größeren Calatheen auch für warme Wintergärten. In Botanischen Gärten findet man sie in den Warmhäusern mit einer relativen Luftfeuchte von mehr als 60%. Die Vielfalt der Blattzeichnungen macht diese Pflanzengruppe zum beliebten Sammelobjekt. Die Blattform ist meist oval löffelförmig, aber auch länglich lanzettförmig. Die Spielarten der Blattfarbe reichen von allen Grünschattierungen bis zur purpurroten Blattunterseite. Die verschiedenartigen Zeichnungen gehen meistens von der Mittelrippe des Blattes aus. Die Muster variieren zwischen Streifen, Flecken und ausdrucksvoller Randzeichnung.

Standort: Keine direkte Sonne, halbschattiger Platz, auch schattige Standorte werden noch vertragen. Temperaturen über 20 °C, auch im Winter nicht unter 18 °C. Relative Luftfeuchtigkeit über 60%. Auch Bodenwärme ist besonders wichtig – nie unter 18 °C!

Pflege: Mäßig feucht halten, aber nie austrocknen lassen; immer für gleichmäßige Bedingungen sorgen. Je höher die Temperatur, desto höher auch der Feuchtigkeitsbedarf. Nur kalkarmes, temperiertes Wasser verwenden. Viel sprühen! Während der Wachstumszeit schwach düngen. Regelmäßig alle 1–2 Jahre umtopfen in grobes, durchlässiges, humoses Substrat mit guter Drainage. Bester Zeitpunkt dafür ist im Frühsommer.

Schadbilder: Trockene Blattspitzen und Spinnmilbenbefall bei mangelnder Luftfeuchtigkeit. Chlorose und Blattflecken durch zu hohen Kalkgehalt im Boden (verursacht durch Gießen mit hartem Wasser!).

Vermehrung: Durch Teilen der Wurzelstöcke oder durch Ableger, die sich seitlich bilden können. Im

Die rechte Spalte zeigt schöne Maranten: *M. leuconeura* 'Erythroneura' (oben) und *M. leuconeura* 'Kerchoviana' (unten).

Unten: *Calathea crocata* ist nicht nur Blatt-, sondern auch Blütenpflanze: Die orangefarbenen, attraktiven Blütenstände erheben sich über dem rötlichen Laub.

Ausnahmefall bei *Ctenanthe lubbersiana* auch durch Stecklinge, die unterhalb der Blattschöpfe geschnitten werden. Nur im Vermehrungskasten möglich!

Hinweise: Die wunderschönen und oft besonders dekorativen Blattpflanzen gedeihen über längere Zeiträume nur in geschlossenen, warmen und überdurchschnittlich luftfeuchten Räumen. Hilfsmittel für einzelne Pflanzen stellen ständiges Sprühen und Aufstellen auf einem Kiesbett in wassergefüllte Schalen dar.

Maranten

Maranten sind wegen ihres kriechenden Wuchses als Bodendecker und Gruppenpflanzen für feuchtwarme Räume und Blumenfenster geeignet. Sie können hier auch als Ampelpflanzen verwendet werden. Für die Zimmerkultur kommt eigentlich nur *M. leuconeura* 'Kerchoviana' in Frage. Sie besitzt samtiges zartgrünes Laub mit braunen Flecken. Attraktiver ist die Sorte 'Erythroneura', in deren hell- und dunkelgrünem Blatt die Aderung als rötliche Zeichnung hervortritt – leider ist sie aber auch empfindlicher.

Typisch für die Maranten sind die breit-elliptischen Blätter, die im Jugendstadium spiralig und senkrecht aufgerollt sind. Nach dem Entfalten werden sie wie durch ein Gelenk nahezu rechtwinklig vom Stengel abgespreizt.

Calatheen

Die Vielzahl der Arten und Sorten und die verblüffende Ähnlichkeit mit ihren Verwandten *Ctenanthe* und *Stromanthe* machen die Auswahl schwierig. Am besten im Zimmer zu halten ist allerdings *Calathea makoyana*, die auch als **Pfauenpflanze** bezeichnet wird. Die Blätter sind oval und werden etwa 30 cm lang. Auf cremefarbenem Untergrund ziehen sich entlang der Aderung oliv- bis dunkelgrüne, unregelmäßige Felder. Der Blattrand ist durchgängig grün. *C. zebrina*, die 50 cm hohe, smaragd- bis olivgrün gezeichnete **Zebra-Marante**, sowie die meisten anderen angebotenen Arten und Sorten sind wesentlich empfindlicher und sollten wirklich nur in feuchtwarmen Räumen gehalten werden.

Eine besondere Rolle spielt *C. crocata*. Sie rangiert unter all den Blattschönheiten auch als Blütenpflanze. Die leuchtend gelb-orangefarbenen Blütenstände, die Anfang des Jahres erscheinen und lange haltbar sind, kontrastieren wunderbar mit dem rötlichen Laub. Um sie allerdings wieder zur Blüte zu bringen, bedarf es ab Herbst einer strengen Lichtbeschränkung auf 10 Stunden am Tag – was in Wohnräumen schwer einzuhalten ist!

Ctenanthen und Stromanthen

Die große Ähnlichkeit mit *Calathea* macht die Unterscheidung der Arten schwer. Die Pflanzen werden fast meterhoch und sind daher für ein Blumenfenster meist ungeeignet. Am besten läßt sich *Ctenantha lubbersiana* halten – gut zu erkennen an ihrem attraktiven, gelb-grün marmorierten Laub und der auffallenden Blattstellung.

Calathea-Arten und -Sorten sind wundervolle Blattpflanzen, wie diese Beispiele zeigen (links: *Calathea oppenheimiana*, das Blatt unten stammt von *C. picturata* 'Vandenheckei', das auf Seite 94 von der Sorte 'Argentea'). Bei normaler, trockener Zimmerluft sind sie auf Dauer aber nur schwer zu halten.

Ctenanthen und Stromanthen (hier: *C. lubbersiana)* sehen den Calatheen sehr ähnlich und haben auch die gleichen Ansprüche.

Links: Die silbrig-weiß geaderten Blättchen der Fittonie sind sehr wirkungsvoll.

Rechts: Die Blattfärbung der Punktblume ist am schönsten bei jungen Pflanzen ausgeprägt.

Fittonie

Fittonia verschaffeltii Akanthusgewächse

Merkmale: In Kultur befinden sich verschiedene Sorten von Fittonien. Ihre Heimat sind die tropischen Regenwälder Südamerikas. Die Triebe dieser ausgesprochenen Warmhauspflanze kriechen teilweise über den Boden. Das typische an den reizenden, krautigen Pflänzchen ist ihre netzartige Blattzeichnung. Die dunkelgrüne Sorte 'Argyroneura' ist silberweiß, die Sorte 'Pearcei' dagegen hellrot geadert. Ebenfalls silbrig-grüne, noch zierlichere Blättchen besitzt die Sorte 'Minima' – sie eignet sich vorrangig für die Bepflanzung von Flaschengärten.

Standort: Hell bis schattig, keine direkte Sonne. Zimmertemperatur und wärmer, auch im Winter nicht unter 18–20 °C. Zugfreier Stand ist wichtig!

Pflege: Gleichmäßig feucht halten, verträgt keine stauende Nässe. Hohe Luftfeuchtigkeit ist wichtig. Kalkarmes, temperiertes Wasser zum Gießen und Sprühen benützen. Den Sommer über schwach düngen. Umtopfen bei Bedarf in flache Schalen oder auspflanzen. Humoses Substrat verwenden.

Schadbilder: Wie bei der Punktblume.

Vermehrung: Durch Triebspitzen als Stecklinge (im Vermehrungskasten!) oder durch Ableger.

Hinweise: Besonders geeignete Bodendeckerpflanze für Blumenfenster, Vitrinen, warme Grundbeete im Raum, Gewächshaus oder Wintergarten, auch beliebt als Ergänzung in einer Blumenschale.

Punktblume

Hypoestes phyllostachia Akanthusgewächse

Merkmale: Die schön gezeichnete und buntlaubige Punktblume ist eine enge Verwandte der Fittonie. Die rosafarbenen Punkte und unregelmäßigen Flecken auf grünem Grund bedecken je nach Sorte mehr oder weniger die gesamte Blattspreite. In ihrer Heimat Madagaskar kommt *Hypoestes* als kleiner Halbstrauch vor. In Kultur bleibt die Pflanze krautig, wird nach und nach etwas sparrig und die Laubausfärbung läßt mit dem Älterwerden nach. Darum am besten jährlich immer wieder junge Pflanzen aus Stecklingen heranziehen und die alte Pflanze durch Rückschnitt ständig zum Neutrieb anregen.

Standort und Pflege: Wie bei der Fittonie.

Schadbilder: Schädlingsbefall wird vor allem durch Lufttrockenheit hervorgerufen. Farbveränderungen treten bei zu dunklem Stand, aber auch bei starker Sonneneinstrahlung auf. Die Pflanzen kümmern, wenn sie zu naß oder zu kühl stehen oder auch Zugluft ausgesetzt sind.

Vermehrung: Durch regelmäßigen Rückschnitt fallen Stecklinge an, die leicht in Erde oder Wasser bewurzeln.

Verwandte: Weitere buntlaubige verwandte Arten: ***Pseuderanthemum*** – rötlich und wie die Punktblume etwas höher wachsend; ***Chamaeranthemum*** – niedrige, grün-gelbe Art, eher mit der Fittonie zu vergleichen.

Kanonierblume

Pilea-Arten — Nesselgewächse

Merkmale: *Pilea*-Arten sind in fast allen tropischen Ländern zu Hause. Die Beliebtheit dieser Pflanzen und ihrer Sorten rührt von ihrem ausdrucksvoll gezeichneten und gefärbten Laub her. Es ist streng gegenständig angeordnet. *Pilea cardierei* (im Foto hinten) mit silbrigen Flecken auf blasigem Blattgrund ist die bekannteste, härteste und am leichtesten zu kultivierende Art – sie wird auch höher als ihre Schwestern. *Pilea involucrata* (im Foto links) bleibt niedrig und bildet Ausläufer, ihr rundlich ovales Blattwerk ist rotbraun und silbrig. Weitere hübsche Arten sind *Pilea crassifolia* (im Foto rechts) mit hellgrün- und braun marmorierten, stark höckrigen Blättern.
Standort: Hell bis halbschattig, keine pralle Sonne (mit Ausnahme von *P. microphylla*). Zimmertemperatur und wärmer. Im Winter nicht unter 18 °C (*P. cardierei* und *P. microphylla* auch etwas kühler und luftiger).
Pflege: Mäßig gießen, hohe Luftfeuchtigkeit, aber nicht direkt ansprühen. Den Sommer über schwach düngen. Regelmäßig stutzen und umpflanzen – nicht zu große Töpfe wählen oder mit anderen Pflanzen zusammensetzen. Erde locker-humos.
Vermehrung: Durch Kopfstecklinge im Vermehrungskasten oder unter Folie.
Hinweise: Kanonierblumen sind kurzlebige Pflanzen – daher rechtzeitig für Nachzucht sorgen. Am schönsten sind sie ausgepflanzt im Blumenfenster.

Verschiedene *Pilea*-Arten als Gruppe: *P. cardierei* (hinten), *P. involucrata* (links), *P. crassifolia* (rechts).

Zwergpfeffer

Peperomia-Arten — Pfeffergewächse

Merkmale: Von nahezu 1 000 Arten sind nur wenige im Handel, aber auch mit diesen kann man durchaus eine Sammelleidenschaft entwickeln. In ihrer tropischen südamerikanischen Heimat lebt *Peperomia* auch epiphytisch auf Bäumen. Charakteristisch sind die meist derben, runzligen oder dickfleischigen Blätter der grünen und buntlaubigen Arten. Einige bringen auch interessante, kolbenförmige Blüten hervor.
Standort: Hell bis halbschattig, ohne direkte Sonne. Bunte Arten hell stellen. Zimmertemperatur und wärmer, auch im Winter nicht unter 18 °C.
Pflege: Ganzjährig nur mäßig feucht halten. Den Sommer über schwach düngen und sprühen. Umpflanzen nur bei Bedarf. Flache Gefäße mit guter Dränage verwenden. Humoses Substrat.
Vermehrung: Durch Kopf- oder Blattstecklinge im Vermehrungskasten oder unter Folie.
Hinweise: Arten mit fleischigen Blättern sind unempfindlicher gegen Lufttrockenheit. Andere gedeihen am besten im Blumenfenster. Nässe und niedrige Temperaturen verursachen Fäulnis. In Gruppen gepflanzt, sind Pfeffergewächse besonders hübsch.

Es gibt eine Vielzahl verschiedener Peperomien mit unterschiedlichstem Laub. Die bekannteste und robusteste Form ist *Peperomia obtusifolia* mit gelb-grün panaschiertem Laub.

Philodendron erubescens ist ein dankbarer, robuster Zimmergenosse. Eine besonders schöne Sorte ist 'Red Emerald'.

Baumfreund

Philodendron Aronstabgewächse

Merkmale: Der größte Teil der umfangreichen Gattung *Philodendron* zählt zu den Lianen, ihre Heimat sind die tropischen Regenwälder Süd- und Mittelamerikas. Mit Hilfe ihrer Luftwurzeln ranken sich viele von ihnen an den Urwaldriesen empor oder sie stützen sich dort ab. Es gibt also kletternde oder hängende Arten und ebenso auch aufrechtwachsende Philodendren. Der deutsche Name Baumfreund deutet bereits auf diese enge Gemeinschaft hin.
Die Blattformen der verschiedenen Arten und Sorten variieren außerordentlich stark: Sie sind klein oder groß, herz- und pfeilförmig, ganzrandig oder tief gelappt. Zudem unterscheiden sich bei manchen Arten noch Jugend- und Altersformen voneinander. Besonders deutlich wird dies bei den groß- und geschlitztblättrigen Arten, die ihr typisches Aussehen erst nach vielen Jahren entfalten. Für den Zimmergärtner ist allerdings meist nur das Jugenstadium der Pflanzen interessant. Aber auch ungünstiger Stand kann die Ausbildung typischer Merkmale unterbinden. Die kleinsten Blätter (in der Jugendform) hat *Philodendron scandens* (siehe Seite 101), der sich gut als Hänge- oder Kletterpflanze zur Wandberankung verwenden läßt. Der zweite beliebte, leicht zu kultivierende und weit verbreitete Baumfreund ist *Philodendron erubescens;* er besitzt dagegen ein längliches, pfeilförmiges Blatt, sein Sproß und die Blattstiele schimmern rötlich. Neben der häufigen Sorte 'Red Emerald' gibt es noch hübsche, rotlaubige Formen, wie 'Burgundy' und 'Imperial Red'. Von den geschlitztblättrigen Arten hat *Philodendron bipinnatifidum* (Syn.: *Ph. selloum)* die größte Bedeutung im Handel. Bei dieser stammbildenden, sehr dekorativen, aber mit zunehmendem Alter stark in die Breite gehenden Art sind die großen Laubblätter noch weitgehend ungeteilt und nur ausgebuchtet. Die Altersform hingegen ist tief geschlitzt. *Ph. cannifolium* (Syn.: *Ph. martianum)* ist gut erkennbar an den aufgeblasen wirkenden Blattstielen. Er ist ebenso wie *Ph. melanochrysum* empfindlicher als die meisten Verwandten und ideal im Blumenfenster untergebracht.
Standort: Hell bis halbschattig, keine pralle Sonne. Ganzjährig Zimmertemperatur, möglichst verbunden mit Bodenwärme. Im Winter nicht unter 16 °C absinken lassen.
Pflege: Nur mäßig feucht halten, keine Staunässe! Sprühen! Im Sommer 14tägig düngen. Rückschnitt möglich. Nach Bedarf in frische, humose Erde umpflanzen.
Vermehrung: Leicht durch Kopf- und Triebstecklinge. Bei älteren Pflanzen durch Abmoosen.
Hinweise: Fast alle *Philodendron*-Arten brauchen einen Halt am Stab oder der Wand.

Philodendron bipinnatifidum wünscht möglichst hohe Luftfeuchtigkeit.

Gefleckte Efeutute

Scindapsus pictus Aronstabgewächse

Merkmale: Im Gegensatz zu *Epipremnum pinnatum* (siehe Seite 101), das früher auch zur Gattung *Scindapsus* zählte, stellt die Gefleckte Efeutute wesentlich höhere Ansprüche. Beide Arten stammen aus Südostasien. Rein äußerlich ist *Scindapsus pictus* leicht mit *Philodendron scandens* (siehe Seite 101) zu verwechseln. Sein herzförmiges Blatt ist allerdings etwas schief und tiefgrün, bei der hier abgebildeten Sorte 'Argyraeus' zudem noch silbrig marmoriert und gerandet. Den hängenden bzw. kletternden Wuchs hat er mit seinen beiden Verwandten gemein.
Standort: Hell bis halbschattig, kein direktes Sonnenlicht. Zimmertemperatur und wärmer, luftfeucht und bodenwarm.
Pflege: Gleichmäßige Wasser- und Nährstoffgaben während der Vegetationsperiode – den Winter über einschränken. Öfter sprühen! Enthärtetes Wasser verwenden. Alle 2–3 Jahre in frische, humose Erde verpflanzen.
Schadbilder: Nässe und Kälte führen zu Wachstums- und Blattschäden.
Vermehrung: Durch Teilstecklinge im Vermehrungskasten.
Hinweise: Der beste Standort für die Gefleckte Efeutute ist das Blumenfenster.

Perilepta, Persisches Schild

Perilepta dyeriana Akanthusgewächse

Merkmale: *Perilepta dyeriana* ist ein aufrecht wachsender, reich verzweigter Strauch, der aus den feucht-warmen Gebieten Burmas stammt und dort eine Höhe bis zu 12 m erreichen kann. An behaarten Trieben sitzen elliptische Blätter mit glänzend dunkelgrüner Oberseite und metallisch blauem oder silbrigem Schimmer. Die Blattunterseite ist dunkel purpurfarben. Im Spätsommer erscheinen in den Blattachseln älterer Pflanzen Blütenähren mit zahlreichen kleinen, blaßvioletten, trichterförmigen Blütchen.
Standort: Hell bis halbschattig, keine pralle Sonne. Zimmertemperatur (18–20 °C), nicht unter 13 °C, bei hoher Luftfeuchtigkeit; im Winter etwas kühler, um 14 °C, und hell. Sehr gut für Blumenfenster und Vitrinen geeignet.
Pflege: Mäßig gießen, zwischen den Wassergaben die Substratoberfläche antrocknen lassen. Im Winter 2–3 Monate Ruhezeit einlegen, bei nur geringen Wassergaben, so daß der Ballen nicht austrocknet. Kalkarmes, temperiertes Wasser verwenden. Zur Hauptwachstumszeit alle 14 Tage düngen. Bei Bedarf im Frühjahr umtopfen.
Schadbilder: Trockene Luft verursacht braune Blattspitzen.
Vermehrung: Im Frühjahr durch Kopfstecklinge im Anzuchtkasten. Jungpflanzen öfter stutzen, um buschigen Wuchs zu erzielen.
Hinweise: Ältere Pflanzen werden fahl im Laub und sparrig im Wuchs, daher rechtzeitig für Jungpflanzen sorgen.

Links: Die Gefleckte Efeutute ist eine sehr hübsche, im Vergleich zu ähnlichen Verwandten aber anspruchsvollere Ampel- und Kletterpflanze.

Das Besondere beim Persischen Schild sind die metallisch glänzenden Blätter.

Links: *Cissus antarctica,* der Russische Wein mit seinen ungeteilten Blättern, braucht eine Kletterhilfe und schätzt etwas luftigere Räume.

Rechts: *Cissus rhombifolia* (hier die Sorte 'Ellen Danica') besitzt Ranken und verträgt auch trockene Zimmerluft.

Russischer Wein, Königswein

Cissus antarctica, Weinrebengewächse
Cissus rhombifolia

Merkmale: In kaum einem Wohn- oder Arbeitsraum fehlen diese bekannten und dankbaren *Cissus*-Arten (**Klimmen**): zum einen der Russische Wein *(Cissus antarctica)*, auch Känguruhklimme genannt, der in Australien beheimatet ist, und zum anderen der Königswein *(Cissus rhombifolia)*, der aus dem tropischen Amerika stammt. Dieser ist inzwischen die Nummer eins unter den Geschwistern, weil er Heizungsluft besser verträgt als der Russische Wein. Und hier ist es ganz besonders die Sorte 'Ellen Danica', die das Rennen um die Käufergunst gewonnen hat. Ihr dreigeteiltes, rhombenförmiges Blatt ist noch tiefer gekerbt und ihr Wuchs kräftiger als bei der reinen Art.
Sowohl *Cissus antarctica* als auch *Cissus rhombifolia* können als Kletter- wie als Ampelpflanzen verwendet werden. *Cissus antarctica* mit den harten, ungeteilten Blättern braucht ein Spalier oder andere Kletterhilfen, während sich *Cissus rhombifolia* mit Hilfe seiner zahlreichen Sproßranken leichter selbst festhalten kann, so daß die weichen, locker beblätterten Triebe teilweise mühelos durch den Raum wandern.
Standort: Hell bis halbschattig, keine Mittagssonne. Ganzjährig Zimmertemperatur, doch eher mäßig warm, zwischen 16 und 20 °C. *Cissus antarctica* möchte eher etwas kühler stehen als *Cissus rhombifolia.*
Pflege: Mäßige Feuchtigkeit, auf keinen Fall zu naß halten! Temperiertes Wasser verwenden, im Sommer auch öfter sprühen. In der Wachstumsphase regelmäßig düngen, den Winter über Wasser- und Nährstoffgaben reduzieren. Umpflanzen, wenn der Topfballen durchwurzelt ist, oder in etwa 2–3jährigem Abstand. Erde kräftig-humos, tonhaltige Substrate.
Schadbilder: Helle, später braune, eckige Blattflecken haben Pflegefehler als Ursache; vor allem Nässe und zu niedrige Temperaturen führen dazu. Die Folge von zu dunklem Stand ist kümmerlicher Wuchs. Direkte, starke Sonneneinstrahlung verursacht Verbrennungen. Bei sehr starker Lufttrockenheit häufig Spinnmilbenbefall.
Vermehrung: Durch Kopf- und Triebstecklinge, am besten im Vermehrungskasten. Jungpflanzen rechtzeitig stutzen.
Hinweise: Anspruchslose, dankbare Zimmerpflanzen für fast alle Raumsituationen. Ein Rückschnitt ist jederzeit möglich, falls Triebe von der Basis her verkahlen.
Verwandte: *Cissus discolor* ist eine reizvolle Verwandte, die sich aber nur für warme, luftfeuchte Standorte eignet. Diese starkwachsende, buntblättrige Klimme besitzt sehr schön gezeichnetes, herzförmiges Laub an rötlichen Trieben.

Kletterphilodendron

Philodendron scandens Aronstabgewächse

Links: Die Efeutute gehört zu den robustesten Zimmerpflanzen, die es gibt.

Merkmale: Der Wuchscharakter von *Philodendron*-Arten ist sehr unterschiedlich, und auch die Blattformen variieren stark. Vergleichbar mit unserem Efeu entwickelt ein und dieselbe Art im Jugendstadium anderes Laub als im Alter. Beim Kletterphilodendron haben wir es mit der Jugendform zu tun, denn nur sie wird in den Gartenbaubetrieben kultiviert. Diese kleinblättrige, tropische Art gehört zu den älteren Zimmerpflanzen und war eine der ersten *Philodendron*-Arten, die bei uns bekannt wurden. Neben der Efeutute und den *Cissus*-Arten (siehe Seite 100), die ebenfalls alle sowohl als Ampel- oder Hängepflanzen als auch als Kletterpflanzen gezogen werden, hat dieser Philodendron seit langer Zeit seinen Platz in den Wohn- und Arbeitsräumen behauptet. Vor allen Dingen kommt er an relativ schattigen Stellen zurecht, weit ab von den Fenstern oder anderen Lichtquellen trifft man ihn erstaunlicherweise noch häufig in recht gutem Zustand an.
Standort: Von hell bis schattig reicht das Lichtspektrum, welches diese Pflanze toleriert. Natürlich entwickelt sie sich aber wie jedes andere Gewächs besser, wenn Licht, Wärme und Luftfeuchtigkeit in einem ausgewogenen Verhältnis zueinander stehen. Auch Bodenwärme wirkt sich günstig auf das Wachstum aus. Wenn möglich, sollten die Temperaturen auch im Winter nicht unter 15 °C absinken.
Pflege: Nur mäßig gießen, nicht zu feucht halten, aber häufig besprühen. Wassergaben immer auf die Raumtemperatur abstimmen. In der Wachstumsphase regelmäßig düngen, den Winter über einschränken. Alle 2–3 Jahre in frische, humose Erde verpflanzen.
Schadbilder: Stauende Nässe und niedrige Temperaturen, verbunden mit zu dunklem Stand, führt auch bei dieser robusten Pflanze unweigerlich zu Blattverlusten u. ä.
Vermehrung: Sehr leicht durch Kopf-oder Triebstecklinge in Erde oder Wasser.
Hinweise: Der Kletterphilodendron ist eine der wertvollsten Zimmergewächse, die wir kennen, wenn es um ungünstige Standorte geht.

Der Kletterphilodendron überlebt auch noch in dunklen Zimmerecken.

Efeutute

Epipremnum pinnatum Aronstabgewächse

Merkmale: Gerade eine Pflanze, die sozusagen zum Standardsortiment aller Zimmergärtner gehört, mußte hinsichtlich ihrer Benennung schon einiges über sich ergehen lassen. Nun heißt dieser unverwüstliche Kletterer *Epipremnum pinnatum* – nach wie vor ist er aber auch noch unter seinem alten botanischen Namen *Scindapsus aureus* bekannt. Man darf sie jedoch keinesfalls mit dem wesentlich empfindlicheren *Scindapsus pictus* verwechseln (siehe Seite 99).
Die gelbbunte Efeutute (nur die Sorte 'Aureum' ist im Handel) klettert in ihrer pazifischen Heimat meterweit an Bäumen in die Höhe – ein Vielfaches von dem, was sie in ihrem Jugendstadium an unseren Wohnungswänden zurücklegt.
Standort: Hell bis schattig. Die Efeutute kommt noch mit geringsten Lichtmengen aus, vergrünt und kümmert aber dabei. Zimmertemperatur und wärmer, nie unter 16 °C.
Pflege: Nur mäßig feucht halten. Während der Wachstumperiode 14tägig düngen. Alle 2–3 Jahre umpflanzen. Rückschnitt ist gut möglich.
Schadbilder: Gelbwerden älterer Blätter ist in gewissem Umfang normal.
Vermehrung: Stecklinge (mehrere zusammenpflanzen!) bewurzeln leicht in Wasser oder Erde.
Hinweise: Eine ausgesprochen pflegeleichte Kletterpflanze, die umso üppiger wächst, je besser die Bedingungen sind.

Schusterpalme

Aspidistra elatior Liliengewächse

Merkmale: Die Schusterpalme gehört zwar zu den wenig beachteten »Allerweltspflanzen« und wurde lange Zeit als »Metzgerpalme« verpönt, weil sie in diesen kühlen und zugigen Läden die Schaufenster schmückte, sie zählt jedoch zu den robustesten Arten in der Welt der Zimmerpflanzen und ist unverzichtbar für extreme Standorte. Ursprünglich ist sie in China beheimatet, wanderte aber auch in die Gebirgswälder Japans ein. Von England aus kam sie Mitte des 19. Jahrhunderts nach Deutschland und wurde **die** dekorative Blattpflanze, vergleichbar mit Gummibaum, Yucca und Drachenbaum heute. Die Zentralheizung hat die Schusterpalme in Diele und Treppenhaus vertrieben, wo es kühl und dunkel ist – und sie hält es aus. Die Pflanze wird etwa meterhoch und bildet durch Ausläufer nach allen Seiten dichtwachsende Horste.
Standort: Hell bis schattig, keine direkte Sonne. Sehr große Temperaturtoleranz (etwa zwischen 10 und 20 °C); die weißbunte Sorte wärmer halten!
Pflege: Gleichmäßige Feuchtigkeit, bei niedrigen Temperaturen jedoch sparsamer gießen. Im Sommer alle 8–14 Tage düngen. In kräftig-humose Erde umpflanzen, wenn der Topf völlig durchwurzelt ist.
Schadbilder: Zu sonniger Standort führt zu Blattschäden, Staunässe zu Wurzelfäule.
Vermehrung: Durch Teilung der Rhizome.
Hinweise: Mehr Wärme, Licht und gute Pflege kommen der Pflanze zugute – vor allem der Sorte 'Variegata' mit hell gestreiftem Laub.

Rechts: *Dracaena marginata* ist eine der wenigen schattenverträglichen, dekorativen Zimmerbäume.

Die Schusterpalme ist eine unverwüstliche Allerweltspflanze, besonders geeignet für kühle und schattige Plätze.

Drachenbaum, Drazäne

Dracaena marginata Agavengewächse

Merkmale: *Dracaena marginata* kommt natürlich auf Madagaskar und Mauritius vor. Die langsamwachsende Art trägt sehr schlanke, dunkelgrüne, rotgeränderte Blättern, die schopfartig auf einem allmählich von unten her verkahlenden, dünnen Stamm stehen. Sie verträgt relativ schattige Standorte und toleriert auch niedrigere Temperaturen als andere Drazänen. Für die hübschen, mehrfarbigen Abkömmlinge dieser Art, wie die Sorten 'Bicolor', 'Tricolor' oder 'Colorama', gilt das allerdings nicht (siehe dazu Seite 93).
Standort: Hell bis schattig, keine direkte Sonne; Zimmertemperatur, im Winter auch bis ca. 15 °C sinkend.
Pflege: Gleichmäßige Feuchtigkeit, nie naß halten, vor allem nicht bei niedrigeren Temperaturen. Bei Bedarf im Frühjahr in kräftig-humose Erde umtopfen.
Vermehrung: Durch Kopfstecklinge, Seitensprosse oder Stammstücke, wie bei *Yucca* (siehe Seite 31 und 183).
Hinweise: Schöner ist es, wenn zwei oder drei Stämmchen von Beginn an als Gruppe gepflanzt werden und sich deren Blattschöpfe in unterschiedlicher Höhe befinden.

Fensterblatt

Monstera deliciosa Aronstabgewächse

Merkmale: Seit geraumer Zeit wurde das Fensterblatt einer eigenen Gattung *(Monstera)* zugeordnet, aber immer noch hält sich im Sprachgebrauch der alte botanische Begriff *Philodendron*. Unter diesem Namen wurde das Fensterblatt in den 50er Jahren zusammen mit dem Gummibaum *(Ficus elastica)* zur Modepflanze schlechthin. Inzwischen haben beide Pflanzengattungen *(Philodendron* und *Ficus)* eine ganze Menge Zuwachs bekommen, und man muß die einzelnen Arten schon genauer bezeichnen, damit klar ist, wovon man spricht.
Trotzdem – das beliebte Fensterblatt bleibt nach wie vor in der Gunst der Zimmergärtner, denn es hat sich ganz besonders in extremen Standortsituationen gut bewährt. Wer das Außergewöhnlich liebt, entscheidet sich vielleicht für die weißbunte, aparte 'Variegata'-Sorte. Sie ist allerdings nicht ganz so robust wie die Stammform, wächst auch nicht so rasch und bleibt kleiner. Zimmerformat hat auch die Sorte 'Borsigiana', die neben der reinen Art am häufigsten angeboten wird.
Monstera deliciosa wird sehr groß und entwickelt bei günstigem Stand riesige, tief geschlitzte Blätter – eine imposante Grünpflanze zur Innenraumbegrünung in großen Gebäuden und Wintergärten.
Monstera stammt aus den tropischen Regenwäldern Mittel- und Südamerikas. Sie lebt als Kletterpflanze, strebt mit Hilfe von Haft- und Luftwurzeln nach oben und sucht Halt an anderen Pflanzen. Am Boden angelegt, entwickeln sich die Luftwurzeln zu normalen Wurzeln.
Dies läßt sich auch im Topf nachvollziehen. Die jungen Blätter sind meist herzförmig und noch ganzrandig, erst mit der Zeit entstehen die »Fenster« und tiefen Schlitze. Ältere Pflanzen können auch regelmäßig zur Blüte kommen – sie zeigen dann den typischen, weißen, kolbenförmigen Blütenstand der Aronstabgewächse, aus dem sich ein Fruchtstand mit violetten Beeren entwickelt.

Standort: Hell bis schattig bei Zimmertemperatur; den Winter über kann diese ohne Schaden bis auf 10 °C absinken. Die Pflanzen werden mit zunehmendem Alter immer schattenverträglicher.
Pflege: Das ganze Jahr über mäßig feucht halten, jedoch nie naß. Ab und zu düngen. Bei Bedarf in durchlässige, humose Erde umtopfen, dabei können Luftwurzeln in das Gefäß hineingeleitet werden – aber Vorsicht, daß sie nicht abbrechen!
Schadbilder: Krankheiten und Schädlinge sind selten. Extreme Lufttrockenheit bei zuviel Wärme führt zu trockenen Blattspitzen. Braune Ränder und Flecken auf den Blättern sind bedingt durch Trockenheit oder Nässe im Wurzelbereich, können aber auch auf zu niedrigen Temperaturen beruhen.
Vermehrung: Kopfstecklinge bewurzeln leicht, vor allem, wenn schon Luftwurzelansätze vorhanden sind.
Hinweise: Äußerst robuste Zimmerpflanze, die leicht Deckenhöhe erreicht und auch gestützt werden muß. Luftwurzeln nie abschneiden! Häufiges Besprühen, Abwaschen der Blätter oder Abduschen der ganzen Pflanze, solange sie noch transportabel ist, stärken die Gesundheit und erhalten das attraktive Aussehen.

Die weißgefleckte, sehr dekorative Sorte *Monstera deliciosa* 'Variegata' (rechts) ist etwas empfindlicher und wächst langsamer als die dunkellaubige Stammart (links).

Zimmeraralie

Fatsia japonica — Araliengewächse

Merkmale: *Fatsia japonica* (Syn.: *Aralia japonica*) aus Ostasien ist eine altbekannte Topf- und Kübelpflanze. Sie wächst rasch und bildet im Älterwerden einen Stamm mit breit ausladendem Blattschopf. Alte Pflanzen können bis zu 2 m hoch werden und benötigen sehr viel Platz. Die handförmig gelappten, ledrig glänzenden Blätter sitzen an langen Stielen und können bis zu 40 cm breit werden.
Standort: Hell bis schattig, keine direkte Sonneneinstrahlung; luftig, aber zugfrei und mäßig warm, im Sommer auch im Freien, aber nicht in der prallen Sonne. Den Winter über unbedingt kühl bei 6–10 °C, buntblättrige Sorten etwas wärmer.
Pflege: Mäßig feucht halten, jedoch den Sommer über oft hoher Wasser- und Nährstoffbedarf. Wassergaben im Winter den Temperaturverhältnissen anpassen – je kühler, desto weniger gießen. Bei Bedarf in kräftig-humose, lehmhaltige Erde umtopfen.
Schadbilder: Zu warmer, lufttrockener Stand begünstigt Schädlingsbefall. Nässe führt zu Wurzelfäulnis.
Vermehrung: Durch Aussaat, Kopfstecklinge oder Abmoosen.
Hinweise: Rückschnitt von jüngeren Pflanzen fördert die Verzweigung, bei älteren Exemplaren beeinträchtigt diese Maßnahme jedoch die Schönheit.

Rechts: Die Efeuaralie ist eine Kreuzung aus Zimmeraralie und Efeu mit mittelgroßem Blattwerk.

Von der Zimmeraralie gibt es auch Sorten, die langsamer und gedrungener wachsen, sowie solche mit weißbunter Blattzeichnung.

Efeuaralie

x *Fatshedera lizei* — Araliengewächse

Merkmale: Die Efeuaralie ist eine Kreuzung von *Fatsia japonica*, der Zimmeraralie, und unserem heimischen Efeu *(Hedera helix)*. Die Pflanze wächst schmal aufrecht und kann über 1 m hoch werden. Durch Stutzen kann man sie auch buschiger halten. Die ledrigen Blätter sind derb, handförmig gelappt, aber kleiner als bei der Zimmeraralie. Es gibt auch weiß- oder gelbbunte Sorten, die nicht so kräftig wachsen wie die grüne Form, dafür aber auch nicht ganz so schattenverträglich sind.
Standort: Hell bis schattig, keine pralle Mittagssonne; weiß- oder gelbbunte 'Variegata'-Typen etwas heller, aber ebenfalls keine pralle Sonne. Den Sommer über auch halbschattig im Freien. Überwinterung bei etwa 10 °C, die grünblättrige Form auch kühler.
Pflege: Mäßig feucht halten, im Sommer größerer Wasser- und Nährstoffbedarf. Bei Bedarf in nährstoffreiche, humose Erde umpflanzen.
Schadbilder: Besonders bei panaschierten (gefleckten) Sorten verursacht Ballentrockenheit braune Blattspitzen und -flecken.
Vermehrung: Durch Stecklinge oder Abmoosen.
Hinweise: Robuste und anspruchslose Zimmerpflanze, die unterschiedliche Licht- und Temperaturverhältnisse toleriert. Bei Übewinterung in warmen Wohnräumen für Helligkeit und Luftfeuchte sorgen.

Zimmerefeu

Hedera Araliengewächse

Merkmale: Efeu kommt in klimatisch gemäßigten, aber auch subtropischen Zonen vor. Bei uns ist *Hedera helix* heimisch. Efeu ist ein Selbstklimmer, das bedeutet, daß er aufgrund seiner Haftwürzelchen, die sich am Sproß bilden, kaum Kletterhilfen benötigt. Jugend- und Altersformen unterscheiden sich bei dieser Pflanzengattung sehr stark – das betrifft Gestalt und Blattform. Auch innerhalb einer Art entstehen häufig neue Formen. Meistens handelt es sich beim Zimmerefeu um Mutationen von *H. helix* ssp. *helix* und *H. helix* ssp. *canariensis*. Diese Variationsbreite findet ihren Ausdruck in einer ungeheueren Sortenvielfalt. Für den Zimmergärtner sind jedoch vor allem die schwachwachsenden, klein- und buntlaubigen Typen geeignet, die sich in Größe, Form und Farbe deutlich unterscheiden.
Standort: Hell bis schattig, keine pralle Sonne! Dieser weite Begriff muß je nach Jahreszeit abgewandelt werden: Die grünen Arten und Sorten

vertragen grundsätzlich mehr Schatten als die bunten, die andererseits aber vor zuviel Licht geschützt werden müssen, damit sie nicht verbrennen. Kühl bis mäßig warm, luftig, wobei die bunten Sorten im Winter etwas wärmer, nicht unter 12–16 °C, stehen wollen.
Pflege: Mäßig feucht halten, besonders den Winter über. Während der Wachstumszeit regelmäßig düngen. Wenn der Topf durchwurzelt ist, im Frühjahr in humose, durchlässige Erde umpflanzen. Keine zu großen Töpfe verwenden!

Schadbilder: Bei zu hohen Temperaturen und Lufttrockenheit häufig Befall mit Schadinsekten, vor allem Spinnmilben und Schildläuse. Pilzkrankheiten können Blätter und Triebe zum Absterben bringen – günstige Standortbedingungen sind die besten Vorbeugemaßnahmen.
Vermehrung: Durch halbreife Stecklinge im Frühjahr und Sommer; vorhandene Haftwürzelchen verbessern dabei das Anwachsen. Möglichst mehrere Stecklinge in einen Topf setzen.
Hinweise: Efeu-Arten und -Sorten eignen sich gut als Kletter-, Ampel- oder Bodendeckerpflanzen. Ein rauher Untergrund erleichtert das Festhalten; wenn nötig, zusätzlich Kletterhilfen anbringen. Ein Rückschnitt ist jederzeit möglich, z. B. beim Verkahlen der Triebe. Um Hochstämmchen zu ziehen, veredelt man auf x *Fatshedera lizei* (siehe links).

Die anspruchlosen Efeu-Sorten eignen sich für Kletterwände, Ampeln, zur Bodenbegrünung im Wintergarten sowie als Bei- und Unterpflanzung in größeren Gefäßen. Sie lassen sich auch gut am Bogen oder anders geformten Drahtgestellen ziehen (Bild links).

Kastanienwein

Tetrastigma voinierianum Weinrebengewächse

Merkmale: Der robuste Kastanienwein aus Asien übertrifft an Wuchskraft alle anderen Schlinger im Haus. Für den normalen Wohnraum ist die immergrüne Liane mit ihren meterlangen Trieben deshalb nur bedingt geeignet. Die großen, handförmig und tief gelappten Blätter sitzen an langen Stielen.
Standort: Halbschattig, *Tetrastigma* ist aber sehr lichttolerant. Zimmertemperatur um 20 °C ist optimal. Im Winter können die Temperaturen auch bis auf 10 °C sinken.
Pflege: Den Sommer über reichlich gießen und auch ab und zu düngen. Im Herbst und Winter trockener halten, vor allem keine Staunässe verursachen. Bei Bedarf in kräftig humoses und lehmhaltiges Substrat verpflanzen. Töpfe nicht zu klein wählen, damit nicht jährlich umgepflanzt werden muß. Ein Rückschnitt ist jederzeit möglich.
Vermehrung: Trieb- und Teilstecklinge mit 1–2 Blättern im warmen Vermehrungskasten, am besten im Frühjahr und Sommer.
Hinweise: Ideales Schling- und Rankgewächs für Wintergärten, große Räume wie Hallen und Treppenhäuser, weil temperatur- und lichtunempfindlich.

Rechts: *Plectranthus oertendahlii* ist ein ausgezeichneter Bodendecker im Wintergarten.

Unten: Der Kastanienwein ist eine äußerst robuste, schnellwachsende Pflanze, die viel Platz benötigt.

Harfenstrauch

Plectranthus Lippenblütler

Merkmale: *Plectranthus*-Arten gehören zu den alten, bewährten Zimmerpflanzen. Bekannt unter dem Namen »**Mottenkönig**« wurde der grünlaubige und aromatisch duftende *P. fruticosus*, ein Halbstrauch mit lavendelblauen Blütchen. *P. oertendahlii* besitzt kleine Blätter mit weißer Aderung und helle, aufrechtstehende Blütenstände, die besonders im Spätsommer und Herbst erscheinen; beide Arten stammen aus Südafrika.
P. forsteri 'Marginatus' (Syn.: *P. coleoides* 'Marginatus') kommt dagegen aus Südosasien. Mit ihren weißgerandeten Blättchen ist sie die hübscheste Art. Sie wird aufgrund ihres intensiven Geruchs als »**Weihrauchpflanze**« bezeichnet. Neuerdings ist sie mit ihren bis etwa 1 m langen, herabhängenden Trieben eine beliebte Ergänzung in bunten Balkonkästen. Am schönsten kommt sie als Ampelpflanze zur Geltung.
Standort: Hell bis halbschattig, luftig, bei Zimmertemperatur. Den Sommer über am besten im Freien. Überwinterung um die 15 °C.
Pflege: Gleichmäßig feucht halten und düngen; im Winter Wasser- und Nährstoffgaben reduzieren. Im Frühjahr bei Bedarf in lockere, humose Erde umpflanzen.
Vermehrung: Leicht durch Stecklinge.
Hinweise: *P. oertendahlii* und *P. forsteri* gelten als pflegeleichte Bodendecker oder Ampelpflanzen mit relativ geringen Ansprüchen an Licht und Temperatur.

Goldorange, Goldblatt

Aucuba japonica Hartriegelgewächse

Merkmale: Dieser üppig wachsende, immergrüne Strauch aus Ostasien wird vor allem in buntblättrigen Formen (z. B. 'Variegata') angeboten. Die Pflanzen sind leicht zu kultivieren und werden in Gefäßen auch nicht allzu groß. In milden Klimazonen können sie sogar im Freien überwintern. Die glänzenden, gelb gefleckten Blätter sind äußerst dekorativ. Ihre Wirkung wird zusätzlich gesteigert, falls es zur Bildung der roten Früchte kommt. Für einen guten Fruchtansatzes ist speziell die Sorte 'Crotonifolia' empfehlenswert. Bei ihr sind die Blattflecken besonders intensiv und der Blattrand stark gezähnt. Der schöne Fruchtschmuck bildet sich jedoch nur, wenn mindestens eine männliche und eine weibliche Pflanze vorhanden sind.
Standort: Hell bis schattig, keine pralle Sonne, mäßig warm und luftig. Im Sommer im Freien. Überwinterung frostfrei und hell.
Pflege: Mäßig gießen und düngen, Ballen jedoch nie austrocknen lassen.
Schadbilder: Schwarze Blattflecken entstehen durch Pilzbefall bei zuviel Schatten und Feuchtigkeit.
Hinweise: Die Goldorange ist in ihrer Anspruchslosigkeit kaum zu übertreffen und hält es auch dort noch aus, wo es kühl, nicht ganz hell oder sogar etwas zugig ist. Sie verträgt auch leichten Rückschnitt.

Links: Goldorangen können in milden Klimazonen sogar im Freien überwintert werden.

Henne mit Küken – Ampelpflanze oder Bodendecker, ganz wie es gefällt.

An der Verbindungsstelle von Blattstiel und Blattspreite bildet *Tolmiea menziesii* spezielle Brutknospen, aus denen dann neue Pflänzchen entstehen, die regelrecht auf dem Blatt sitzen.

Henne mit Küken

Tolmiea menziesii Steinbrechgewächse

Merkmale: *Tolmiea menziesii* ist eine Verwandte des Judenbartes (siehe Seite 77), kommt aber in den küstennahen Waldregionen von Alaska bis Kalifornien vor – daher ihre Schattenverträglichkeit und ihre Vorliebe für kühle, frische Standorte. Es gibt nur diese eine krautige Art der Gattung *Tolmiea*. Die Pflanze besitzt einen kriechenden Wurzelstock, aus dem an langen Stielen die herzförmigen, weich behaarten Blätter treiben. Diese bilden mit der Zeit aus Brutknospen mehrere Jungpflanzen, die dann auf den Mutterblättern sitzen. Durch das zunehmende Gewicht der Jungpflanzen neigen sich die Blätter, so daß sie mit der Zeit – beispielsweise als Unterpflanzung in Wintergärten – dem Boden aufliegen und dort einwurzeln können.
Aufgrund ihrer besonderen Fortpflanzungsweise hat *Tolmiea* viele reizende Namen erhalten: Henne mit Küken, Kindchen im Schoß, Tausendmütterchen oder auch Huckepackpflanze.
Standort: Hell bis halbschattig, keine pralle Sonne; luftig, bei Zimmertemperatur und kühler, im Sommer auch im Freien. Überwinterung bei 5–10 °C.
Pflege: Gleichmäßige Feuchtigkeit, nicht zu naß halten, bei kühleren Temperaturen weniger gießen! Im Sommer alle 8–14 Tage düngen. Bei Bedarf im Frühjahr in kräftig-humose, gut durchlässige Erde umpflanzen.
Vermehrung: Leicht durch Abnahme der Jungpflanzen.
Hinweise: *Tolmiea* eignet sich durch ihren hängenden Wuchs gut als Ampelpflanze.

Kakteen und andere Sukkulenten

Als Sukkulenten bezeichnet man Pflanzen, die in besonderem Maße befähigt sind, im Gewebe ihrer Organe (dem Stamm oder Sproß, den Blättern oder Wurzeln) Wasser zu speichern, um damit längere Trockenperioden zu überdauern, denen sie an ihren Naturstandorten ausgesetzt sind. Ihre Heimatgebiete sind nicht nur die Sand- und Steinwüsten der Alten und Neuen Welt, sondern auch Steppen und Savannen, Küstengebiete und vor allem Hochlandflächen – Regionen also mit geringen Niederschlagsmengen und teilweise extremen Temperaturschwankungen.

Sukkulenten schützen sich durch Bedornung (Dornen lautet hier die botanisch richtige Bezeichnung, während die Rose Stacheln besitzt), durch Haarfilz, Bereifung und fleischiges Gewebe vor der lebensbedrohlichen Verdunstung und dem damit verbundenen Austrocknen; sie können auf Blätter weitgehend verzichten, denn das wenige Blattgrün ihrer Körper genügt zur Assimilation. Rosettenwuchs sowie Rückbildung der Seitentriebe und Verdickung des Sprosses – im Idealfall bis zur Kugelform reduziert – schützen zusätzlich vor Sonneneinstrahlung. Dornen und Haare sind auch gleichzeitig Werkzeuge, um Tau und Nebel aufzufangen und helfen außerdem dabei, die Pflanze vor dem Gefressenwerden zu bewahren. Sukkulenten eignen sich wegen ihres langsamen Wachstums und ihrer Vielgestaltigkeit besonders als Sammelobjekte. Neben der Formschönheit spielt jedoch auch oftmals die Blüte eine bedeutende Rolle.

Trotz ihrer sprichwörtlichen Anspruchslosigkeit gilt es, bestimmte Regeln bei der **Pflege** der Sukkulenten zu beachten: Gemäß ihrer Herkunft sind diese Pflanzen an extreme Temperaturschwankungen gewöhnt; das betrifft den Wechsel zwischen Tag und Nacht ebenso wie zwischen Sommer und Winter. Gleichzeitig sind Sonne und mäßige Feuchtigkeit lebensbestimmende Faktoren. Sukkulenten brauchen nur in ihrer Hauptwachstumszeit, im Früh- und Spätsommer, regelmäßig gegossen zu werden; besser nur einmal wöchentlich durchdringend wässern, als täglich ein wenig; zwischendurch die Töpfe abtrocknen lassen. Im Zweifelsfall den Sukkulenten immer weniger, als zuviel Wasser geben. Die Pflanzen dürfen allerdings nicht schrumpfen. Während der Wachstumszeit 14tägig schwach düngen (mit Spezial-Kakteendünger oder in halber Konzentration bei normalen Düngemitteln). Den Sommer über werden die meisten Sukkulenten gern im Freien untergebracht; sie können dann die höhere UV-Strahlung, Frischluft und Temperaturschwankungen nutzen; es muß jedoch gewährleistet sein, daß die Pflanzen bei Dauerregen nicht vernässen. In der Umstellungsphase, wenn sie im Frühjahr nach draußen gebracht werden, sollte man sie leicht schützen. Als Faustregel gilt: je dichter die Bedornung, das Haarkleid oder die Bereifung, um so unempfindlicher gegen Sonne. (Trotzdem Vorsicht direkt hinter Scheiben.)

Das größte Problem bei den Sukkulenten stellt die helle und kühle **Überwinterung** dar. Ganz grob gesagt, sollte die Temperatur für anspruchslose Arten zwischen 4 und 12 °C betragen. Während der Kühlperiode sind die Pflanzen nahezu trocken zu halten. Blüherfolge sind davon abhängig. Speziell die Sammler müssen jedoch auch auf individuelle Unterschiede der Arten eingehen.

Die **Substrat**wünsche der Sukkulenten sind je nach Herkunft unterschiedlich: Solche mit ausgedehntem Faserwurzelsystem vertragen einen etwas höheren Humusanteil als die mit Pfahl- und Rübenwurzeln. In jedem Fall muß eine Sukkulentenerde locker und durchlässig sein (Sand, Ziegelsplitt, Grobanteile), bei gleichzeitig guter Dränage. Spezialkakteenerden sind überall erhältlich. Mit Ausnahme der epiphytischen Kakteen sind diese Pflanzen nicht kalkempfindlich. Umgepflanzt wird alle 2–3 Jahre (mit Handschuhen!). Bei älteren Exemplaren nur die oberste Erdschicht erneuern; am besten nach der Blüte oder vor Ende der Ruhezeit. Töpfe nicht zu klein wählen.

Schadbilder entstehen bei zu warmem, wenig luftigem Stand im Winter insbesondere durch den Befall mit Spinnmilben. Bei Nässe kommt es zu Wurzelschäden und Fäulnis; auch Wurzelläuse treten dabei häufig auf.

Die **Vermehrung** gelingt leicht durch Nebensprosse oder Kopfstecklinge; jedoch immer einige Tage antrocknen lassen und im Gegensatz zu anderen Pflanzen mit dem Angießen eine Weile warten. Auch Aussaat ist möglich. Manche Kakteen pfropft man auf wüchsigere Unterlagen (geeignet ist z. B. *Trichocereus* oder *Pereskia*).

Kakteen sind ausgesprochene Hungerkünstler, aber schrumpfen sollen sie nicht!

Kakteen

Die Kakteen bilden die artenreichste Familie innerhalb der großen Gruppe der Sukkulenten, gleichzeitig sind sie die Hauptvertreter der sogenannten Stammsukkulenten. Die Vielzahl und Vielfalt der Formen läßt sich kaum überschauen. In der Fachliteratur ist von etwa 200 Gattungen mit mehreren tausend Arten und Sorten die Rede. Ein Eldorado für Sammler! Allein ihr außergewöhnlicher Wuchs, die Bedornung und Farbe machen Kakteen so interessant. Von der Miniaturform bis zum Baumformat reicht die Bandbreite ihrer Gestalten. Der absolute Höhepunkt ist jedoch erreicht, wenn die Pflanzen zur Blüte kommen und ihre ganze Farbenpracht entfalten. Auch hier gibt es das Nebeneinander von winzigen Blütchen und eindrucksvollen riesigen Einzelblüten, wie bei der »Königin der Nacht«. Die Blüten können sowohl im Scheitel der Pflanze erscheinen als auch dicht daneben oder an der Basis des Pflanzenkörpers. Die Blütezeit liegt überwiegend im Sommerhalbjahr.

Die große Pflanzenfamilie läßt sich am besten nach ihrer Herkunft unterteilen. Kakteen kommen ursprünglich nur auf dem amerikanischen Kontinent vor, und der größte Teil von ihnen stammt aus den Wüsten- und Trockengebieten. Sie sind hauptsächlich durch Säulen- oder Kugelformen charakterisiert, aber auch die Feigenkakteen (Opuntien) gehören dazu. Als Unterscheidungsmerkmale der einzelnen Gattungen werden sowohl Wuchs und Gliederung des Pflanzenkörpers in Rippen, Höcker oder Warzen herangezogen als auch die Art ihrer Bewehrung mit Dornen und Haaren sowie die Anordnung der »Areolen«. Aus diesen entwickeln sich die Blüten oder Seitensprosse der Kakteen. Diese Organe entsprechen den Achselknospen oder Kurztrieben bei anderen Pflanzen.

Die zweite und kleinere, aber gärtnerisch besonders wichtige Kakteen-Gruppe wird von den Urwaldbewohnern gebildet. Zu ihnen zählen die epiphytisch wachsenden Blatt-und Gliederkakteen sowie die »Königin der Nacht« und ihre Verwandtschaft, die ihre meterlangen Triebe in die Bäume hinaufschieben und sich dort mit Hilfe von Luftwurzeln festhalten. Diese Regenwaldbewohner haben völlig andere Ansprüche und Lebensgewohnheiten und natürlich auch kein so hohes Lichtbedürfnis wie die aus den Wüsten stammenden Kakteen.

Die kleinbleibenden Kugelkakteen begeistern immer wieder durch ihre bunte Blütenpracht.

Schlangenkaktus

Aporocactus flagelliformis

Der Schlangenkaktus aus Mexiko wird manchmal auch Peitschenkaktus genannt, beide Begriffe charakterisieren diese epiphytisch lebende Pflanze gut. Sie nimmt mit ihrer ausgefallenen Form eine Art Sonderstellung zwischen den Kakteen der Wüstenregionen und den Urwaldbewohnern ein. Der Schlangenkaktus wächst gern in den Astgabeln von Bäumen, aber auch zwischen heißem Gestein. Die kaum fingerdicken, unverzweigten Triebe können über einen Meter lang herabhängen. An älteren Trieben bilden sich Luftwurzeln. Die leuchtend rosaroten Blüten ähneln denen des Weihnachtskaktusses.

Hinweise: Ab August beginnt langsam die Ruhezeit. Die während des Sommers reichlichen Wassergaben werden nun eingeschränkt, das Düngen jedoch ganz eingestellt. Den Winter über nicht zu kühl stellen – nicht unter 10 °C – und nie völlig austrocknen lassen. Wichtig ist das Licht – immer so hell wie möglich, aber keine pralle Mittagsonne! Ab Februar/März wird es wieder wärmer, dann beginnt die Blütezeit. Umgetopft wird nur nach Bedarf in ein nahrhaftes Gemisch aus Kakteen- und Blumenerde. Einfache Vermehrung durch kleine Triebe oder Teile davon. Diese vor dem Eintopfen etwas antrocknen lassen.

Säulenkakteen

Cereus, Cephalocereus, Cleistocactus

Innerhalb der Kakteenfamilie nehmen die Säulenformen einen breiten Raum ein. Manche verzweigen sich im Alter kandelaberartig. Blüten bilden sich meist erst an meterhohen Exemplaren. Einer der bekanntesten Vertreter ist der bläulich bereifte *Cereus peruvianus* mit seiner Sorte 'Monstrosus', bei der die Rippen nicht gleichmäßig verlaufen, sondern wilde Linien beschreiben. Diese Art verzweigt sich stark, während die bekannten **Greisenhäupter**, wie *Cephalocereus senilis*, echte, unverzweigte Säulenkörper ausbilden. Anstelle von Dornen besitzen diese Kakteen lange weiße Haare. *Cleistocactus strausii*, die **Silberkerze**, wird oft mit dem Greisenhaupt verwechselt, wächst jedoch viel schneller und hat nur eine dichte weiße Bedornung, aber keine Haare.

Hinweise: Greisenhäupter wollen im Winter etwas wärmer (10–15 °C) als andere Säulenkakteen stehen.

Bischofsmützen

Astrophytum

Hinweise: Bischofsmützen möchten ebenso wie die Greisenhäupter – und im Gegensatz zu den meisten Kakteenarten – auch im Winter nicht zu kühl, etwa bei 8–15 °C, stehen. Dabei trotzdem völlig trocken halten! Es gehört ein wenig Glück dazu, eine Bischofsmütze auch zur Blüte zu bringen. Dafür entschädigen die verschiedenen Arten aber durch ihre kuriosen Formen, und sie lassen sich einfach aus Samen heranziehen. Nur selten umpflanzen!

Links: *Aporocactus* ist eine altbekannte und pflegeleichte Ampelpflanze.

Unten links: *Cephalocereus senilis,* das Greisenhaupt, ist auch ohne Blüte eine schöne Erscheinung.

Unten rechts: *Astrophytum myriostigma* mit dem fünfrippigen, klar gegliederten Körper macht seinem Namen »Bischofsmütze« besondere Ehre.

Mammillarien und Verwandte

Mammillaria, Rebutia, Echinocereus, Gymnocalycium — Kakteen

Merkmale: Die hier genannten Kakteen sind allesamt leicht zu kultivieren. Sie bleiben relativ klein und blühen bereits als junge Pflanzen sehr reich, wenn sie nur kühl und trocken überwintert werden. Die Warzenkakteen *(Mammillaria*-Arten) sind bei den Zimmergärtnern wohl am beliebtesten. Ihr typisches Aussehen erhalten sie durch Auflösung der Rippen in warzenförmige Höcker. Ihre Wuchsform ist kugelig bis gestreckt und säulenförmig. Der dichte Blütenkranz liegt etwas unterhalb des Scheitels.
Rebutia-Arten sind ebenfalls Warzenkakteen. Ihre Blüten entstehen jedoch im Basisbereich aus altem Gewebe. Die einzelnen Arten sind kugelig oder kurz zylindrisch gebaut; zunächst bleiben sie einzeln, später sprossen sie jedoch am Grund und bilden vielköpfige Rasen. Rebutien wünschen nach Möglichkeit immer eine Absenkung der nächtlichen Temperaturen.
Die Gattung *Echinocereus* umfaßt teils säulige, teils kugelige Arten. Sie bilden viele Seitensprosse, und ihre großen Blüten sind bis zum Kronenansatz bedornt. Die weniger dicht bedornten Arten sind anspruchsloser. Sie können sehr kühl gehalten werden.
Gymnocalycium-Arten zählen zu den Kugelkakteen und sind meist kräftig bedornt. Die Blüten erscheinen am Scheitel und sind an der Röhre beschuppt.
Hinweise: Wichtig ist, daß die Kakteen ein spezielles Substrat mit viel grobem Materialanteil erhalten, damit Luft- und Wasserdurchlässigkeit gewährleistet sind, denn bei Nässe kommt es häufig zu Fäulniserscheinungen. Die Vermehrung dieser Arten ist sehr einfach – Seitensprosse abtrennen und vor dem Einpflanzen einige Tage abtrocknen lassen.

Links: Warzenkakteen *(Mammillaria)* gehören in jede Kakteensammlung.

Rechts: Säulen- und kugelförmige Exemplare bringt die Gattung *Echinocereus* hervor.

Links: *Rebutia*-Arten zählen ebenfalls zu den Warzenkakteen.

Rechts: Kräftig bedornte Kugelkakteen sind die *Gymnocalycium*-Arten.

Die Blüten der Königin der Nacht sind nicht nur wunderschön und groß, sie duften auch sehr gut.

Königin der Nacht

Selenicereus grandiflorus Kakteen

Merkmale: *Selenicereus*-Arten sind Schlangenkakteen, die in ihrer mittelamerikanischen Heimat mit Hilfe von Luftwurzeln meterweit auf Bäume hinaufklettern. Aus diesem Grund sind sie als Zimmerpflanzen nicht gerade einfach zu halten. Entweder baut man ein Spalier, um das man die Triebe – solange sie noch biegsam sind – herumschlingt, oder, besser noch, man zieht sie an einer Wand, damit sie sich freier entfalten können.
Die kantigen Triebe von *Selenicerus grandiflorus*, der »Königin« der Nacht, sind meist 5–7rippig, haben bräunlich behaarte Spitzen und können bis 5 m lang werden. Die bläulichgrünen Sprosse der »Prinzessin« *(S. pteranthus)* sind dagegen oft 4–5rippig. Die Blüten beider Arten haben etwa einen Durchmesser von 20–30 cm und erscheinen im Hochsommer. Die inneren Blütenblätter sind abgerundet und reinweiß, die äußeren stachligspitz und beige bis bräunlich. Bei neuerworbenen Pflanzen kann man aber davon ausgehen, daß es sich um Hybriden handelt – dann darf man ruhig alle Sortenkenntnis vergessen.
Standort: Die Ansprüche an Helligkeit und Wärme sind groß; im Winter nicht unter 15 °C.
Pflege: In der Hauptwachstumszeit etwa einmal wöchentlich durchdringend gießen; das Substrat bis zum nächsten Gießen abtrocknen lassen. Den Sommer über alle 14 Tage schwach düngen. Bei Bedarf in lockeres, gut durchlässiges Substrat umpflanzen. Rückschnitt ist möglich.
Schadbilder: Ab und zu nisten sich an den Triebenden Wolläuse ein.
Vermehrung: Durch abgeschnittene Triebstücke, die man vor dem Einsetzen antrocknen läßt.
Hinweise: Wenn die Knospen bauchig werden, heißt es: Aufpassen, denn die Blüten von *S. grandiflorus* öffnen sich etwa um Mitternacht nur für wenige Stunden.

Bei *Epiphyllum* entstehen Blüten nur an zweijährigen oder älteren Trieben.

Blattkaktus

Epiphyllum Kakteen

Merkmale: Die Vorfahren dieser Kakteengruppe stammen aus den feuchten, tropischen Regenwäldern Mittel- und Südamerikas und wachsen dort wie Korallen- und Gliederkakteen meist epiphytisch in den Astgabeln hoher Bäume. Das riesige *Epiphyllum*-Sortiment (Syn.: *Phyllocactus)* umfaßt Pflanzen mit langen, blattartig abgeflachten, auch dreikantigen und stark gekerbten Trieben. Die leuchtenden Blüten öffnen sich in der Regel am Tage zu großen Trichtern. Die Blütezeit erstreckt sich sortenabhängig vom Winter bis in den Sommer hinein.
Standort: Hell, jedoch vor praller Sonneneinstrahlung geschützt. Von Frühjahr bis Herbst bei Zimmertemperaturen und darüber, den Sommer über auch im Freien. Im Winter sind allgemein Temperaturen von 10–15 °C zu empfehlen.
Pflege: Mäßig gießen, besonders im Winter. Von Frühjahr bis Herbst regelmäßig schwach düngen. Nach der Blüte bei Bedarf in humose, gut durchlässige Erde umpflanzen. Dünne »Spieße« und alte Sprosse herausschneiden.
Schadbilder: Bei Lufttrockenheit und zuviel Wärme Befall mit Spinnmilben und Wolläusen; Wurzelfäule durch Nässe.
Vermehrung: Ganze Glieder werden einfach abgebrochen und nach etwas Antrocknen eingetopft.

Korallenkakteen

Rhipsalis und *Lepismium* Kakteen

Merkmale: Die Gattungen *Rhipsalis* und *Lepismium* stammen aus dem tropischen Südamerika und sind äußerst vielfältig. Ihre gegliederten Sprossen können blattähnlich, zylindrisch oder kantig sein, immer jedoch sind sie stark verzweigt und wachsen überhängend. Sie werden deshalb auch Ruten- oder Binsenkaktus genannt. *R. capilliformis* und *L. houlletianum* bewähren sich in trockener Zimmerluft am besten. Die kleinen, sternförmigen Blüten erscheinen oft mehrmals im Jahr.
Standort: Hell, jedoch vor praller Sonne geschützt. Vom Frühjahr bis zum Herbst warm, den Sommer über auch im Freien. Die Überwinterung kann bei 10–15 °C erfolgen.
Pflege: Nur mäßig gießen und schwach düngen, im Winter noch weniger gießen. Nach der Blüte in humose, gut durchlässige Erde umpflanzen. Hohe Luftfeuchtigkeit ist erwünscht.
Schadbilder: Fäulnis bei zu hohen Wassergaben.
Vermehrung: Durch Teilung beim Umpflanzen, oder durch Abbrechen und Eintopfen ganzer Glieder.
Verwandte: Äußerlich ähnlich und genauso zu pflegen ist die Verwandte *Hatiora salicornioides.*

Rechts: Korallenkakteen leben in ihrer Heimat epiphytisch. Hier: Die *Rhipsalis*-Verwandte *Hatiora salicornioides.* Aus den Blüten von *Lepismium houlletianum* entwickeln sich erbsengroße, karminrote Beeren (kleines Bild).

Links: Die Blüten von *Rhipsalidopsis rosea* erscheinen im März und April – daher der Name Osterkaktus!

Weihnachtskaktus

Schlumbergera Kakteen

Merkmale: *Schlumbergera*-Arten (Syn.: *Zygocactus*) gehören wie die Gattung *Rhipsalidopsis* zu den Blatt- und Gliederkakteen und stammen ebenfalls aus den Gebirgsregionen Brasiliens, wo sie als kleine Sträucher epiphytisch im lichten Schatten der Baumkronen leben. Die Blütenbildung ist abhängig von Temperatur und Tageslänge, während die Blühzeiten je nach Sorte stark variieren; manche Sorten blühen auch mehrmals im Jahr. Neuere Züchtungen erkennt man an den stark gezähnten Sprossen. Im Gegensatz zu den älteren, rotviolett blühenden Sorten bringen sie auch weiße oder karminrote Blüten hervor.
Standort: Hell bis halbschattig, den Sommer über auch im Freien. Zimmertemperatur und wärmer, bodenwarm! Im Herbst und Winter möglichst bei 10–15 °C, um eine gute Blütenbildung zu erreichen. Höhere Temperaturen müssen gleichzeitig durch weniger Licht (unter 12 Stunden täglich) ausgeglichen werden. Über 22 °C findet keine Blütenbildung statt.
Pflege: Im Sommer gleichmäßig feucht halten, Wasser enthärten; alle 8–14 Tage düngen! Ab Spätsommer trockener halten, erst mit Beginn der Knospenbildung wieder mehr gießen.
Schadbilder: Zu Knospenfall kann es kommen, wenn häufige Platzwechsel bei Knospenansatz und während der Blütezeit stattfinden.
Vermehrung: Sehr einfach durch Abtrennen einiger Blattglieder. Die Triebe etwas antrocknen lassen und dann in normale Erde setzen.
Hinweise: Für häufiges Besprühen sind die Pflanzen dankbar.

Osterkaktus

Rhipsalidopsis Kakteen

Merkmale: *Rhipsalidopsis* sind typische Gliederkakteen aus den Bergwäldern Brasiliens mit abgerundeten, dunkelgrünen, meist rötlich gerandeten Blattgliedern. Am bekanntesten ist *Rhipsalidopsis gaertneri* mit scharlachroten Blüten. *R. rosea* ist etwas zierlicher und trägt rosarote bis violette Blüten. *R.* x *graeseri* ist eine Kreuzung von *R. gaertneri* mit *R. rosea*.
Standort: Hell bis halbschattig, von Spätwinter bis zum Herbst bei Zimmertemperatur, den Sommer über auch im Freien. Von November bis zur Knospenbildung bei ca. 12 °C.
Pflege: Vorsichtig gießen! Gleichmäßig feucht, aber nie naß halten, besonders in der Kühlperiode. Sprühen! Enthärtetes, temperiertes Wasser verwenden. Nach der Blüte kurze Ruhezeit einlegen. Den Sommer über ab und zu schwach düngen. Bei Bedarf in kleine Töpfe mit lockerer, humoser Erde umpflanzen.
Schadbilder: Abfallen oder Schrumpfen der Glieder und Knospen bei zu nassem und kühlem Stand, bei Standortwechsel während des Blütenansatzes oder zu hoher Temperatur bei geringer Lichtintensität.
Vermehrung: Nach der Blüte Triebspitzen mit 2–3 Blattgliedern abnehmen und einsetzen; vorher antrocknen lassen.
Hinweise: Zur Blütenbildung ist unbedingt im Herbst/Winter nochmals eine 8wöchige Ruhezeit notwendig, verbunden mit einer Kühlperiode.

Der Weihnachtskaktus blüht in der Regel im Winter.

Christusdorn

GIFTIG

Euphorbia milii, E. x *lomii* Wolfsmilchgewächse

Merkmale: Die Gattung *Euphorbia* ist ungeheuer vielgestaltig. Die Heimat dieser exotischen und kakteenähnlichen Gewächse ist Mittelamerika oder Südafrika. Interessant und für dic Kultur in Wohnräumen geeignet sind die sukkulenten Formen. Dazu zählen auch der altbekannte Christusdorn *E. milii* (Syn.: *E. splendens)* aus Madagaskar und seine modernen Abkömmlinge, *Euphorbia* x *lomii*-Sorten. Die Stammart bildet meterhohe, bizarre Sträucher. Die fingerdicken, zum Ranken neigenden Triebe sind stark bedornt und werfen ihr Laub ab. Die frischen Triebe sind grün, werden im Alter aber bräunlich mit silbrigem Schimmer. Der andere Elternteil der Hybriden ist *E. lophogona*, ebenfalls aus Madagaskar, eine immergrüne, fast ganzjährig blühende Art.
Die Kreuzungen besitzen einen gedrungenen, kompakten Wuchs (30–60 cm hoch), dunkle Triebe und eine gute Verzweigung, die Blätter halten länger als bei den Elternarten. Die Blüten sind etwas größer und bilden sich ständig neu. Ursprünglich leuchtendrot, findet man bei den Zuchtformen auch Blüten in Weiß, Gelb und unterschiedlichen Rosa- und Rottönen. Die Blütenbüschel fallen zusammen mit den langen Stielen ab.
Standort: Hell und sonnig; Zimmertemperatur und wärmer, die Hybriden nicht unter 18 °C. *E. milii* zur besseren Blütenbildung im Winter um 15 °C oder bei weniger als 12 Stunden pro Tag Licht halten.
Die Hybriden sind von der Tageslichtlänge unabhängig und können auch halbschattig stehen.

Rechts: Der altbekannte Christusdorn *(Euphorbia milii)* hat einen bizarren Wuchs.

Pflege: Mäßig feucht halten. Die Hybriden benötigen etwas mehr Feuchtigkeit als *E. milii*. Siehe auch Euphorbien (rechte Seite).
Schadbilder: Starkes Austrocknen führt zu Blattfall, Nässe zu Fäulnis.
Vermehrung: Durch Stecklinge und Sprosse, Weiteres siehe bei Euphorbien (rechte Seite).
Hinweise: Außergewöhnlich robuste und dankbare Blütenpflanzen. Ein Rückschnitt ist möglich, fördert jedoch nicht immer die Verzweigung. Vorsicht, Verletzungsgefahr durch Dornen und ätzenden Milchsaft!

Sorten von *Euphorbia* x *lomii* bleiben kompakt und blühen fast rund ums Jahr.

SONNIG / LUFTIG / WARM

Links: *Euphorbia caput-medusae*, das Medusenhaupt

Rechts: *Euphorbia tirucalli* ist einer der wichtigsten Vertreter der sukkulenten Euphorbien.

Euphorbien

GIFTIG

Euphorbia-Arten — Wolfsmilchgewächse

Merkmale: Die unauffällig blühenden, sukkulenten Euphorbien sind sozusagen die »Kakteen« Afrikas. Beide werden oft verwechselt. Doch Kakteen besitzen am jeweiligen Ansatzpunkt mehrere, in Kreisen angeordnete Dornen, Euphorbien dagegen nur je 1–2. Weitere Unterscheidungsmerkmale sind z. B. die Blüten, das zeitweilige Auftreten von Laubblättern und vor allem der weiße Milchsaft.
Sukkulente Euphorbien sind in Afrika, Madagaskar und auf den Kanarischen Inseln beheimatet. Sie sind allesamt recht anspruchslos. Die Formenvielfalt ist ähnlich groß wie bei den Kakteen.
E. tirucalli mit bleistiftstarken, runden Sprossen kann zu einer imposanten, baumartigen Gestalt heranwachsen.
E. grandicornis, die **Großhörnige Wolfsmilch** aus Afrika, gehört zu den säulig wachsenden Arten. Sie bildet in der Heimat 1–2 m hohe, dichte Strauchgruppen. Aus dem Hauptstamm entwickeln sich bereits an der Basis zahlreiche, nach oben strebende Seitentriebe. Typisch für diese Art sind die dreiflügeligen Triebe, die in Abständen wie eingeschnürt erscheint. Dabei ist jeder Flügel stark bedornt.
Bei *E. trigona* verzweigen sich die dreikantigen Triebe mehrfach und wachsen jeweils steil nach oben. Typisch für diese Art sind die beblätterten Triebspitzen.
E. caput-medusae, das **Medusenhaupt**, und ihre Verwandten aus Südafrika stellen eine Besonderheit unter den sukkulenten Euphorbien dar. Aus einem verdickten Stamm entspringen schlangenartige Triebe, die über einen halben Meter lang werden können. Alle eignen sich auch für Ampeln.
E. obesa ist eine kugelig wachsende Vertreterin der sukkulenten Euphorbien und wird sehr leicht mit einem Kugelkaktus verwechselt. Sie behält im Gegensatz zu vielen anderen Arten auch auf Dauer Fensterbrettgröße.
Standort: Hell und sonnig, bei Zimmertemperatur. Im Winter auch etwas kühler, um 15 °C.
Pflege: Den Sommer über gleichmäßig feucht halten, die Erde aber immer wieder abtrocknen lassen. Im Winter bei niedrigeren Temperaturen und trockener halten. Als Pflanzsubstrat am besten Kakteenerde verwenden.
Schadbilder: Vor allem Fäulnisgefahr durch Staunässe.
Vermehrung: Triebe oder Sprosse abtrennen und bewurzeln lassen. Bei Stecklingen Milchsaft mit warmem Wasser abspülen, Schnittstelle austrocknen lassen oder Holzkohlepulver verwenden; Anzucht im Vermehrungskasten.
Hinweise: Vorsichtiger Umgang mit diesen Pflanzen wegen der Bedornung und dem giftigen, hautreizenden Milchsaft!

Euphorbia grandicornis, die Großhörnige Wolfsmilch, wächst säulenförmig.

Madagaskarglöckchen (oben: *Kalanchoë manginii*, unten: *Bryophyllum miniatum)* können sich zu stattlichen Ampelpflanzen auswachsen.

Madagaskarglöckchen

Kalanchoë/Bryophyllum Dickblattgewächse

Merkmale: Beide ausgesprochen vielfältige Pflanzengattungen, die größtenteils aus Madagaskar stammen. Die Verwandtschaft der einzelnen Arten läßt sich äußerlich kaum erkennen, und auch das wichtigste Erkennungsmerkmal einer Pflanze, die Blüte, erscheint auf den ersten Blick sehr unterschiedlich. Im Vergleich zu den Trugdolden tragenden Flammenden Käthchen *(Kalanchoë* blossfeldiana, siehe Seite 154) gibt es auch solche mit glockenförmigen Blüten. Meist sind es Kreuzungen mit *B. miniata*, einer kräftigen, aufrecht wachsenden Art mit rotvioletten, in vier gelbe Zipfel auslaufenden Glocken. Ähnliche Blüten besitzt *B. porphyrocalyx*, das Madagaskarglöckchen, ein Halbstrauch von etwa 30 cm Höhe. Eine dritte Art ist noch mit im Spiel, *K. manginii*, mit grazil überhängendem Wuchs, kleinen, ovalen Blättchen und länglichen, roten und orangefarbenen Blütchen.

Im Handel sind hauptsächlich die robusteren Hybriden. Teilweise werden sie als großformatige Ampelpflanzen angeboten, etwa die kräftigen Sorten 'Wendy' oder 'Dream Bells' sowie die zarteren Formen 'Tessa', 'Mirabella' und 'Mariko'. Die Blätter sind meistens gekerbt, die Blütenfarben schwanken zwischen Lachs, Apricot und mattem Rot.

Standort: Hell und sonnig, luftig; den Sommer über auch halbschattig im Freien. Zimmertemperatur, im Winter nicht unter 15 °C absinkend. Die Blütenbildung erfolgt im Kurztag, d. h. nach 6 Wochen bei nur 8–10 Stunden Licht pro Tag und Temperaturen um 15 °C.

Pflege: Vorsichtig gießen, abhängig von der Temperatur; nie zu feucht halten! Während der Blütezeit und im Sommer alle 2–3 Wochen düngen. Gelegentlich in nicht zu große Gefäße mit durchlässiger Erde umtopfen.

Schadbilder: Wurzelfäulnis bei Staunässe.

Vermehrung: Durch Kopf- und Blattstecklinge, die relativ leicht bewurzeln; Schnittstellen vor dem Stecken abtrocknen lassen!

Hinweise: Gekaufte Pflanzen sind immer mit Wuchshemmstoffen behandelt, weil sie mit der Zeit sparrig werden. Man sollte sie deshalb jährlich neu aus Stecklingen heranziehen.

Brutblatt, Katzenohr und Verwandte

Kalanchoë/ Bryophyllum-Arten — Dickblattgewächse

Merkmale: Neben den wegen ihrer hübschen Blüten kultivierten Madagaskarglöckchen gibt es noch eine Reihe weiterer interessanter Vertreter dieser Gattungen, die aufgrund ihres Wuchses, ihres besonderen Laubes oder ihrer Fortpflanzungsweise begeistern. Immer handelt es sich um sukkulente Gewächse mit dickfleischigem Laub. Auch sie stammen hauptsächlich aus dem Pflanzenparadies Madagaskar oder aus Südafrika. *K. daigremontiana* mit dreieckig geformtem Blatt und *B. tubiflorum* mit röhrenförmigem Laub sind zwei unterschiedliche Vertreter der sogenannten Brutblätter. Es ist ein »Kinderspiel«, sie zu vermehren; man braucht nichts weiter zu tun, als die winzigen, neuen Pflänzchen einzutopfen, die an den Blatträndern entstehen, herunterfallen und Würzelchen bilden. Außer ihrer skurrilen Eigenart, Kindel hervorzubringen, sind Brutblätter auch schöne Blattpflanzen, die zusätzlich noch reizende, glockenförmige Blüten bilden. *K. tomentosa*, *K. beharensis* und *K. thyrsiflora* bestechen durch ihre weißfilzigen Blätter und ihren teilweise bizarren Wuchs. Für die Fensterbank eignet sich vor allem *K. tomentosa*, mit kleinen, plüschartigen, grau und bräunlich behaarten Blättchen, die mit Katzenohren verglichen werden. Fällt so ein »Ohr« zu Boden (sie brechen sehr leicht ab) und trifft auf etwas Substrat, dann bildet es sogleich Würzelchen, und ein neues Pflänzchen wächst heran.

Brutblätter sind ideale Pflanzen für Kinder.

Standort: Hell und sonnig, auch im Winter. Zimmertemperatur, den Winter über auch zwischen 10 und 15 °C. Dabei setzen auch ältere Brutblätter Blüten an.

Pflege: Nur mäßig feucht halten. Im Winter bei niedrigen Temperaturen besonders vorsichtig gießen. Nur wenig düngen. Umtopfen bei Bedarf.

Schadbilder: Am häufigsten kommt es bei den sukkulenten Arten zu Fäulnis durch zuviel Feuchtigkeit.

Vermehrung: Sehr einfach – durch Brutpflänzchen, Blatt- oder Kopfstecklinge.

Hinweise: Besonders die Brutblätter gehören zu den anspruchlosesten Zimmerpflanzen und vertragen auch trockene Luft gut.

Links: *Kalanchoë beharensis* – ein hübscher Blickfang, der aber recht groß wird.

Langsamwachsende und kleinbleibende Agaven für die Fensterbank sind z. B. *Agave victoriae-reginae* (links oben) und *A. filifera* (rechts oben).

Agaven

Agave — Agavengewächse

Merkmale: Beinahe jeder kennt die riesigen, mexikanischen Agaven *(Agave americana)*, die längst in den Tropen und Subtropen, aber auch im mediterranen Bereich eingebürgert und verwildert sind. *A. americana* läßt sich höchstens als Jungpflanze einige Jahre im Zimmer halten. Sie wird schnell zu groß und ist dann als Kübelpflanze kühl zu überwintern. Ihre gelbrandige Kulturform 'Marginata Aurea' bleibt etwas kleiner und wächst weniger stark, aber das Umpflanzen dieser stark bewehrten Planzen bleibt bei größer werdendem Durchmesser immer problematisch.
Einfacher im Umgang sind *A. victoriae-reginae* und *A. filifera*, die über längere Zeit im Haus kultiviert werden können. Beide Arten sind überaus dekorativ und weniger gefährlich. Bei *A. filifera* lösen sich an den Blatträndern abgestorbene Gewebeteile und führen damit zum typischen Aussehen. Auch *A. victoriae-reginae* hat außer dem Endstachel keine gezähnten Blattränder. Ihre charakteristische Erscheinung wird durch weiße, längs und schräg verlaufende Linien geprägt. Sie bildet kaum Ausläufer. Beide Agaven-Arten haben besonders dichte, kugelige Blattrosetten. Alle Agaven blühen nur einmal im Leben und sterben dann ab; ihre »Kinder« leben jedoch weiter.
Standort: Ganzjährig vollsonnig. Den Sommer über im Freien. Überwinterung luftig und kühl, frostfrei ist ausreichend. Ideal im Wintergarten. Zimmertemperatur und Lufttrockenheit werden gut vertragen.
Pflege: Mäßig feucht halten, immer abtrocknen lassen – besonders im Winter bei kühlem Stand. Den Sommer über alle 14 Tage düngen. Bei Bedarf in kräftige, durchlässige Erde umpflanzen.
Schadbilder: Vor allem im Winter kühler und trockener halten, sonst faulen die Wurzeln.
Vermehrung: Einfach durch Abnahme der Kindel.
Hinweise: Vorsicht, wenn die Blätter bedornt sind; beim Umpflanzen Handschuhe tragen!

Aloë und Verwandte

Aloë, Haworthia, Gasteria Liliengewächse

Merkmale: Was für Amerika die Agaven, sind für den afrikanischen Kontinent die *Aloë*-Arten. Beide Gattungen werden immer wieder leicht verwechselt! Im Gegensatz zu den Agaven, bei denen die jüngsten Blätter im Herz der Pflanze einen dichten, geschlossenen Kegel bilden, kann man bei Aloë ins Zentrum der Rosette schauen. Außerdem blühen *Aloë*-Arten meist regelmäßig und nicht nur einmal im Leben, wie die Agaven.
Bei *Aloë* gibt es sowohl baumförmig wachsende Arten als auch rosettenbildende. Am weitesten verbreitet ist die äußerst variable *A. arborescens.* Sie bildet einen sich verzweigenden Stamm, der oft von unten verkahlt. Es gibt unter den *Aloë*-Arten jedoch auch kleinbleibende Formen, die gut auf der Fensterbank gedeihen, wie *A. variegata* mit aufrechtstehenden, streng dachziegelartig angeordneten, dreikantigen Blättern. Die kleine, rosettige *A. aristata* mit typisch fadenförmig auslaufenden Blattspitzen und borstigem Laub ist einigen Arten der verwandten Gattung *Haworthia (H. glabrata, H. attenuata, H. fasciata)* sehr ähnlich, die alle auf der sichtbaren Blattunterseite viele weiße Wärzchen und perlartige Höcker besitzen. Diese Gattung ist äußerst facettenreich, deshalb treten immer wieder Verwechslungen mit *Aloë*-Arten, aber auch mit Agaven und sogar *Lithops* auf.
Auch die Gattung *Gasteria* mit ihrem zungenförmigen Laub gehört in die Reihe der sukkulenten afrikanischen Liliengewächse. Meist ist die Blattstellung zweizeilig, sie kann aber auch spiralig sein. Die fleischigen Blätter haben entweder eine glatte Oberfläche, manchmal sind sie auch marmoriert oder warzig.
Standort: Ganzjährig sehr hell bis vollsonnig, nur Haworthien vor praller Sonne schützen. Zimmertemperatur und wärmer. Den Winter über eher etwas kühler.
Pflege: Alle Arten sind trockenheitsverträglich und empfindlich gegen Nässe, vor allem im Winter bei niedrigen Temperaturen! Gedüngt wird nur schwach in den Sommermonaten. Beim gelegentlichen Umtopfen Kakteenerde oder durchlässiges Substrat verwenden.
Schadbilder: Aloë, Haworthien und Gasterien neigen zur Fäulnis, wenn sie zu feucht gehalten werden – daher vor allem im Winter in kühlen Räumen nicht zu häufig gießen.
Vermehrung: Leicht durch abgenommene Kindel.
Hinweise: Alle Arten sind robust, gesund und widerstandsfähig gegenüber Heizungsluft und Trockenheit. An schlecht belichteten Standorten bilden sich allerdings keine Blüten!

Oben: Die gelben und orangefarbenen Blütenstände der Haworthien können im Frühjahr eine besondere Zierde darstellen.

Links oben: Die Gasterie (*Gasteria verrucosa)* besitzt schmales, höckriges Laub.

Links unten: Die baumförmige Aloë *(A. arborescens)* kann auch im Zimmer meterhoch werden.

Dickblatt und Fetthenne

Crassula, Sedum Dickblattgewächse

Merkmale: Die Familie der Dickblattgewächse, die Crassulaceen, sind allesamt Blattsukkulenten und gerade für Pflanzenliebhaber, die wenig Zeit haben oder mit diesem Hobby erst beginnen, wegen ihrer Anspruchslosigkeit und Pflegeleichtigkeit wie geschaffen. Alle Arten kommen in der trockenen Zimmerluft hervorragend zurecht, denn sie stammen in der überwiegenden Zahl aus dem sonnenreichen Südafrika.

Es gibt eine Vielzahl verschiedener Gattungen mit sehr unterschiedlichem Aussehen. Darunter befinden sich sowohl dankbare Blattpflanzen als auch eine Reihe hübscher, blühender Gewächse. Viele werden auch seit jeher als Steingartenpflanzen verwendet, wie z. B. die Haus- und Dachwurze *(Sempervivum)*.

Das am weitesten verbreitete Dickblattgewächs ist wohl *Crassula ovata* (Syn.: *C. portulacea* und *C. obliqua*), mit vielen verschiedenen deutschen Namen wie **Geldbaum**, Judasbaum oder **Deutsche Eiche** – der sicher mit der kräftigen Stammbildung und der reichen Verzweigung im Alter zu erklären ist. Die meist gegenständigen, ovalen, fleischigen Blättchen sind dunkelgrün und glänzend und bilden einen hübschen Kontrast zu den weißlichen Blütendolden, die jedoch erst an älteren Pflanzen erscheinen.

Alte Pflanzen werden sehr schwer und kopflastig, deshalb müssen auch die Töpfe groß genug und standfest sein – evtl. mit Steinen beschweren.

Eine besonders hübsche Pflanze ist *Sedum morganianum*, Hängendes Walzensedum oder auch Affenschaukel genannt, eine Fetthennen-Art, die aus Mexiko stammt. Am Boden ausgepflanzt, breitet sie sich flach aus, erst als Ampelpflanze kommen die walzenförmigen Triebe mit den dickfleischigen, bläulich bereiften Blättern richtig zur Geltung. Die Triebe selbst sind kaum verzweigt. Im Umgang mit dieser Pflanze ist besondere Vorsicht geboten, denn die Blättchen fallen schon bei der geringsten Berührung ab.

Rechts: *Sedum morganianum* eignet sich hervorragend als Ampelpflanze und setzt auch Blüten an (kleines Bild).

Der Geldbaum *(Crassula ovata)* gehört zu den Pflanzen, die meist als Steckling von Hand zu Hand gegeben oder als alte, große Pflanzen weitervererbt werden.

Links: *Crassula falcata* wächst in Zimmerkultur meist nur eintriebig.

Rechts: Ein Tigerrachen *(Faucaria)* in Blüte.

Links: *Sedum sieboldii*, eine reichblühende Fetthennen-Art.

Rechts: Lebende Steine *(Lithops)* sind Sammelobjekte besonderer Art.

Standort: *Sedum*-Arten lieben helle und sonnige Plätze. Bei *Crassula*-Arten sollte ständige pralle Sonne vermieden werden. Normale Zimmertemperatur und ein möglicher Freilandaufenthalt im Sommer – dies gilt für alle Gattungen. Im Winter sollten die Temperaturen bei etwa 10–15 °C liegen. Die blütenbildenden Arten brauchen diesen Kältereiz unbedingt. *Sedum sieboldii* kann geschützt sogar im Freien überwintern.
Pflege: Nur mäßig feucht halten, Erde immer wieder abtrocknen lassen. Im Freien vor allem vor Nässe schützen. Den Sommer über schwach düngen. Umtopfen nach Bedarf alle paar Jahre, am besten Kakteenerde verwenden. Manchmal genügt es auch, nur die oberste Erschicht zu erneuern.
Schadbilder: Vor allem Fäulnis durch Staunässe.
Vermehrung: Sehr einfach durch Blatt- oder Kopfstecklinge.
Hinweise: Dickblattgewächse sind allesamt dankbare und pflegeleichte Zimmerpflanzen für die sonnige Fensterbank oder helle Plätze im Wintergarten. Besonders hübsch wirken sie in Gruppen.

Lebende Steine, Tigerrachen

Lithops, Faucaria Mittagsblumengewächse

Merkmale: Die südafrikanischen Mittagsblumen werden deshalb so genannt, weil viele von ihnen die Blüten nur bei Sonne öffnen. Die Lebenden Steine *(Lithops)* kommen in vielgestaltigen Formen vor. Die kleinen Blattsukkulenten bestehen eigentlich nur aus einem zusammengewachsenen Blattpaar und sehen Steinen täuschend ähnlich aus. Der Tigerrachen *(Faucaria)* bekam seinen Namen sicherlich aufgrund seiner bezahnten Blätter.
Standort: Sonnig, luftig und warm, im Winter bei 12–15 °C.
Pflege: Mäßig feucht halten, Erde vor dem nächsten Gießen abtrocknen lassen, den Sommer über schwach düngen.
Vermehrung: Durch Aussaat; Blüten erscheinen dann nach 2–3 Jahren.
Hinweise: Nach der Blüte im Herbst bilden sich neue Pflänzchen.

Madagaskarpalme GIFTIG

Pachypodium Hundsgiftgewächse

Merkmale: Die beiden vorwiegend angebotenen, *Pachypodium*-Arten, *P. geayi* und *P. lamerei*, stammen von der Insel Madagaskar, während andere Arten auch auf dem afrikanischen Kontinent vorkommen. In ihrer Heimat wachsen die Pflanzen zu mehrere Meter hohen Bäumen mit beachtlichem Stammumfang heran. Wenn die unteren Blätter abfallen, verbleiben jeweils drei Dornen, ähnlich wie bei Kakteen; sie sollen vor Verdunstung schützen. *P. geayi* hat im Unterschied zu *P. lamerei* schmalere und silbriggraue Blätter.
Standort: Ganzjährig hell, sonnig und warm. Im Gegensatz zu den meisten Pflanzenarten fällt die Ruhezeit von *Pachypodium* in unsere Sommermonate, während die Wachstumsperiode im Winterhalbjahr liegt.
Pflege: Nur mäßig feucht halten, den Sommer über fast trocken halten. Sparsam und schwach konzentriert im Winter und Frühjahr düngen. Selten umpflanzen; hohe Töpfe mit Kiesschicht und durchlässiger, aber nährstoffreicher Erde verwenden.
Schadbilder: Absterben der Blätter bei zu nassem und kühlem Stand im Winter (Wurzelschäden) und bei völliger Trockenheit.
Vermehrung: Durch Aussaat in sandiges Substrat bei hoher Bodenwärme.
Hinweise: Abwurf der unteren Blätter ist naturbedingt. Die Madagaskarpalmen haben unterschiedliche Standort- und Pflegebedingungen zu anderen Sukkulenten. Vorsicht, sehr giftig!

Rechts: Die exotische Flaschenpflanze gehört zu den unempfindlichen Zimmerpflanzen.

Unten: Die Madagaskarpalme (hier: *Pachypodium lamerei)* hat ihren Namen von der schopfartigen Anordnung ihres Laubes.

Flaschenpflanze GIFTIG

Jatropha podagrica Wolfsmilchgewächse

Merkmale: Von den vielen, in Mittelamerika heimischen *Jatropha*-Arten ist nur die Flaschenpflanze als Zimmerpflanze eingeführt. Sie wird auch als Guatemala-Rhabarber bezeichnet und wächst in der Heimat zu einem kleinen Strauch von 40–60 cm Höhe heran. Die sukkulente Pflanze hat einen dicken, flaschenförmigen Stamm – ein Kennzeichen hoher Trockenheitsverträglichkeit –, an dessen oberem Ende große, 3 bis 5fach gelappte Blätter sitzen. Die Pflanze wirft die Blätter im Winter ab. Der langgestielte, leuchtend orangerote Blütenstand erscheint im Winter und Frühjahr, oft vor den Blättern.
Standort: Vollsonnig bis halbschattig; warm, im Winter kühler, aber nie unter 15 °C.
Pflege: Wenig gießen, lieber zu trocken halten. Bei Blattabwurf in den Wintermonaten kaum gießen, erst mit Blatt- oder Blütenbildung wieder etwas mehr Wasser geben. Im Sommer ab und zu düngen. Bei Bedarf in Kakteenerde umpflanzen.
Vermehrung: Durch Aussaat bei 20–25 °C im Vermehrungskasten.
Hinweise: Der Flaschenbaum ist in allen Pflanzenteilen giftig, daher Vorsicht vor austretendem Milchsaft!

Erbsenpflanze, Erbsen am Band

GIFTIG

Senecio herreianus Korbblütler

Merkmale: Die riesige und mannigfaltige Gattung *Senecio* enthält auch einige besonders aparte Ampel- und Kriechpflanzen, von denen *S. herreianus* die bekannteste ist. Sie stammt aus Südwestafrika. Auffallend ist der dünntriebige Wuchs und die perlenartige Aufreihung der runden oder beidseitig zugespitzten, sukkulenten Blätter. Diese sind gekennzeichnet durch feine, durchscheinende Streifen, die wie durch ein Fenster das Licht ins Innere des Blattes leiten. Mit bis zu 60 cm langen Trieben kommen diese *Senecio*-Arten als Ampelpflanze am besten zur Geltung.
Standort: Ganzjährig sehr hell. Zimmertemperatur, im Winter auch bis auf 10 °C sinkend.
Pflege: Nur mäßig feucht halten, besonders im Winter bei niedrigen Temperaturen. Im Sommer ab und zu düngen. Umpflanzen nach Bedarf.
Schadbilder: Staunässe führt zu Fäulnis.
Vermehrung: Durch Triebstecklinge und Teilung.
Hinweise: Sehr robuste Zimmerpflanzen, sie enthalten jedoch giftige Stoffe – Vorsicht bei Kindern!

Leuchterblume

Ceropegia woodii Seidenpflanzengewächse

Merkmale: Ceropegien sind tropische Schling- und Kletterpflanzen. Ihren deutschen Namen bekamen sie aufgrund ihrer kunstvoll gestalteten Blüten – für Insekten sind diese allerdings regelrechte Kesselfallen! Im Zimmer hat sich vor allem *Ceropegia woodii* bewährt. Sie ist eine sukkulente, afrikanische Art mit sehr langen, fadenförmig herunterhängenden Trieben, an denen silbrig gezeichnete, herzförmige und dickfleischige Blättchen sowie die fleischfarbenen, kandelaberartigen Blütchen sitzen. Mit zunehmendem Alter entwickelt die Pflanze in den Blattachseln kleine Knöllchen.
Standort: Hell und sonnig; ganzjährig bei Zimmertemperatur; eine Kühlperiode im Winter ist wünschenwert, aber nicht unbedingt notwendig.
Pflege: Mäßig feucht, tendentiell eher trockener halten, besonders im Winter bei niedriger Temperatur; die Blättchen dürfen allerdings nicht schrumpfen. Nur in den Sommermonaten schwach düngen. Gelegentlich in kräftige, aber durchlässige Erde umpflanzen.
Schadbilder: Bei zu kalter, feuchter Haltung Wurzelfäule und Absterben der Triebe.
Vermehrung: Durch Knöllchen und Teilung.
Hinweise: Ideale, anspruchslose Ampelpflanze für sonnige Fenster.

Links: Die ungewöhnliche Laubform von *Senecio herreianus* hat zu dem deutschen Namen »Erbsen am Band« inspiriert.

Die Leuchterblume kann am Spalier gezogen oder als Ampelpflanze gehalten werden.

Orchideen

Die größte Pflanzenfamilie unter den Blütenpflanzen bilden mit etwa 25 000 Arten die Ochideen. Hinzu kommen noch zigtausende Kulturformen. Die Naturstandorte erstrecken sich nahezu auf alle Klimabereiche.
Neben den **terrestrisch** (in Erde) wachsenden Orchideen gibt es eine riesige Zahl von **epiphytisch** (aufsitzend) wachsenden Arten, die auf Bäumen der tropischen Regenwälder oder in den kühl-feuchten Nebelzonen leben. Dort nehmen sie über Luftwurzeln die Feuchtigkeit aus der Umgebung auf. Nährstoffe erhalten sie aus dem Mulm sich zersetzender Pflanzenteile.
Orchideen brauchen deshalb grobes, luft- und wasserdurchlässiges **Substrat** und – wenn sie in Töpfen stehen – eine gute Drainage. Aufgebunden an einem Epiphytenstamm (siehe Seite 15) und an Wurzel- und Rindenstücken oder im Orchideenkörbchen fühlen sich die meisten Orchideen am wohlsten.
Im Handel sind fertige Spezialsubstrate erhältlich, die in der Regel Kiefernborke, Bimskies, Ziegelsplitt, Styroporflocken und Holzkohle in unterschiedlicher Zusammensetzung enthalten. Dazu gibt es den passenden Orchideendünger, denn diese Pflanzen sind sehr salzempfindlich.
Das äußere Erscheinungsbild der Orchideen wird von ihrer Lebensweise geprägt: die **Erdorchideen** besitzen mehr Laub und dickfleischige Wurzeln, während die **Epiphyten** oft mit großen, ledrigen und derben Blättern ausgestattet sind. Dazu gehören meist auch sogenannte **Pseudobulben** (verdickte Stengel), die als Speicherorgane dienen, und die Ausbildung von Luftwurzeln.
Bei Orchideen unterscheidet man auch verschiedene **Wuchsformen**:

- **Monopodial** heißt, der blättertragende Sproß verlängert sich ständig nach oben, der Blütenstand entspringt seitlich.
- **Sympodial** bedeutet, mehrere Sprosse sind durch eine gemeinsame, waagerechte Achse verbunden, die Triebe wachsen oder kriechen also zur Seite hin weiter. Die älteren Pflanzenteile trocknen nach und nach ein.

Orchideen in Kultur unterteilt man bezüglich ihrer Temperaturansprüche grob in drei Gruppen: solche für **warme**, **temperierte** und **kühle Räume**, je nach Herkunft der Arten oder ihrer Vorfahren. Die modernen, anpassungsfähigeren Hybridzüchtungen erlauben es heutzutage, Orchideen auch in normalen Wohnräumen zu halten, vor allem aber, sie auch wieder zur Blüte zu bringen.

Cymbidien sind Orchideen für mäßig warme Räume.

Kahnlippe, Cymbidie

Cymbidium Orchideen

Merkmale: Cymbidien sind Erdorchideen und kommen hauptsächlich aus Asien und Australien. Sie gehören zur sympodial wachsenden Gruppe und haben einen fleischigen Wurzelstock. Die derben, riemenartigen Blätter entspringen den an der Basis verdickten Stengeln (den Bulben). Ihre üppigen, pastellfarbenen Blütenrispen stehen über einem grasartigen Laubschopf. Die großblütigen Hybriden werden fast ausschließlich zur Schnittblumengewinnung herangezogen, denn die Blüten sind außerordentlich lange haltbar. Als Topfpflanzen werden sogenannte. Miniatur-Cymbidien mit zierlicheren Blütenständen und feinerem Laub angeboten. Auch sie wachsen noch üppig und werden nahezu meterhoch. Ihr starkes Wurzelwerk erfordert große Töpfe. Blüten erscheinen je nach Sorte zu allen Jahreszeiten, aber überwiegend im Winter und zeitigen Frühjahr.
Standort: Sehr hell, jedoch ohne pralle Sonneneinstrahlung. Luftig, bei etwa 16–20 °C. Den Sommer über auch geschützt und halbschattig im Freien. Im Winter Temperaturen von 10–15 °C. Miniatur-Sorten auch ganzjährig bei Zimmertemperatur, aber mit Nachtabsenkung!
Pflege: Im Sommer reichlich gießen, sprühen und düngen. Immer kalkarmes Wasser verwenden.
Schadbilder: Anfälligkeit für Spinnmilben bei zu warmem und trockenem Stand.
Vermehrung: Durch Teilung des Wurzelstocks.
Hinweise: Zur Blütenbildung ist es wichtig, die Pflanzen kühler und trockener zu halten – 4–5 Monate vor der Blüte, etwa August/September, damit beginnen!

Frauenschuh, Venusschuh

Paphiopedilum Orchideen

Merkmale: Das Hauptverbreitungsgebiet der meist terrestrisch wachsenden Frauenschuh-Orchideen ist Südostasien, es gibt jedoch auch eine neuweltliche Variante, das *Phragmipedium*, und außerdem den in unseren Breiten heimischen Frauenschuh *(Cypripedium calceolus)*. Erkennungszeichen aller *Paphiopedilum*-Arten sind die schuhförmigen Blütenlippen und die auffallend schönen, aufrechten Fahnen. Sie gehören zu den monopodial wachsenden Orchideen.
Paphiopedilum gehört seit jeher zu den wichtigsten Orchideengattungen für die Zimmerkultur. Besonders die großblütigen Hybridzüchtungen sind unempfindlich und für das Wohnzimmerfenster – am besten ein Nordfenster – gut geeignet. Aber auch einige reine Arten sind sehr empfehlenswert: Neben *P. callosum*, dem bekannten Venusschuh, sind es vor allem *P. sukhakulii* und *P. hirsutissimum*. Liebhaber der Frauenschuhorchideen finden unter den rund 60 Wildarten eine Vielzahl interessanter Blütenformen und -farbzeichnungen. Generell vertragen grünlaubige Arten meist niedrigere Temperaturen als solche mit Zeichnung.

Standort: Hell bis halbschattig, jedoch keine direkte Sonneneinstrahlung, besonders bei den geflecktblättrigen Formen. Bei zu dunklem Stand geringe Blütenbildung. Zimmertemperatur und wärmer, nicht unter 18 °C; luftig! Etwas kühleren Stand bei höchstens 20 °C im Sommer und 12–15 °C im Winter wünschen *P. venustum* und *P. villosum*. Das bekannte *P. insigne* will noch kühler stehen. Grundsätzlich soll die Bodentemperatur nie unter die Lufttemperatur absinken, d. h. kühle, zugige Fensterbänke meiden!
Pflege: Gleichmäßig feucht, aber nicht naß halten. Sprühen, Pflanzen müssen jedoch bis zum Abend abtrocknen können! Abgestandenes, temperiertes Wasser verwenden! Im Sommer mäßig düngen. Umpflanzen nach der Blüte. Kleine Töpfe wählen. Je wärmer die Pflanzen stehen, umso schneller zersetzt sich der Pflanzstoff.
Schadbilder: Bei unsachgemäßer Kultur – z. B. zu warmer, lufttrockener Stand – Befall durch Schildläuse u. a. Schädlinge. Zuviel Feuchtigkeit oder verdichtetes Substrat führt zu Wurzelfäulnis.
Vermehrung: Durch Teilung der Pflanzen. Es sollten aber immer mehrere Sprosse zusammenbleiben, nur ältere, schrumpfende Triebe entfernen. Jede Rosette blüht nur einmal.
Hinweise: *Paphiopedilum*-Arten sind etwas kalkverträglicher als andere Orchideen.

Paphiopedilum-Arten und -Sorten sind besonders beliebt wegen ihrer haltbaren Einzelblüten. Die Blütezeit ist sortenabhängig.

Auch Blumenfreunde ohne spezielle Kenntnisse können heutzutage Orchideen am Wohnzimmerfenster kultivieren.

Malaienblume, Nachtfalterblume

Phalaenopsis Orchideen

Merkmale: *Phalaenopsis* gehört zu den epiphytisch und monopodial wachsenden Orchideen – die dicken, ledrigen Blätter und die zahlreichen Luftwurzeln deuten darauf hin. Die Wildarten stammen aus dem tropischen Südostasien. Die modernen Hybriden, aus Kreuzungen verschiedener Arten entstanden, sind an unsere Wohnverhältnisse angepaßt. Eine Pflanze kann sogar innerhalb eines Jahres 2–3 Blütenstände hervorbringen. Das angebotene Sortiment ist reichhaltig, umfaßt klein- und großblütige Pflanzen mit rosafarbenen, weißen, aber auch gelben und grünlichen Blüten sowie solche mit hübscher Zeichnung. Das Aufblühen der Rispen, oft mit 7 und mehr Blüten, erstreckt sich über Wochen und Monate.
Standort: Hell bis halbschattig, keine intensive, direkte Sonneneinstrahlung, Ostfenster sind besonders geeignet. Zimmertemperatur und wärmer, d. h. 20–25 °C. Weiße und rosablühende Sorten vertragen etwas niedrigere Temperaturen (Minimum bei 16 °C) als die hübsch gezeichneten Hybriden mit den Sonderfarben. Um die Blütenbildung zu unterstützen, sollte etwa ein Monat nach der letzten Blüte eine Kühlperiode von 4–6 Wochen mit etwa 16 °C bzw. 18 °C eingehalten werden. Im Sommer ist eine Nachtabsenkung der Temperatur günstig – mit einigen Grad Unterschied zur Tagestemperatur.
Pflege: Gleichmäßig feucht halten. Immer wieder kräftig wässern, den Pflanzstoff dazwischen immer etwas abtrocknen lassen – keine Fußbäder! Im Winter sparsamer gießen. Reichlich sprühen, um die Luftfeuchtigkeit in geheizten Räumen zu verbessern. Weiches, temperiertes Wasser verwenden! Den Sommer über schwach düngen. Umpflanzen bei Bedarf in spezielles, grobes Orchideensubstrat. Vorsicht, die Wurzeln schonen und abgestorbene Teile entfernen!
Schadbilder: Ähnlich wie beim Frauenschuh.
Vermehrung: Einige Pflanzen neigen zur Kindelbildung am Blütensteil.
Hinweise: Rückschnitt des Stiels nach der Blüte nur um 1/2–2/3 (Nachblüte, Kindelbildung).

Die porzellanartigen *Phalaenopsis*-Blüten gibt es inzwischen nicht nur in Weiß und Rosa, sondern in verschiedenen anderen Tönen sowie mit und ohne Zeichnung.

Links: Miltonien werden wegen ihrer flachen Blüten auch als »Stiefmütterchen-Orchideen« bezeichnet.

Rechts: Sorten der *Dendrobium*-Nobile-Gruppe gibt es in allen Farbschattierungen von Weiß bis kräftig Rot.

Miltonie

Miltonia Orchideen

Merkmale: Miltonien kommen in ganz verschiedenen Klimazonen Mittel- und Südamerikas vor. Charakteristisch sind die länglich-eiförmigen Pseudobulben mit den langen, schmalen, hellgrünen Blättern. Die Blütenstände erscheinen zu unterschiedlichen Zeiten am Grund des letzten Triebes. Die im Handel angebotenen Hybriden können halbschattig und bei normaler Temperatur gehalten werden, während einige der reinen Arten am besten im mäßig warmen Bereich gedeihen. Viele der früher als *Miltonia* bezeichneten Arten zählen heute zu anderen Gattungen, z. B. *Miltoniopsis.*
Standort: Hell, ohne pralle Sonne; luftig. Je heller der Standort, umso wärmer kann er auch sein. Bei niedrigen Temperaturen wird auch Halbschatten toleriert. Zimmertemperatur, möglichst hohe Luftfeuchtigkeit. Im Winter bei etwa 18 °C, Nachtabsenkung (um einige Grad) ist günstig.
Pflege: Pflanzstoff nur mäßig feucht halten, den Winter über noch sparsamer gießen. Miltonien zeigen durch frische, grüne Wurzelspitzen sehr genau ihre neue Wachstumsphase an; dann wird etwas mehr Wasser als zuvor gegeben und auch schwach gedüngt. Kalkfreies, temperiertes Wasser verwenden! Beim Umpflanzen zusätzlich eine Dränageschicht in den Topf geben!
Schadbilder: Schild- und Wollausbefall bei zuviel Wärme und Lufttrockenheit.
Vermehrung: Die kräftigen Pseudobulben gruppenweise beim Umtopfen teilen und neu einpflanzen.
Hinweise: Miltonien haben sich auch als gute Kreuzungspartner mit anderen Gattungen bewährt (siehe rechte Seite).

Dendrobie

Dendrobium Orchideen

Merkmale: Das Verbreitungsgebiet der epiphytischen Dendrobien reicht im südostasiatischen Raum von tropischen Zonen bis in die Gebirgsregionen – entsprechend unterschiedlich sind auch ihre Ansprüche im Haus. Die meisten Hybridzüchtungen stammen entweder von *Dendrobium nobile* ab – einer kühl zu kultivierenden Art – oder von *D. phalaenopsis*, das besser im warmen Milieu gedeiht. Abkömmlinge von *D. nobile* sind durch die direkt am Sproß sitzenden Blüten gekennzeichnet. Die Blüten der von *D. phalaenopsis* abstammenden Hybriden sitzen an einer Rispe am oberen Ende des Triebes.
Standort: Sehr hell, im Sommer bei Mittagssonne schattieren, im Winter ist eine Zusatzbeleuchtung günstig. Zimmertemperatur und wärmer, bis 30 °C. Im Winter nachts auf 15 °C bzw. bei den wärmebedürftigeren Pflanzen auf 18–20 °C zurückgehen. Bei Knospenansatz wärmer stellen.
Pflege: Während des Triebwachstums kräftig gießen, dazwischen immer wieder abtrocknen lassen. Im Winter nur soviel gießen, daß die Pflanzen nicht schrumpfen. Nur in der Wachstumsphase schwach düngen. Reichlich sprühen. Kalkarmes, temperiertes Wasser verwenden!
Schadbilder: Bei mangelnder Luftfeuchtigkeit keine Blütenbildung und Schädlingsbefall.
Vermehrung: Durch Kindel, die an Sprossen entstehen, und durch Abtrennen der Pseudobulben.
Hinweise: Bei Züchtungen von *D. nobile* bewirkt zuviel Wärme, daß sich statt Blüten Kindel an den Trieben bilden, die nach etwa zwei Jahren eingetopft werden können. Bei *D. phalaenopsis* führen Kälte und Nässe in den Wintermonaten leicht zu Fäulnis und Absterben des neuen Jahrestriebes.

Eine der vielen *Miltonia*-Sorten mit typisch kräftiger Färbung und deutlicher Zeichnung.

Orchideen-Gattungshybriden

x *Vuylstekeara* und Verwandte

Merkmale: Bei Orchideen bietet sich die seltene Möglichkeit, nicht nur verschiedene Arten, sondern auch Arten unterschiedlicher Gattungen zu kreuzen. Auf diese Weise sind – gerade bei den als etwas heikel anzusehenden Orchideen – Zuchtformen entstanden, die sich auch für eine Kultur in beheizten Wohnräumen eignen. Zusätzlich wurde durch die Kreuzungen eine unbeschreibliche Farben- und Formenvielfalt erzeugt. Zugunsten der Pflegeleichtigkeit ging allerdings etwas von der individuellen Schönheit der einzelnen Arten bzw. Gattungen verloren.
Die Zweigattungs-Hybriden erhielten ihre Namen aus Silben der Gattungsnamen der Elternteile, z. B. *Odontoglossum* x *Oncidium* = x *Odontocidium; Miltonia* x *Odontoglossum* = x *Odontonia*.
Die Mehrgattungs-Hybriden haben dagegen ganz neue Namen erhalten, z. B.: *Odontoglossum* x *Cochlioda* x *Miltonia* = x *Vuylstekerea*. Die Orchideen mit diesem zungenbrecherischen Namen werden am häufigsten unter den Typenbezeichnungen »Cambria« (Blütentrieb etwa 60 cm) oder »Edna« als Zimmerorchideen angeboten.

Oben: Rispe von x *Vuylstekeara* (Cambria) 'Plush'

Links: x *Vuylstekeara* (Edna) 'Stamperland' bleibt zierlicher als die Cambria-Typen.

Standort: Hell bis halbschattig; luftig und luftfeucht! Zimmertemperatur, möglichst mit Nachtabsenkung. Zur besseren Blütenbildung Überwinterung bei 15–18 °C.
Pflege: Mäßig feucht halten, ab und zu tauchen, sprühen; keine Nässe! Nach der Blüte etwas ruhen lassen, nur soviel Feuchtigkeit geben, daß die Pseudobulben nicht schrumpfen. Den Sommer über schwach düngen. Im Herbst und Winter bis zur Blütenentwicklung sparsamer gießen. Kalkarmes, temperiertes Wasser verwenden. Vor dem Neuaustrieb in Orchideensubstrat umpflanzen, dazu 3–5 der jüngsten Bulben abtrennen.
Hinweise: Alle Hybriden haben ähnliche Ansprüche und keine ausgesprochenen Ruhezeiten.

Oben: Die hübsch gezeichnete *Odontoglossum*-Hybride 'Elles Triumph'.

Bromelien

Die etwa 2 000 Bromelien-Arten bilden eine eigene Pflanzenfamilie, die Ananasgewächse, die überwiegend in Südamerika vorkommen. Sie besiedeln nicht nur tropische Gebiete, ein Teil von ihnen lebt auch in trocken-heißen Zonen, ein anderer in kühlen, luftigen Gebirgsregionen. Den jeweiligen Situationen angepaßt, wachsen sie in der Erde (terrestrisch), auf Bäumen oder Felsen.
Die meisten Bromelien sind **Epiphyten** (Aufsitzerpflanzen). Sie benutzen andere Pflanzen, um sich bessere Lebensbedingungen zu verschaffen – allerdings ohne Schmarotzer zu sein. Die Wurzeln der Epiphyten haben in erster Linie Haltefunktion. Wasser und organische Stoffe sammeln die Bromelien in ihrer **Zisterne** – einer trichterförmigen Vertiefung im Zentrum der Blattrosette. Über Saugschuppen auf der Blattoberfläche wird die Nahrung aufgenommen. Die meisten der beliebten Bromelien, wie *Guzmania*, *Vriesea* und ein Teil der Tillandsien, zählen zu den tropischen Trichterbromelien. Sie lieben feucht-warmes Klima (mindestens 18–20 °C) mit einer Luftfeuchtigkeit von über 60%. Ohne diese Voraussetzungen entstehen braune Blattspitzen. Daher mäßig feucht halten, über die Erde und über den Trichter gießen und viel sprühen. Immer abgestandenes, temperiertes Wasser benutzen, sonst entstehen häßliche Kalkablagerungen. Den Sommer über schwach düngen.
Zu den Besonderheiten der Bromelien gehören die leuchtend gefärbten Hoch-, Deck- oder Laubblätter. Sie übernehmen quasi die Funktion der Blüten und bilden den eigentlichen Blickfang der Pflanzen. Die echten Blütchen sind nur kurzlebig. Viele sind unscheinbar, andere stehen in hübschem Kontrast zu den dekorativen Hochblättern. Diese »Blütenstände« sind lange haltbar.
Jede Bromelie blüht nur einmal, doch bevor sie langsam abstirbt, bildet sie sogenannte **Kindel**. Diese können im Kranz der Blattrosette entstehen oder an den Seitentrieben. Wenn die Nachkom-

Noch besser als im Topf kommen Bromelien auf einem Epiphytenstamm zur Geltung.

Links: *Tillandsia cyanea* fühlt sich im feucht-warmen Raum am wohlsten.

Rechts: Graue Tillandsien vertragen mehr Trockenheit.

men etwa die halbe Größe der Mutterpflanze erreicht haben, kann man sie mit einem scharfen Messer abtrennen. Nicht in allen Fällen haben sich bereits Würzelchen gebildet. Um kräftige, neue Pflanzen zu bekommen, topft man sie einzeln wieder ein – am besten zuerst in kleine Gefäße mit Orchideenpflanzstoff. Dabei nur mäßig feucht, aber bodenwarm halten und eventuell mit einem Glas oder Folie abdecken. Man kann die Kindel auch im Topf lassen, schneidet mit zunehmendem Wachstum jedoch die Mutterpflanze heraus, damit Platz geschaffen wird. Es dauert meist 2–3 Jahre, ehe die Jungpflanzen zur Blüte kommen.

Bromelien werden als Zimmerpflanzen immer beliebter, und die vielen neuen Züchtungen haben sich gut bewährt. Je nach Herkunft der jeweiligen Gattungen unterscheiden sie sich jedoch etwas in den **Standort- und Pflegeansprüchen**. Aber bereits aus dem äußeren Erscheinungsbild der Pflanzen läßt sich einiges darüber ableiten: Je höher der Schuppenanteil und je stärker die Zahnung und Derbheit des Blattes, um so robuster und sonnenverträglicher sind die Pflanzen. Buntes und weiches Laub deutet hingegen auf feucht-warme, vor Sonne geschützte Standortwünsche hin. Sommeraufenthalt im Freien ist möglich, je nach Anspruch an sonnigen oder halbschattigen Plätzen. Alle Arten möglichst sehr hell überwintern, um einen Blütenansatz zu gewährleisten. Das Pflanzsubstrat sollte humos und luftdurchlässig, d. h. grob strukturiert sein. Fertigsubtrate zur Auflockerung mit Fasertorf und Rindenstückchen mischen. Zum Aufbinden an Epiphytenstämme oder Aststücke Fasertorf und Kokosmaterial zum Umhüllen des Ballens verwenden.

Tillandsie, Luftnelke

Tillandsia Ananasgewächse

Merkmale, Standort und Pflege: Bei den Tillandsien unterscheidet man graue und grüne Formen:

- **Graue Tillandsien** nehmen wurzellos Wasser und Nährstoffe über ihre Saugschuppen aus der Luft auf. Sie können lange Trockenperioden in sengender Hitze überstehen, regenerieren sich aber sehr schnell, wenn Tau oder Regen fällt, denn sie nehmen die Luftfeuchtigkeit direkt aus der Atmosphäre auf. Bei Trockenheit sind die Saugschuppen luftgefüllt, die Pflanzen wirkten dann silbergrau. Die interessanteste Art dieser Gruppe ist *Tillandsia usneoides*, das Louisianamoos, das wie ein langer, grauer Bart von Bäumen und Masten herunterhängt.

Graue Tillandsien brauchen einen vollsonnigen, luftigen Stand und werden am besten den Sommer über Freien aufgehängt, etwas geschützt vor Regen, und täglich 1–2mal übersprüht. Im Sommer ab und zu mit Dünger in geringstmöglicher Konzentration besprühen, in den Wintermonaten mäßig warm halten.

- **Grüne Tillandsien** können sehr groß werden und sind mit den anderen Trichterbromelien vergleichbar. Dankbare Zimmerpflanzen aus dieser Gruppe sind die sehr ähnlichen Arten *T. cyanea* und *T. lindenii*. Ihre zierliche Rosette wirkt grasartig, und aus dem schwertförmigen, hellvioletten Blütenstand entwickeln sich täglich neue, intensiv blauviolette Einzelblüten. Sie wünschen einen ganzjährig warmen, möglichst luftfeuchten Platz ohne pralle Sonne.

Links: Die anspruchslose Lanzenrosette in voller Blüte.

Rechts: Eine weißbunte Zierananas, hier mit Fruchtstand.

Lanzenrosette

Aechmea Ananasgewächse

Merkmale: *Aechmea fasciata* ist wohl die bekannteste Vertreterin dieser Gattung, aber auch innerhalb der gesamten Familie der Ananasgewächse. Sie war die erste große Trichterbromelie, die vor Jahrzehnten in großen Mengen auf den Markt kam. Seitdem hat sie sich bestens bewährt und ist nach wie vor neben der *Billbergia* eine der robustesten und anspruchslosesten Zimmerpflanzen überhaupt. Die derben, stark bewehrten Riemenblätter mit grauem Überzug signalisieren bereits geringe Pflegeansprüche. Der Blütenstand mit den rosaroten Deckblättern ist monatelang haltbar, doch die aparten, violettblauen Blütchen erscheinen nur für kurze Zeit. Andere *Aechmea*-Arten, z. B. die olivgrüne *A. fulgens* 'Discolor', mit rötlicher Blattunterseite und leuchtendrotem Blütenstand, oder *A. chantinii* sind wesentlich anspruchsvoller hinsichtlich der Luftfeuchtigkeit.
Standort: Im Gegensatz zu den anderen tropischen Epiphyten verträgt *Aechmea* volle Sonne bei normaler Zimmertemperatur und trockener Heizungsluft.
Pflege: Alle Arten nur mäßig feucht halten. Sowohl auf die Erde als auch in den Trichter gießen. Sprühen! Abgestandenes, temperiertes Wasser verwenden. Den Sommer über schwach düngen.
Hinweise: Läßt die Blüte der *Aechmea* auf sich warten, gibt es einen Trick: Die ganze Pflanze zusammen mit reifen Äpfeln für ein paar Tage in eine Plastiktüte stecken.

Zierananas

Ananas Ananasgewächse

Merkmale: Die Ananas ist eine terrestrisch (in der Erde) wachsende Staude mit starkem Wurzelsystem. Die Wildformen sind an den Blatträndern bestachelt, locker aufgebaut und haben keine ausgeprägte Zisterne. Kultursorten werden kompakt und stachellos gezüchtet. Die buntgestreiften Zierformen von *Ananas comosus* und *A. bracteatus* erreichen längst nicht die üppigen Ausmaße der kommerziell angebauten Fruchtsorten. Zu Blüten- und Fruchtansatz kommt es in Zimmerkultur selten. *A. comosus* 'Variegatus' ist eine grün-weiß-gelb oder rosafarbene Kulturform. Sie wird 50–70 cm hoch und breit.
Standort: Die Zierananas ist keine Pflanze für die Fensterbank, auch wenn sie einen sonnigen Standort liebt und trockene Luft relativ gut verträgt – dafür wird sie nach allen Seiten zu ausladend.
Pflege: Mäßig feucht halten. Abgestandenes, temperiertes Wasser verwenden. Im Sommer schwach düngen.
Hinweise: Wer aus einer gekauften Ananasfrucht eine neue Pflanze ziehen will, muß darauf achten, daß der Blattschopf noch frisch und grün ist. Mit einem scharfen Messer wird er etwa 1 cm unter der Rosette abgetrennt; Fruchtfleisch entfernen und Schnittstelle antrocknen lassen. Bei hoher Bodentemperatur und Luftfeuchtigkeit bewurzeln lassen. Dazu am besten eine Plastiktüte überstülpen (siehe auch Seite 182f.).

Links: *Billbergia nutans* gehört zu den genügsamsten Zimmerpflanzen.

Zimmerhafer

Billbergia nutans Ananasgewächse

Merkmale: *Billbergia nutans* gehört mit zu den :obustesten Zimmerpflanzen, die man sich vor- ;tellen kann. Kaum ein anderes Gewächs ist so ɔflegeleicht und genügsam und erfreut dennoch ährlich mit neuen Blüten.
Man kann sie aber selten kaufen – sie scheint zu »gewöhnlich« zu sein. Meistens bekommt nan Ableger geschenkt. Dabei können es die ıickenden (lat. *nutans*) Blütenstände mit den ıparten, grün-blauen Blütchen und den euchtendrosa gefärbten Hochblättern durchaus mit anderen Blütenschönheiten aufnehmen. Sie sind nur nicht so haltbar wie die der Verwandten. Mit den Jahren bilden sich ganze Horste ıus schmalen, grau-grünen Blattrosetten. Die alten, ıbgeblühten Pflanzen muß man an der Basis herıusschneiden, um wieder etwas Luft zu schaffen.
Standort: Hell bis halbschattig; zu dunkler Stand verhindert allerdings die Blütenbildung. Verträgt Lufttrockenheit. Zimmertemperaturen, aber auch wärmere oder kühlere Bedingungen werden toleriert.
Pflege: Mäßig feucht halten. Alte Pflanzen kön- ıen geteilt und in handelsübliches Pflanzsubtrat eingetopft werden.
Vermehrung: Sehr leicht, da reichliche Kindelbildung.
Hinweise: Es ist gut, die Töpfe etwas erhöht zu tellen, weil die langen, schmalen Blätter und auch die Blütenstände bogig überhängen.

Versteckblüte, Zebrabromelie

Cryptanthus Ananasgewächse

Merkmale: *Cryptanthus*-Arten gehören wie die Ananas zu den wenigen terrestrisch (in der Erde) wachsenden Bromelien, bleiben aber klein und zierlich. Durch Ausläuferbildung nach allen Seiten können diese Gewächse größere Bodenflächen rasenähnlich überziehen. Ihre Rosetten sind beinahe sternförmig und sehr flach ausgebildet. Bodenfeuchtigkeit nehmen sie zwar mit den Wurzeln auf, hauptsächlich ernähren sie sich aber über die stark ausgeprägten Saugschuppen – eine Anpassung an die Bedingungen am Naturstandort, den Trockenwäldern Brasiliens. Durch diese Saugschuppen ergeben sich vielfach reizvolle Muster und Bänderungen auf den unterschiedlich gefärbten, steifen, leicht gewellten Blättern. Der Zierwert des Laubes steht bei diesen Pflanzen im Vordergrund. Besonders hübsch, aber auch empfindlich ist eine cremefarbene Kulturform mit grünen Mittelstreifen und rosaroter Tönung im Herz der Rosette.
Standort: Hell bis halbschattig; Zimmertemperatur und wärmer, nicht unter 18 °C im Winter.
Pflege: Mäßig feucht halten, öfter übersprühen – kalkarmes, temperiertes Wasser verwenden. Nur schwach düngen mit halber Konzentration.
Hinweise: Am schönsten wächst *Cryptanthus* ausgepflanzt in einem Blumenfenster. Sie eignet sich aber auch gut für Flaschengärten.

Cryptanthus zonatus 'Zebrinus' gilt als robusteste Sorte.

Oben: *Guzmania lingulata* mit Blütenstand.

Rechts: Nidularien (hier: *Nidularium fulgens)* haben viel Ähnlichkeit mit Neoregelien.

Unten: *Neoregelia carolinae* mit typischen, flach ausgebreiteten Trichter.

Guzmanie

Guzmania (Bild oben) Ananasgewächse

Merkmale: Bei dem reichhaltigen Sortiment der Guzmanien handelt es sich meistens um Hybriden aus verschiedenen dieser epiphytisch lebenden Pflanzen. Im Aussehen und Aufbau sind sich alle sehr ähnlich. Gekennzeichnet sind diese Bromelien durch weiche, relativ schmale Blätter mit glattem Rand. Aus der Mitte der grünen Laubrosette erhebt sich ein kräftiger Blütenstand mit in fast allen Fällen intensiv rot gefärbten Deckblättern. Er kann bis zur doppelten Höhe der Pflanze erreichen.
Standort und Pflege: Wie andere Bromelien (siehe Seite 132f.).
Hinweise: Guzmanien bilden nur selten Kindel aus. Anzucht aus Samen ist schwierig.

Nestrosette, Nidularie

Nidularium (Bild unten) Ananasgewächse

Merkmale: Die Pflanzen der Gattung *Nidularium* ähneln sehr stark den Neoregelien, es gibt jedoch ein paar Unterscheidungsmerkmale: Der Blütenstand ist, auch wenn er sich nicht über das Laub erhebt, immer zusammengesetzt – erkennbar an den einzelnen Hochblättern, zwischen denen die eigentlichen Blütchen sitzen. Schwierig wird die Sache bei den nichtblühenden Arten. Aber auch die Blattspitzen geben Auskunft. Bei Nidularien verjüngen sich die Enden kontinuierlich, bei *Neoregelia* dagegen plötzlich. Bei den Nestrosetten gibt es auch gelbe Formen, z. B. *N. billbergioides* 'Citrinum', die in ihrem Habitus eher einer Guzmanie gleicht.
Standort und Pflege: Siehe Seite 132f.
Hinweise: Nidularien vertragen keine direkte Sonne und dürfen nie unter 18 °C stehen.

Neoregelie

Neoregelia (Bild links) Ananasgewächse

Merkmale: Das Besondere an diesen tropischen und epiphytisch lebenden Bromelien ist der völlig flache Blütenstand, der sich nicht über das Laub erhebt. Die Blattrosetten sind als flache, tellerartige Trichter ausgebildet. Als Ersatzschauapparat für den etwas unscheinbaren Blütenstand bietet die Neoregelie lebhaft gefärbte Laubblätter im Herzen der Pflanze. Am häufigsten wird *N. carolinae* kultiviert, bei der das dunkelgrüne Laub mit einem feuerroten Zentrum sehr schön kontrastiert. Besonders attraktiv ist die gelb-grün-rote Sorte 'Tricolor Perfecta'.
Standort und Pflege: Siehe Seite 132f.
Hinweise: Typisch für Neoregelien sind die abgerundeten, plötzlich zugespitzten Blattenden.

Vrieseen gehören zu den beliebtesten Bromelien. Hier die klein bleibende *Vriesea psittacina* (rechts). Manche Arten und Hybriden sehen Guzmanien wie dieser *Guzmania dissitiflora* (links) äußerst ähnlich.

Vriesee

Vriesea Ananasgewächse

Merkmale: Die Gattung *Vriesea* ist äußerst vielgestaltig. Neben den unterschiedlichen Blütenständen und Laubfarben variiert auch die Blattform: Breite Riemenblätter wechseln mit schmalen ab, aber alle sind glatt und ungefährlich. Am bekanntesten und weitverbreitetsten ist das **Flammende Schwert**, wie *Vriesea splendens* nach der gleichnamigen Sorte genannt wird. Diese Bromelie war – wie *Aechmea fasciata* – eines der ersten Ananasgewächse auf dem Markt. Inzwischen gibt es neben buntblättrig gestreiften und marmorierten Züchtungen auch eine ganze Reihe mit grüner Laubrosette. Im Zentrum erhebt sich ein roter oder auch mehrfarbiger Blütenstand, der vielfach verzweigt ist, wie etwa bei der Hybridsorte 'Poelmannii' mit glänzend grünem Laub und intensiv rotem Blütenstand.

Im Gegensatz zum Flammenden Schwert, das mindestens 50 cm hoch werden kann und wunderschön gezeichnetes Laub mit braunroter Querbänderung besitzt, bleibt *V. psittacina*, die **Papageibromelie**, klein und paßt auch auf eine normale Fensterbank. Über einer hellgrünen Rosette erscheint bei ihr die flache gelb-rote Blütenähre.

Standort: Vrieseen gehören zu den tropischen, epiphytisch lebenden Bromelien und lieben feucht-warmes Klima ohne direkte Sonne.

Pflege: Eher trockener als zu naß halten; für Luftfeuchtigkeit sorgen.

Hinweise:
Die Gattung *Vriesea* ist äußerst vielgestaltig. In Botanischen Gärten findet man auch interessante Exemplare mit schöngezeichneten Blättern und solche, die den Tillandsien gleichen.

Eine äußerst attraktive Art ist *Vriesea splendens,* das Flammende Schwert.

In einem hellen, luftigen Wintergarten fühlen sich die meisten Palmen-Arten wohl und verbreiten exotisches Flair. Entsprechend ihrer Blattwedel unterscheidet man Fieder- und Fächerpalmen.

Palmen

Mehr noch als andere Zimmerbäume gehören Palmen zu den erklärten Lieblingen bei der Raumbegrünung. Ihr graziler Wuchs und die grafisch interessante Struktur der Blätter tragen dazu bei. Man unterscheidet allgemein zwischen **Fieder- und Fächerpalmen** – entsprechend der Form ihres Laubes.

Standort: Palmen haben aufgrund ihrer Herkunft aus tropischen und subtropischen Regionen verschiedene Ansprüche. Doch einige sind darunter, die als ideale Zimmerpalmen sowohl trockene Heizungsluft als auch halbschattige Plätze tolerieren – dazu zählen vor allem die etwas nostalgisch anmutenden Kentien und ganz besonders die kleine Bergpalme, aber auch Goldfrucht- und Fischschwanzpalme. Manche bevorzugen auch im Haus Wärme und hohe Luftfeuchtigkeit, andere wünschen wieder sehr viel Licht und einen luftigen, kühlen Standplatz.

Pflege: Trotz aller Robustheit mancher Palmenarten ist es wichtig, für gleichmäßige Feuchtigkeit und einen luftigen und möglichst luftfeuchten Stand zu sorgen, denn Mangel in dieser Hinsicht führt unweigerlich zu braunen Blattspitzen – und damit zu einem wenig ansprechenden Bild! Palmen wünschen grundsätzlich eine nährstoffreiche, lehmhaltige Erde – brauchen jedoch auch eine gute Drainage!

Vermehrung: Hauptsächlich durch Samen. Es soll immer nur frisches Saatgut verwendet werden. Die Samen in warmes Wasser legen, eventuell die (fleischige) Hülle entfernen und im feuchtwarmen Milieu keimen lassen. Manchmal dauert es nur Wochen, teilweise aber auch Monate, in einigen Fällen sogar Jahre, bis der Keimling sichtbar wird.

Kokospälmchen

Lytocaryum weddellianum — Palmen

Merkmale: Zierlich in den Abmessungen und damit kleineren Räumen angepaßt, zeigt sich das Kokospälmchen mit seinen grazilen Fiederblattwedeln. Die Pflanze erreicht in ausgewachsenem Zustand nur eine Stammhöhe von etwa 2 m. Aus gestalterischen und optischen Gründen wird diese einstämmige Palme sehr häufig in kleinen Gruppen gepflanzt. Die fein gefiederten Wedel können bis zu 1 m lange werden und wirken überaus filigran.
Lytocaryum (Syn.: *Microcoelum)* stammt aus den tropisch-feuchten Wäldern Brasiliens und ist daher besonders anspruchsvoll als Zimmerpflanze, weil man ihr nur mit sehr viel Pflegeaufwand optimale Bedingungen bieten kann. Oft läßt sie sich in normalen Räumen nur kurze Zeit halten. Im geschlossenen Blumenfenster sind die Ansprüche der kleinen Palme leichter zu erfüllen.
Standort: Sehr hell, vor praller Sonne geschützt und sehr warm, nie unter 20 °C, bei möglichst hoher Luftfeuchtigkeit.
Pflege: Ständig feucht halten (Wasser im Untersatz!), regelmäßig besprühen; kalkarmes Wasser verwenden! Zum Umpflanzen benützt man lokkere, humose Erde.
Schadbilder: Bei Lufttrockenheit braune Blattspitzen und Spinnmilbenbefall.
Vermehrung: Äußerst schwierig und dem Gärtner vorbehalten.
Hinweise: Kokospälmchen sind empfindlich und oft ein gefundenes Fressen für Spinnmilben!

Kokospalme

Cocos nucifera — Palmen

Merkmale: Die Vorstellung von majestätischen Kokospalmen an tropischen Stränden haben nicht das geringste mit den Pflanzen zu tun, die wir unter diesem Namen erwerben können. Nur die große Nuß im Topf erinnert daran. Kokospalmen kommen bei uns leider selten über das Jugendstadium hinaus, vor allem, weil ihnen die hohe Lichtintensität ihrer Heimat (Meeresküsten am Äquator) fehlt.
Darüber hinaus gibt es zusätzliche Schwierigkeiten, die die Startchancen der angetriebenen Kokospalmen verringern: In unseren Breiten wird der sogenannte Schwimmkörper, mit dem die bastummantelte, eßbare Nuß umhüllt ist, sehr schnell steinhart. Bei ungünstiger Austrittsstelle des Keimlings kann er dessen Dickenwachstum stark beeinträchtigen oder das Palmherz zum Faulen bringen. Am Naturstandort verrottet diese Bastschicht durch die hohen Temperaturen und Luftfeuchtigkeit dagegen sehr schnell. Der Keimling bezieht seine Nährstoffe noch lange Zeit aus der Nuß. Typisch für die jungen Pflanzen sind die noch ungeteilten, dunkelgrünen Blätter.
Erst mit zunehmendem Alter zerteilen sich die Blätter und bilden die typischen Palmwedel.
Standort: Sehr hell und vollsonnig, dabei jedoch luftig, warm und luftfeucht. In den Wintermonaten nicht unter 16 °C, möglichst mit Zusatzbeleuchtung.
Pflege: Gleichmäßig feucht halten, nie zu naß, da Fäulnisgefahr besteht. Regelmäßig mit weichem, warmem Wasser übersprühen. Im Sommer wöchentlich düngen. Nur bei Bedarf umtopfen. Erde humos, aber lehmhaltig; wichtig ist eine gute Drainage!
Schadbilder: Lufttrockenheit verursacht Schädlingsbefall, vor allem durch Spinnmilben, aber auch braune Blattspitzen.
Vermehrung: Extrem warm und luftfeucht, am besten in Folie antreiben.
Hinweise: Pflanzenbasis an der Nuß möglichst trocken halten.

Links unten: Besonders grazil wirkt das zierliche Kokospälmchen.

Unten: Kokospalme im Keimlingsstadium

Links: Die Fischschwanzpalme hat besonders interessantes Laub.

Rechts: Stilgerecht wirkt *Rhapis* in einem flachen, chinesischen Keramikgefäß.

Fischschwanzpalme

Caryota mitis — Palmen

Merkmale: Die Heimat der Fischschwanzpalme liegt im tropischen Südostasien. Dort breitet sie sich durch Seitensprosse aus, wobei jeder einzelne Stamm nach der Blüte abstirbt. Dieses Altersstadium wird im Wohnraum nicht erreicht, denn die Palme wächst langsam. *Caryota mitis* ist eine extravagante Erscheinung unter den Palmen. Das Besondere sind ihre doppeltgefiederten Wedel, wie sie sonst bei keiner Palme vorkommen. Die einzelnen Fiederblättchen sehen aus, als wären sie abgebissen oder ausgerissen und haben dadurch Ähnlichkeit mit den Schwanzflossen von Fischen. Die Wedel neigen sich leicht nach außen und verleihen der Palme ein elegantes Aussehen.
Standort: Hell, ohne direkte Sonne. Zimmertemperatur und wärmer, luftig! Nie unter 16 °C.
Pflege: Gleichmäßig feucht halten, nicht zu trocken, nicht zu naß. Möglichst hohe Luftfeuchtigkeit. Im Sommer alle 14 Tage düngen. Umtopfen bei völliger Durchwurzelung in hohe Töpfe mit kräftig-humosem Substrat. Wurzeln dabei nicht verletzen!
Schadbilder: Spinnmilben bei Lufttrockenheit.
Vermehrung: Durch Samen oder Ableger.
Hinweise: Nur ältere Pflanzen bilden Seitensprosse!

Steckenpalme, Rutenpalme

Rhapis — Palmen

Merkmale: Die robusten Stecken- oder Rutenpalmen aus Ostasien vertragen im Gegensatz zu den meisten anderen Palmen auch einen schattigen Platz. Angeboten werden die beiden Arten *Rhapis excelsa* und die etwas zierlichere *R. humilis*, die sich beide stark ähneln. In der Natur werden sie etwa 4 m hoch, im Topf erreichen sie diese Größe jedoch bei weitem nicht. Typisch für die Gattung sind die faserigen, schlanken Stengel, die fächerbis schirmartigen Wedel und die starke Ausläuferbildung. Je buschiger die Pflanzen, umso schöner sind sie. Am Anfang werden am besten mehrere Ruten als Grüppchen zusammengesetzt, um eine gute Wirkung zu erzielen.
Standort: Hell bis schattig, ohne direkte Sonneneinstrahlung. Zimmertemperatur, luftiger Stand. Im Sommer auch als Kübelpflanze im Freien, an einem halbschattigen Platz. Am besten bei 5–10 °C überwintern.
Pflege: Gleichmäßig feucht halten, jedoch bei niedrigen Temperaturen sparsam gießen. Im Sommer schwach düngen. Umtopfen, wenn der Ballen aus dem Topf drückt.
Schadbilder: Schädlingsbefall und braune Spitzen durch zuviel Wärme und Lufttrockenheit.
Vermehrung: Leicht durch Ableger.
Hinweise: Optimalen Standort finden Steckenpalmen im kühlen Wintergarten oder in der hellen Diele.

Links: *Sabal minor* gehört zu den Fächerpalmen.

Rechts: Fürs Zimmer geeignet ist *Phoenix roebelenii* – besser als die bekanntere *Ph. canariensis* (unten).

Sabalpalme

Sabal minor Palmen

Merkmale: In ihrer mittelamerikanischen Heimat werden die Stämme der Sabalpalmen zwischen 20 und 30 m hoch. Im Jugendstadium sehen alle Arten nahezu gleich aus und lassen sich kaum unterscheiden. Man muß sich also darauf verlassen, die fürs Haus am ehesten geeignete, niedrige Art, *Sabal minor*, auch wirklich zu bekommen. Sabalpalmen gehören wie Priesterpalme *(Washingtonia)*, Hanfpalme *(Trachycarpus)* und die mediterrane Zwergpalme *(Chamaerops humilis)* zu den großblättrigen Fächerpalmen, deren Wedel dekorativ gefaltet sind. Bei der Sabalpalme sind die Blätter tief eingeschnitten.
Standort: Hell, auch teilweise sonnig und luftig, aber keine pralle Sonne! Zimmertemperatur, den Sommer über auch als Kübelpflanze im Freien. Im Winter um 15 °C.
Pflege: Im Sommer reichlich gießen, bei niedrigen Temperaturen sparsamer. Nur in der Hauptwachstumszeit schwach düngen. Bei Bedarf in große Gefäße *(S. minor* bildet Ausläufer!) mit nährstoffreichem Substrat umtopfen.
Schadbilder: Trockenschäden und Schädlingsbefall durch Kulturfehler.
Vermehrung: Durch Samen und teilweise Ausläufer.
Hinweise: Dekorative Palme für den temperierten Wintergarten. Als Sämlinge wirken diese Palmen noch recht unattraktiv.

Dattelpalme

Phoenix Palmen

Merkmale: Wichtige Vertreter der *Phoenix*-Palmen für die Kultur im Haus sind neben der bekannten nordafrikanischen Dattelpalme *(Ph. dactylifera)* vor allem die auf den Kanarischen Inseln beheimatete Art *Ph. canariensis* und die zierliche *Ph. roebelenii*. Bei dieser kleinen Palme wird der Stamm auch in ausgewachsenem Zustand nicht höher als 2 m. Sie ist leider viel empfindlicher und anspruchsvoller in der Pflege als ihre beiden größeren Geschwister. *Ph. canariensis* und *Ph. dactylifera* eignen sich nur im Jugendstadium fürs Zimmer; besser sind sie in einem hellen, luftigen Wintergarten untergebracht sowie während des Sommers auf der Terrasse.
Standort: Hell, sonnig und luftig. Mäßig warm, *Ph. roebelenii* luftfeucht und bodenwarm, im Winter nicht unter 15 °C (die anderen bei 5–10 °C).
Pflege: Gleichmäßig feucht halten, häufig sprühen. Im Sommer alle 14 Tage düngen. Umpflanzen, wenn der Ballen aus dem Gefäß drückt. Möglichst hohe Töpfe verwenden. Wurzeln dabei nicht verletzen.
Schadbilder: Lufttrockenheit und Staunässe sind meist für Pflanzenschäden verantwortlich.
Vermehrung: Durch Samen, z. B. aus frischen Dattelkernen!
Hinweise: *Ph. canariensis* und *Ph. dactylifera* sind mit ihren derben, steifen Wedeln im Wohnraum nicht ganz ungefährlich.

Bergpalme

Chamaedorea elegans Palmen

Merkmale: Bergpalmen werden an ihrem Heimatstandort, den feuchten Bergwäldern Mittelamerikas, etwa 2 m hoch und haben einen einstämmigen Wuchs. Sie sind wohl die verbreitetsten Zimmerpalmen, da sie von Natur aus zierlich bleiben, langsam wachsen und aufgrund ihrer Herkunft eher ein gewisses Schattenbedürfnis haben. *Chamaedorea elegans* bildet rohrartige Sprosse. Die hellgrünen, matten Fiederblättchen sind verhältnismäßig weich und gebogen.
Standort: Hell bis halbschattig, keine direkte Sonneneinstrahlung! Zimmertemperatur und wärmer, die Temperatur kann jedoch auch bis auf 15 °C absinken.
Pflege: Mäßige Feuchtigkeit, jedoch häufig sprühen. Bei Bedarf in kräftig-humose Erde umtopfen.
Schadbilder: Braune Blattspitzen und Schädlingsbefall durch zu trockene Luft.
Vermehrung: Durch Samen.
Hinweise: *Chamaedorea* beginnt bereits im Jugendstadium zu blühen – eine Seltenheit bei Palmen.

Rechts: Die Goldfruchtpalme trat ihren Siegeszug mit der Hydrokultur an.

Bergpalmen, zu mehreren in einen Topf gepflanzt, ergeben hübsche Gruppen.

Goldfruchtpalme

Chrysalidocarpus lutescens Palmen

Merkmale: Diese Fiederpalmen werden häufig mit den Betelpalmen verwechselt und unter dem Namen *Areca* angeboten. In ihrer Heimat Madagaskar erreichen Goldfruchtpalmen eine Höhe von etwa 10 m. Sie wachsen jedoch im Jugendstadium langsam und eignen sich gut als Zimmerpalmen. Ihr Erscheinungsbild ist ähnlich elegant wie das der Kentien (siehe rechts). Die dekorativen Wedel werden meterlang und hängen bogig über. Bei optimalem Stand und viel Licht ist die Sproßbasis gelblich und schwarz gepunktet. Erst im Alter erscheint die gesamte Pflanze leicht goldgelb bereift. Auch in Kultur können sich bereits nach einigen Jahren schöne Fruchtstände bilden.
Standort: Hell, jedoch keine pralle Sonne. Zimmertemperatur. Im Winter möglichst etwas kühler, aber nie unter 15 °C – junge Pflanzen wärmer!
Pflege: Viel Feuchtigkeit, den Sommer über Wasser auch im Untersatz! Reichlich sprühen! Umpflanzen nach Bedarf in nährstoffreiche Blumenerde – ältere Pflanzen eher selten.
Schadbilder: Braune Blattspitzen durch zu geringe Luftfeuchtigkeit.
Vermehrung: Durch Abtrennen von jungen Sprossen.
Hinweise: Die Goldfruchtpalme entwickelt sich durch Seitensprosse mit der Zeit zu einem dichten Horst.

Kentie

Howeia belmoreana, H. forsteriana Palmen

Merkmale: Kentien gelten als **die** Zimmerpalmen schlechthin. Sie dienten bereits im vergangenen Jahrhundert als Raumschmuck und waren aus den Salons der Belle Epoque nicht wegzudenken. Die Kentie steht heute auf der Beliebtheitsskala der Palmen erneut an erster Stelle, weil sie sehr widerstandfähig und robust ist, auch trockene Luft in geheizten Räumen erträgt und sich obendrein noch mit einem Platz in einiger Entfernung vom Fenster zufrieden gibt. Allerdings werden diese Palmen groß und ausladend und beanspruchen mit der Zeit viel Platz.
Zwei Arten sind auf dem Markt, und beide stammen aus Australien: *Howeia forsteriana* und *H. belmoreana*. Sie lassen sich vor allem im Jugendstadium schwer unterscheiden: *H. belmoreana* besitzt steiler gestellte, im Umriß eher quadratisch wirkende und an den Spitzen stark überhängende Wedel. Die häufiger kultivierte *H. forsteriana* hat mehr waagerecht abstehende, länglichere Wedel und eine größere Anzahl von Fiederblättchen.

In ihrer Heimat wachsen die Kentien nur einstämmig. Im Handel sind jedoch auch Töpfe erhältlich, in denen mehrere Sämlinge zusammengepflanzt wurden, so daß die Palmen buschig wirken.
Standort: Hell bis halbschattig, keine pralle Sonne. Luftig bei Zimmertemperatur. Junge Pflanzen nicht unter 18 °C, ältere Exemplare vertragen auch niedrigere Temperaturen. Den Sommer über können Kentien auch halbschattig im Freien stehen.
Pflege: Gleichmäßig feucht halten, weder stauende Nässe, noch austrocknen lassen. Viel Sprühen und die Wedel von Zeit zu Zeit abwaschen. Weiches, temperiertes Wasser verwenden. Im Sommer alle 14 Tage düngen. Umpflanzen nach Bedarf in nährstoffreiche, humose Erde – Jungpflanzen häufiger.
Schadbilder: Lufttrockenheit begünstigt Schädlingsbefall, vor allem mit Spinnmilben, Schild- und Wolläuse. Außerdem trocknen die Blattspitzen bei mangelnder Luft- und Bodenfeuchtigkeit ein.
Vermehrung: Durch Samen.
Hinweise: Kentien sind ideale Zimmerpalmen, beanspruchen aber nach einigen Jahren viel Platz.

Kentien (oben: *Howeia forsteriana*, unten: *H. belmoreana*) – wieder in Mode gekommene, nostalgische Zimmerpalmen.

Farne

Entwicklungsgeschichtlich betrachtet, sind Farne sehr alt und lange vor den Blütenpflanzen entstanden – vor 400 Millionen Jahren gab es bei uns noch Baumfarnwälder! Im Unterschied zu den höherentwickelten, später entstandenen Blütenpflanzen bilden die Farne keine Blüten aus und vermehren sich nicht durch Samen, sondern – ähnlich wie Moose – durch Sporen. Statt beblätterter Zweige besitzen die Farne Wedel. Auf deren Unterseite oder auf speziellen Blättern bilden sich Sporenlager. Nach der Reife fallen die bräunlichen Sporen aus und entwickeln als Zwischenstadium Vorkeime, aus denen später die neuen Pflänzchen entstehen.

Standort und Pflege: Auf der ganzen Welt wachsen Farne; von wenigen Ausnahmen abgesehen, wünschen sie als Waldbewohner einen halbschattigen Standort.

Die meisten Zimmerfarne kommen aus tropischen Gebieten und brauchen zusätzlich Wärme. Wegen ihres sehr hohen Anspruches an die Luftfeuchtigkeit sind sie jedoch nur bedingt ideale Zimmerpflanzen. Manche Arten, wie der Frauenhaarfarn, werden höchstens in feucht-warmen, geschlossenen Blumenfenstern oder Vitrinen längere Zeit überleben und gut gedeihen.

Das Wasser soll immer temperiert und kalkarm sein. Sie ab und zu zu tauchen, bekommt Farnen sehr gut! Wärme und Luftfeuchtigkeit aufeinander abstimmen. Nur am Tage sprühen, solange die Raumtemperatur hoch ist. Farne sollten nie auf der Heizung stehen. Den Sommer über sehr schwach düngen. Locker-humose Erde verwenden.

Schadbilder: Hitze und Sonne, Luft- und Ballentrockenheit, mangelnde Bodenwärme und Zugluft, Staunässe, kaltes, hartes Wasser und zu hohe Düngesalz-Konzentrationen bedeuten häufig den Tod der Zimmerfarne! Krankheiten, Blattverlust und Schädlingsbefall sind meist auf solche Kulturfehler zurückzuführen. Empfindlich reagieren Farne auch auf Pflanzenschutz- und Blattglanzsprays. Man hilft sich im Krankheitsfalle möglichst mit mechanischen Mitteln.

Hinweise: Im Gegensatz zu den Zweigen von Blütenpflanzen, die fast immer schlafende Augen (Knospen) besitzen, treiben Farnwedel bei Verletzungen nicht neu aus!

Farne lassen sich besonders gut in Gruppen oder mit anderen Pflanzen zusammen verwenden.

Moosfarn

Selaginella — Moosfarngewächse

Merkmale: Moosfarne gehören mit zu den ältesten Pflanzen der Erdgeschichte. Sie kommen weltweit hauptsächlich in tropischen Wäldern vor. An den Sprossen der zierlichen Gewächse treiben Luftwürzelchen, mit denen sie sich leicht über den Boden ausbreiten können – auf diese Weise bilden die Pflanzen regelrechte Rasenteppiche.
Standort: Halbschattig , sehr warm, vor allem luftfeucht! Nur die hier genannten Arten und Sorten dürfen im Winter auch kühler stehen.
Pflege: Ballen gleichmäßig feucht halten und regelmäßig für Luftfeuchtigkeit sorgen. Entweder häufig besprühen oder Töpfe in feuchtes Substrat einsenken bzw. auspflanzen. Nur schwach düngen, die Pflänzchen sind salzempfindlich! Um- oder auspflanzen in humose Erde.
Vermehrung: Triebspitzen bewurzeln bei feuchter Wärme.
Hinweise: Moosfarne sind besonders hübsche Bodendecker für geschlossene Blumenfenster, aber auch zur Unterpflanzung in Wintergärten und Gewächshäusern geeignet.
Verwandte: Als »Rose von Jericho« oder »Auferstehungspflanze« wird manchmal fälschlicherweise ein bestimmter Moosfarn *(Selaginella lepidophylla)* angeboten. Tatsächlich handelt es sich bei der »Rose von Jericho« um eine einjährige Wüstenpflanze aus der Kreuzblütler-Familie *(Anastatica hierochuntica)*.

Oben: Die teppichbildende *Selaginella kraussiana* in Gelb-Grün, dahinter die etwas höher werdende *S. martensii* und ihre gelbe Sorte ´Watsoniana´ mit leicht überhängenden Triebspitzen.

Rippenfarn

Blechnum gibbum — Farne

Merkmale: *Blechnum gibbum* gehört zu den wärmeliebenden Farnen aus dem tropischen Neukaledonien und Südamerika. Mit zunehmendem Alter bildet er einen »Stamm« von Meterhöhe aus, und auch der Schopf aus langen, gefiederten Wedeln erinnert an eine Palme. Andere **Baumfarne** sind in normaler Zimmerkultur nicht zu halten, aber auch der Rippenfarn wird unter normalen Umständen kaum in das Stadium der Stammbildung kommen. Doch dort, wo man dem Rippenfarn genügend Raum bei ausreichender Wärme – auch Bodenwärme – und Luftfeuchtigkeit anbieten kann, wird er sich vorzüglich entwickeln.
Standort: Hell bis halbschattig, keine volle Sonne. Zimmertemperatur und wärmer, nie unter 18 °C. Wichtig ist Bodenwärme, die nicht unter die Lufttemperatur abfallen sollte. Der Rippenfarn wünscht einen sowohl luftigen als auch luftfeuchten Platz, auf keinen Fall darf er zugig stehen!
Pflege: Gleichmäßige Feuchtigkeit, die Erde darf weder austrocknen noch richtig naß sein; weiches Wasser verwenden! Es ist wichtig, ausgeglichene Klimabedingungen zu schaffen. Den Sommer über schwach düngen. Je nach Alter und Bedarf umtopfen.
Schadbilder: Siehe Seite 144.
Vermehrung: Durch Sporen.
Hinweise: Gegen Ballentrockenheit, mangelnde Bodenwärme und Luftfeuchtigkeit, aber auch Zugluft ist der Rippenfarn sehr empfindlich.

Der Rippenfarn beansprucht viel Platz und braucht besondere Pflege.

Links: Die drahtigen, glänzenden Blattstiele von *Adiantum* wurden mit dunklem Frauenhaar verglichen – daher der Name.

Rechts: *Davallia mariesii* wirkt sehr schön aufgebunden an einem Rindenstück oder Ast.

Frauenhaarfarn

Adiantum Farne

Merkmale: Im tropischen Amerika gibt es über 100 verschiedene *Adiantum*-Arten mit zarten, überhängenden und vielfältig gefiederten Wedeln. Die Lebensdauer dieser Farne ist begrenzt, sofern man ihnen kein geschlossenes Blumenfenster oder ähnliche, klimatisch günstige Räume bieten kann. Im Handel sind hauptsächlich verschiedene Sorten von *Adiantum raddianum* und *A. tenerum* erhältlich. Besonders attraktiv ist auch *A. hispidulum*, dessen Fiederblätter fächerartig angeordnet sind. Eine Besonderheit ist *A. caudatum* mit langen Wedeln, an deren Ende sich neue, kleine Farnpflänzchen bilden, wie man es vom Brutblatt *(Kalanchoë*, siehe Seite 119) her kennt.
Standort: Hell bis halbschattig, keine direkte Sonneneinstrahlung; Zimmertemperatur und wärmer, nicht unter 18 °C, bodenwarm.
Pflege: Mehr noch als andere Farne benötigt *Adiantum* gleichmäßige, feucht-warme Bedingungen und geringe Nährstoffgaben. Nicht direkt ansprühen!
Schadbilder: Bei Lichtarmut werden die hellgrünen Wedel fast weiß. Nasser, kühler Stand bringt die Pflanze ebenso zum Absterben wie Trockenheit.
Vermehrung: Durch Teilung.
Hinweise: Im Unterschied zu anderen Farnen befinden sich die Sporenlager bei *Adiantum* stets am Rand der kleinen Fiederblättchen.

Davallie

Davallia Farne

Merkmale: Davallien sind Epiphyten tropischer Herkunft, was jedoch nicht zu bedeuten hat, daß alle Arten auch hohe Temperaturansprüche haben. Gerade bei dieser Gattung gibt es große Unterschiede. Zwei Arten sind häufiger anzutreffen, die für temperierte Räume geeignete *Davallia bullata* und die tropische Verhältnisse wünschende *D. mariesii*. Bei beiden bilden die fein gefiederten, hellgrünen Wedel einen hübschen Kontrast zu den fellartig behaarten und bizarr gewundenen Rhizomen. Davallien werden selten angeboten, was sicher damit zusammenhängt, daß man sie nicht »ordentlich« im Topf kultivieren kann, sondern – ähnlich wie *Platycerium*, siehe Seite 148 – an Ästen und Rinden aufbinden muß. Ihre weißlich und bräunlich behaarten, langen Rhizome kriechen nur über die Oberfläche, wachsen jedoch nicht in die Erde hinein.
Standort: Hell bis halbschattig, ohne direktes Sonnenlicht. Ganzjährig bei Zimmertemperatur und wärmer, luftfeucht *(D. mariesii)*. Im Winter luftig, bei 12–15 °C (nur *D. bullata)*.
Pflege: Regelmäßig sprühen und tauchen, ab und zu mit schwachem Düngerzusatz. Besonders hohe Luftfeuchtigkeit schaffen!
Schadbilder: Siehe Seite 144.
Vermehrung: Leicht durch Teilung.
Hinweise: Hübsche Ampelpflanze fürs Blumenfenster und den Epiphytenstamm.

Tüpfelfarn

Phlebodium aureum Farne

Merkmale: Der Tüpfelfarn stammt aus dem tropischen Südamerika und kommt dort als Ufer- und Sumpfpflanze vor. Aus einem 2–3 cm dicken, oberirdischen Rhizom, das mit weichen, goldbräunlichen Schuppen besetzt ist, wachsen bis zu 50 cm lange Stiele, an denen die langen, stark gefiederten Wedel sitzen. Auf der Unterseite dieser Wedel sind beiderseits der Mittelrippe tüpfelförmig (Name!) die goldbraunen Sporenkapseln angeordnet. Die Sorte 'Mandaianum' hat silbrig-blaugrüne Wedel mit gewelltem und gekraustem Rand.
Standort: Halbschattig, keine volle Sonne. Zimmertemperatur und darunter, aber nicht unter 10 °C. Ideal bei höherer Luftfeuchtigkeit, im Blumenfenster, der Vitrine oder dem Kleingewächshaus; der Tüpfelfarn verträgt aber auch trockenere Luft.
Pflege: Für gleichmäßige Feuchtigkeit sorgen; Topferde nicht austrocknen lassen und Staunässe vermeiden. Mit kalkarmem, temperiertem Wasser gießen und sprühen. Im Sommer alle 14 Tage leicht düngen. Bei Bedarf im Frühjahr in große, flache Gefäße umtopfen.
Schadbilder: Schildläuse bei zu sonnigem Stand oder zu trockenen Bedingungen.
Vermehrung: Durch Teilung des Rhizoms oder Aussaat der Sporen im Anzuchtkasten.
Hinweise: Bei guter Pflege kann der Tüpfelfarn schnell sehr groß werden.

Links: Der Tüpfelfarn wächst sehr rasch. Typisch für ihn ist die blaugrüne Bereifung der Wedel.

Der Mantelfarn – ein leider etwas selten zu findender Zimmerfarn.

Mantelfarn

Didymochlaena truncatula Farne

Merkmale: Dieser hübsche, tropische Erdfarn wird viel zu selten angeboten, obwohl er sich für eine Kultur im Wohnraum recht gut eignet und schon um die Jahrhundertwende modern war. Am Naturstandort bildet der Mantelfarn mit dem zungenbrecherischen botanischen Namen im Alter kurze Stämme aus sowie einen palmähnlichen Schopf mit langen, derben Wedeln. Besonders hübsch ist der frische, rötlich-olivfarbene Austrieb junger Pflanzen. Die doppelt gefiederten, ledrigen Blätter sitzen an rötlichen Stielen.
Standort: Hell bis halbschattig, keine direkte Sonne; Zimmertemperatur, im Winter kühler, möglichst bei 16–18 °C.
Pflege: Gleichmäßig feucht, nicht naß halten. Den Sommer über schwach düngen. Mit weichem Wasser gießen und sprühen.
Schadbilder: Durch Lufttrockenheit oder Staunässe entstehen gleichermaßen Schäden. Mangelnde Luftfeuchtigkeit und Trockenheit verursachen braune Wedel.
Vermehrung: Durch Teilung.
Hinweise: Der Mantelfarn ist ein relativ einfach zu pflegender Farn aus den Tropen, der gut im temperierten Wohnbereich angesiedelt werden kann.

Der Hirschgeweihfarn ist eine ideale Ampelpflanze.

Hirschgeweihfarn

Platycerium bifurcatum Farne

Merkmale: Der Hirschgeweihfarn lebt in den tropischen Regenwäldern Südostasiens und Australiens bevorzugt in den Astgabeln großer Bäume. Mit zunehmendem Alter nehmen die Blattwedel die Form von Geweihen an.
Das Besonders an dieser Pflanze sind die beiden unterschiedlichen Blattarten: Neben normalen Wedeln werden sogenannte Nischenblätter ausgebildet. Diese umhüllen nach und nach den Ballen völlig, dienen dem Festhalten, vor allem aber als Nährstoffspeicher.
Die älteren Nischenblätter werden braun und sterben ab – neue bilden sich laufend nach. Die Pflanze entwickelt auf diese Weise ihren eigenen Kompost.
Standort: Hell, ohne direkte Sonneneinstrahlung. Zimmertemperatur und wärmer, nicht unter 16 °C!
Pflege: Gleichmäßig feucht halten, ab und zu tauchen; luftfeucht, ohne die Pflanze jedoch direkt anzusprühen.
Den Sommer über schwach düngen. Umtopfen erübrigt sich.
Schadbilder: Braune Blattspitzen durch Trockenheit. Schildläuse treten häufig auf; am besten mechanisch entfernen, jedoch die natürliche Wachs- bzw. Haarschuppensschicht der Blätter schonen!
Hinweise: Für eine stabile Aufhängevorrichtung sorgen! Der Farn nimmt beachtliche Ausmaße an und ist nach dem Gießen zwischen die Hüllblätter besonders schwer.

Nestfarn

Asplenium nidus Farne

Merkmale: Der Nestfarn ist ein Bewohner tropischer Regenwälder und vor allem in Südostasien heimisch. Dort lebt er hauptsächlich als Epiphyt auf Bäumen. Sein äußeres Erscheinungsbild und seine Lebensweise ähneln den Bromelien (siehe Seite 132ff.). Er fängt mit seiner trichterförmigen Blattrosette Regenwasser und organische Stoffe auf. Die Blattwedel sind derb und fest, ungefiedert und am Rand leicht gewellt; sie entspringen einer stammähnlichen Basis. Das helle, glänzende Grün der Blattspreite kontrastiert sehr schön mit der dunklen Mittelrippe. Mit zunehmendem Alter werden immer dekorativere Rosetten gebildet.
Standort: Hell bis halbschattig, keine pralle Sonne. Zimmertemperatur, auch wärmer, bodenwarm. Den Winter über nicht unter 16–18 °C.
Pflege: Nur mäßig feucht halten. Töpfe in Abständen in ein Tauchbad geben. Blattwedel regelmäßig abwaschen oder abduschen. Weiches Wasser verwenden! Schwach düngen und nur bei Bedarf umtopfen.
Schadbilder: Braune und mißgebildete Blattränder durch ungleichmäßige Pflegebedingungen. Schildläuse bei zu sonnigem Stand und/oder zu trockener Luft – mechanisch entfernen!
Hinweise: Der Nestfarn entwickelt sich am schönsten ausgepflanzt in einem Blumenfenster. Er ist jedoch sehr tolerant und gedeiht auch im Wohnraum.

Der Nestfarn kann im Alter stattliche Ausmaße annehmen.

Schwertfarn

Nephrolepis exaltata Farne

Merkmale: Überall in den Tropen gibt es Vertreter der Gattung Schwertfarn, in Kultur genommen wurde jedoch hauptsächlich *Nephrolepis exaltata.* Von dieser Art gibt es inzwischen viele verschiedene Zuchtformen, die sich hauptsächlich in der Länge und Fiederung ihrer Wedel unterscheiden. Die Sorte 'Teddy Junior' beispielsweise hat etwas krauses Laub und wächst sehr dichtbuschig. 'Atlanta' besitzt lange, schmale Wedel, im Gegensatz zu 'Bostoniensis' oder der Sorte 'Corditas' mit gewellten und mehrfach gefiederten Blättern. Mit zunehmendem Alter verändert sich der Wuchs, und die Wedel hängen oft stark über. Sie können meterlang werden. Darum stehen diese Farne im Haus am besten erhöht auf einer Säule, damit sie sich nach allen Seiten ausbreiten und so ihre Wirkung voll entfalten können.
In der freien Natur wächst *Nephrolepis* sowohl terrestrisch (in Erde) als auch epiphytisch. Wer einen Wintergarten oder ein großes Blumenfenster besitzt, kann diesen Farn also auch sehr gut auspflanzen. Dann bildet der Schwertfarn auch Ausläufer, die sich im Boden sehr leicht bewurzeln können. Bei Topfkultur hängen die langen Triebe wie Luftwurzeln über den Rand und vertrocknen sehr schnell, wenn sie kein feuchtes Medium finden und die Luft trocken ist.
Standort: Hell, aber keine pralle Sonne. Insgesamt ist der Schwertfarn weniger lichtempfindlich als andere Farne. Die Toleranz gegenüber Lufttrockenheit und Temperaturschwankungen ist generell groß, aber auch noch sortenabhängig. Optimal ist in jedem Fall Zimmertemperatur, und auch den Winter über sollten 16 °C nicht unterschritten werden.
Pflege: Gleichmäßig feucht halten, gegen stauende Nässe sind die Pflanzen empfindlich. Die Töpfe am besten wöchentlich einmal tauchen, wenn sie stark durchwurzelt sind. Häufig sprühen und die Luftfeuchtigkeit erhöhen. Bei Bedarf in humoses Substrat umtopfen.
Schadbilder: Braune Wedelspitzen sind durch Trockenheit und ungleichmäßige Pflege bedingt. Schädlingsbefall (vor allem Schildläuse) wird durch Lufttrockenheit begünstigt. Regelmäßig kontrollieren und am besten stark befallene Wedel ganz abschneiden – sonst die Läuse mechanisch entfernen.
Vermehrung: Durch Teilung der Pflanze möglich, aber auch durch fadenförmige, behaarte Ausläufer, die man wie Absenker in Substrat bewurzeln läßt.
Hinweise: Der Schwertfarn gehört zu den wichtigsten und robustesten Zimmerfarnen. Er gedeiht auch noch unter ungünstigen Verhältnissen. Seine volle Schönheit entfaltet er jedoch, wenn er optimale Lebensbedingungen in seinem Umfeld vorfindet – also ein feucht-warmes Klima ohne Fußkälte und Zugluft. Möglichst eine relative Luftfeuchtigkeit von 60%. Dann bekommt *Nephrolepis* auch keine trockenen Blattspitzen und sieht besonders schön aus.

Verschiedene *Nephrolepis*-Sorten, in unterschiedlicher Höhe gruppiert, ergeben einen dekorativen Blickfang.

Der Sichelfarn ist ein idealer Farn für kühle Wintergärten.

Sichelfarn

Polystichum falcatum Farne

Merkmale: *Polystichum falcatum* (Syn.: *Cyrtomium falcatum*) ist ein viel zu selten im Handel angebotener, hübscher Erdfarn, der aus Ostasien stammt und auch in Südafrika vorkommt. Er lebt in höheren Bergregionen und gedeiht deshalb am besten in kühleren Räumen.

Der Sichelfarn besitzt ledrig glänzende, einfach gefiederte Wedel und wird etwa 50–70 cm hoch. Das Laub erinnert stark an die Stechpalme *(Ilex)*, weil die Blattränder etwas gezähnt sind und ganz spitz zulaufen – man nennt ihn daher auch **Ilex-Farn**.

Standort: Hell bis schattig, auf keinem Fall der Sonne aussetzen. Zimmertemperatur und kühler, luftiger Stand! Den Winter über bei 10–15 °C. Im Sommer auch geschützt und schattig im Freien. Im milden Weinbauklima kann man diesen Farn sogar mit entsprechendem Schutz überwintern.

Pflege: Gleichmäßig feucht, nie austrocknen lassen, aber auch nicht zu naß halten. Möglichst luftfeucht kultivieren. Gießen und sprühen mit weichem Wasser, damit keine Kalkflecken entstehen und der pH-Wert im Boden niedrig bleibt.

Schadbilder: Schildläuse lassen sich bei diesem Farn leicht per Hand entfernen.

Vermehrung: Leicht durch Teilung der älteren Rhizome.

Hinweise: Am schönsten wirkt der Sichelfarn ausgepflanzt.

Hirschzungenfarn

Asplenium scolopendrium Farne

Merkmale: Der Hirschzungenfarn (Syn.: *Phyllitis scolopendrium)* nimmt unter den Zimmerfarnen eine Sonderstellung ein, denn er ist auch in unseren gemäßigten Breiten heimisch und gehört eigentlich in den Garten.

Die Art ist äußerst formenreich und deshalb auch für die Zimmergärtnerei so interessant. Mit der steten Zunahme von Wintergärten wurde auch dieser hübsche Farn wieder populärer. Im vorigen Jahrhundert gab es bereits Hunderte von Formen, die teilweise spontan, aber auch durch gezielte Züchtung entstanden. Man unterscheidet solche mit besonders schmalen, federartigen Wedeln, solche mit gewellten und gebuchteten Rändern, Cristata-Formen, die einem krausen Hahnenkamm ähneln, sowie Marginata-Formen mit teilweise gefransten und gelappten, fächerartigen Wedeln.

Standort: Halbschattig bis schattig, luftiger Stand. Den Winter über nicht mehr als 10 °C – frostfrei genügt. Im Sommer auch als Kübelpflanze im Freien.

Pflege: Mäßig feucht halten, besonders bei niedrigen Temperaturen. Den Sommer über schwach düngen. Humoses Substrat verwenden.

Schadbilder: Sehr gesunde Pflanzen bei luftigem, kühlem Stand.

Vermehrung: Durch Teilung der Rhizome.

Hinweise: Besonders schön wirkt der Hirschzungenfarn ausgepflanzt im Wintergarten. Er ist nicht kalkempfindlich. Am besten bezieht man ihn über Staudengärtnereien.

Auch der Hirschzungenfarn ist ein Farn für kühle Räume.

Es gibt auch *Pteris cretica*-Sorten mit geweihartig verzweigten Wedeln.

Saumfarn

Pteris Farne

Merkmale: Die große Gruppe der Saumfarne ist überall in den Tropen, teilweise auch in mediterranen Gebieten verbreitet. Aber nur einige wenige wurden bisher als Zimmerpflanzen kultiviert. Die wichtigste Art ist *Pteris cretica*, ein sehr variationsreicher Farn, von dem es viele verschiedene Sorten gibt. Die grüne Stammform wird als Zimmerpflanze viel zu groß, aber all die Abkömmlinge mit den bunt gezeichneten Wedeln eignen sich dafür hervorragend. Ein weiterer Vorteil: Sie bleiben klein und zierlich.
Am häufigsten findet man *P. cretica* 'Albolineata', den Weißstreifigen Saumfarn, bei dem jedes einzelne schmale Fiederblättchen einen hellen Mittelstreifen besitzt. Neben den einfachen, weißbunten Formen existieren auch Sorten wie 'Roeweri' und 'Wimsettii' mit krausem, unregelmäßigem, z. T. geweihartig verzweigtem Laub. Weniger robust und eher für das Blumenfenster oder eine Vitrine geeignet ist *P. ensiformis*. Die silbrig-grün gezeichnete Sorte 'Evergemiensis' wird auch gerne in Miniatur- und Flaschengärtchen verwendet.
Bei *P. ensiformis* lassen sich sehr gut fruchtbare (fertile) und sterile Wedel unterscheiden, da die fertilen Wedel deutlich schlanker und länger sind. *P. cretica*-Sorten tragen dagegen entweder nur fertile oder nur sterile Wedel an einer Pflanze.
Standort: Hell bis halbschattig, ohne direktes Sonnenlicht; Zimmertemperatur, *P. ensiformis* und andere empfindliche Arten nicht unter 18 °C. *P. cretica*-Sorten im Winter bei 12–15 °C, wobei panaschierte (buntlaubige) Sorten wärmer stehen wollen als grüne. Zugluft grundsätzlich vermeiden!
Pflege: Nur mäßig feucht halten, aber es sollen immer gleichmäßige Bedingungen herrschen. Den Sommer über schwach düngen. Für möglichst hohe Luftfeuchtigkeit sorgen! Weiches Wasser verwenden! Regelmäßig in humoses Substrat umtopfen.
Schadbilder: Trockene Blattspitzen durch mangelnde Luftfeuchtigkeit.
Hinweise: Mehrere Sorten von *P. cretica* zusammengepflanzt, ergeben eine hübsche Gruppe kleiner, haltbarer Zimmerfarne. Dekorativ ist auch die Kombination mit blühenden Topfpflanzen in einem größeren Gefäß.

Von den Saumfarnen ist der Weißstreifige Saumfarn *(Pteris cretica* 'Albolineata') am bekanntesten.

Weihnachtsstern GIFTIG

Euphorbia pulcherrima Wolfsmilchgewächse

Merkmale: In ihrer Heimat Mexiko wachsen Weihnachtssterne meterhoch. Die unscheinbaren Blütchen sitzen inmitten von auffälligen, leuchtendroten, rosa- oder cremefarbenen Hochblättern, die im Vergleich zu den eigentlichen Blüten eine relativ lange Lebensdauer haben.
Standort: Hell, keine pralle Sonne; Zimmertemperatur, nicht unter 18 °C; bodenwarm!
Pflege: Gleichmäßige Feuchtigkeit, aber keine Nässe. Bei Weiterkultur nach der Blüte im Frühjahr stark zurückschneiden, in humose Erde umtopfen und trockener halten. Ab Juni alle 8 – 14 Tage düngen.
Vermehrung: Durch Kopfstecklinge im Sommer im Vermehrungskasten.
Hinweise: Kurztagspflanze. Zur besseren Blütenbildung ab Oktober einen Karton über die Pflanze stülpen, um 12 Stunden Dunkelheit zu geben. Giftiger Milchsaft! Bei Verletzung der Pflanze oder beim Rückschnitt das »Bluten« mit warmem Wasser oder einer Flamme zum Stillstand bringen.

Der Weihnachtsstern (auch Poinsettie genannt) kann bei guter Pflege und 4wöchiger Kurztagsbehandlung (siehe Seite 165) jedes Jahr zur Blüte kommen und sich zu einer prächtigen Pflanze entwickeln.

Pflanzen für eine Saison

Die hier vorgestellten, kurzlebigen Topfpflanzen gehören zu den besonders dankbaren Blühern. Es handelt sich meistens um preiswerte Pflanzen, die relativ einfach und rasch zu kultivieren sind und in großen Mengen von den Gartenbaubetrieben zu unterschiedlichen Jahreszeiten oder auch ganzjährig auf den Markt gebracht werden. Verglichen mit einem schnell vergänglichen Blumenstrauß hat man von den blühenden Topfpflanzen weitaus mehr – und sie erfreuen uns oft wochen- und monatelang mit ihrem Blütenschmuck. Manche Liebhaber schaffen es auch, Weihnachtssterne oder Begonien wieder zum Blühen zu bringen, aber längst nicht mehr so schön und üppig wie der Gärtner. Deshalb sollte man sich ruhig ab und zu eine neue Topfpflanze leisten.
Unter diesen Arten und Sorten gibt es Einjährige, die immer wieder durch Samen vermehrt werden, wie Primeln und Pantoffelblumen, aber auch strauchige, mehrjährige Gewächse, wie den Weihnachtsstern.
Azaleen und Alpenveilchen nehmen eine Sonderstellung ein. Sie werden häufig wie andere kurzlebige Topfpflanzen behandelt, aber bei ihnen lohnt es sich durchaus, sie weiterzupflegen (siehe Seite 34/35).

Rechts: Elatior-Begonien blühen fast das ganze Jahr in vielerlei kräftigen Farben.

Blütenbegonien

Begonia-Elatior-Gruppe Begoniengewächse

Merkmale: Elatior-Begonien sind in den tropischen Regenwaldgebieten heimisch und können ganzjährig zur Blüte gebracht werden. Sie sind in Weiß, Gelb, Rosa und Rot, mit gefüllten oder ungefüllten Blüten im Handel.
Standort: Hell, keine pralle Sonne; Zimmertemperatur, nicht unter 18 °C.
Pflege: Gleichmäßige Feuchtigkeit, weder Staunässe noch austrocknen lassen. Alle 8 – 14 Tage düngen. Kalkarmes, temperiertes Wasser verwenden.
Hinweise: Beim Kauf, vor allem in den Wintermonaten, auf Mehltaubefall achten!

Blaues Lieschen

Exacum affine Enziangewächse

Merkmale: Das Blaue Lieschen ist eine blühfreudige, anspruchslose Topfpflanze, deren Heimat die Insel Sokotra an der afrikanischen Ostküste ist. Die blauen oder weißen Blüten erscheinen von Ende Juni bis zum Spätherbst und duften sehr fein.
Standort: Hell, vor praller Sonne geschützt; Zimmertemperatur, luftig!
Pflege: Gleichmäßig gießen, vor Staunässe und Austrocknung schützen. Alle 8–14 Tage düngen.
Hinweise: Das Entfernen welker Blütchen fördert die weitere Knospenbildung.

Das Blaue Lieschen ist in den letzten Jahren so richtig in Mode gekommen, da es sich als anspruchslose, blühfreudige Topfpflanze bestens bewährt hat.

Glanzkölbchen

Aphelandra squarrosa Akanthusgewächse

Merkmale: Das Glanzkölbchen ist ein Halbstrauch, der in tropisch-feuchten Gegenden Amerikas vorkommt. Es sind kompakte, meist wenig verzweigte Pflanze mit großen, weiß-grün gezeichneten, derben Blättern und gelben Blütenähren. Blütezeit: Frühjahr bis Sommer.
Standort: Hell, jedoch keine pralle Sonne; Zimmertemperatur und wärmer, wenn möglich, hohe Luftfeuchtigkeit.
Pflege: Gleichmäßig feucht halten, Staunässe und Ballentrockenheit vermeiden, häufig sprühen. Enthärtetes, temperiertes Wasser verwenden! Von Frühjahr bis Herbst alle 8–14 Tage düngen.
Hinweise: Die Pflanzen haben keine besonders lange Lebensdauer! Vom Gärtner werden sie meist mit Wuchshemmstoffen behandelt und wachsen deshalb am Anfang gedrungener.

Das Glanzkölbchen besitzt nicht nur einen attraktiven, gelben Blütenstand, sondern auch auffallend gezeichnete Blätter. Mit zunehmendem Alter wird die Pflanze jedoch sparrig.

Gloxinie

Sinningia Gesneriengewächse

Merkmale: Die aus den Tropen stammenden Gloxinien tragen dunkelgrüne, samtige Blätter und große Trichterblüten; je nach Sorte sind sie rot, rosa oder weiß, gefleckt, zweifarbig, gefüllt oder ungefüllt. Blütezeit: Frühjahr und Sommer.
Standort: Hell, aber keine pralle Sonne; Zimmertemperatur, nicht unter 18 °C, hohe Bodenwärme; luftig!
Pflege: Gleichmäßige Feuchtigkeit, aber Blätter nicht benetzen; temperiertes, kalkarmes Wasser verwenden!
Hinweise: Die Pflanze neigt leicht zum Faulen, daher abgestorbene, verblühte Teile bis zur Basis abschneiden.

Gloxinien wirken vor allem durch den Kontrast ihrer dunkelgrünen, samtigen Blätter mit den großen, leuchtenden Trichterblüten. Inzwischen sind auch kleinere und kompakter wirkende Sorten wie die 'Multiflora'-Typen im Handel.

Flammendes Käthchen

Kalanchoë-Blossfeldiana-Gruppe — Dickblattgewächse

Merkmale: Die zu den Sukkulenten zählende Gattung *Kalanchoë* ist formenreich und stammt aus Madagaskar. Die Farbpalette dieser Hybriden reicht von Gelb über Orange und von Rot bis Rosaviolett. Natürliche Blütezeit ist das zeitige Frühjahr.
Standort: Hell und sonnig, vor allem im Winterhalbjahr; Zimmertemperatur oder kühler, im Winter nicht unter 15 °C; luftig.
Pflege: Vorsichtig gießen, vor allem bei kühlem Stand nicht zu feucht halten. Während der Blüte und den Sommer über alle 2–3 Wochen düngen.
Hinweise: Verblühtes rechtzeitig bis zum Blattansatz abschneiden – die Pflanze blüht dann nach.

Das Flammende Käthchen bringt eine Vielzahl dicht beieinanderstehender Blütendolden in kräftigen, warmen Farbtönen hervor, die eine sehr gut Fernwirkung haben.

Die schuhähnlichen (Name!) Blütengebilde der Pantoffelblume hängen in großer Zahl dicht über dem hellgrünen Laub.

Pantoffelblume

Calceolaria — Rachenblütler

Merkmale: Pantoffelblumen sind einjährige, krautige Pflanzen, deren Elternarten aus den Gebirgsregionen Mittel- und Südamerikas stammen. Ihre aufgeblasen wirkenden Blüten sind gelb oder orange, einfarbig oder braunrot getigert. Blütezeit: April und Mai.
Standort: Hell, keine pralle Sonne; Temperaturen zwischen 15 und 18 °C; luftiger Stand bringt längere Haltbarkeit.
Pflege: Gleichmäßig gießen, je nach Temperatur; alle 8–14 Tage düngen.
Hinweise: Die Pflanzen sterben nach der Blüte ab.

Zierpaprika

GIFTIG

Capsicum annuum — Nachtschattengewächse

Merkmale: Der Zierpaprika ist ein Halbstrauch aus Mexiko mit reichem und haltbarem Fruchtschmuck. Die weißen Blüten erscheinen ab Juni. Die Früchte sind je nach Sorte unterschiedlich gefärbt und geformt.
Standort: Hell und sonnig; luftig bei mäßig warmem Stand. Im Sommer auch geschützt im Freien. Für die Weiterkultur bei 10–15 °C überwintern und im Frühjahr zurückschneiden.
Pflege: Während der Sommermonate reichlich gießen und düngen.
Hinweise: Kurzlebige, meist nur ein- oder zweijährig kultivierte Pflanze.

Der Zierpaprika trägt den ganzen Sommer über reichlichen Fruchtschmuck in verschiedenen Formen und Rot-, Orange- oder Gelbtönen – je nach Sorte.

Becherprimel

Primula obconica Primelgewächse

Merkmale: Die Becherprimel ist eine ausdauernde Staude, die aus China stammt. Ihre Blütezeit kann sich über das ganze Jahr erstrecken, der größte Blütenreichtum wird jedoch im Frühjahr erreicht. Sie ist in sehr vielen Blütenfarben vom hellen Lachs über Dunkelrot bis zu Lavendelblau erhältlich.
Standort: Hell bis halbschattig, vor praller Sonne geschützt; möglichst kühl und luftig bei etwa 10–15 °C.
Pflege: Mäßig feucht halten; enthärtetes, temperiertes Wasser verwenden! Von Frühjahr bis Herbst regelmäßig schwach düngen.
Hinweise: Regelmäßiges Entfernen der abgeblühten Stiele fördert das Nachblühen.
Vorsicht, die Primel kann Allergien verursachen!

Die Becherprimel gehört zu den Frühjahrsblühern für kühle Räume. Die große Palette ihrer Blütenfarben läßt die unterschiedlichsten Pflanzkombinationen zu.

Cinerarie, Aschenblume

Senecio-Cruentus-Gruppe Korbblütler

Merkmale: Die Cinerarie stammt aus den kühleren Bergregionen der Kanarischen Inseln. Hauptblütezeit ist das zeitige Frühjahr. Es gibt viele Sorten mit großen Blüten, einer reichen Farbenfülle und kompaktem Wuchs.
Standort: Hell und luftig; die optimale Temperatur liegt bei 16–18 °C.
Pflege: Gleichmäßige Feuchtigkeit, je höher die Temperatur, desto mehr Gießen. Regelmäßig düngen.
Hinweise: Beim Kauf auf nicht voll erblühte Pflanzen achten – man hat länger Freude an ihnen.

Cinerarien sind reichblühende, kurzlebige Topfpflanzen für kühle Räume. Sie werden wegen ihrer grauen Blattunterseiten auch Aschenblumen genannt.

Topfrose

Rosa chinensis Rosengewächse

Merkmale: Zur Topfkultur eignen sich besonders die Zwergrosen und davon wieder die ausgesprochenen Miniaturformen. Alle Sorten gehen auf *Rosa chinensis* zurück, die Zwerg-Bengalrose. Blütezeit: Sommer bis Herbst.
Standort: Hell und sonnig, aber keine pralle Sonne. Luftig! Den Sommer über möglichst im Freien. Kühl überwintern.
Pflege: Gleichmäßige Feuchtigkeit. Vom Frühjahr bis Sommer regelmäßig düngen. Im Frühjahr zurückschneiden und umtopfen.
Hinweise: Abgeblühtes regelmäßig entfernen (bis zu einem fünfteiligen Blatt zurückschneiden).

Zwergrosen sind Miniaturformen der kleinwüchsigen *Rosa chinensis.* Sie blühen am besten, wenn sie in nicht zu großen Töpfen sitzen, die Wurzeln also nur wenig Platz haben – sie dürfen aber nicht austrocknen.

Wichtig bei der Wahl der Gefäße für Kübelpflanzen, vor allem älteren und größeren Exemplaren wie dieser herrlichen Engelstrompete, ist eine gute Standfestigkeit, damit die Pflanzen nicht bei Wind und Regen umkippen und beschädigt werden.

Kübelpflanzen

Unter Kübelpflanzen versteht man Pflanzen, die im Winter kühl und in der frostfreien Jahreszeit an geschützter Stelle im Freien aufgestellt werden. Einige sind im Jugendstadium besser im Zimmer zu halten, werden mit zunehmendem Alter jedoch unempfindlicher. Für manche ist ein luftiger Sommeraufenthalt mit hoher UV-Strahlung unerläßlich (Palmen), während es anderen »nur« gut tut. Bei der **Umstellung von drinnen nach draußen** folgendes beachten: allmählicher Übergang bei bedecktem Himmel oder am Anfang schattiger Stand, um den sogenannten UV-Schock, d.h. Verbrennungen, zu vermeiden. Auch die Temperaturen sollten abgestimmt werden. Im Frühjahr, wenn die Pflanzen verweichlicht sind, mit dem Ausräumen lieber warten; im Herbst dagegen sind sie abgehärtet und vertragen auch eher niedrigere Temperaturen.
Standort: Ganz allgemein geschützte Plätze wählen! Überdachte Terrassen oder Gehölzschatten sind oft besser als ein freier Stand, damit pralle Sonne, Wind und Regen abgehalten werden. Unter luftigen Bedingungen wird jedoch mehr Sonne vertragen als hinter geschlossenen Scheiben! Während des Aufenthaltes im Freien ist das Wachstum und damit auch der Wasser- und Nährstoffbedarf am größten, ganz besonders bei blühenden Pflanzen oder solchen, die für eine spätere Blütezeit Kräfte sammeln sollen. Da Töpfe und Kübel nur ein geringes Volumen haben, alle 8–14 Tage regelmäßig düngen. Im Spätsommer die Nährstoffgaben reduzieren, um die Pflanzen ausreifen zu lassen.
Beim **Substrat** gilt allgemein die Regel, daß junge Pflanzen humoses, lockeres Gemisch bevorzugen und öfter umgetopft werden müssen (alle 1–2 Jahre), während ältere, starkwüchsige Pflanzen einen kräftigen, nährstoffreichen Boden mit Lehm und Kompostanteilen brauchen. Sie werden nur noch selten umgepflanzt, die Töpfe sollten aber regelmäßig mit frischer Erde aufgefüllt werden. Immer für guten Wasserabzug sorgen!
Vor dem **Wiedereinräumen im Herbst** die Pflanzen und das Substrat gut auf Schädlinge kontrollieren und diese gegebenenfalls entfernen bzw. bekämpfen!

Die Bougainvillee bringt vor allem in den Sommermonaten eine Fülle rotvioletter oder orangefarbener Hochblätter hervor. Bei guter Pflege kann sich die Pflanze zu einem stattlichen Strauch entwickeln.

Bougainvillee

Bougainvillea glabra Wunderblumengewächse

Merkmale: Die meterhoch kletternde Bougainvillee stammt aus Brasilien. Ihre kleinen, weißlichen Blütchen sitzen zwischen rotvioletten oder orangeroten Hochblättern. Hauptblütezeit: Frühjahr bis Spätsommer.
Standort: Im Sommer vollsonnig, vor Regen geschützt im Freien. Im Winter hell und luftig, nicht unter 10 °C.
Pflege: Im Sommer reichlich gießen und düngen, im Winter sparsamer gießen. Im Frühjahr in kräftig-humose Erde umpflanzen.
Hinweise: Nach der winterlichen Ruhezeit kräftig zurückschneiden.

Tibouchine

Tibouchina urvilleana Schwarzmundgewächse

Merkmale: Die strauchig wachsende Tibouchine stammt aus Brasilien. Die Pflanze bringt vom Sommer bis zum Frühjahr große, blauviolette Blüten hervor.
Standort: Hell, im Zimmer vor praller Sonne geschützt; im Sommer vollsonnig im Freien. Im Winter luftig, kühler bei 12–18 °C.
Pflege: Im Sommer reichlich gießen und düngen, im Winter mäßig. Nach der Blüte zurückschneiden und trockener halten.
Hinweise: Blüht bereits im Jugendstadium. Da der Wuchs von Anfang an etwas sparrig ist, sollte man mehrere Pflanzen in einen Topf setzen.

Die Tibouchine bringt ihre samtigen, blauvioletten Blüten bereits im Jugendstadium hervor. Der Blütenreichtum nimmt mit den Jahren immer mehr zu.

Oleander GIFTIG

Nerium oleander Hundsgiftgewächse

Merkmale: Diese bekannten Blütensträucher aus dem Mittelmeerraum können im Sommer einfache, gefüllte und auch duftende Blüten in Rot-, Rosa- und Cremetönen hervorbringen.
Standort: Vom Frühjahr bis zum Herbst im Freien. Im Winter bei 5–10 °C, verträgt auch Temperaturen um 0 °C.
Pflege: In der Wachstumszeit reichlich gießen und düngen. Im Winter trockener halten, nicht düngen.
Hinweise: Die Pflanze kann im Winter auch dunkel stehen, braucht dann aber länger, um sich wieder zu erholen. Wächst stark! Rückschnitt auch bis zur Basis möglich, jedoch in Etappen, da sonst Blühverlust. Vorsicht, alle Teile sind giftig!

In kühlen Sommern kommt der Oleander oft nur bis zum Knospenstadium, die Blüte erscheint dann erst im darauffolgenden Jahr. Gefülltblühende Sorten sind regenempfindlicher.

Jakobinie

Justitia rizzinii Akanthusgewächse

Merkmale: Die buschig wachsende, immergrüne Justitia rizzinii (Syn.: *Jacobinia pauciflora)* stammt aus Brasilien. Die Pflanze wird 30–60 cm hoch und bringt im Winter zahlreiche rotgelbe Röhrenblütchen hervor.
Standort: Ganzjährig hell bis sonnig. Im Sommer am besten im Freien, im Winter luftig, um 10 °C.
Pflege: Mäßig feucht halten, je nach Temperatur; Ballen nie austrocknen lassen.
Vermehrung: Durch Stecklinge im Anzuchtkasten.
Hinweise: Nach der Blüte sollte die Pflanze zurückgeschnitten und eine kurze, kühle Ruhezeit eingehalten werden.

Die hängenden, scharlachroten Blüten der Jakobinie laufen in leuchtend orangegelbe Spitzen aus. Die Blütezeit kann sich vom Winter bis ins zeitige Frühjahr erstrecken.

Der Geißklee gehört zu den Frühjahrsblühern und überzieht sich in dieser Zeit mit einer Fülle gelber Schmetterlingsblüten. Man kann ihn buschig oder als Hochstamm erziehen.

Geißklee

Cytisus x racemosus Hülsenfrüchtler

Merkmale: Dieser Geißklee ist eine Kreuzung aus Kanarischem Ginster bzw. Geißklee *(Cytisus canariensis)* und Madeira-Ginster *(C. maderensis)*. Die gelben, duftenden Schmetterlingsblüten erscheinen etwa von März bis Mai. Man kann die Pflanze buschig oder als Hochstamm ziehen.
Standort: Hell bis sonnig; kühl und luftig, den Sommer über am besten im Freien; im Winter bei 5–10 °C.
Pflege: Gleichmäßig feucht, nie zu naß halten, besonders im Winter. Während der Wachstumszeit regelmäßig, im Winter gelegentlich düngen.
Hinweise: Um sparrigem Wuchs vorzubeugen, nach der Blüte zurückschneiden. Jungpflanzen mehrfach entspitzen. Kalkliebend!

Känguruhdorn

Acacia armata Hülsenfrüchtler

Merkmale: Akazien kommen in Hunderten von Arten – meist als große Bäume – sowohl auf dem afrikanischen als auch dem australischen Kontinent vor. Die gelben, flaumigen Kugelblüten erscheinen im Frühjahr.
Standort: Hell bis sonnig; kühl und luftig. Den Sommer über am besten im Freien, im Winter kühl bei 5–10 °C.
Pflege: Gleichmäßig feucht halten, keine Staunässe und keine Ballentrockenheit. Von Frühjahr bis Sommer alle 8–14 Tage düngen.
Hinweise: Akazien bezeichnet man allgemein gern als Mimosen, wobei Mimose als Sammelbegriff für die vielen *Acacia*-Arten mit gelben, kugeligen Blüten gilt.

Die gelben Blütenkugeln des Känguruhdorns erscheinen zwischen den dunkelgrünen, zu blattähnlichen Gebilden umgewandelten Stielen und bilden einen hervorragenden Kontrast.

Die Südseemyrte blüht bereits im Jugendstadium. Das bronzefarbene Laub kontrastiert sehr schön mit den hellen Blüten.

Südseemyrte

Leptospermum scoparium Myrtengewächse

Merkmale: Die Südseemyrte wächst in ihrer Heimat Australien und Neuseeland sowohl als winziger Strauch als auch baumartig. Die Pflanze bringt vom Winter bis zum Frühsommer zahlreiche kleine, weiße, rosa oder rote Blütchen hervor.
Standort: Hell, sonig und luftig. Den Sommer über im Freien, im Winter hell und kühl, um 5 °C.
Pflege: Im Sommer reichlich mit kalkarmem Wasser gießen und regelmäßig düngen. Im Winter mäßig feucht halten. Keine Staunässe, aber auch nicht austrocknen lassen!
Hinweise: Nach der Blüte Rückschnitt, um Austrieb von unten her zu fördern.

Brautmyrte

Myrtus communis Myrtengewächse

Merkmale: Die Brautmyrte stammt aus dem Mittelmeergebiet und hat als Zimmer- und Kübelpflanze eine lange, symbolbeladene Tradition. Der immergrüne Strauch mit den kleinen, ledrigen Blättern blüht von Frühsommer bis Herbst. Die kleinen, weißen Blütchen verströmen einen zarten Duft. Im Handel werden verschiedene Auslesen als Zwergformen oder Büsche und Kronenbäumchen angeboten.
Standort: Hell, sonnig und luftig. Im Sommer am besten im Freien, im Winter hell und kühl, bei 5 °C.
Pflege: Zur Wachstumszeit reichlich mit kalkarmem Wasser gießen und düngen, keine Staunässe! Im Winter nur mäßig feucht halten, aber nie austrocknen lassen.
Hinweise: Die Pflanzen lassen sich gut stutzen und in Form schneiden, sie bleiben dabei dicht und kompakt. Myrten blühen aber nur, wenn man sie zeitweise frei wachsen läßt und auf Formschnitt verzichtet.

Bei der Brautmyrte duften nicht nur die kleinen, weißen Blüten, sondern auch das immergrüne Laub. Die Pflanze hat eine lange Tradition: Blüten- oder Blattzweiglein werden gerne als Anstecker bei Hochzeiten verwendet.

Kübelpflanzen, die den Sommer im Freien verbringen wollen

Deutscher Name	Botanischer Name	Blütenfarbe	Standort
Schmucklilie	*Agapanthus praecox*	blauviolett	sonnig
Seidenbaum	*Albizia julibrissin*	weiß-rosa	sonnig
Scheinmalve	*Anisodontea capensis*	dunkelrosa	sonnig
Strauchmargerite	*Argyranthemum frutescens*	weiß, gelb	hell bis sonnig
Engelstrompete	*Brugmansia-(= Datura)*Arten	weiß, creme, rosa, orange	sonnig bis halbschattig
Schönfaden	*Callistemon citrinus*	leuchtendrot	hell bis sonnig
Hammerstrauch	*Cestrum*-Arten	gelb,orange, rot	sonnig
Zwergpalme	*Chamaerops humilis* (Seite 141)	– –	hell bis sonnig
Wollmispel	*Eriobotrya japonica*	creme	sonnig bis halbschattig
Zierbanane	*Ensete ventricosum* (Seite 63)	– –	sonnig bis halbschattig
Eukalyptus	*Eucalyptus*-Arten	creme, rosa	sonnig bis halbschattig
Goldmargerite	*Euryops chrysanthemoides*	gelb	sonnig
Echte Feige	*Ficus carica*	– –	hell bis sonnig
Fuchsie	*Fuchsia*-Hybriden	rotviolett, blaurot, rosa, weiß	halbschattig
Strauchveronika	*Hebe*-Andersonii-Gruppe	weiß, rot, violett	hell
Hortensie	*Hydrangea macrophylla*	weiß, rot, blau	hell bis halbschattig
Wandelröschen	*Lantana*-Camara-Gruppe	cremefarben, gelb, orange	sonnig
Lorbeerbaum	*Laurus nobilis*	– –	sonnig bis schattig
Klebsame	*Pittosporum tobira*	cremefarben	sonnig bis halbschattig
Bleiwurz	*Plumbago auriculata*	weiß, himmelblau	sonnig
Granatapfelbaum	*Punica granatum*	rot, weiß, gelb	sonnig
Rosmarin	*Rosmarinus officinalis*	blau	sonnig
Hanfpalme	*Trachycarpus fortunei* (Seite 141)	– –	sonnig
Washingtonie	*Washingtonia robusta* (Seite 141)	– –	sonnig

Pflanzen in Hydrokultur werden in speziellen Gittertöpfen angezogen.

Hydrokultur

Hydrokultur ist kein Zauberwort, mit dessen Hilfe man sich jeglichen Pflegeaufwand im Zusammenhang mit Zimmerpflanzen ersparen kann, aber in vielen Fällen kann Hydrokultur die Pflege erleichtern und den Pflanzen geregelte Lebensbedingungen verschaffen. Dieses Kulturverfahren ist trotz laufender Verbesserungen kein voller Ersatz für die Erdkultur, aber eine gute Alternative!

Vorteile

- Ideal für großzügige Innenraumbegrünung, besonders dort, wo keine geregelten Pflegebedingungen möglich sind, wie beispielsweise in Büros und öffentlichen Gebäuden.
- Durch größeren Wasser- und Nährstoffvorrat gleichmäßige Wachstumsbedingungen – ordnungsgemäße Anwendung vorausgesetzt!
- Regelmäßig gut versorgte Hydropflanzen müssen selten umgetopft werden – falls die Gefäße ausreichend bemessen sind.
- Vereinfachung der Pflege, z. B. bei Ampelpflanzen, und insgesamt größere Sauberkeit.
- Möglichkeit, Arten mit unterschiedlichen Wasser- und Nährstoffansprüchen zusammenzupflanzen – jedoch unter Berücksichtigung des jeweiligen Licht- und Temperaturbedarfs.
- Durch solche Gruppenpflanzungen wird eine gute optische Wirkung erzielt, verbunden mit verbessertem Kleinklima (gut für die Pflanzen) und erhöhter Luftfeuchtigkeit im Raum (gut für den Menschen) – siehe Seite 13f. Neuere wissenschaftliche Untersuchungen zeigen, daß üppiger Pflanzenwuchs auch luftreinigend wirkt (siehe Seite 9)!

Nachteile

- Beschränkung des Sortiments auf überwiegend langlebige Grünpflanzen insbesondere für mäßig gute Lichtverhältnisse. Reine Blüten- und Liebhaberpflanzen sind nicht in ausreichendem Maße zu haben.
- Für Hydrokultur geeignete Pflanzen müssen in speziellen Kulturverfahren herangezogen werden, brauchen Spezialzubehör und sind damit teurer als herkömmliche Erdkulturen.
- Für Hobbygärtner, die ein großes Pflanzenspektrum anstreben, ihnen einen Sommeraufenthalt im Freien und winterliche Ruhezeiten gönnen möchten, ist Hydrokultur keine Alternative, sondern ein Experimentierfeld.
- Umgepflanzt wird zwar seltener, ist jedoch schwieriger – Gefahr der Wurzelverletzung!
- Das »Substrat« Wasser hat neben vielen positiven Eigenschaften gegenüber Erden den Nachteil der geringeren Pufferwirkung, so daß Ernährungsstörungen schwerwiegender sind.

Anstelle von Erde halten bei der Hydrokultur Blähtonkügelchen den Wurzelballen fest. Kulturtopf und Wasserstandsanzeiger sind das wichtigste Zubehör.

Pflanzenname	Standortbedingungen					
	Sonnig / luftig	Hell / luftig	Hell / warm	Halbschattig / luftig	Halbschattig / warm	Schattig / luftig
Austral. Silbereiche		●				
Baumfreund		●	●	●		
Begonien*		●	●	●		
Bergpalme				●	●	●
Birkenfeige		●				
Bogenhanf		●		●		
Christusdorn*	●	●				
Cissus				●		●
*Columnea**			●		●	
Dieffenbachie			●		●	
Drachenbaum			●		●	
Efeu		●		●		●
Efeuaralie				●		●
Efeutute		●		●		●
Einblatt*			●		●	
Euphorbien (sukkulente)	●	●				
Farne				●	●	
Fensterblatt		●		●		●
Flamingoblume*			●		●	
Flaschenbaum	●	●				
Frauenschuh*		●	●	●	●	
Gardenie*		●				
Geigenfeige		●		●		
Goldfruchtpalme		●		●		
Goldorange				●		●
Gummibaum		●	●	●		
*Guzmania**		●	●			
Hibiskus*		●				
Kardamon		●		●		
Kastanienwein				●		●
Katzenschwanz			●			
Kentie				●		●
Keulenlilie			●			
Kletterfeige				●		●
Kokospalme	●	●	●			
Kolbenfaden					●	
Kroton			●			
Lanzenrosette*	●	●	●			
Leea			●			
Madagaskarpalme	●	●				
Malaienblume*		●	●			
Maranten und Verwandte					●	
Medinille*		●				
Palmlilie	●	●				
Purpurtute					●	
Schamblume*			●		●	
Schraubenbaum	●	●				
Schusterpalme				●		●
Spitzblume		●				
Strahlenaralie		●	●	●		
Usambaraveilchen*			●		●	
Wachsblume*		●				
Zierananas		●	●			
Zierbanane		●				
Zierspargel		●		●		
Zimmeraralie				●		●
Zimmerlinde		●				
Zimmertanne		●				
Zwergpfeffer			●		●	
Zypergras		●				

* = Blütenpflanzen

HYDROKULTUR

- Geringere Krankheitsanfälligkeit ist bei der erdlosen Kultur nicht unbedingt zu bestätigen. Durch optimale Bedingungen, die man in Erdkultur aber ebenso erreichen kann, haben Parasiten insgesamt geringere Angriffsmöglichkeiten. Gerade im Wurzelbereich kommt es durch unsachgemäße Behandlung jedoch leicht zu Fäulnis.
- Der Vorzug optimaler Wachstumsbedingungen stellt sich auch beim Hydrokulturverfahren nicht von selbst ein. Genaue Beachtung aller Regeln und Beobachtung der Pflanzen ist Voraussetzung, denn jede »Automatik« hat auch ihre Tücken.

Besonderheiten der Hydrokultur

Als Haltesubstrat für die Wurzeln dient **Blähton.** Das leichte, poröse Tongranulat läßt den notwendigen Luftaustausch zu. Vor Gebrauch muß der Blähton durchgewaschen und später, etwa einmal im Jahr, gut durchgespült werden! Das Wasser hat die Aufgabe, Nährstoffe verfügbar zu machen und Luftfeuchtigkeit zu erzeugen.

Es gibt zwei unterschiedliche Methoden der **Nährstoffversorgung:**

- **Konservative Methode:** Die normalen Nährstofflösungen sollen nach 4–6 Wochen (spätestens nach 3 Monaten) völlig ausgetauscht werden. Bei größeren Gefäßen braucht man dazu eine kleine Pumpe.

Wie bei Erdsubstraten kommt es hier auf einen niedrigen pH-Wert an, der unter 6 liegen sollte, damit die Nährstoffe für die Pflanze aufschließbar sind. Bei Wasserhärten über 10 dH (Teststreifen oder im Wasserwerk fragen) muß das Leitungswasser entkalkt werden. Ausdrücklich nur für Hydrokultur geeignete Handelspräparate geben! Möglicherweise destilliertes Wasser, aber kein Regenwasser verwenden.

- **Ionenaustauschverfahren mit Langzeitwirkung:** Mineralstoffe aus dem Leitungswasser, besonders Kalk, werden gebunden und im Austausch dafür pflanzenverfügbare Nährstoffe abgegeben. Der Wirkstoff **Lewatit HD 5,** auf den es hier ankommt, wird in verschiedenen Varianten angeboten, u. a. auch als »Nährstoffbatterie«. Man muß die Gefäße nicht ständig reinigen, sondern nur nachfüllen und nach 4–6 Monaten die Batterie wechseln. Das Verfahren ist nur bei einer Wasserhärte von 8–10 dH an geeignet! Bei niedrigeren Werten eine »Nährstoffaktivpille« zusetzen.

Wichtig ist es, wie bei Erdkultur auch, im Winter die Nährstoffkonzentration zu verringern. Von Oktober-November soll z. B. möglichst keine Düngebatterie eingesetzt werden!

Hydrogefäße

Normalerweise bestehen die Hydrogefäße aus einem Übertopf und einem durchbrochenen Kunststoffeinsatz, dem **Kulturtopf.** Zwischen beiden Gefäßen muß noch genügend Raum bleiben. Die Nährlösung sollte durchschnittlich höchstens ein Drittel der Topfhöhe einnehmen.

Bei der Auswahl der Übertöpfe kommt es auf hohe Materialqualität an, damit nicht durch die Nährlösung Schwermetallionen aus den Gefäßwandungen gelöst werden und die Pflanzen schädigen.

Bei einigen Hydrogefäßen gibt es in der Außen-

Links: Umstellung von Erd- auf Hydrokultur ist grundsätzlich möglich – mit jüngeren Pflanzen jedoch risikoloser. Bester Zeitpunkt für eine Umstellung ist das Frühjahr.

Rechts: Wichtig vor der Umstellung ist das gründliche Auswaschen der Wurzeln unter fließendem, temperiertem Wasser.

wand Sichtfenster, an denen man den Wasser- bzw. Nährlösungsstand ablesen kann, in der Mehrzahl der Fälle ist jedoch ein **Wasserstandsanzeiger** vorgesehen. Von seiner Funktionsfähigkeit hängt sozusagen das Leben der Pflanzen ab! Darum sollte man besonders darauf achten und kein Wasser nachfüllen, ohne gleichzeitig die Pflanzen zu beobachten.
Weiteres **Zubehör,** wie z. B. Kletterhilfen für rankende Pflanzen, sollten nur aus speziellem Kunststoff hergestellt sein und nicht aus organischem Material, um Fäulnis zu vermeiden.

Wasserstand

Ein Wasserstandsanzeiger hat drei Markierungen: Min, Max und Opt. Der Maximum-Stand sollte nur erreicht werden, wenn die Pflanzen sehr hell und warm stehen, also viel Wasser verbrauchen, was auch von der Art der Pflanze abhängt. Bei längerer Abwesenheit (Urlaub) kann ebenfalls in Ausnahmefällen auf Höchststand aufgefüllt werden. Meistens gilt die mittlere Einstellung als das Optimum. In den Wintermonaten und bei Kakteen oder Pflanzen, die halbschattig stehen, wählt man den Wasserstand noch niedriger. Es gehört zu den wichtigsten Regeln der Hydrokultur, daß der Wasserstand spätestens nach 3–4 Wochen abgesunken sein muß. Es wird empfohlen, bei der Anzeige von »Minimum« einige Tage zu warten, bevor man neues Wasser nachfüllt (bei Großgefäßen eine Woche). Damit erhalten die Wurzeln den notwendigen Sauerstoff – vergleichbar mit einer gut durchlüfteten, lockeren Erde!

Zum Wurzelwachstum genügt bereits erhöhte Luftfeuchtigkeit; die Wurzeln selbst müssen nicht ins Wasser reichen. Die Temperatur der Nährlösung soll zwischen 18 und 25 °C betragen und darf nie unter 15 °C absinken.

Umstellen von Erd- auf Hydrokultur

Hydropflanzen entwickeln ein ganz anderes Wurzelsystem als in Erdkultur gezogene. Ihre »Wasserwurzeln« haben wesentlich längere Härchen als Erdwurzeln. Will man Pflanzen von Erd- auf Hydrokultur umstellen, dauert es etwa 2–4 Wochen, bis sich die Wasserwurzeln gebildet haben. Die Pflanze ist durch die Umstellung jedoch geschwächt, so daß man sie durch eine Folienhaube vor Verdunstung schützen muß. Mit jungen Pflanzen gelingt eine Umstellung immer leichter als bei älteren (während der Wachstumsphase). Die Erdwurzeln müssen besonders sorgfältig lauwarm ausgewaschen werden, damit es nicht zu Fäulnis der organischen Bestandteile kommt. Wurzeln und auch Triebe einkürzen. Der Wasserstand und die Nährstoffmenge sollte ganz niedrig gehalten werden, bis sich die neuen Würzelchen gebildet haben. Pflanzen auf keinen Fall zu tief setzen!

Umpflanzen

Beim Umpflanzen der Hydrokulturen sollte man immer einen großen Topf wählen (ganz im Gegensatz zur Erdkultur). Beim Umtopfen selbst wird man am besten den alten Gittertopf aufschneiden, um möglichst wenig Wurzelwerk zu verletzen.

• TIP •

Beim Neu- oder Umpflanzen frischen Blähton einige Stunden vorher wässern.

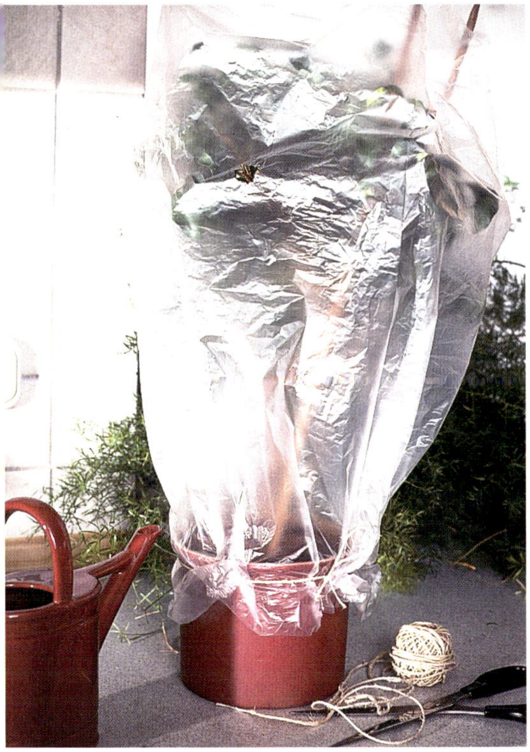

Links: Nach dem Eintopfen in Blähtongranulat muß die Pflanze unbedingt unter eine Haube aus Folie oder Glas, damit die Verdunstung herabgesetzt wird, denn das Wurzelsystem muß sich erst den neuen Verhältnissen anpassen.

Rechts: Nach etwa 4 Wochen haben sich neue Wurzeln gebildet, und die Pflanzen wachsen wieder weiter.

Standort und Pflege

Standort und Pflege sind zwei Begriffe, die eigentlich zusammengehören, sie beinhalten alles, was Pflanzen zum Leben brauchen: Licht, Luft, Wärme, Wasser und Nährstoffe. Als Voraussetzung für gutes Gedeihen müssen alle diese Wachstumsfaktoren im ausgewogenen Verhältnis zueinander stehen und können nicht isoliert betrachtet werden.
Doch leider gibt es kein Schema, in das sich der Umgang mit Pflanzen pressen ließe, vieles bleibt dem Fingerspitzengefühl überlassen.

Licht

Ohne Licht ist kein höheres pflanzliches Leben denkbar. Durch Licht wird mit Hilfe des Chlorophylls (= Blattgrün) aus Wasser und Nährstoffen organische Substanz gebildet; nur so ist die Pflanze in der Lage, zu wachsen. Frühjahr und Sommer sind deshalb auch die Hauptvege-

Erst der richtige Standort und eine liebevolle Pflege lassen Pflanzen üppig gedeihen.

tationsperioden, in der lichtarmen Jahreszeit sind die Lebensvorgänge dagegen gehemmt. Ganz im Gegensatz zu den tropischen Zonen, wo Tag- und Nachtstunden gleichmäßiger verteilt sind. Da der größte Teil unserer Zimmerpflanzen aus den Tropen stammt, leiden sie in unseren Breiten häufig an Lichtmangel – darum besonders im Winter so hell wie möglich stellen.

Pflanzen benötigen nicht nur Licht zum Wachsen, sie reagieren auch sehr unterschiedlich bei ihrer Blütenbildung auf Lichtreize. Beispiele dafür sind Kurztagspflanzen wie Weihnachtsstern und Flammendes Käthchen, die normalerweise nur in den Wintermonaten blühen.

Lichtintensität

An einem sonnigen Tag im Sommer werden im Freien etwa 80 000 Lux, bei Bewölkung 30 000 Lux und im Winter nur etwa 10 000 Lux gemessen (Lux = Einheit der Beleuchtungsstärke). Hinter der Scheibe eines Südfensters stellt man dann nur noch zwischen 10% und 50% der draußen gemessenen Lichtintensität fest. Exakte Angaben sind deshalb nicht möglich, weil die Lage von Fenstern ganz unterschiedlich sein kann; man braucht nur an den Schattenwurf gegenüberliegender Häuser oder Bäume, an Überdachungen von Balkonen, Stockwerkhöhen usw. zu denken. Eine Pflanzenauswahl für Süd-, Nord-, Ost- oder Westfenster ist daher immer nur als Orientierungshilfe gedacht, um einen Eindruck der variablen Lichtverhältnisse zu vermitteln.

Im Innenraum erfolgt mit zunehmendem Abstand vom Fenster nochmals eine überproportional starke Abnahme des Lichtes. Wenn man zusätzlich Hindernisse wie Gardinen, lichtschluckende Tapeten und Möbel einrechnet, wird ersichtlich, daß in vielen Fällen etwa 2 m vom Fenster entfernt bereits Grenzwerte für eine Pflanzenhaltung erreicht sind. Doch sind auch diese Angaben relativ und ändern sich von Fall zu Fall; ein zweites Fenster kann die Situation beispielsweise schlagartig verändern. Als besonders kritisch sind aber immer die toten Winkel seitlich der Fenster anzusehen.

Lichtansprüche der Pflanzen

Die Lichtansprüche der einzelnen Pflanzenarten sind sehr unterschiedlich. Der kritische Bereich liegt etwas unter 800 Lux, während Werte zwischen 1000–2000 Lux für die meisten Grünpflanzen gute Lichtverhältnisse bieten. Optimal sind Werte über 2000 Lux – besonders für Blütenpflanzen.

- **Lichtmangel** drückt sich in übermäßigem Längenwachstum aus, das Laub wird kleiner und heller (chlorotisch), denn ohne Licht kann sich nicht genügend Chlorophyll bilden, und die Pflanze streckt sich zum Licht.

Helligkeit darf aber nicht mit direkter Sonneneinstrahlung gleichgesetzt werden, denn das vertragen die wenigsten Pflanzen über Stunden. Um empfindliche Pflanzen zu schützen, muß eine Markise oder Jalousie angebracht werden (am besten außen, sonst Hitzestau!). In den dunklen Wintermonaten ist die Situation umgekehrt, dann sollten die Pflanzen so nahe wie möglich am Fenster stehen. Doch

• TIP •

Blütenpflanzen und buntblättrige Arten haben immer einen höheren Lichtanspruch als grüne Blattpflanzen.

• TIP •

Bei den sogenannten Kurztagspflanzen liegt die kritische Tageslänge bei etwa 10–12 Stunden. Nur wenn etwa 4 Wochen lang weniger als 12 Stunden Licht pro Tag auf die Pflanzen einwirkt, kommt es zur Blütenbildung. In dieser Zeit muß auch jedes künstliche Licht vermieden werden.

Auch in einiger Entfernung vom Fenster ergeben sich noch günstige Pflanzenstandorte, z. B. für Farne.

bereits ab März werden die Sonnenstrahlen den Topfpflanzen wieder gefährlich.
Das gleiche Problem tritt bei den Pflanzen auf, die im Mai nach den Eisheiligen aus wärmeren, dunkleren Räumen ins Freie gestellt werden und dort schnell einen UV-Schock bekommen. Sie müssen an schattigen Plätzen oder bei bedecktem Himmel langsam umgewöhnt werden. Im Laufe des Sommers vertragen sie dann mehr Licht und zum Herbst hin auch kühlere Temperaturen.

Lichtverhältnisse im Raum

Unsere Wohn- und Arbeitsräume sind in den meisten Fällen so konstruiert, daß nur aus einer oder höchstens zwei Richtungen Licht einfällt – für unsere Zimmerpflanzen eine ungünstige Situation, denn sie sind von Natur aus daran gewöhnt, zumindest den Hauptanteil ihres Lichtes von oben zu erhalten. Im Raum sind sie gezwungen, sich nach dem Licht zu strecken und werden dadurch oftmals schief und krumm. Man tut ihnen jedoch keinen Gefallen damit, sie ständig zu drehen. Empfindliche Arten werden dadurch regelrecht geschockt und quittieren dies mit Blatt- und Blütenfall. Besonders diejenigen reagieren sehr heftig, deren Knospen ohne Blütenstiel direkt am Trieb sitzen, also keine »Bewegungsfreiheit« haben, wie z. B. Weihnachts- und Osterkakteen.
Will man seine Pflanzen genau senkrecht erziehen und einen ausgewogenen Wuchs erzielen, dann wird in solchen Fällen empfohlen, am Topf eine Lichtmarke anzubringen und immer nur stückchenweise zu drehen – jedoch nicht, wenn die Pflanze Blüten ansetzt. Ideal wäre also ein Oberlicht oder Licht von allen Seiten wie in einem Gewächshaus oder Wintergarten.

Zusatzbeleuchtung

Die ideale Lösung, um im Winter nicht alle Pflanzen aus dem warmen Zimmer verbannen zu müssen, ihnen aber trotzdem günstige Lebensbedingungen zu verschaffen, wäre eine Zusatzbeleuchtung. Solch eine künstliche Belichtung ist auch von Vorteil, wenn aus dekorativen Gründen Pflanzen in den hinteren Teil eines Raumes plaziert werden, wo nur noch Bruchteile des Außenlichtes hingelangen.

- Es gibt formschöne **Strahler und Pendelleuchten** für Wohnräume, die ein Mischlicht mit Blau- und Rotanteilen in einer für Pflanzen geeigneten Zusammensetzung abstrahlen. Normale Glühbirnen sind dafür nicht zu gebrauchen: ihre Lichtausbeute ist zu gering, die Wärmeentwicklung zu hoch, die Lebensdauer zu niedrig und die Lichtzusammensetzung für die Pflanzen nicht optimal.
- Auch moderne **Halogenglühlampen** haben eine schlechte Lichtausbeute. Benötigt man allerdings nur stundenweise eine zusätzliche Beleuchtung, so kommen Reflektorlampen in Frage – Punktstrahler, die ähnlich wie eine Glühlampe konstruiert sind. Preßglaskolben sind hierbei vorzuziehen, da sie bei Spritzwasser nicht platzen. Geeignet sind sogenannte **»Flood-Lampen« (Breitstrahler).**
- **Leuchtstoffröhren** sind nur bedingt für häus-liche Zwecke geeignet, aber günstig für Blumenfenster, Vitrinen, Wintergärten und Kleingewächshäuser; sie müssen entsprechend diesen Anforderungen wassergeschützt sein.

Pflanzenleuchten gibt es längst in schönem, für alle Wohnräume passendem Design.

Leuchtstoffröhren haben eine wesentlich höhere Lebensdauer und bessere Lichtausbeute. Bei Blumenfensterleuchten auf Reflektoren achten, da hier zielgerichtetes Licht erwünscht ist. Die Röhren müssen möglichst nah über den Pflanzen hängen, zwischen 25 cm und maximal 150 cm (mehrere nebeneinander anbringen).

● Für Wohnräume gibt es bei hohem Lichtbedarf sogenannte **Hochdruck- oder Entladungslampen.** Ihr hoher Preis ist durch die gute Lichtausbeute (32–80 Lumen/Watt) und die lange Lebensdauer (6000–8000 Std.) gerechtfertigt – erhältlich im Hydrokultur-Zubehörhandel bzw. in Zoohandlungen (Aquarien).

Temperatur

Der Wärmebedarf der einzelnen Pflanzen ist noch unterschiedlicher als ihr Lichtbedarf. Entscheidend ist die Herkunft der Pflanzen, aber auch ihr Alter. Die Wärme beeinflußt genauso wie das Licht alle Lebensvorgänge der Pflanzen. Sie können nur in bestimmten Temperaturbereichen assimilieren. Grundsätzlich gilt für viele Zimmerpflanzen: Je wärmer ein Raum ist, um so heller sollte er sein, denn Wärme beschleunigt die Wachstumsvorgänge, aber nur mit Hilfe des Lichtes kann die Pflanze durch Assimilation neue Energie aufbauen.

Im Sommer vertragen die Pflanzen im allgemeinen – wenn sie im Freien stehen – auch sehr hohe Temperaturen. Eine erhöhte Verdunstung und die damit in Zusammenhang stehende Verdunstungskälte schützen sie vor Überhitzung. Das gleiche bewirken beispielsweise glänzende Blattoberflächen, die die Sonnenstrahlen reflektieren bzw. Behaarungen. Auch Bodentemperaturen, die bei Sonneneinstrahlung 50° C erreichen können, werden im Freien vertragen.

Das Problem liegt eher im Winter, d. h. in der dunklen Jahreszeit. Bei Lichtmangel müßte man die Temperatur und die Zufuhr von Wasser senken, um ein Gleichgewicht zwischen den Wachstumsfaktoren wiederherzustellen. Da dies jedoch gerade in den Wintermonaten in unseren beheizten Wohnräumen nicht möglich ist, wird damit die Temperatur zum bestimmenden Faktor, auf den Licht (Kunstlicht), Wasser und Ernährung abzustimmen sind.

Vielen tropischen Pflanzen würden unsere winterlichen Wohnraumtemperaturen durchaus zusagen, aber mangelndes Licht und trockene Luft machen ihnen zu schaffen; deshalb zwingen wir sie sozusagen zu einer Ruhepause mit reduzierten Wasser- und Nährstoffgaben bei etwas niedrigeren Temperaturen.

Andere tropische und vor allem subtropische Pflanzen brauchen dagegen im Winter eine strengere Ruhezeit, in der sie kühl (und möglichst hell) stehen wollen. Solche Kühlperioden sind für die Blütenbildung äußerst wichtig.

Temperaturansprüche der Pflanzen

Für den Hausgebrauch ergibt sich etwa folgende Einteilung, die auch in der Rubrik »Standort« bei den Portäts (siehe Seite 24ff.) verwendet wurde:

Warm und luftfeucht:
Ganzjährig über normaler Zimmertemperatur, höher als 22 °C, nie unter 16–18 °C; relative Luftfeuchte mehr als 60%. Z. B. im Kleingewächshaus, geschlossenen Blumenfenster, Vitrine, Flaschengarten oder im Wohnbereich mit besonderem Pflegeaufwand – Luftbefeuchter einsetzen oder mehrmals täglich sprühen und ausreichende Bodenwärme geben; möglicherweise auch in Bad und Küche.

● Beispiele: viele Farne (siehe Seite 144ff.), Maranten und Verwandte (siehe Seite 94/95), Keulenlilien (siehe Seite 67), Kolumneen und Schamblumen (siehe Seite 86/87).

Warm:
Ganzjährig Wohnzimmertemperatur bei 50–60% Luftfeuchte. Im Winter 18–22 °C, im Sommer ansteigend, Temperatur leicht schwankend. Z. B. in Wohnzimmer, Küche, Bad, Büro.

● Beispiele: Orchideen (siehe Seite 127ff.), Lanzenrosette und andere Bromelien (siehe Seite 132ff.), Flamingoblumen (siehe Seite 88).

Temperiert, mäßig warm:
Zimmertemperatur, wenn möglich mit Nachtabsenkung; in den Wintermonaten etwas kühler bzw. kurze Ruhezeiten notwendig. Durchschnittstemperatur: 15–18 °C, im Winter 12–15 °C. Z. B. Schlafzimmer, Diele, Treppenhaus, Wintergarten.

● Beispiele: Zimmerhafer (siehe Seite 135), Grünlilie (siehe Seite 79), Gummibaum (siehe Seite 82), Bubikopf (siehe Seite 77).

Kühl und luftig:
Sommeraufenthalt im Freien, im Winter frostfrei bei etwa 5–10 °C. Z. B. Wintergarten, Treppenhaus, Keller; also ungeheizte, helle Räume.

● Beispiele: Kamelie (siehe Seite 36), Steckenpalme (siehe Seite 140), Goldorange (siehe Seite 107), Kakteen (siehe Seite 108ff.).

• TIP •

Spezielle Lichtmeßgeräte gibt es im Fachhandel (den Meßbereich beachten!), funktionstüchtige sind jedoch teuer. Als beste Methode zur Prüfung der Lichtmenge gilt das Beobachten der Pflanze am jeweiligen Platz.

• TIP •

Schon eine geringe Temperaturabsenkung, zum Beispiel in der Nacht, wirkt sich insgesamt günstig auf die Gesunderhaltung der Pflanzen aus!

Die Mehrzahl aller Zimmerpflanzen ist naturgemäß mit unseren Raumtemperaturen zwischen 16 und 22 °C zufrieden. Individuelle Ansprüche werden jeweils aufgeführt. In der täglichen Praxis wird es jedoch immer fließende Übergänge zwischen den einzelnen Temperaturbereichen geben.

Bodenwärme

Ein besonders wichtiger Punkt im Zusammenhang mit der Temperatur ist die Bodenwärme. Sie beeinflußt zu allererst das Wurzelwachstum. Extrem hohe oder tiefe Bodentemperaturen führen dann zu Schäden an der Pflanze. Auch in geheizten Räumen kann leicht eine Unterkühlung eintreten, etwa auf kalten Fensterbänken und Böden oder durch Temperaturdifferenzen zu bestimmten Tageszeiten (z. B. Sonne erwärmt die Pflanze, Topfballen noch kühl). Niedrige Bodentemperaturen behindern die Wasser- und Nährstoffaufnahme durch die Wurzeln; Welkerscheinungen, Wurzelerkrankungen und damit Parasitenbefall können die Folge sein. Verstärkt wird dies zusätzlich durch zu nasses Substrat.
Ein typisches Beispiel ist der Weihnachtsstern, der auf niedrige Temperaturen im Wurzelbereich (5–10 °C) mit Blattabwurf reagiert. Oft macht sich mangelnde Bodenwärme dadurch bemerkbar, daß sich die Blätter aufhellen (Chlorose), denn die Aufnahme von Eisen ist gestört (siehe auch Seite 138).

Häufiges Sprühen mit temperiertem, abgestandenem oder kalkarmem Wasser ist für viele Pflanzen, z. B. die Kamelie, eine große Hilfe.

Die Bodenwärme sollte eher über der Lufttemperatur liegen als darunter. Vor allen Dingen bei der Hydrokultur und bei wärmeliebenden tropischen Pflanzen spielt Bodenwärme eine große Rolle.
Einen warmen Wurzelraum erhält man beispielsweise durch Isolierung von Fensterbänken und Wannen mit Styroporplatten, Teppichresten oder Korkfliesen bzw. -untersetzer. Auch spezielle, thermostatisch regulierbare Heizkabel sind für solche Zwecke im Handel.
Die Isolierungsmaßnahmen helfen ebenfalls gegen Überhitzung des Wurzelraumes, denn häufig sind die Fensterbänke über den Heizkörpern angebracht und die Pflanzen werden dann im Winter auf der heißen Steinplatte quasi gegrillt.
Die Pflanzen nie zu naß halten, besonders nicht in der Ruhezeit bei niedriger Temperatur. Die porösen Tontöpfe lassen zusätzlich Verdunstungskälte entstehen.
Wurzelschäden werden erkennbar, wenn die Pflanzen bei ausreichender Feuchtigkeit zu schlappen anfangen. Die viel zitierten »kalten Füße« sind in ihren Auswirkungen also nicht zu unterschätzen!

Luft und Luftfeuchtigkeit

Als Zentralheizungen noch nicht Allgemeingut waren, sah das Zimmerpflanzensortiment weit spärlicher aus und war auf die damaligen luftigeren Verhältnisse abgestimmt. Mit zunehmend wärmeren Räumen kamen auch empfindlichere Pflanzen ins Haus, und die trockene Luft wurde damit zum Problem Nr. 1.
Die Sättigung der Luft mit Wasser ist je nach Temperatur verschieden – wir messen deshalb die relative Luftfeuchte (rF). Je wärmer die Räume werden, z. B. im Winter bei voller Heizleistung, und je weniger gelüftet werden kann, desto stärker sinkt die Luftfeuchtigkeit ab. Die Pflanzen verdunsten dabei größere Wassermengen, und das verbraucht Energie. Erhält die Pflanze nicht genug Wassernachschub, so hilft sie sich durch Schließen ihrer Spaltöffnungen; bei gleichzeitigem Lichtmangel führt dies zu Wachstumsstockungen. Nach Möglichkeit sollten deshalb Wasser- und Nährstoffgaben in den Wintermonaten reduziert werden – verbunden mit geringer Temperaturabsenkung. Falls dies nicht machbar ist, muß die Luftfeuchtigkeit durch entsprechende Maßnahmen erhöht werden.
Wenn die Temperatur bei hoher Luftfeuchtigkeit stark sinkt, kommt es zu Taubildung und Niederschlag an den kältesten Punkten, z. B. Fenstern. In Wintergärten und Gewächshäu-

sern wird deshalb eine regelmäßige Luftumwälzung notwendig. Sowohl die stehende, warme als auch die feuchte, kühle Luft werden von den Pflanzen schlecht vertragen. Trockenheiße Bedingungen fördern in den meisten Fällen Schädlingsbefall, feucht-warme oder feucht-kalte dagegen pilzliche Erreger. Der Lüftung, ob über Sommer oder im Winterquartier, wird deshalb eine besondere Bedeutung beigemessen. Erwünscht ist Luftzirkulation ohne Zugluft! Zugluft, ob warm oder kalt, kann Schaden verursachen, weil das Mikroklima um die Pflanze herum zerstört und die Verdunstung zusätzlich gesteigert wird; kalte Luft kann obendrein zu »Erkältungen« führen.

Je nach Herkunft ertragen Pflanzen sehr unterschiedliche Raumbedingungen. Laub- und Wuchsform können bereits Auskunft darüber geben, für welches Umfeld sie sich eignen. Die Wahl der Pflanzen sollte sich möglichst immer an den vorhandenen klimatischen Gegebenheiten orientieren.

An dieser Stelle soll noch die Bodenluft erwähnt werden, sie spielt eine entscheidende Rolle für das Wurzelleben. Mangelnde Durchlüftung des Substrats kann sogar zum Absterben der Pflanzen führen.

Maßnahmen zur Luftbefeuchtung

Sprühen allein reicht nicht aus, es kann nur als Zusatzmaßnahme für bestimmte Pflanzen gelten, denn nicht alle vertragen es. Deshalb ist es sinnvoll, ein etwas dauerhafteres Kleinklima um die Pflanzen herum zu schaffen. 40–50% relative Luftfeuchte ist für viele Pflanzen noch ausreichend, oft sind es in beheizten Räumen aber nur 30%.

- Die einfachste Lösung ist eine **Wasserschale,** in der die Pflanzen so erhöht aufgestellt werden (z. B. auf einem Rost oder auf Kieseln und Blähton), daß sie nicht im Wasser stehen.
- Ein besseres Milieu kann man durch **Gruppenbildung** erreichen, indem man einige Pflanzen mit ähnlichen Ansprüchen zusammenfaßt und sie z. B. in einer Wanne einfüttert, so daß die Töpfe in feuchtem Sand, Kies, Perlite, Blähton oder auch anderen Substraten stehen. Durch die vergrößerte feuchte Oberfläche wird die Luftfeuchtigkeit zumindest in unmittelbarer Umgebung der Pflanzen erhöht, und man erspart sich außerdem häufiges Gießen. In diesem Fall sind Tontöpfe wegen ihrer Durchlässigkeit geeigneter als Kunststofftöpfe. Idealere Bedingungen herrschen in einem Blumenfenster.
- Eine **umfassende Raumbefeuchtung** kann jedoch nur von elektrischen Geräten wirkungsvoll geleistet werden. Ihre Arbeitsweise ist ganz unterschiedlich: Zerstäuber, Verdampfer, Verdunster, ebenso ihr Preis, ihre Wirkungsweise und die Nebeneffekte. Verdunster machen am wenigsten Geräusche und sind im Vergleich niedriger im Stromverbrauch. Hier muß fachmännischer Rat eingeholt werden. Gartenzubehörfirmen haben sich allerlei einfallen lassen, um Alternativen zu den elektrischen Luftbefeuchtern anzubieten (Verdampfungsschalen an den Heizkörpern haben sich als unzureichend erwiesen).
- Zimmerspringbrunnen, Quell- und Sprudelsteine in unterschiedlichsten Ausführungen (s. Seite 16) tragen ebenfalls zur Luftbefeuchtung bei.

Auch eine wassergefüllte Schale mit Kiesbett ist eine gute Möglichkeit, die Luftfeuchtigkeit zu erhöhen.

Wasser

Das Wasser ist neben dem Licht einer der wesentlichsten Wachstumsfaktoren. Ohne Wasser gibt es keinen Druck in den Pflanzenzellen, keine Saugkraft, keine Nährstoffaufnahme. Mangelnde Verdunstung kann zu Überhitzung und damit zum Absterben führen, eine ständige Überversorgung mit Wasser hat jedoch ebensolche negativen Auswirkungen. Wenn Mangel an Licht und Wärme den Wachstumsprozeß verlangsamen, wird auch der Verbrauch an Wasser geringer. Dann kommt es bei gleichmäßiger Weiterversorgung zu einer Wasseranreicherung im Substrat – wir bezeichnen dies als Staunässe –, und die Wurzeln erhalten nicht mehr genügend Sauerstoff, sie beginnen zu faulen; der Anfang einer Kettenreaktion (siehe Schadbilder Seite 186f.)!

Wasserqualität

Wasser ist jedoch nicht überall gleich, seine Zusammensetzung variiert von Ort zu Ort. Für die Qualität des Gießwassers ist der Kalkgehalt entscheidend. Er wird in **Härtegraden** (°dH,

• TIP •

Das richtige Gießen, individuell und nicht nach Schema, gehört zur wichtigsten Pflegeaufgabe des Zimmergärtners.

• TIP •

Warmhauspflanzen reagieren empfindlicher auf Gießfehler als Pflanzen für kühle Standorte.

jetzt °d) angegeben und kann vom örtlichen Wasserwerk erfragt, mit Teststreifen bzw. Indikatorlösungen gemessen werden.
Aber schon im täglichen Umgang mit Wasser gewinnt man einen Eindruck von dessen Qualität: Weiches Wasser läßt Seife beispielsweise schneller schäumen. Nach dem Besprühen der Pflanzen gibt es keinen häßlichen, weißen Belag, und an den Tontöpfen bilden sich keine Ablagerungen.
Der **Kalkgehalt** des Wassers bewirkt eine Kalkanreicherung im Boden, auf den die Pflanzen unterschiedlich reagieren. Es gibt kalkliebende, aber auch kalkfliehende Pflanzen wie die Moorbeetpflanzen. Zu hoher Kalkgehalt im Boden kann bis zum gewissen Grade eine Festlegung von Nährstoffen bewirken, die dann für die Pflanzen nicht mehr verfügbar sind; dies äußert sich in der Folge als Mangelerscheinung, insbesondere in Form von Eisenmangelsymptomen (siehe Schadbilder Seite 188).
Für die Verwendbarkeit von Wasser als Gießwasser kann man folgende **Richtwerte** zugrunde legen:

- Bis zu einem Wert von 10 °d genügt es, das Leitungswasser einfach über Nacht »abstehen« zu lassen.
- Bis zu 12 °d sollte man das Wasser abkochen, ein größerer Teil des Kalkes fällt dabei als Kesselstein aus.
- Bei höheren Werten und großem Gießwasserbedarf kommen vor allem chemische Mittel in Betracht: In Form von Tabletten oder Lösungen werden sie dem Wasser zugesetzt; sie bewirken eine Kalkausfällung.
- **Regenwasser,** früher das Mittel der Wahl, wenn man in der Lage war, es aufzufangen, ist heute durch die allgemeine Umweltverschmutzung in Verruf geraten. Falls man es benutzen will, sollte man die anfängliche Wassermenge verwerfen und erst bei länger anhaltenden Regenfällen sammeln.

Bei einigen Topfpflanzen wie Usambaraveilchen, Drehfrucht und Alpenveilchen empfiehlt sich das Gießen in den Untersatz. Überschüssiges Wasser nach einigen Stunden ausleeren!

- Filteranlagen mit Ionenaustauschern – sie sind besonders wirksam, da sie zusätzlich den Salzgehalt des Wassers vermindern – gibt es für größere (Wasserenthärtungsanlagen) und kleinere Gießwassermengen (Gießkannen mit Filtereinsatz). Bei der Versorgung von Hydrokulturen mit solchem Wasser in Kombination mit dem Wirkstoff Lewatit HD 5 ist allerdings Vorsicht geboten (siehe Seite 160). Es sollte zur ausreichenden Kalziumversorgung der Pflanzen entweder mit normalem Leitungswasser von über 8–10 °d verschnitten werden oder es muß eine sogenannte Nährstoffaktivpille zugesetzt werden. Das über Haushaltsfilter erzeugte Wasser ist für die Pflanzenversorgung ungeeignet.

Was ist beim Gießen zu beachten?

- Grundsätzlich soll das Gießwasser temperiert, d. h. der Raumtemperatur angepaßt oder handwarm sein. Am besten über Nacht abgestandenes Wasser benutzen.
- Die Gießkanne sollte ein möglichst langes, schmales Gießrohr haben. (Fassungsvermögen 1–2 Liter). Keine Nährsalzlösung in der Gießkanne stehen lassen.
- Bei praller Sonne und Mittagshitze soll nicht gegossen werden. Die **beste Zeit zum Gießen** ist morgens, damit die Pflanzen bis zum Abend wieder abtrocknen können. Das gleiche gilt beim Sprühen! Wenn aus bestimmten Gründen abends gegossen werden muß, sollte man das Wasser über den Untersetzer geben.

Von oben oder unten gießen?

Diese Frage kann man mit »sowohl als auch« beantworten. Am besten entscheidet man nach Art und Wuchs der Pflanze. Das Durchfeuchten der Erde geht rascher von oben, auch die Nährstoffe verteilen sich dann besser im Ballen. Bei der Methode von unten wandern mit dem Wasser auch die Nährsalze und setzen sich an der Substratoberfläche oft als weiße Beläge ab. In solchen Fällen ab und zu gründlich von oben gießen, um den Ballen durchzuspülen, bzw. oberste Erdschicht entfernen!
Bei der Gießmethode über den Untersatz werden keine Pflanzenteile benetzt; vorteilhaft ist dies bei Pflanzen mit empfindlichem Wurzelhals, Knollen oder zarten Blättern, wie Kakteen mit Rübenwurzeln, Alpenveilchen, Bubiköpfchen, Usambaraveilchen und allen rosettig oder über den Topfrand wachsenden Pflanzen. Bei beiden Methoden muß aber darauf geachtet werden, daß das Wasser nur kurze Zeit im Untersetzer – gefährlicher noch im Übertopf – stehenbleibt, weil durch diesen Überschuß die gefürchtete Staunässe entsteht. Es gibt nur wenige Pflanzen, die das vertragen.

● **Bromelien** gießt man am einfachsten über den Trichter. Sie besitzen Saugschuppen, mit denen sie das Wasser aufnehmen können. Der Ballen soll jedoch auch mäßig gegossen werden. Ab und zu leert man die Trichter und füllt frisches Wasser ein (wenn das Wasser zu kalkhaltig ist, setzt sich der Belag an den Blättern als Rand ab!). Bei niedrigen Temperaturen kommt es leicht zu Fäulniserscheinungen, die Trichter dann trocken halten. Speziell Bromelien kann man gut besprühen. Graue Tillandsien nehmen das Wasser beispielsweise nur über ihre Saugschuppen auf; die Wurzeln sind stark zurückgebildet und haben reine Haftfunktion. Auch andere Epiphyten, die in Blumenfenstern usw. aufgebunden hängen, sprüht man möglichst 1–2mal täglich an, besonders die festsitzenden, damit der Ballen durchfeuchtet wird.

Tauchen

Hängende Pflanzen taucht man am besten einmal wöchentlich. Man läßt die Ballen sich einige Minuten lang in einem großen Eimer vollsaugen. Dieses Verfahren wendet man auch immer dann an, wenn Pflanzen einmal über Gebühr ausgetrochnet sind, sie erholen sich dabei am schnellsten. Man wartet am besten, bis keine Luftblasen mehr aufsteigen; der Topf soll richtig untergetaucht sein (nicht durchwurzelte Erde schwemmt allerdings leicht ab – in diesem Fall Wasser nur vorsichtig bis zum Rand des Topfes füllen). Azaleen sollte man beispielsweise regelmäßig tauchen, sie trocknen sehr schnell aus und reagieren sofort mit Laub- und Knospenfall (Vorsicht – nur kalkarmes Wasser benutzen!). Den Topf wegen Luftmangel und Staunässe nicht zu lange im Wasser stehen lassen. Nach einem Tauchbad braucht so schnell nicht nachgegossen werden.

Wann und wieviel gießen?

»Wann gießen« in bezug auf die Tageszeit ist einfach zu beantworten, schwieriger wird das »Wann« bezogen auf die Notwendigkeit. Hier setzt das vielfach zitierte »Fingerspitzengefühl« ein, was man im wahrsten Sinne des Wortes praktizieren und üben sollte. Es ist heute bei den überwiegend dunklen Torferden per Augenschein schwer zu beurteilen, ob die Ballenoberfläche trocken ist oder nicht. Darum die Fingerprobe! Gibt das Substrat nach und bleiben feuchte Reste am Finger haften, dann kann man mit dem Gießen noch warten. Die Oberfläche soll immer leicht abgetrocknet sein, bevor nachgegossen wird – wichtig für den Luftaustausch im Topfinneren und um Staunässe zu vermeiden.
Es ist jedoch besser, einmal durchdringend zu wässern und dann wieder einige Tage zu

Stark ausgetrocknete Pflanzen sollte man kurzzeitig tauchen, d. h. bis über den Topfrand in ein Wasserbad stellen.

warten, als jeden Tag ein paar Tropfen Wasser zu geben. Damit wir die Erdoberfläche zwar feucht, man täuscht sich aber über den wahren Zustand des Ballens hinweg. Läuft das Wasser sofort aus dem Abzugsloch, bedeutet dies oft völliges Ausgetrocknetsein. Das einfachste Mittel, diesen Zustand zu prüfen, ist, den Topf hochheben und abwägen, ob er sich leicht oder schwer anfühlt. Im Falle von »leicht« sollte die Pflanze getaucht werden. Dieses Verfahren könnte als Widerspruch zu den Angaben »gleichmäßig oder regelmäßig gießen« angesehen werden, doch damit ist die große Linie gemeint. Gleichmäßig bedeutet vor allem, daß keine ständigen Schwankungen zwischen trocken und naß stattfinden dürfen, denn dies würde unweigerlich zu Wachstumsstörungen und Schwächung der Pflanze führen. Ausnahmen bilden die Ruhezeiten. Abgesehen von individuellen Ansprüchen einzelner Arten gilt der **Grundsatz:**

Je kühler und lichtärmer, um so weniger gießen, je wärmer und sonniger, um so mehr.

Starre Regeln lassen sich dafür ebensowenig wir für andere Maßnahmen aufstellen. Häufigkeit und Menge richten sich nach Standort, Temperatur, Substratbeschaffenheit und individuellem Bedarf der Pflanzen. Zuviel Wasser schadet eher als zu wenig (mit Ausnahme absoluter Ballentrockenheit). Nässe verbunden mit Kälte verstärkt den negativen Effekt, besonders in der lichtarmen Jahreszeit, bei geringem Wasser- und Nährstoffverbrauch.

Bewässerungssysteme

Neben der Hydrokultur (siehe Seite 160ff.) behaupten sich zur Langzeitbewässerung auch andere Methoden, die auf ähnlichen Prinzipien basieren. Dabei ist es möglich, auch Pflanzen in Erdkultur zu verwenden. Man kann sich – wie bei der Hydrokultur – auch Gefäße selbst basteln; eine einfache, mit Folie ausgeschlagene

• TIP •

In jedem Fall sollten automatische Wasserversorgungssysteme vorher einmal durchgeprobt und trotzdem von Freunden in Abständen überprüft werden.

Kiste und ein Wasserstandsanzeiger genügen bereits. Die einzelnen Töpfe werden in Tongranulat oder anderen Substraten eingefüttert, wie in Blumenfensterwannen.

Langzeitbewässerung bedeutet letztlich Anstauverfahren. Ein Wasserreservoir wird geschaffen, aus dem die Pflanzen über längere Zeit versorgt werden können. Bei einer Verwendung von Tongranulaten gelten die Regeln der Hydrokultur – Vorsicht bei der Wasserstandsregulierung! Es gibt aber auch Gefäße, die speziell für eine Langzeitbewässerung angefertigt werden, vom Einzeltopf bis zum fahrbaren, formschönen Großcontainer, der als Raumteiler verwendet wird. Die Funktionsweise dieser Gefäße beruht auf dem Dochtprinzip. Aus einem Wasserspeicher, der den Boden des Gefäßes einnimmt, wird mit Hilfe eines Gewebestreifens die Flüssigkeit (Wasser und gelöste Nährstoffe) über das jeweilig gewählte Substrat den Wurzeln zugänglich gemacht. Pflanzstoff und Wasserspeicher sind über einen feinporigen Gitterrost voneinander getrennt. Solche Spezialgefäße besitzen meistens einen seitlich angebrachten Einfüllstutzen und im Bodenbereich ein Sichtfenster, um den Wasserstand abzulesen; damit können die teilweise mangelhaften Wasserstandsanzeiger entfallen. Derartige Markenartikel sind nicht billig, sie machen sich aber auf Dauer bezahlt.

Urlaub – was tun?

Für Urlaubszeiten gibt es auch primitivere Mittel, um Zimmerpflanzen zu versorgen. Beispielsweise kann bei hellem Badezimmer die Badewanne zum Wasserspeicher werden. Wie bei anderen Langzeitbewässerungssystemen darf der Wasserstand eine Zeitlang auch einmal höher liegen. Vorher und nachher darauf achten, daß die Wurzeln wieder genügend Luft erhalten! Das gleiche kann man mit kleineren, beweglichen Gefäßen (beispielsweise Kunststoffwannen) praktizieren, die man zu diesem Zweck mit feuchtem Torf füllt. Dabei möglichst absonnige Standorte wählen, um unnötige Transpirationsverluste zu vermeiden. Auch der Garten ist als Urlaubsquartier geeignet – Tontöpfe werden am besten in Erde eingesenkt. Balkons bieten dagegen nur bedingt ausgeglichene klimatische Verhältnisse.

Zur Bewässerung einzelner Töpfe gibt es im Handel unter der Bezeichnung **Gießautomatik** einfache Tonkegel (z. B. das System von Blumat), die in den Ballen gesteckt werden und über dünne Zulaufschläuche mit einem größeren Wasserbehälter verbunden sind (siehe Bild Seite 173). Das gleiche Dochtverfahren kann man »hausgemacht« haben. Dazu werden dichtere Wollfäden benutzt und der Wasserbehälter etwas erhöht angebracht (Dicke und Menge der Fäden sowie Größe des Ballens sind entscheidend – ausprobieren!). Von einer Stelle aus können bei beiden Verfahren mehrere Töpfe gleichzeitig versorgt werden.

Alle Langzeit-Bewässerungssysteme müssen in Urlaubszeiten auf Maximalwasserstand eingestellt werden. Kleinere Hydrokulturtöpfe stellt man (ohne Übertopf!) am besten ebenfalls zusammen in eine flache Wanne, weil ihr Wasserreservoir keinesfalls über 14 Tage ausreicht. Bei allen fest installierten Pflanzen wird man ohne fremde Hilfe kaum auskommen. In größeren Wintergärten haben sich Anlagen zur **Tröpfchenbewässerung** bewährt.

Zur Urlaubszeit Topfpflanzen am besten an einem praktischen Platz (hell, aber nicht sonnig) in Küche oder Bad zusammenstellen – dann ist das Gießen leichter, und es kann auch eine Bewässerungsmatte verwendet werden.

Dünger

Die Pflanzen-Nährstoffe

Die Ernährung der Pflanzen basiert auf den drei Hauptnährstoffen: Stickstoff (N), Phosphor (P) und Kalium (K). Ganz grob betrachtet, ist Stickstoff für das Wachstum und die Blattbildung, Phosphor für die Blütenbildung und Kalium für den Sproß und die Wurzeln sowie insgesamt für die Gewebestabilität verantwortlich. Nährstoffe im Dünger sollen in einem ganz bestimmten Verhältnis stehen. Reine Blütenpflanzen können ab der Knospenbildung mit phosphorbetonten Spezialdüngern **(»Blütendünger«)** ernährt werden. Nach der Blüte wieder normal düngen. Bei Grünpflanzen und Zwiebelgewächsen könnte man entsprechend N- oder K-betonte Mittel wählen **(»Blattpflanzen-Dünger«).** Übliche Volldünger, die die Nährstoffe in einem abgestimmten Verhältnis enthalten, sind jedoch für alle Entwicklungsphasen der Pflanzen ausreichend.

Das Verhältnis der Hauptnährstoffe ist auf Handelspackungen jeweils angegeben. So bedeutet z. B. die Reihenfolge 12+4+5 oder 12/4/5 oder 12–4–5 jeweils 12% N, 4% P_2O_5 und 5% K_2O, also einen stickstoffreichen Dünger, 3+5+7 dagegen einen stickstoffarmen Dünger, z. B. einen Kakteendünger. Ein N:P:K-Verhältnis von 14:12:14 oder 6:4:6 liegt im üblichen Rahmen. Gute Universal- oder Volldünger geben zusätzlich als vierte Zahl den Magnesiumanteil (MgO) an. Magnesium spielt als wichtiger Baustein des Chlorophylls (Blattgrün) eine entscheidende Rolle bei der Pflanzenernährung.
Neben diesen Hauptnährstoffen brauchen Pflanzen, wie andere Lebewesen auch, eine Menge von **Spurenelementen** und **Mikronährstoffen.** Dazu zählen u. a. Eisen (Fe), Bor (B), Kupfer (Cu), Mangan (Mn), Zink (Zn) und Molybdän (Mo). Bei den handelsüblichen Düngern (Volldünger) kann man davon ausgehen, daß diese Stoffe in einem für die Pflanzen ausgewogenen Verhältnis vorhanden sind. Oft ist ihr Prozentanteil auf der Packung angegeben.

Spezialdünger

Zusätzlich gibt es Spezialdünger für Sonderkulturen, die auf ganz spezielle Bedürfnisse einzelner Gattungen und Arten abgestimmt sind. Dazu gehören die **Orchideen** und **Bromelien, Kakteen, Azaleen,** aber auch Blüten- und Blattpflanzen allgemein. Orchideen und Bromelien sowie einige Farne rechnet man beispielsweise zu den salzempfindlichen Gewächsen, die ebenso wie Kakteen mit niedrig konzentrierten Düngemitteln versorgt werden müssen. Für diese Kulturen kann man sowohl normale Blumendünger in schwächerer Dosierung (z. B. die halbe Menge) verwenden, als auch einfache Hydrodünger – sie verfügen im besonderen Maße über Mikronährstoffe und sind deshalb gerade für diese Pflanzen geeignet.

Düngemittel

Bei der Düngung von Zimmerpflanzen spielt die Darreichungsform – mineralisch oder organisch – keine so entscheidende Rolle wie im Garten. Denn es handelt sich hier um künstliche Verhältnisse, bei denen das Argument der Boden- und Grundwasserbelastung wegfällt. Auch läßt sich in Blumentöpfen schwerlich ein aktives Bodenleben aufbauen. Aber unbestritten ist, daß zusätzliche Gaben (auch als Beimischung zu den Substraten) von organischen Düngern und anderer pflanzlicher oder biologischer Hilfsmittel die Pflanzengesundheit fördern. Sicherheitshalber sollte man dabei aber auf Handelspräparate zurückgreifen, weil sie die Ausgewogenheit der Nährstoffe und eine genauere Dosierbarkeit garantieren. Diese

Tonkegel haben sich zur automatischen Bewässerung einzelner Töpfe bestens bewährt.

langsam fließenden Nährstoffquellen – oder auch die bodenverbessernde und hygienisch wirkenden Stoffe – sollten aber durch regelmäßige Gaben von Volldüngern (bzw. Spezialdüngern) ergänzt werden, damit die optimale Ernährung der Zimmerpflanzen gewährleistet ist. Die Töpfe sind fast immer zu klein, um als ausreichende Nährstoffspeicher zu dienen. Schneller als im Freiland kann es hier zu Mangelerscheinungen kommen. Kümmerlicher Wuchs, schlechte Blütenbildung, erhöhte Anfälligkeit gegen Krankheiten und Parasiten sind die Folge. Rechtzeitige und angemessene Düngung kann hier vorbeugen.

Welche Form der Düngung?

- **Mineralische Düngemittel** gibt es als schnellwirkende Düngesalze zum Auflösen oder als Flüssigdünger – praktisch mit Dosierautomatik – zum Gießen und auch Sprühen (Blattdüngung). Depotwirkung haben dagegen Düngestäbchen und -tabletten oder Granulate. Daneben gibt es noch die Hydro-Nährstoffe (siehe Seite 162f.) und spezielle Eisenpräparate gegen Chlorosen (siehe Seite 188).
- **Organische Düngemittel** – wie Guano (Geruch!) – sind ebenfalls in fester oder flüssiger Form erhältlich. Hornspäne und -mehl gibt es auch in Granulatform ohne Geruchsbelästigung. Organisch-biologischer Dünger enthält zusätzlich Mikroorganismen, die die organischen Stoffe zersetzen, pflanzenverfügbar machen und darüber hinaus die Substratstruktur verbessern.
- Weitere **Pflanzenhilfs- und Stärkungsmittel** basieren auf Kräuterauszügen, Algensubstanzen oder Gesteinsmehl.

Düngen im Winter

Ebenso muß in den **Wintermonaten** wegen Lichtmangel die Düngerration gekürzt werden.

• TIP •

Vorsicht: Salzanreicherung im Boden (durch Überdüngung) verursacht Wurzelverbrennungen! Blätter beim Düngen nicht benetzen!

• TIP •
Generell gilt bei allen Düngepräparaten: Gebrauchsanleitungen beachten.

Dabei besteht aber ein Unterschied zwischen strenger **Ruhezeit** bei niedrigen Temperaturen ohne Nährstoffe und minimaler Versorgung mit eingeschränkten Wasser- und Nährstoffgaben bei Zimmertemperatur.
Je niedriger die Temperaturen und je schlechter die Lichtverhältnisse, um so stärker muß die Ernährung reduziert werden.
Durch die künstlich verordnete Ruhepause will man die Zimmerpflanzen daran hindern, sich zu verausgaben, solange, bis die äußeren Umstände wieder günstiger sind. Ausnahme: bei Zusatzbelichtung weiterdüngen.
Im zeitigen **Frühjahr** beginnt man, langsam die Nährstoffgaben zu steigern, denn die Pflanzen müssen sich den veränderten Lichtverhältnissen erst wieder anpassen. Das gleiche gilt nach einem Rückschnitt: Mit zunehmendem Austrieb wird auch die Düngung erhöht. Allgemein hält die Vegetationsperiode in unserem Klimabereich bis Ende September an. Die Düngergaben beginnt man jedoch bereits einige Wochen früher zu reduzieren, damit beispielsweise holzige Pflanzen noch ausreifen können.
Es empfiehlt sich auch, die Blühzeiten zu beachten, denn mit Weiterführung der Nährstoffgaben fördert man das Wachstum der Pflanze, verzögert jedoch unter Umständen ihre Blütenbildung. Bei winterblühenden Pflanzen muß die Düngung also schon im Juli/August gebremst werden (die individuellen Angaben sind entscheidend).
● **Junge Pflanzen** werden grundsätzlich schwächer gedüngt, solange die Wurzeln noch nicht voll ausgebildet sind. Das gleiche gilt für **kränkliche Pflanzen,** die sich erst wieder erholen müssen. Blatt- und Wurzelwachstum sollen in ausgewogenem Verhältnis stehen: Bei Schäden an der Blattmasse kann weniger assimiliert werden, und damit wird auch der Nährstoffbedarf geringer.

Tips zur Düngung
Für alle Düngemaßnahmen gilt:
● Der Wurzelballen muß vor der Düngung gründlich durchfeuchtet sein.
● Frisch getopfte Pflanzen dürfen 4–6 Wochen lang nicht gedüngt werden, denn das Substrat enthält meist bereits Nährstoffe (Packungsaufdruck beachten!), und das Wurzelsystem muß sich erst wieder regenerieren.
● Es ist besser, häufig niedrig als selten hoch konzentriert zu düngen. In der Regel heißt das: 8–14tägig während der Vegetationszeit.

Substrate und Erden

Die heute verwendeten Blumenerden haben nur noch wenig mit gewachsenem Boden oder den Erdmischungen des Gärtners um die Ecke zu tun. Darum ist es korrekter, von Substraten zu sprechen. Bislang wurden für die Topfpflanzenkultur fast ausschließlich Pflanzsubstrate auf Torfbasis angeboten; zunehmend gewinnen heute aber sogenannte Industrieerden an Bedeutung, die hauptsächlich oder zum Teil aus Torfersatzstoffen und anderen Zuschlagstoffen bestehen. Da die Verwendung von Torf aus Gründen des Naturschutzes stark eingeschränkt werden muß, sollte jeder Hobbygärtner seinen Teil dazu beitragen, indem er die angebotenen Produkte kritisch prüft und auswählt. Dies trifft auch auf die Preise zu – viele Tests haben inzwischen bewiesen, daß sie nicht immer ein sicheres Indiz für die Qualität darstellen.
Das Thema »Industrieerden« ist äußerst problematisch – hier lohnt es sich, Vergleiche anzustellen und entsprechende Beratung einzuholen. Trotz aller im Handel befindlichen Fertigprodukte haben sich die alten gärtnerischen Begriffe als Unterscheidungsmerkmale bewährt. »Leicht, kräftig, locker, humos« – daraus können Pflanzenliebhaber Feinheiten für die Kulturmethoden ablesen.
● **Torf** hat ausgesprochen gute Eigenschaften für die Topfkultur mitgebracht – er ist leicht, steril und sein hoher Luftgehalt (wichtig für die Wurzelatmung) bei gleichzeitig großer Wasserspeicherkapazität sind unübertoffen; dabei behält er über lange Zeit seinen lockeren Zustand und seine Strukturstabilität bei. Nachteilig ist der hohe Säuregehalt des Torfs. Durch die Einheitlichkeit des Ausgangsmaterials eignet er sich jedoch gut zur Aufkalkung und Düngung. Guter Torf (Weißtorf im Gegensatz zum Schwarztorf) bindet Wasser sehr stark; läßt man ihn allerdings zu sehr austrocknen, dann entzieht er umgekehrt den Pflanzen das Wasser und es kommt zu Trockenschäden. Hier ist das »gleichmäßige« Gießen also besonders wichtig, aber auch das durchdringende Anfeuchten vor dem Eintopfen. Im Angebot befinden sich sogenannte **Einheitserden** – das sind Torfsubstrate mit Tonanteilen, aber auch reine **Torfkultursubstrate.**
● **Ton und Lehm** machen die Erde etwas schwerer und kräftiger und haben überdies die Fähigkeit des Pufferns – sie können Kalk und andere Nährstoffe binden oder bei Bedarf abgeben; damit werden Überdüngungsschäden und pH-Wert-Verschiebungen in Grenzen gehalten.
● **Sand** (steriler Quarzsand) wird zur Durchlüftung der Erden eingesetzt und auch in Substra-

ten, die keimfrei und nährstoffarm sein sollen – speziell für die Anzucht von Stecklingen oder Jungpflanzen.

- Eine Vielzahl von **Torfersatzstoffen** sind heute den Substraten beigemischt. Allerdings ersetzen sie nur zum Teil das besonders strukturstabile Ausgangsmaterial Torf. So enthält zum Beispiel auch Rindenkultursubstrat (RKS) bis zu 50% Torf. Es eignet sich gut für Zimmerpflanzen mit Ausnahme der kalkempfindlichen. Man sollte nur Produkte kaufen, die das RAL-Gütezeichen haben! Als Torfersatzstoffe (Beimischungen) haben sich auch Kokosfasern, Holzfasern und Reisspelzen bewährt. Industrieerden aus Kompost sind für die Zimmerpflanzenkultur dagegen nicht geeignet.

Spezielle Substrate

Im Handel befindliche Substrate enthalten die genannten Einzelkomponenten in unterschiedlicher Zusammensetzung und, je nach Verwendungszweck, auch mit mehr oder weniger Anteilen an mineralischen und/oder organischen Düngern. Das ausgewogene Verhältnis und die Einzelbestandteile entscheiden grundsätzlich über die guten Eigenschaften eines Substrates. Vorteilhaft für die meisten Pflanzen ist sein schwach saurer pH-Wert von 5,.5–6,5. Es kommt jedoch bei allen Produkten leider immer wieder zu Schwankungen.

Entsprechend den Anforderungen, die die Pflanzen stellen, sollten die Substrate gewählt werden. Azaleen beispielsweise bevorzugen einen sauren Boden – für sie eignen sich am besten die reinen Torfkultursubstrate bzw. »Azaleenerde« –, während sehr »hungrige« Pflanzen wie Oleander und Palmen sowie gegen Eisenmangel empfindliche wie *Citrus* und Brunfelsie, besser mit den »schwereren« Substraten zurechtkommen. Auch hier gibt es Spezialmischungen wie beispielsweise »Palmenerde«.

Andere **Spezialerden** eignen sich für die Pflanzenanzucht oder für Sonderkulturen. »Kakteenerde» hat beispielsweise einen höheren Anteil an Sand und grobem Kies, während Orchideensubstrate (auch für Bromelien u. a. zu verwenden) heute als Ersatzstoffe für das Torfmoos *(Sphagnum)* hauptsächlich Rinde, Bimskies, Holzkohle – auch Styropor – enthalten, deren Hauptaufgabe darin besteht, die Luftdurchlässigkeit zu gewährleisten.

- **Seramis,** ein poröses und stabiles Tongranulat, ist ein Pflanzstoff besonderer Art – nicht zu verwechseln mit dem Blähton, in dem Hydrokulturpflanzen gezogen werden. Es gibt zwei Möglichkeiten, Seramis zu verwenden: Einmal als Beimischung zu anderen Blumenerden, wobei dadurch vor allem eine gute Durchlüftung des Substrates erreicht wird. Zum anderen können in Erde angezogene Pflanzen problemlos in reines Seramis umgetopft und darin wie in einem Langzeitbewässerungssystem gehalten werden.

Blumentöpfe

Blumentöpfe gibt es in Ton und Kunststoff. Beide Materialien haben ihre Vor- und Nachteile, je nach Pflanzenart und Verwendung.

Tontöpfe

- Vorteile: Sie sind porös – gut für Zimmergarten-Anfänger, die meistens zuviel Wasser geben. Beim Einfüttern in größere Gefäße (auch im Garten) ist ein gleichmäßiges Durchfeuchten des Ballens gewährleistet. Durch größeres Gewicht haben sie auch höhere Standfestigkeit.
- Nachteile: Ältere Töpfe können häßliche Beläge ansetzen (Kalk, Salze, Algen). Durch die Porosität entsteht ständiger Wasser- und Dün-

• TIP •

Alle Töpfe müssen vor der Wiederverwendung gründlichst gereinigt werden.

Die Auswahl an Blumentöpfen in Ton oder Kunststoff ist immens, und es wird sich für jede Pflanze der passende Topf finden. Untersetzer oder Übertöpfe müssen immer etwas größer sein.

• TIP •

Beim Umpflanzen kann die Pflanze gleichzeitig geteilt werden.

gerverlust. Es entsteht Verdunstungskälte – nachteilig für die Bodentemperatur. Wurzeln wachsen zum Rand – dies kann Durchwurzelung des Ballens vortäuschen. Hohe Verluste durch Bruch. Schwer zu reinigen und vor Gebrauch zu wässern.

Kunststofftöpfe

- Vorteile: Gut zu reinigen, hygienisch, leicht und haltbar. Wärmer (keine Verdunstungskälte). Steilere Wände und damit größeres Volumen. Gleichmäßige Ausnutzung des Substrates im Topf. Seltener zu gießen. Gut bei reinen Torfsubstraten, die sonst zu schnell austrocknen würden. Keine Ausblühungen (Beläge).
- Nachteile: Kippen leichter um. Staunässe bei zu hohen Wassergaben. Mangelnde Luft- und Wasserdurchlässigkeit beim Einfüttern. Optisch nicht so reizvoll.

Tips zum Kauf von Blumentöpfen

- Blumentöpfe gibt es zentimeterweise gestaffelt zu kaufen; sie sind ebenso breit wie tief.
- Sonderformen für spezielle Pflanzen wie Palmentöpfe (besonders hoch) oder Azaleentöpfe (besonders breit) gibt es in Fachgeschäften.
- Wichtig bei allen Töpfen ist ein guter Wasserabzug.
- Töpfe aus Kunststoff haben oft günstigere Bodenausbildung.
- Torftöpfe eignen sich hervorragend zur Pflanzenanzucht.
- Ampelgefäße sollten so konstruiert sein, daß die Pflege nicht zu aufwendig ist (beispielsweise mit Untersatz).
- Übertöpfe darf man nicht wie enge Manschetten anpassen. Etwas Luftraum sollte zwischen beiden Töpfen bleiben und die Möglichkeit, den Kulturtopf leicht erhöht zu stellen, damit die Gefahr der Vernässung gebannt wird.

Umpflanzen

Wenn man ganz korrekt ist, dann muß man einen Unterschied machen zwischen Eintopfen, Umtopfen und Umpflanzen, denn es ist nicht immer zwingend, dabei einen neuen Topf zu verwenden.
Bei rasch zunehmendem Wachstum brauchen Pflanzen größere Töpfe, in der Jugendphase also öfter als im Alter. Wenn in den Porträts (Seite 24ff.) nicht ausdrücklich andere Angaben gemacht werden, heißt Umpflanzen: zu Anfang jährlich, später im Rhythmus von 2 bis 3 Jahren, je nach individueller Wuchsstärke der Pflanzen. Bei älteren Exemplaren wird nur nach Bedarf umgepflanzt; bei völliger Durchwurzelung oder wenn der Ballen beispielsweise aus dem Topf herausdrückt, wie es bei Palmen, *Asparagus* und *Chlorophytum* oft der Fall ist. Tontöpfen sieht man es oft schon von außen an, wenn sich die Erde in schlechtem Zustand befindet, und dies wird eigentlich zum ausschlaggebenden Kriterium für das Umpflanzen – die Erde »verbraucht« sich nach einiger Zeit! Wie lange dieser Prozeß dauert, hängt von der ursprünglichen Strukturstabilität als wesentlichem Qualitätsmerkmal des Substrates ab. Wenn die Funktionsfähigkeit der Erden über längere Zeit erhalten wird, d. h. die Durchlüftung und Wasserhaltekraft gewährleistet ist, kann man auch mit dem Umpflanzen warten. Der Salzanreicherung kann man mit öfterem Durchspülen entgegenwirken, aber einer Kalkanreicherung im Laufe der Zeit mit all ihren nachteiligen Folgen sowie auch einer Vernässung wird man am besten durch regelmäßiges Umpflanzen begegnen. Die Häufigkeit dieser Maßnahme hängt also von verschiedenen Kriterien ab und kann nicht pauschal angegeben werden.

- In vielen Fällen, wenn man nicht umpflanzen will, genügt bereits ein **Erneuern der obersten,** nicht durchwurzelten und ausgelaugten (oder je nach Gießverfahren auch mit Salzen angereicherten) **Erdschicht.**

Umpflanzen einer Yucca aus einem zu eng gewordenen Tontopf in einen größeren Plastiktopf: ① Pflanze vorsichtig aus dem Topf heben. ② Verfilzten Wurzelballen auflockern. ③ Neues Substrat einfüllen. ④ Pflanze einsetzen und Substrat auffüllen.

Tips fürs Umtopfen

- Die Pflanze wird zuerst gründlich gegossen, damit der Ballen nicht gleich auseinanderfällt (Ausnahme: leicht brechende Pflanzen; diese etwas trockener halten, damit die Zellen nicht so prall gefüllt sind.)
- Flache Hand über den Topf legen, Sproß zwischen Zeige- und Mittelfinger nehmen, umdrehen und den Topfrand leicht auf eine Unterlage stoßen, damit er sich löst.
- Je nach Zustand des Ballens sofort in den neuen, größeren Topf setzen, aber nicht tiefer als vorher.
- Eine Dränageschicht muß einkalkuliert werden.
- Rund um den Ballen neue Erde einfüllen, leicht andrücken und oben daumenbreit einen Gießrand lassen.
- Gründlich angießen, bis das Wasser aus dem Abzug kommt, damit keine Hohlräume bleiben; danach aber nur sehr mäßig mit Wasser versorgen, bis sich nach 3–4 Wochen genügend neue Wurzeln gebildet haben.

- Pflanzen mit geringem Wurzelwachstum oder kranke Pflanzen, deren Wurzelsystem geschädigt ist, dürfen keine zu großen Töpfe erhalten. In vielen Fällen kann also der alte Topf – nach gründlicher Reinigung – weiterverwendet werden.
- Man sollte grundsätzlich – auch bei jungen Pflanzen – nur um 1–2 Topfgrößen (also 1–2 cm Topfdurchmesser) steigern, denn damit regt man die Wurzeln an, einen festeren Ballen zu bilden. Von der Funktionsfähigkeit dieses unterirdischen Systemes ist die gesamte Pflanzenentwicklung abhängig.
- Bei **Sonderkulturen,** etwa Epiphyten (Orchideen, Bromelien, Farne), die nicht in Töpfen kultiviert werden, umwickelt man den Ballen am besten vor dem Aufbinden mit Kokosfasermaterial.
- **Die beste Zeit zum Umpflanzen** ist immer das Frühjahr bzw. die Phase, bevor die Pflanzen zu wachsen beginnen – allgemein also nach einer Ruhezeit.

Wurzeln schonen!

Ein generelles Prinzip mit folgenden **Ausnahmen:**

- Bei schlecht durchwurzeltem Ballen die Erde nur leicht ausschütteln und gleiche oder kleinere Topfgröße verwenden.
- Bei sehr starkem Wurzelwerk kann ein Teil entfernt werden, manchmal muß man sogar mit dem Messer nachhelfen. Stark verfilzte Ballen auflockern.
- Denken Sie daran, daß in vielen Fällen mit dem Reduzieren des Wurzelwerkes auch ein Rückschnitt der grünen Teile erfolgen muß, um das Gleichgewicht wiederherzustellen.
- Wenn die Pflanzen vom Gärtner kommen, sind die Töpfe meistens im Verhältnis zu klein bemessen, d. h. sie trocknen zu schnell aus, lassen sich schlecht gießen und der Nährstoffvorrat ist am Ende. Man sollte also bald danach an das Umtopfen denken.

Weitere Pflegemaßnahmen

Zur Pflege gehört ab und zu auch das Säubern mit Schwamm oder Dusche oder ein leichter Sommerregen. Vorsichtig mit weichen Blättern! Nasse Pflanzen nicht in die Sonne stellen! Bei kalkhaltigem Leitungwasser Blätter mit Handtuch abtrocknen. Blattglanzmittel (ohne Treibgas!) nur bei hartlaubigen Arten verwenden, keinesfalls bei Farnen und jungen Trieben. Vor einer Anwendung immer Staub und Kalkflecken entfernen.

Rückschnitt

Wenn Pflanzen zu groß werden oder schlecht wachsen, kann man bei schnittverträglichen Arten zur Schere greifen. Günstiger Zeitpunkt: nach einer Ruhephase oder nach der Blüte. Diese Regenerationsmaßnahme sollte mit Wasser- und Nährstoffgaben unterstützt und dem jeweiligen Zuwachs langsam angepaßt werden.

Abgestorbene und trockene Pflanzenteile müssen regelmäßig entfernt werden, damit das Arrangement gepflegt wirkt, sich keine Krankheiten ausbreiten und neue Triebe wachsen können.

Rankenden Pflanzen mit weichen Trieben muß man eine Stütze geben. Es gibt die verschiedensten Gestelle, mit denen man solche Pflanzen in die »richtige Form« bringen kann.

• TIP •

Vorsicht bei eintriebig wachsenden Pflanzen! Sie lassen sich durch Stützen kaum umerziehen und machen dann nur unschöne Knicke.

Aus den abgeschnittenen Spitzentrieben kann man zusätzlich Stecklinge schneiden und sie unter Folie oder Glas bewurzeln lassen.
Günstig ist es, die Verjüngungsmaßnahmen im Frühjahr durchzuführen und den alten Stamm gleichzeitig in frische Erde umzutopfen, um den Neutrieb zu fördern.
Bei manchen Pflanzen genügt ein leichtes Einkürzen der Triebspitzen (Stutzen), z. B. bei Jungpflanzen, die man zur Verzweigung anregen will; ältere Gewächse kann man dagegen oft durch einen kräftigen Rückschnitt verjüngen und zum Neutrieb anregen.
Man schneidet immer über einem Auge (d. h. einem Blatt), das nach außen zeigt (wie bei den Rosen), um zu vermeiden, daß Triebe nach innen wachsen und sich kreuzen. Beim Schneiden von Stecklingen kommt es dagegen darauf an, den Schnitt direkt unter einem Blattknoten durchzuführen.
Beim Schnitt darauf achten, daß glatte Schnittflächen entstehen und keine Quetschungen und Verletzungen des Gewebes. Bei austretendem Milchsaft die Wunden mit einer Flamme oder Holzkohlepulver stillen.

Verjüngen älterer Pflanzen

Robuste Zimmerpflanzen wie *Philodendron, Monstera* oder *Yucca* und *Dracaena* werden nach vielen Jahren oft zu groß oder ausladend, manchmal auch unansehnlich, oder sie verkahlen. Jetzt ist es Zeit, Verjüngungsmaßnahmen durchzuführen (siehe Bilder unten), denn die langjährigen Hausgenossen sollen ja nicht auf dem Kompost landen.
Bei Yuccas und Drachenbäumen läßt man ein kahles Stammstück stehen, aus dem nach wenigen Wochen an der Spitze bereits wieder neue Seitentriebe entstehen.

Kletterhilfen anbringen

Einige Pflanzen brauchen Kletterhilfen. Entweder man verankert sie fest an einer Wand (hat Nachteile beim Umtopfen und anderen Pflegemaßnahmen), oder man muß ihnen ein kleines Gerüst oder rundgebogene Drahtbügel anbieten. Man heftet die Triebe nur leicht an bzw. schlingt sie immer wieder um das Spalier. Manche Kletterpflanzen, besonders die selbstklimmenden oder die mit Luftwurzeln, zieht man auch an Bambus-, Moos- oder Korkstäben. Beim Aufbinden darauf achten, daß der natürliche Wuchscharakter erhalten bleibt!

Verjüngen einer alten Yuccapflanze: Der Stamm wird bis auf ca. 20 cm Höhe abgeschnitten ①, in neue Erde umgetopft ② und treibt nach wenigen Wochen neu aus ③.

①

②

③

Vermehrung

Wenn von Vermehrung gesprochen wird, denkt man normalerweise an Stecklinge und Ableger, aber es gehören eine ganze Reihe von weiteren Maßnahmen und Möglichkeiten zu diesem Thema, das ja das gesamte Pflanzenleben umfaßt.
Es geht dem Zimmergärtner im Gegensatz zu einem professionellen Gärtner nicht darum, große Pflanzenmengen heranzuziehen, sondern darum, die Vielfalt durch einzelne Neuerrungenschaften zu erhöhen oder aber die eigenen Pflanzen durch Nachzucht zu erhalten – schließlich sind dem Wachstum im Raum immer Grenzen gesetzt. Andererseits haben viele Pflanzen nur eine begrenzte Lebensdauer, und sie verlieren während des Alterungsprozesses oft ihre Schönheit.

Wann ist die richtige Zeit zum Vermehren?
Wenn man den Lebensrhythmus einer Pflanze etwas kennt, wird meist auch ohne Lehrbuch klar, wann die beste Zeit für eine Jungpflanzenanzucht ist.
Vom Frühjahr bis zum Spätsommer, wenn sich die Pflanzen in ihrer Wachstumsphase befinden und sowohl ausreichend Licht als auch Wärme verfügbar sind, lassen sich Vermehrungsmaßnahmen am einfachsten durchführen. Denn diese Faktoren unterstützen sowohl die Entwicklung der Sämlinge und Jungpflanzen als auch die Regenerationsfähigkeit der Mutterpflanzen, soweit diese am Leben bleiben sollen. Zudem bringt die beginnende Vegetationsperiode gute Gelegenheiten zur Neuanzucht mit sich, da in diese Zeit auch das regelmäßige Umtopfen und gegebenenfalls ein Rückschnitt fällt.
Aber wie bei allen Dingen, die mit Lebendigem zu tun haben, kann man kaum schematische Regeln erstellen, denn sie passen nicht in jedes Pflanzenleben. Bei sehr empfindlichen Arten wartet man besser bis zum Frühsommer, bei anderen, bis die Triebe schon ausgereifter sind – bei Sommerblühern wie Fuchsien und Geranien z. B. bis zum Spätsommer. Auch die Zeit nach der Blüte ist als Termin zum Umtopfen und für den Rückschnitt günstig. Dabei fällt ebenfalls Anzuchtmaterial ab.

Was braucht man zur Vermehrung?
Für alle vegetativen Vermehrungsvorgänge – ob Ableger, Wurzelschnittlinge oder Stecklinge gemacht werden – muß ein sauberes Messer mit scharfer Klinge zur Verfügung stehen. Falls irgendein Verdacht auf Krankheiten besteht, muß diese Klinge nach jedem Schnitt keimfrei gemacht werden (Abflammen), damit es nicht

Bei der Stecklingsvermehrung im Wasser bilden sich anders geartete Wurzelhaare. Beim Umpflanzen in Erde muß man daher behutsam vorgehen und den jungen Pflänzchen besondere Pflege (Verdunstungsschutz durch eine Plastikhaube o. ä.) angedeihen lassen, weil sie sonst einen Schock erleiden können.

• TIP •

Manche Pflanzen sind Dunkelkeimer (siehe Porträts, Seite 24ff.). Bei solchen Arten muß man die Samen bei der Aussaat mit einer dünnen Erdschicht (ungefähr in Samenstärke) abdecken.

zur Übertragung von Erregern kommen kann. Keine Scheren benutzen, denn sie quetschen das Gewebe! Je schärfer der Schnitt und je kleiner die Wunde, um so schneller verheilt sie und um so weniger Keime können eindringen. **Hygiene** ist das oberste Gebot bei der Pflanzenvermehrung und der Anzucht. Alle Hilfsmittel, die dabei Verwendung finden, vom Messer über Gefäße bis zum Holzstäbchen, müssen möglichst neu oder gründlichst gereinigt, eventuell auch desinfiziert sein. Töpfe aus Torf oder Kunststoff eignen sich deshalb besser zur Vermehrung als alte Tongefäße.
Im Falle von mangelnder Sauberkeit greifen die gefürchteten Vermehrungskrankheiten sehr schnell um sich; die feuchtwarmen Bedingungen und die Abwehrschwäche der Jungpflänzchen ergeben einen günstigen Nährboden für Parasiten.

Anzuchtsubstrate

Bei der Vermehrung spielen auch die zu verwendenden Substrate eine große Rolle. Sie müssen ebenfalls steril sein, um die bodenbürtigen Pilze auszuschalten.
Wer keine anderen Möglichkeiten hat, benutzt die abgepackten, handelsüblichen Torfsubstrate. Diese müssen speziell für die Anzucht deklariert sein, weil sie dazu feiner strukturiert, aber vor allem nur wenig gedüngt sind. Keimlinge und Jungpflanzen haben vorerst noch einen geringen Nährstoffbedarf.
Am besten eignet sich ein Gemisch aus gleichen Teilen Torf und Sand (Vorsicht bei Torf: Der ungedüngte, den man hierzu braucht, heißt im Handel leider **Düngetorf**). Beim Sand sollte es sich um Fluß-(Quarz)sand handeln.
Heute gibt es noch ein weiteres Produkt, das besonders in der Vermehrung eingesetzt wird – das **Perlite.** Es ist ein besonders porenreiches Substrat vulkanischen Ursprungs, das in Form kleiner Kügelchen in den Handel kommt. Für das Anzuchtverfahren stellt es eine gute und sterile Alternative dar.

Viele Topfpflanzen lassen sich durch Aussaat vermehren. Große Samen werden in Töpfen oder Kistchen in Erde eingedrückt, sehr kleine Samen übersiebt man nur leicht mit Erde oder sie bleiben ganz frei liegen. Nach dem Keimen müssen sie vereinzelt werden.

Aussaat

Wenn man sich zur Aussaat entschließt, soll man besonders auf **frisches Saatgut** achten. Die Keimfähigkeit ist bei frischem Saatgut am größten und verliert sich zunehmend; trotzdem sollte man die Geduld nicht zu schnell aufgeben, gerade beim Hobbygärtner ist ja nicht Zeit gleich Geld.
Wenn man älteres, nicht mehr genau datierbares Saatgut hat, kann man zuerst eine **Keimprobe** auf feuchtem Filterpapier in einer geschlossenen Glasschale machen, um sich den Aussaatvorgang eventuell zu ersparen.
Aussäen kann man auch selbstgeerntete oder -gesammelte Samen, z. B. von exotischen Früchten. Das Fruchtfleisch muß man sorgfältig entfernen, damit es nicht zu Fäulnis kommt. Harte, große Samen weicht man vor der Aussaat am besten einige Zeit in warmem Wasser ein.
Die **Keimdauer** ist bei Pflanzen völlig unterschiedlich, sie kann wenige Tage, aber auch Jahre betragen, etwa bei Palmen.
Je kleiner der Samen, um so feiner soll die Erde sein. Man kann die gröberen Bestandteile des Substrates für die oberste Schicht des Saatbettes einfach heraussieben. Dann die Erde leicht glätten und andrücken (Brettchen) und den Samen einzeln oder so gut wie möglich verteilt ausbringen.
Sehr feine Samen bleiben unbedeckt auf der Erde liegen, ebenso die der **Lichtkeimer** (z. B. Kakteen, *Kalanchoë, Calceolaria);* andere kann man etwa in Kornstärkenhöhe leicht übersieben. Größere, kernartige Samen drückt man einzeln ins Substrat (nicht zu tief). Hierzu eignen sich Töpfe besser, weil die Sämlinge darin länger stehen bleiben können, während bei vielen, winzigen Samen Schalen vorteilhafter sind.

Das Pikieren

In den Schalen stehen die Keimlinge bald sehr dicht und müssen vereinzelt werden, sobald sich über den beiden Keimblättern die ersten richtigen Laubblättchen zeigen. Bei diesem sogenannten **Pikieren** wird das Pflänzchen am Keimblatt gefaßt, mit Hilfe eines Stäbchens vorsichtig gelockert und in größerem Abstand nochmals in Schalen oder gleich einen Topf gesetzt. Sofern dabei behutsam vorgegangen wird, tut es den Pflanzen nur gut, denn durch mehrmaliges Vertopfen wird die Wurzelbildung angeregt. Deshalb nie zu große Gefäße wählen und warten, bis die Ballen ganz durchwurzelt sind.

Sporenaussaat bei Farnen

Am einfachsten lassen sich Farne vegetativ – durch Teilung, Ausläufer o. ä. – vermehren. Für

Sehr viele Pflanzen bilden Kindel oder Ausläufer, die entweder gleich selbst Wurzeln bilden, abfallen und anwurzeln, oder aber erst von der Mutterpflanze – hier einer Grünlilie – abgetrennt, eingepflanzt und bewurzelt werden müssen.

geübte Hobbygärtner eignet sich aber auch die Methode der Sporenaussaat, denn Farne bilden keine Samen wie die Blütenpflanzen (siehe auch Seite 144). Die feinen Sporen sitzen in braunen Sporenkapseln an der Unterseite der Blätter, die bei Farnen Wedel genannt werden. Die intensive Braunfärbung ist ein Zeichen für den Reifegrad. Der Wedel wird abgeschnitten und am besten in eine Papiertüte gesteckt. Die Sporen fallen dann aus den Kapseln und können anschließend ausgesät werden. Sauberkeit ist hierbei erstes Gebot. Gefäße desinfizieren und das Substrat (in diesem Fall ungedüngten Torf) mit kochendem Wasser übergießen oder eventuell in der Mikrowelle keimfrei machen. Sporen gleichmäßig auf der angedrückten Substratoberfläche ausbringen. Mit abgekochtem Wasser von unten bewässern. Zur Erhöhung der Luftfeuchtigkeit abdecken und warm aufstellen. Nach etwa einer Woche zeigt sich auf der Oberfläche ein grüner Belag – die gekeimten Sporen. Nach 6–8 Wochen beginnen die Vorkeime zu wachsen, die sich gegenseitig befruchten. Durch Sprühen ständig feucht halten. Erst pikieren, wenn sich die typischen Farnwedel zeigen.

Ableger nehmen und Teilen

Eine weitere Gelegenheit, Jungpflanzen aufzuziehen, bieten all diejenigen Gewächse, die in unterschiedlicher Form selbst für Nachwuchs sorgen, z. B. durch Ableger oder Tochterpflänzchen wie das Brutblatt (siehe Seite 119). Im Extremfall bilden sich an solch einer Mutterpflanze vollkommen ausgereifte Pflänzchen mit Blättchen und Würzelchen. Sie fallen irgendwann herunter und wachsen auf dem Substrat, das sie in der Umgebung vorfinden, einfach weiter.

- Bei *Chlorophytum, Saxifraga* und *Tolmiea* müssen wir die **Ausläufer- oder Tochterpflanzen** erst von der Mutterpflanze trennen und eventuell noch bewurzeln.
- Um **Absenker** zu erhalten, befestigt man die Triebe von leicht zu bewurzelnden Pflanzen wie dem Efeu auf dem Substrat und trennt Tochterpflanzen erst später ab – eine besonders für das Blumenfenster geeignete Methode.
- Bromelien gehen nach der Blüte ein und leben durch ihre **»Kindel«** weiter. Man wartet möglichst so lange, bis sich Würzelchen zeigen; dann schneidet man die Sprosse mit scharfem Messer ab. Die verblühte Mutterpflanze kann aber auch herausgeschnitten werden, damit die jungen Pflanzen mehr Platz erhalten. Die Bromelienableger bilden sich entweder am äußeren Rand oder zwischen den älteren Blättern der Mutterpflanze; sie wachsen anfangs immer schmal und tütenförmig.

Eine besondere Art von Kindeln produziert die Orchidee *Phalaenopsis.* Wenn man ihren Blütentrieb auf etwa 2–3 Augen (oder um die Hälfte) einkürzt, entstehen weitere Blütentriebe, aber z. T. auch Brutpflanzen, allerdings seltener bei den modernen Hybriden.

Bei Kakteen und anderen seitensproßbildenden Sukkulenten trennt man diese mit einem Messer ab und läßt sie einige Zeit zum Trocknen liegen, bevor eingetopft wird; die fleischigen Körper faulen sonst sehr leicht.

- Bei der Zwiebelvermehrung werden die größten **Brutzwiebeln** abgenommen und einzeln ausgepflanzt, wie z. B. bei *Vallota.* Bei Klivie und Ritterstern kommt dies eher einem Teilen nahe, wenn sich die jungen Zwiebelchen schon mit Blatt und Wurzeln verselbständigt haben.

Kindel, die schon bewurzelt sind, kann man ganz einfach abnehmen und in Töpfe setzen. Hat die Mutterpflanze genügend Platz im Topf, so kann man sie auch bei der »Mutter« belassen.

Links: Viele Pflanzen lassen sich beim Umtopfen auch gut teilen und in mehrere Einzelpflanzen zerlegen.

Rechts: Viele Pflanzen, z. B. Usambaraveilchen, lassen sich leicht durch Blattstecklinge vermehren, die flach in Anzuchterde gesteckt werden.

Die einfachste Art, Pflanzen zu vermehren, ist sicher das **Teilen** des gesamten Wurzelstockes; das gilt für alle gruppenbildenden Pflanzen. Man muß sie beim Umpflanzen teilweise sehr vorsichtig voneinander lösen, wie bei Maranten oder Usambaraveilchen, während man bei *Asparagus* mit dem scharfen Messer gröber verfahren kann. Jeder merkt selbst am besten, wie wüchsig die Pflanzen sind.

Stecklinge schneiden

Neben der Aussaat kommt der Stecklingsvermehrung bei der Anzucht von Pflanzen die größte Bedeutung zu. Man unterscheidet Kopf-, Teil-, Stamm- und Blattstecklinge, entsprechend der verwendeten Teile (siehe Grafik).

- **Kopfstecklinge,** aus der Triebspitze gewonnen, ergeben bei unverzweigt wachsenden Pflanzen wiederum eine schöne, gerade geformte Jungpflanze (z. B. *Araucaria, Yucca),* während Teil- und Stammstecklinge aus mehreren »Augen« austreiben, weil ihnen die Spitze mit dem Vegetationspunkt fehlt. Sie verzweigen sich also von Anfang an, was man bei Kopfstecklingspflanzen manchmal künstlich durch das sogenannte **Stutzen und Pinzieren** (Vegetationspunkt herauskneifen) hervorrufen muß, um die Pflanzen buschig zu halten. Je länger man damit wartet, um so weniger verzweigen sie sich von unten.
- **Teilstecklinge** bestehen aus Triebteilen mit durchschnittlich 2–4 Blättern; auf diese Weise kann man von einem Pflanzensproß gleich mehrere Stecklinge gewinnen (z. B. bei Kletterpflanzen).
- **Stammstecklinge** fallen bei mehr fleischigen Sproßachsen (wie z. B. *Dieffenbachia, Yucca)* an.
- **Blattstecklinge** kann man von sehr vielen Pflanzen machen, ob krautig oder sukkulent, und auch von großblättrigen Arten wie dem Gummibaum. Teilweise lassen sie sich am Grunde des Blattstiels bewurzeln, z. T. am Blattgrund (bei eingekürztem Stiel) an der Basis des Blattes, wie bei Usambaraveilchen und Peperomien, oder sogar aus Blatt-Teilstücken, wie bei *Begonia, Streptocarpus* oder *Sansevieria*.

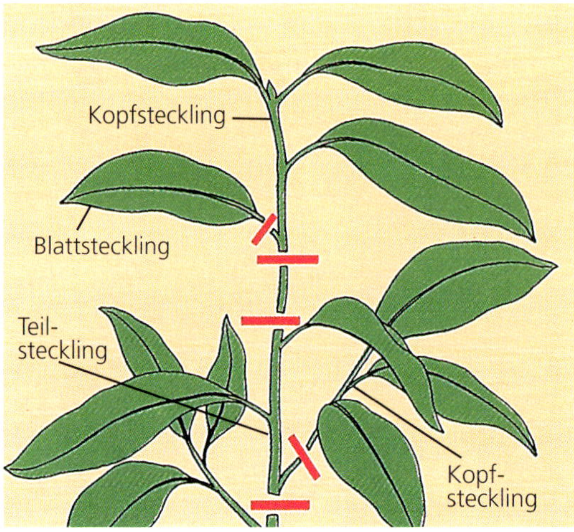

Für Kopf-, Blatt- und Teilstecklinge verwendet man jeweils verschiedene Pflanzenteile.

Stecklingsanzucht

Im Grunde genügt es, wenn ein Steckling zur Assimilation 2–4 gut ausgebildete Blätter besitzt, denn diese sind gleichzeitig auch Verdunstungsflächen.

- Man soll **Kopf- oder Teilstecklinge** immer direkt unter einem Blattknoten schneiden, weil sich dort am besten neue Wurzeln bilden können. Weiche, junge Triebe bewurzeln am schnellsten, aber sie faulen auch am raschesten; darum heißt es immer wieder: »Halbreife oder leicht verholzende« Stecklinge schneiden – soweit es sich nicht um krautige Pflanzen handelt.

Beim **Schneiden** sollte man darauf achten, daß bei der Mutterpflanze keine Zapfen stehen bleiben, sondern man schneidet den Steckling kurz über einem Blattansatz, muß ihn dann aber korrekt und mit scharfem, geradem

Schnitt (unterhalb des Blattknotens) noch einmal nachbessern. Anschließend kann man die Schnittstelle in ein pulverförmiges **Bewurzelungshormon** tauchen, was bei schwer zu vermehrenden Arten sicher ratsam ist. Holzkohlepulver (vom Grill) kann man auf jeden Fall zur Desinfektion verwenden.

Bei fleischigen Trieben – dazu gehört auch schon die Geranie –, vor allem aber bei Sukkulenten sollte man die Schnittstellen der Stecklinge immer erst einige Tage antrocknen lassen – Kakteen kann man dann sogar wochenlang »vergessen«.

Man kann **gleichzeitig mehrere Stecklinge** in Schalen unterbringen und später wieder vereinzeln, wobei das mehrmalige Verpflanzen für die Wurzelentwicklung durchaus als positiv angesehen wird. Bei eintriebig wachsenden Pflanzenarten (z. B. Zimmerbäume) wirkt es üppiger, wenn von Anfang an drei Stecklinge zusammengepflanzt werden. Zum Verpflanzen jeweils mit einem dickeren Stäbchen ein Loch vorbohren, damit es keine Verletzungen gibt. Die Erde sollte feucht, aber nicht naß sein, dann braucht nicht angegossen zu werden.

Bei der Stecklingsanzucht soll man in der Anfangsphase bei den nährstoffarmen Substraten bleiben und die Ernährung mit zunehmendem Wurzelwachstum steigern.

- **Blattstecklinge** etwas schräg stecken. Bei zerteilten Blättern darauf achten, daß ein Stück von der Hauptader mit in den Boden kommt. *Streptocarpus*-Blätter kann man beispielsweise entlang der Mittelrippe teilen oder auch in kleinere Stücke quer dazu. Blattbegonien-Blätter lassen sich nicht nur in winzige Stücke zerlegen und einzeln bewurzeln, sondern es genügt, wenn man einzelne der Adern auf der Unterseite durchtrennt und dann das gesamte Blatt auf Substrat legt (Schnittstellen nach unten) und an einigen Stellen etwas beschwert; nach einiger Zeit bilden sich neue Pflänzchen. Bei Usambaraveilchen kann man die Blätter sowohl in Wasser als auch in Erde bewurzeln. Am besten nimmt man ein kräftiges Blatt aus der Pflanzenmitte; die neuen Pflänzchen erscheinen immer büschelweise.
- Bei **Stammstecklingen,** die senkrecht in die Erde kommen, darauf achten, daß sie nicht auf dem Kopf stehen. Bei denen, die waagerecht verwendet werden, muß wenigstens ein Auge nach oben schauen (bei *Dieffenbachia* geht das sehr gut, die fleischigen Stücke faulen nur leicht). Die Stammstücke von *Yucca* und *Dracaena* sollten mindestens 10–15 cm lang sein. Hierbei kann man auch die neugebildeten Austriebe wieder als Kopfstecklinge nehmen; auf diese Art und Weise wird der ursprünglich hohe Stamm nach und nach immer kürzer. Wenn man den Kopfsteckling bis zum Blattansatz ins Substrat setzt, erhält man wieder eine natürlich wachsende *Yucca* oder *Dracaena,* die von unten her beblättert ist. Entfernt man später die Spitze, verzweigt sich die Pflanze erneut.

Ein kleiner Anzuchtkasten, möglichst mit Bodenheizung und Lüftung in der Haube, zahlt sich für jeden Hobbygärtner aus, denn viele Pflanzen lassen sich nur unter besonders feucht-warmen Verhältnissen bewurzeln.

Abmoosen

Diese Vermehrungsmethode ist das Mittel der Wahl bei allen verholzenden und älteren Pflanzen, von denen man gerne ein ebenso schönes, nur jüngeres Exemplar hätte, die sich aber im anderen Falle nur schwer bewurzeln ließen. Die Methode basiert darauf, daß man zunächst die Wurzelbildung unterstützt, um erst im Anschluß daran Mutter- und Stecklingspflanze voneinander zu trennen.

Wenn man sich die richtige Stelle des Spitzentriebes ausgesucht hat, sollte man – dort, wo der Schnitt gemacht wird – 1 bis 2 Blätter vorab bereits entfernen, damit die kleinen Wunden abtrocknen können und keine Infektion entsteht. Dann wird mit einem scharfen Messer unterhalb des vorher bestimmten Blattknotens ein Schnitt bis zur Hälfte des Stammes angebracht. Er kann gerade oder langgezogen sein, und es wird empfohlen, ein Steinchen oder Folienstück dazwischenzuklemmen, damit er nicht wieder zusammenwächst. Dies läßt sich auch mit einem keilförmigen Einschnitt vermeiden. (Man kann auch mit Bewurzelungshormonen nachhelfen.) Danach bindet man unter der Schnittstelle eine Plastikfolie fest, füllt dann feuchten Torf oder Perlite hinein und bindet oben locker zu. Von Zeit zu Zeit muß die Feuchtigkeit kontrolliert werden. Normalerweise dauert es 4 bis 8 Wochen, bis genügend Wurzeln vorhanden sind und man den Stamm unterhalb des Ballens endgültig durchtrennen

Abmoosen ist ebenfalls eine Methode, um ältere Pflanzen zu verjüngen und zu vermehren, und auch um große Spitzentriebe bewurzeln zu können.

kann. Vorsichtig eintopfen und bis zum Anwachsen luftfeucht halten.
Auf diese Weise können nicht nur große Grünpflanzen vermehrt werden, beispielsweise Araliengewächse und Gummibäume, sondern auch blühende, strauchig wachsende, wie Hibiskus und Kamelie.

Stecklinge und Jungpflanzen weiterkultiverien

Es stellt sich die Frage, wohin mit Samen, Stecklingen und all den Jungpflänzchen, denn sie benötigen eine Sonderbehandlung. Ob einfache Behälter oder aufwendige Konstruktionen vorgezogen werden, ist gleich, sie sollen nur bestimmte Bedingungen erfüllen:

- Wärme und Luftfeuchtigkeit halten.
- Verdunstungsschutz gewähren.
- Licht geben, zugleich vor praller Sonne schützen.

Wärme und Luftfeuchtigkeit benötigen zur Entwicklung sowohl die Samen als auch die vegetativ vermehrten Teile. Bei der Temperatur geht es speziell um **Bodenwärme,** die zur Keimung und Wurzelbildung notwendig ist. Das Licht gehört bei all unseren Zimmerpflanzen zu den lebenswichtigsten Elementen. Eine **Zusatzbeleuchtung** kann vor allem im Herbst und Winter nicht schaden. Der höhere Lichtgenuß ist auch ein Grund dafür, möglichst am Anfang des Jahres zu vermehren.
Der **Verdunstungsschutz** spielt eine große Rolle, denn gerade bei der Stecklingsvermehrung entscheidet dieser Faktor über Leben und weitere Entwicklung des zukünftigen Pflänzchens. Solange sich noch keine Wurzeln gebildet haben, mit denen Wasser und Nährstoffe aufgenommen werden können, besteht die Gefahr des Austrocknens; ganz besonders gefährdet sind Stecklinge mit weichen Blättern.

• TIP •

Allen jungen Pflänzchen sollte man noch einige Wochen lang eine Sonderbehandlung mit viel Luftfeuchtigkeit und Sonnenschutz zukommen lassen.

Vermehrung in der Praxis

Die schlichteste Methode beginnt mit dem Samenkorn im Joghurtbecher, dem Steckling im Wasserglas und dem Ableger im Topf.
Die nächste Stufe ist dann die Saatschale mit Abdeckmöglichkeit (Glasscheibe, durchsichtiger Deckel von Plastikbehältern) und der Blumentopf mit Folienhaube (selbstgebastelt mit Drahtbügel oder Holzstäbchen oder fertig gekauft), aber auch unter einem umgestülpten Einweck- oder Marmeladenglas läßt sich **»gespannte Luft«** erzeugen – so heißt es in der Gärtnersprache.
Die eleganteste Lösung aller anstehenden Probleme liefern natürlich die richtigen **Vermehrungs- bzw. Anzuchtkästen,** kleine **Minigewächshäuser,** die in ihrer Funktion den Profis abgeschaut sind: mit eingebauter, thermostatisch geregelter Bodenheizung, abnehmbarer Haube oder Schiebevorrichtungen, Lüftung und sogar Belichtung – so die Exklusivmodelle; aber auch hier gibt es graduelle Unterschiede. Ein Vermehrungskasten kann auch voll funktionsfähig selbst hergestellt werden. Kunststoffschale oder Holzkasten, Folie oder Glas, das spielt hier nicht die Rolle. Es müssen nur folgende Kriterien erfüllt sein:

- Bodenwärme wird durch ein im Fachhandel erhältliches Spezialkabel (in Sand verlegt) verbessert. Für Vermehrungsvorgänge, d. h. Keimung und Wurzelbildung unserer Zimmerpflanzen, brauchen wir im Schnitt mindestens 18 °C, bei anspruchsvolleren tropischen Arten sogar um 25 °C Luft- und Bodenwärme.
- Licht, Luftfeuchtigkeit und Verdunstungsschutz wird durch eine gut schließbare, durchsichtige Haube bzw. durch eine festsitzende Folie erreicht.
- Lüftungsmöglichkeit muß durch zwischengesteckte Keile oder Luftklappen gewährleistet sein.
- Feuchtigkeit in den einzelnen Gefäßen muß ständig kontrolliert werden; Folien eventuell erneuern.
- Saatgut und Stecklinge nur leicht übersprühen, auf keinen Fall zu feucht halten; auch Stecklinge nicht »angießen«, sondern nur in angefeuchtetes Substrat (nicht zu tief) stecken.
- Möglichst morgens befeuchten, damit bis zur kühlen Nacht die Pflänzchen wieder abgetrocknet sind.

Pflanzenschutz – Schadbilder erkennen, vorbeugen und heilen

Erste Voraussetzungen für die Gesundheit der Pflanzen sind günstige Standortbedingungen und eine gleichmäßige, artgerechte Pflege, denn bei gutem Allgemeinzustand haben Parasiten deutlicher weniger Chancen, eine Pflanze zu befallen und sich auszubreiten. Das Auftreten tierischer, pilzlicher, bakterieller oder viröser Erreger ist meist sekundär bedingt, d. h. sie können sich auf vorgeschädigten Pflanzen oder Pflanzenteilen besser ausbreiten und vermehren. Insbesondere trifft dies auf die allgegenwärtigen Pilze und Bakterien zu, die auch als **Schwächeparasiten** zu bezeichnen sind. Krankheiten und Schädlinge treten meist nicht einfach aus heiterem Himmel auf. Größte Gefahr für den Zimmerpflanzenbestand im Haus

Vor jeder Pflanzenschutzmaßnahme sollte eine genaue Diagnose stehen. Mit Hilfe einer Lupe lassen sich manche Schadbilder am besten erkennen.

Blattschäden können viele verschiedene Ursachen haben – vielfach handelt es sich um die Folgen von Kulturfehlern.

sind Pflanzen, die den Sommer über im Freien gestanden haben, sowie Neuerwerbungen. Draußen tummeln sich allerlei Schädlinge, die während der Sommerfrische auf die Pflanzen übergreifen und mit ihnen im Spätherbst in die Wohnung wandern. Hier finden manche Schädlinge dann besonders gute Wachstumsbedingungen (u. a. Wärme, keine Feinde) und breiten sich unter Umständen auf die übrigen Gewächsen aus. Auch bei neuen Pflanzen ist die Gefahr da, daß man Krankheiten und Schädlinge mit nach Hause bringt. Deshalb keine kränklichen oder befallenen Pflanzen kaufen – auch wenn sie vielleicht preisgünstiger angeboten werden. Beim Kauf und beim Einräumen die Pflanzen, aber auch Erde und Töpfe gründlich prüfen. Wichtig sind vor allem die Blattunterseiten und die Blattachseln. Bei Verdacht: Zur Lupe greifen.

Vorbeugen

Geeignete Lebensbedingungen sind zu schaffen durch:

- Die Wahl des geeigneten Standortes bzw. die Wahl der geeigneten Pflanze für die vorhandenen Licht-, Temperatur, Luft- und Luftfeuchtigkeitsverhältnisse
- Gute und ausgeglichene Wachstumsbedingungen, den individuellen Ansprüchen der Pflanze angepaßte Wasser- und Nährstoffgaben, geeignetes Qualitätssubstrat; gegebenenfalls Umpflanzen und Rückschnitt
- Hygienische Maßnahmen, wie Reinigen der Blätter oder vorsichtiges Entfernen von abgestorbenen Teilen mit sauberen Werkzeugen (auch bei der Vermehrung zu beachten)
- Frischluft ohne Gegenzug
- Einhalten von Ruhezeiten bei Bedarf

Nach Möglichkeit zu vermeiden sind:

- Extreme Licht-, Temperatur- und Luftfeuchtigkeitsschwankungen (außer wenn so angegeben)
- Lichtmangel im Winter, pralle Sonne im Sommerhalbjahr
- Mangel an Luftfeuchtigkeit
- Kalte oder warme Zugluft
- Mangelnde Bodenwärme (speziell in Verbindung mit Nässe)
- Staunässe und Ballentrockenheit bzw. Schwankungen zwischen beiden Extremen
- Nährstoffmangel oder -überschuß

Wenn Kulturfehler auszuschließen sind und echte parasitäre Krankheitssymptome vorliegen, sollte jedoch als oberstes Gebot bei der Behandlungsmethode gelten: **Nicht mit Kanonen auf Spatzen schießen!** So wie die vorbeugenden Maßnahmen Vorrang vor den heilenden haben, so muß vor einer Behandlung die richtige Diagnose stehen, um dann nach verantwortungsvoller Einschätzung der Lage (Befall gering oder massiv, Gefährdung weiterer Pflanzen, rasche Ausbreitung von Pilzkrankheiten bei hoher Luftfeuchtigkeit z. B. im Blumenfenster usw.) eine entsprechende Methode zu wählen.

Erste Erkennungszeichen für Schadbilder:

Am Gefäß

- Kalk-, Salz- und Algenablagerung an der Tontopfaußenwand sind durch gründliche Reinigung zu beseitigen.

Am Substrat

- Weißer Belag auf Erde oder Blähton entspricht Kalk- oder Salzanreicherung bzw. -ablagerung. Ab und zu die oberste Schicht entfernen und erneuern oder den Ballen kräftig durchspülen.

● Grüner Belag bedeutet Moose und Algen, besonders auf torfhaltigen, zu feuchten Substraten; die oberste Schicht entfernen und erneuern.

An Wurzel/Knolle/Zwiebel
● Braunverfärbungen, Ablösen der äußeren Schicht oder abgestorbene Teile weisen auf Krankheiten hin, bedingt durch Staunässe, mangelnde Bodenwärme, schlechte Durchlüftung, Verdichtung bei minderwertigem oder verbrauchtem Substrat oder Überdüngung. In der Folge meist Sekundärbefall mit pilzlichen oder bakteriellen Erregern oder auch Schädlingen.

Am Sproß
● Wachstumsstörungen sind auf Temperaturfehler, Nährstoffmangel oder Krankheiten zurückzuführen.
● Unnatürliches Längenwachstum, mangelhaftes Blattwachstum hervorgerufen durch zu dunklen Stand (Lichtmangel), verstärkt durch zuviel Wärme.
● Spitzentriebe können verkümmern und welken bei Trockenheit, Staunässe, Kälte, Lichtmangel, Wurzelschäden, Parasiten.
● Stammgrund- und Stengelfäule, auch Welkekrankheiten werden verursacht durch Nässe und Kälte, Pilze und Bakterien.
● Sproßwucherungen: Verkorkung = Kulturfehler, krebsartige Geschwulste = Bakteriose.

An den Blättern
● Blattfall, dem Welkeerscheinungen vorausgehen, kann bedingt sein durch teilweise »natürlichen« Laubabwurf vor der Ruhezeit, durch Alterungsprozesse oder wechselnde Standortverhältnisse (Licht, Wärme, Luftfeuchtigkeit) sowie schlechte Pflegebedingungen (Mangelerscheinungen und Wurzelschäden) und parasitäre Erkrankungen.
● Blattrollen kann durch mangelnde Luftfeuchtigkeit entstehen.
● Blattflecken (gelbe, braune, schwarze) können sowohl durch Sonnenbrand und andere nichtparasitäre Einwirkungen als auch durch Parasitenbefall verursacht werden.
● Verfärbungen mit späterem Eintrocknen, speziell der Spitzen und Ränder, basieren auf Kultur- und Pflegefehlern, Mangelerscheinungen oder Berührungsschäden (Stoß).
● Vergrünen tritt an buntblättrigen Pflanzen bei Lichtmangel auf.
● Verkorkung entsteht durch Kulturfehler.
● Braunverfärbung größerer Flächen rühren von Kälteschäden her, u. a. durch das Treibgas aus Sprühdosen.
● Helle Beläge kann es durch Kalkablagerungen beim Sprühen geben.
● Klebrige Blätter entstehen durch die zuckerhaltigen Ausscheidungen (Honigtau) von Läusen.
● Schwarzer Belag (sogenannter Rußtau) bildet sich durch pilzlichen Sekundärbefall auf Honigtau.
● Weiße Kügelchen auf der Blattunterseite sind artspezifisch bei Weingewächsen – also nicht krankheitsbedingt.
● Tropfenbildung an Blatträndern (Guttation) sind artspezifisch an *Philodendron,* Dieffenbachie, Begonien.

An der Blüte
● Steckenbleiben und vorzeitiger Knospenbefall wird hervorgerufen durch Schwankungen im Wasser- und Nährstoffhaushalt oder von Temperatur und Luftfeuchtigkeit, aber auch durch Wurzelbeeinträchtigungen oder durch Krankheiten und Schädlinge.
● Kein oder wenig Blütenansatz deutet auf fehlende Ruhezeiten hin.

Kulturfehler

Es ist nicht immer leicht, eindeutige Aussagen beim Auftreten von Symptomen zu machen. Daher sollen hier einige typische Erscheinungen herausgegriffen werden.

Ernährungsfehler
Einseitiger Nährstoffmangel zeigt sich in recht gut erkennbaren Auswirkungen:
● **Stickstoffmangel** drückt sich im Gesamtbild der Pflanze aus, sie wächst kaum und das Laub hellt sich auf. Zu Anfang vergilben die älteren Blätter von Spitze und Rand her.
Dagegen hilft eine gezielte, N-betonte Düngung, auch Spezialpräparate für Blattpflanzen oder Hydrokultur sind geeignet.

Stickstoff-Mangelerscheinungen zeigen sich häufig durch Aufhellung des Blattgrüns.

Typischer Eisenmangel mit »Fischgratmuster«.

● **Eisenmangel (Chlorose)** dagegen beginnt zunächst an den jüngeren Blättern, deren Adernetz ganz typisch grün umgrenzt bleibt, während die Zwischenräume hellgelb bis weiß erscheinen können – typisches »Fischgrätmuster«. Die Ursache für solche Erscheinungen ist in den meisten Fällen ein relativer Mangel, da durch zunehmenden Kalkgehalt im Boden die Eisenaufnahme behindert wird. Auch die Wurzeln werden dabei in Mitleidenschaft gezogen. Empfindlich reagieren Pflanzen wie *Citrus, Brunfelsia, Gardenia.* Zum Teil ist dies bedingt durch reine Torfsubstrate und kalkhaltiges Gießwasser; aber auch Hydrokulturen sind betroffen, wenn der pH-Wert über 6 ansteigt. Schnelle Abhilfe schaffen Spezialdünger (Eisenchelate); längerfristig Substraterneuerung mit höherem Ton- oder Lehmanteil.

● **Magnesiummangel** läßt sich ebenso typisch nachweisen, nur bleiben hier, im Gegensatz zu Eisenmangelsymptomen, die Blattränder eher grün. Später werden die Felder zwischen den Seitennerven braun und vertrocknen.

● **Manganmangel** zeigt sich zuerst an den jüngeren Blättern. Die Vergilbung breitet sich keilförmig vom Blattrand her zwischen den grünbleibenden Seitennerven aus. Man spricht auch vom »Tannenbaumeffekt«.

● **Phosphormangel** zeigt sich in dunkelgrünen bis braunvioletten Blättern. Die Pflanze bleibt insgesamt klein und bei Azaleen kommt es zur typischen »Blauspitzigkeit« der Blätter.

● **Kaliummangel** bewirkt ein Absterben des Laubes von den Blatträndern ausgehend. Es wird von außen nach innen erst gelb, dann braun und trocken und rollt sich ein. Kali- und Phosphormangel erzeugen auch Wurzelschäden.

Ernährungsbedingte Krankheiten werden bei gut versorgten Zimmerpflanzen selten auftreten, denn die handelsüblichen Düngemittel enthalten alle Hauptnährstoffe und Spurenelemente in ausgewogener Form.

Für die Praxis läßt sich folgendes sagen: Das Auftreten nur eines dieser Krankheitsbilder zeigt an, daß insgesamt ein Nährstoffmangel vorliegen muß, den man mit Hilfe eines leicht löslichen Volldüngers beheben kann. Danach, wenn notwendig, umtopfen und erst nach Ablauf von 6 Wochen regelmäßig weiter düngen. Ebenso wie Mangel kann aber auch ein Überschuß Verschiebungen im Pflanzen-Haushalt bewirken und zu den genannten Symptomen führen.

• TIP •

Chlorosen entstehen auch bei Lichtmangel oder durch zu hohe Sonneneinstrahlung.

Gewebeschäden

Korkwucherungen oder -flecken entstehen vorwiegend an Blattunterseiten und im Sproßbereich, z. B. an Pelargonien, Anthurien, *Ficus* und anderen Grünpflanzen und bei Kakteen. Es sind schorfartige Wucherungen, die durch Aufreißen des Gewebes bei Pflegeunregelmäßigkeiten entstehen können, wenn die natürlichen Lebensvorgänge mit Wachstums- und Ruhephasen unterbrochen werden: z. B. hohe Wasser- und Nährstoffgaben, obwohl die Pflanze in dunkleren Wintermonaten keinen entsprechenden Verbrauch hat; erhöhte Luftfeuchtigkeit bei verminderter Verdunstung oder abrupter Wechsel vom Schatten in die Sonne.

Das alles ruft Spannungszustände hervor, auf die manche Pflanzen dann mit Korkbildung reagieren. Es sind im eigentlichen Sinne nur Schönheitsfehler, die nicht mehr verschwinden, aber gehäuft zur Beeinträchtigung der Assimilation und damit zu geminderter Wuchskraft führen.

Darum sollte also auf einen dem Lebensrhythmus angepaßten, gleichmäßigen Kulturverlauf geachtet werden.

Blattflecken und Blattrandschäden

Darunter sind verschiedenartige Flecken, zuerst gelbe, dann braune Felder, Ränder und Spitzen zu verstehen. Solche vielfältigen Symptome sind besonders schwer zu diagnostizieren, vor allem, wenn noch die pilzlichen Blattfleckenkrankheiten, Bakteriosen und Virosen oder auch spezifische Schadbilder tierischer Parasiten dazukommen. (Hier sollen die häufigsten Möglichkeiten nur kurz aufgezeigt werden, um Anhaltspunkte für die in Betracht kommenden Pflegefehler zu erhalten.)

● **Sonnenbrand** – scharf begrenzte, unregelmäßige Flecken entstehen auch bei sonnenverträglichen Pflanzen, wenn sie in den Sommermonaten und Mittagsstunden ungeschützt direkt hinter einer Glasscheibe stehen. Bei einigen Pflanzen, z. B. Sukkulenten, können sich die grünen Pflanzenteile rötlich verfärben (Schutzreaktion). Zu silbrigen Aufhellungen, d. h. regelrechten Verbrennungen der Blätter kommt es dagegen bei plötzlicher Umstellung der Pflanzen im Frühjahr vom halbschattigen Innenraum in die volle Sonne im Freiland (UV-Schock).

- **Mosaikartige, helle Blattflecken** können als sehr scharf umgrenzte, unregelmäßige Flecken auf Grund eines Pflegefehlers entstehen, beispielsweise durch Gießen mit zu kaltem Wasser oder aber als Folge der Brennglaswirkung, wenn sich bei starker Sonneneinstrahlung Wassertropfen auf den Blättern befinden: häufig bei Gesneriengewächsen wie Usambaraveilchen und Gloxinien zu beobachten. Auch speziell bei *Ficus*- und *Cissus*-Arten, *Cyclamen* und Primeln treten Flecken und Stippen auf, für deren Entstehung Schwankungen der Temperatur und Belichtung oder der Pflegemaßnahmen, vielleicht auch fehlende Bodenwärme, verantwortlich sind.
- **Schwarzfleckigkeit** bei Orchideen kann ähnliche Ursachen haben wie bei den Korkflecken beschrieben: dem Wachsrhythmus der Pflanze nicht angepaßte Bedingungen.
- **Chloroseerscheinungen** (Aufhellungen und Vergilben der Blätter ähnlich wie bei Nährstoffmangel) entstehen auch durch mangelnde Bodenwärme; besonders bei ständig nasser Erde oder wenn Töpfe auf kalten Steinfensterbänken stehen. Speziell im Winter bei gleichzeitig trockenwarmer Luft im Raum ist damit eine ausreichende Wurzeltätigkeit nicht mehr gewährleistet. Die kümmernden Pflanzen bleichen aus, vergilben zum Teil, ohne zu vertrocknen.
- **Gelbe, braune Ränder und Blattspitzen** bis zum Einrollen und Vertrocknen entstehen durch: Luftrockenheit, Ballentrockenheit (vorausgehende Welkeerscheinung), Überdüngung bzw. zu hohen Kalkgehalt – Salzschäden, Mangelerscheinungen, mechanische Berührung (Stoß).
- **Braune Flecken** können durch Kälteschäden, z. T. auch bedingt durch Treibgas aus der Sprühdose verursacht werden.

Pilzkrankheiten

In erster Linie sind Pilze Schwächeparasiten. Einzelne Arten greifen Pflanzen da an, wo bereits Schädigungen vorliegen, sei es durch Verletzungen oder kulturbedingte Fehler. Grundsätzlich trägt Wasser in Form von Spritz-, Sprüh- und Gießwasser oder hohe Luftfeuchtigkeit zu ihrer Vermehrung bei. Bei feuchtwarmer stehender Luft, aber auch bei starken Schwankungen zwischen Tages- und Nachttemperaturen ist die Befallsgefahr besonders groß. In lufttrockenen, warmen Räumen haben sie deswegen geringere Chancen als in geschlossenen Blumenfenstern oder trockenkühlen Winterquartieren. Möglichst auch am Morgen gießen, um das Abtrocknen der Pflanzen während des Tages zu gewährleisten.
Pilze vermehren sich durch Sporen, die in speziellen Fruchtkörpern gebildet werden. Diese sind im Boden lange lebensfähig – deshalb befallene Stellen rechtzeitig entfernen und kranke Pflanzen nie kompostieren.
Gegen Pilzkrankheiten kann man die Pflanzen überwiegend mit hygienischen und kulturtechnischen Mitteln schützen. Ist der Befall erst einmal sichtbar und hat sich ausgebreitet, ist es meist zu spät Doch gibt es neben den chemischen Pilzbekämpfungsmitteln (Fungiziden) durchaus auch Mittel auf biologischer Basis – beispielsweise lecithinhaltige. Günstig wirken sich vorbeugend auch sogenannte Pflanzenstärkungsmittel auf Kräuterbasis aus.

Gesundes (rechts) und kränkelndes (links) Usambaraveilchen sind hier gegenübergestellt. Ursache der Krankheit: zu starke Sonneneinstrahlung.

Mehltau

- **Echter Mehltau** erscheint als heller, mehlartiger Belag, der sich leicht abwischen läßt, an Stengeln, Blüten, Knospen, Blättern; er bewirkt Wuchshemmung, Verkrümmung, Kümmern bis zum Absterben.
- **Falscher Mehltau** tritt nur bei hoher Luftfeuchtigkeit auf der Blattunterseite als weißlicher Belag auf, Blätter bekommen trockene, braune Flecken. Der Pilz lebt im Inneren des Blattgewebes und tritt im Spätsommer bei feuchter und gleichzeitig warmer Luft auf (häufig bei Begonien).

Durch seinen hellen Belag ist der Mehltau leicht zu erkennen.

• TIP •

Luftbewegung ist das wichtigste Mittel zur Vorbeugung von Pilzkrankheiten!

● Pflanzenteile oder auch ganze Pflanze vernichten. Nicht sofort gleiche Pflanzenart ins Zimmer holen, Sporen sind noch vorhanden. Bei leichtem Befall kranke Teile entfernen und mehrmals Spezialpräparate einsetzen. Vorbeugend die Pflanzen luftig und hell stellen, kein Wasser auf die Blätter bringen.

Grauschimmel *(Botrytis)*

Die Sporen dieses Pilzes sind überhall vorhanden und besiedeln in erster Linie verletztes und abgestorbenes Gewebe, greifen aber auch auf gesunde Teile über.
Graubrauner Schimmelrasen, der bei Berührung Sporen verstäubt, an Blättern, Blüten, Stengeln und oft im Herz der Pflanze. Bevorzugt an vorgeschädigten Pflanzenteilen (durch schlechte Standortverhältnisse, geringe Durchlüftung, Lichtmangel bei feuchter Wärme oder auch durch gleichzeitig kalten und nassen Stand). Der Pilz kann sehr aggressiv reagieren und die gesamte Pflanze rasch zum Absterben bringen. Leichter Befall kann von der Pflanze durch Verkorkung aufgefangen werden, dann entstehen nur einzelne Flecken.
● Zur Abwehr guten Allgemeinzustand schaffen, abgestorbene Pflanzenteile rechtzeitig entfernen. Morgens gießen und sprühen, damit die Pflanzen abtrocknen können. Gute Durchlüftung und Belichtung ist wichtig!

Blattfleckenkrankheiten

Diese werden von einer ganzen Reihe verschiedener Pilze verursacht. Schadbilder sind: rötliche, braune, zusammenfließende Flecken; gelbbraune, scharf umgrenzte Flecken mit gelbem Rand, oft eingesunken; große oder kleine helle Flecken, bei denen das innere Gewebe eintrocknet. Manchmal kann man auf den Befallstellen die schwarzen sporentragenden Fruchtkörper erkennen.
Tritt vorwiegend bei Blättern von Flamingoblumen, *Cissus,* Kroton, *Dracaena, Ficus,* Orchideen, Palmen und Farnen auf, hervorgerufen durch einen schlechten Allgemeinzustand, Insektenschäden und Umweltbedingungen.

● Vorbeugend kann man allgemein die Lebensbedingungen verbessern, entsprechend den spezifischen Pflanzenansprüchen. Im besonderen Fall pilztötende Mittel einsetzen.

Rostpilze

Sie leben im Inneren des Pflanzengewebes. Bestimmte Arten sind wirtswechselnd. Rostbraune, aber auch orangefarbene oder dunkle pustelartige Sporenhaufen erscheinen besonders auf Blattunterseiten, vor allem bei *Pelargonium zonale* – den bekannten Geranien. Bei bestimmten Dickblattgewächsen wie *Echeveria* und *Sempervivum* äußert sich der Parasit zuerst durch Wuchsveränderungen.
● Befallene Pflanzenteile entfernen bzw. vernichten – Rost ist schwer zu bekämpfen.

Rußtaupilze

Diese Schwärzepilze siedeln sich dort an, wo ein Befall mit »Honigtau« abscheidenden Läusen vorausgegangen ist. Rußähnlicher, schwarzer Belag bildet sich auf klebrigen Blattflächen. In der Folge Beeinträchtigung der Assimilationsleistung.
● Mit lauwarmem Wasser und Schwamm reinigen oder befallene Blätter entfernen und vor allem die Schädlinge bekämpfen.

Stengel- und Wurzelhalsfäule

Hervorgerufen z. B. durch *Phytophthora*. Dieser Pilz befällt bereits vorgeschädigte Pflanzen. Verfärbte Wurzeln treten auf, von denen sich z. T. die äußere Hülle löst. Die Schädigung reicht oft bis an den Stengelgrund. Die kranken Wurzeln können nicht mehr genügend Wasser aufnehmen – besonders bei Wärme schlappen die Pflanzen. Vor allen Dingen Sämlinge sind betroffen (gefürchtete **Umfallkrankheit),** aber auch ältere Pflanzen, speziell Gesneriengewächse und Sukkulenten.
● Die Pilze gedeihen nur im feuchten Milieu. Deshalb muß man Vernässung, Bodenkälte oder schlechte Bodenstruktur vermeiden. Vorbeugend sollte man beim Umtopfen alle kranken Wurzeln entfernen.

Links: Durch Pilzbefall verursachte, klar umgrenzte Blattflecken.

Rechts: Rußtaupilze siedeln sich häufig auf den klebrigen Ausscheidungen (Honigtau) der Läuse an.

Stengelgrundfäule oder Fußkrankheiten
Diese Pilzarten (u. a. *Phythium, Fusarium)* greifen ebenfalls als Schwächeparasiten an und bringen Pflanzen zum Absterben. Dunkel verfärbte Stellen bilden sich am Stengelhals, und die Wurzeln faulen. Als Folge davon undurchlässige Leitungsbahnen und Welkeerscheinungen, vorwiegend an Stecklingen von besonders saftreichen Pflanzen, z. B. Dieffenbachien und Pelargonien, aber auch an älteren Pflanzen.
● Gegenmaßnahmen wie bei Stengelfäule.

Alpenveilchen mit typischen Zeichen einer Fußkrankheit, verursacht durch Pilzinfektion.

Spezielle Pilzkrankheiten
Diese treten nur bei bestimmten Pflanzen auf. Nachfolgend eine Auswahl der häufigsten.

Pflanze	Krankheit	Kennzeichen
Alpenveilchen	Wurzel- und Knollenfäule	Pflanze kann innerhalb kürzester Zeit zusammenfallen; warmer Stand fördert Ausbreitung.
Azaleen	Ohrläppchenkrankheit	Fleischige, hellgrüne Blättchen und/oder deformierte Triebe und Blüten. Rechtzeitig entfernen.
Kakteen	Stammfäule	Pflanze fällt zusammen und schrumpft. Keine Rettung.
Palmen	Brandpilz	Verursacht gelbe Flecken mit schwarzen, harten Fruchtkörpern.
Ritterstern	Roter Brenner	An der gesamten Pflanze können längliche, rote und rissige Stellen entstehen, die leicht aufgetrieben sind. Vorsichtig gießen.

Bakterienkrankheiten (Bakteriosen)

Bakterien sind ebenfalls Erreger, die überall vorkommen und am Abbau toter organischer Materie beteiligt sind. Bei Krankheiten dieser Art gibt es keine Hilfsmittel. Die Ausbreitung erfolgt durch Spritzwasser, Verletzungen und Übertragung mit Messer und Schere.
● Bei Erkennen und eindeutiger Diagnose: Pflanzen mitsamt Erde und Topf in den Müll, keinesfalls auf den Kompost!

Blattflecken und Stengelfäulen
Blattflecken sind am schwersten einzuordnen, weil sich Verwechslungen mit anderen zahlreichen Krankheiten ergeben (siehe auch Seite 188f.). Typisch für Bakteriosen sind in vielen Fällen die ölig oder fettig erscheinenden Flecken, die rasche Ausbreitung mit Welke- und Absterbeerscheinungen, wobei die befallenen Flächen einsinken, vertrocknen und regelrecht herausfallen können. Meistens gehen Blatt- und Stengelbefall Hand in Hand. Typische Anzeichen sind schleimige, naßfaule und braunschwarz verfärbte Stellen.

Bakterienkrebs
Eine andere Bakteriengruppe verursacht krebsartige Wucherungen, bevorzugt an der Stammbasis bis in den Wurzelbereich hinein; in einigen Fällen kommen diese auch am Sproß vor. Eine Abhilfe ist auch hier nicht möglich.

Viruskrankheiten (Virosen)

Virosen kommen an Zimmerpflanzen äußerst selten vor, weil in Spezialbetrieben bei der Vermehrung auf virusfreie Bestände hin untersucht wird. Leider kann man Viruserreger nur mit wissenschaftlichen Methoden nachweisen. Verdächtige Pflanzen nicht auf den Komposthaufen geben! Große Ansteckungsgefahr!
Eine entsprechende Schädlingsbekämpfung ist in diesem Zusammenhang besonders wichtig, da saugende Insekten (z. B. Blattläuse) als Virusüberträger anzusehen sind. Auch durch Schnittmaßnahmen, Vermehrung und über den Boden werden Viruskrankheiten übertragen.
Eine positive Form der Virose ist dagegen beispielsweise die Buntblättrigkeit bei *Abutilon*; Neben den typisch mosaikartigen Flecken sind weitere Symptome Ringflecken, Wachstumshemmung und Mißbildungen – leider oft zu verwechseln mit anderen Erkrankungen. Im Zweifelsfall sollte man sich lieber rechtzeitig von den Pflanzen trennen.

Typische Blattlauskolonie. Bei rechtzeitigem Erkennen lassen sich die Blattläuse oft noch mechanisch entfernen.

Tierische Schädlinge

Befall, schnelle Entwicklung und Generationsfolge und damit Verbreitung der Schädlinge werden durch schlechte Standortbedingungen begünstigt. Hohe Wärme und Lufttrockenheit mit Sonneneinstrahlung, Zugluft, aber auch schlechte Durchlüftung, besonders zu hohe winterliche Temperaturen bei Lichtmangel gelten als Ursache. Kühlperioden oder Freilandaufenthalt dagegen kräftigen das Pflanzengewebe und machen es widerstandsfähiger. Die wichtigsten Schädlinge beeinträchtigen die Pflanzen durch Saugen des Zellsaftes. Dadurch werden Verkrüppelungen und Gewebeschäden hervorgerufen, die zum Absterben der Pflanze führen können; außerdem besteht die Gefahr der Virusübertragung. Blattläuse fliegen oft, besonders im Frühjahr, von außen zu; auch Spinnmilben können mit dem Wind herantransportiert werden. Die übrigen tierischen Schädlinge werden meist aus Gewächshäusern eingeschleppt oder befallen die Pflanzen auch während des sommerlichen Aufenthaltes im Freien (Kontrolle vor dem Wiedereinräumen.). Andere Insekten verursachen nur dann Schäden, wenn sie sich zu stark vermehren (Springschwänze und Trauermücken). Sie kommen bevorzugt in nassen, wenig durchlüfteten Substraten vor, deshalb die Erde zwischendurch immer wieder etwas abtrocknen (nicht austrocknen) lassen.

Blattläuse sind nicht nur grün, es gibt auch schwarze oder gelbe Arten.

Blattläuse

Tiere vorwiegend grün (grüne Pfirsichblattlaus), aber auch gelblich, rötlich und schwarz; je nach Alter 1–4 mm lang, z. T. geflügelt; meist als Kolonie, Vermehrung explosionsartig (ungeschlechtlich), in wenigen Tagen entsteht eine neue Generation. Blattläuse verursachen Wachstumsstörungen wie Einrollen, Verkrümmung und Kräuselung – weniger durch Saugen als durch giftige Ausscheidungen. Sie sondern auch flüssigen Honigtau ab, der als klebrige Schicht Pflanzenteile überzieht. Dadurch wird zusätzlich Atmung und Assimilation behindert, gleichzeitig Nährboden für sekundäre Pilzinfektion (Rußtau) geschaffen (siehe Seite 190). Begünstigt durch zu hohe Wintertemperaturen, zu wenig Luftbewegung, zu trockene Luft und Wärme sowie Zugluft. Die Läuse siedeln sich an allen jungen, weichen und saftigen Trieben und Knospen an (überwiegend im Frühjahr und Sommer).

● Anfangs kann man die Blattläuse gut mechanisch entfernen: Holzstäbchen, Pinsel oder Abduschen – Unerschrockene zerdrücken sie auch mit den Fingern. Darüber hinaus wirken Kaliumsalze natürlicher Fettsäuren, aber auch Hausmittel oder Nützlinge (siehe Seite 196f.). In hartnäckigen Fällen auch Einsatz von pyrethrumhaltigen oder anderen Spritzmitteln (ohne Treibgas!). Alle Maßnahmen wiederholen.

Schildläuse

Hell- bis dunkelbraune, mehrere Millimeter große, oval-runde, schildförmige Gebilde, die z. T. unbeweglich sind. Die großen, verhärteten Panzer beherbergen die älteren Läuse, dort findet auch die Eiablage statt; nur die hellen, kleineren Larven sind noch frei beweglich und ungeschützt.

Schildläuse werden von den gleichen Ursachen wie die Blattläuse begünstigt – sie rufen durch ihr Saugen Verkrüppelung und helle Flecken hervor. Honigtauabscheidungen sind meist erster Hinweis auf das Vorhandensein der Schädlinge. Bevorzugt entlang den Leitungsbahnen werden Blätter und Triebe vorwiegend hartlaubiger und verholzender Gewächse (Oleander, *Aphelandra, Ficus,* Farne, Palmen, Efeu) befallen.

● Mechanisch abkratzen; Zahnbürste, Holzstäbchen oder Wattestäbchen helfen dabei. Weißöl-Präparate, ölhaltige Blattglanzmittel und auch Hausmittel sind wirksam. Mehrfachanwendungen sind unerläßlich.

Woll- und Schmierläuse

Sie sind nahe verwandt mit den Schildläusen – statt des harten Panzers produzieren sie als Schutzschicht watteähnliche, helle Wachsausscheidungen, auch die Schadbilder gleichen sich. Vorwiegend sitzen sie versteckt in Nischen wie den Blattachseln (Blattunterseiten) und in Sproßverzweigungen (Blattkakteen, Kamelie, Schönmalve, Palmen, Klivie, *Abutilon,* Kroton, Weihnachtsstern).

● Abwehr: Wie bei Schildläusen.

Schildläuse sitzen gerne an den Trieben (links) und auf den Blattunterseiten (rechts) hartlaubiger Gewächse.

Weiße Fliege oder Mottenschildlaus

Ebenfalls mit Schildläusen nahe verwandte, aber im Gegensatz zu ihnen bewegliche, etwa 2 mm lange, weiß geflügelte Insekten. Die Larven sind gelblich grün und z. T. durch Wachsausscheidungen verdeckt. Mottenschildläuse verursachen Saugschäden mit entsprechenden Begleiterscheinungen. Neben sekundärem Rußtaupilzbefall ist auch die Übertragung von Viruskrankheiten zu befürchten. Sie sitzen vorzugsweise an Blattunterseiten krautiger Gewächse (Fuchsien, *Impatiens,* Hibiskus, Weihnachtsstern). Beim Berühren der Pflanze fliegen die Tiere auf. Wärme und Lufttrockenheit begünstigen eine schnelle Entwicklung.

● Die Abwehr ist schwierig, denn Eier und festsitzende Larven sind sehr widerstandsfähig. Die erste Maßnahme ist, weniger empfindliche Pflanzen bei niedrigeren Temperaturen zu halten (Freilandaufenthalt). Mit Leim bestrichene Gelbsticker oder Gelbtafeln locken die Weißen Fliegen an, und sie bleiben daran kleben (Pflanzen öfter schütteln, damit die Insekten auffliegen. Schlupfwespen sind ihre natürlichen Gegenspieler – gut in Wintergärten, Kleingewächshäusern oder Blumenfenstern anwendbar. Es helfen auch Hausmittel und Fettsäure-Präparate sowie pyrethrumhaltige Mittel. Maßnahmen wiederholen.

Thripse oder Blasenfüße

Sie haben, ähnlich wie Mottenschildläuse, eine hohe Beweglichkeit und können leicht die Wirte wechseln. Man kann sie trotz ihrer Länge von 1–2 mm wesentlich schwerer erkennen, denn sie sind sehr schmal, dunkel gefärbt und haben eine schwarz-weiße Zeichnung auf dem Rücken. Ein Erkennungsmerkmal sind die punktförmigen, lackartigen Kotflecken auf den Blättern. Die Larven sind weißgelb und stets in Gruppen beisammen. Innerhalb von 8 Tagen schlüpfen die Jungtiere.

Links: Woll- und Schmierläuse verstecken sich gern in den Blattachseln.

Rechts: Weiße Fliegen sind nicht zu übersehen – bei der leisesten Berührung fliegen sie auf.

Thripse sind auf der Blattunterseite als stäbchenförmige Tiere zu erkennen.

• TIP •

Trockene, warme Luft unterstützt hauptsächlich den Befall mit Spinnmilben, Weißer Fliege und Thrips. Allein durch Erhöhen der Luftfeuchtigkeit kann man ihre Ausbreitung schon eindämmen.

Durch das Saugen und Anstechen der Zellen (sie legen auch die Eier ins Gewebe) entstehen typische silbergraue Flecken, hauptsächlich entlang den mittleren Blattrippen. Die leeren Pflanzenzellen füllen sich mit Luft und erscheinen durch die Reflektion silbrig, dann verkorken sie. Vorwiegend sind die Blattunterseiten befallen, später kommt es zu Wachstumshemmungen, Verkrüppelungen und Blattfall (*Ficus, Cyperus,* Kroton, Drazaenen, Flamingoblumen).

● Abwehr: Erhöhung der Luftfeuchtigkeit ist sehr wichtig, um dem Schädling die Lebensgrundlage zu nehmen. Gleichbedeutend sind regelmäßiges Sprühen und Abbrausen (soweit es die Pflanzen vertragen). Andere Maßnahmen, wie den Einsatz von pyrethrumhaltigen Präparaten, in Abständen von 10 Tagen mehrmals wiederholen, um alle Nachkommen zu erfassen. Auch Blattglanzsprays zeigen Wirkung. Nützlinge sind nur unter bestimmten Voraussetzungen einsetzbar.

Spinnmilbenbefall erkennt man leider oft erst im fortgeschrittenen Stadium (links). Die kleinen Tierchen siedeln wie die Thripse meist auf der Blattunterseite (rechts).

Spinnmilben (Rote Spinne)

Sie sind so winzig, etwa 0,5 mm, daß man sie mit bloßem Auge kaum erkennen kann. Die grünlichgelben bis rötlichen Tiere bewegen sich auf ihren 8 Beinen (Spinnentiere!) nur langsam fort. Sie treten vor allem an den Blattunterseiten auf. Man stellt zuerst an den Blättern stichartige, helle Punkte fest (gleiche Wirkungsweise wie bei Thrips), die sich zu größeren Flecken ausweiten, nach und nach gelbbraun und rötlich verfärben und schließlich eintrocknen. Mit fortschreitendem Befall entwickeln die Milben auch ein feines Gespinst und überziehen damit zusätzlich Blattansätze und Triebspitzen.

Befallene Pflanzen haben insgesamt ein glanzloses, fahles Aussehen. Spinnmilben können praktisch an allen Pflanzenarten auftreten. Hohe Sonneneinstrahlung, Wärme und Lufttrockenheit fördern den Befall. Sie spielen in zentralbeheizten Räumen eine noch größere Rolle als Weiße Fliege und Thrips. Bei bestimmtem Kleinklima können sich die Milben in Windeseile vermehren.

● Neben der Erhöhung der Luftfeuchtigkeit für allgemein gute Ernährung sorgen. Bekämpfung mit Raubmilben bei hoher Luftfeuchtigkeit möglich, ebenso mit ölhaltigen und pyrethrumhaltigen Mitteln. Alle Maßnahmen mehrmals wiederholen (Eier). Wichtig ist die Früherkennung des Befalls.

Wurzelläuse

Sie treten nur im Wurzelbereich auf, können also allein durch die Erde übertragen werden. Bei Befall wirkt der Ballen wie von weißem Pilzmyzel durchzogen oder wie von Wolläusen befallen. Häufig bei Sukkulenten, hier durch Wärme und Trockenheit hervorgerufen.

● Zur Abwehr sollten die Erde ausgetauscht und ein Gieß- oder Tauchverfahren angewendet werden. Im schlimmsten Falle Pflanze vernichten. Vorher Stecklinge schneiden und vermehren.

Weichhautmilben, Cyclamenmilben

Unter den Weichhautmilben tritt die Cyclamenmilbe am häufigsten auf, sie ist aber bei weitem nicht nur auf das Alpenveilchen spezialisiert. Da sie glasklar bis leicht bräunlich gefärbt und nur 0,3 mm groß sind, kann man sie ohne Mikroskop nicht identifizieren. Mißbildungen wie Verkrüppelungen oder Verkahlen treten an Blüten, Knospen, Ranken und auch an jungen Blättern auf.

- Abwehr: Pflanzen vernichten.

Älchen oder Nematoden

Sie kommen überall im Boden vor, sind winzig und farblos, etwa 1 mm lang, schlangenförmig, sehr beweglich und leben in den Organen der Pflanzen. Es gibt **Blatt- und Wurzelälchen,** die jeweils das Gewebe anstechen und aussaugen und damit, wie bei Läusen oft der Fall, Auslöser für Sekundärbefall mit Pilzen, Bakterien und Viren sein können (siehe Seite 189ff.). An Blättern verursachen Älchen meist durch Adern klar begrenzte Flecken und Verformungen; auch an Triebspitzen und Stengeln entstehen Mißbildungen. Wurzelälchen bilden Gallen und Knötchen, sie können überall vorkommen, ebenso wie die nicht gallenerzeugenden Arten.

- Bei schlechtem Gedeihen der Pflanzen muß man auch an diese Schädlinge denken und Wurzeln und Boden untersuchen (Lupe!). In diesem Fall Stecklinge von gesunden Pflanzenteilen machen und übrige Pflanzen verwerfen; am besten mit ganzem Topf in den Müll – nicht auf den Kompost. Im Falle von Blatt- und Stengelälchen Vorsicht beim Stecklingsschneiden – Übertragungsgefahr!
- Neben den schädlichen Nematoden gibt es auch verschiedene Nützlinge in dieser Gruppe, die zur biologischen Schädlingsbekämpfung eingesetzt werden (siehe Seite 196f.).

Dickmaulrüßler

Diese Käfer und besonders ihre Larven können speziell an Alpenveilchen, Fuchsien, Azaleen und Sukkulenten Schaden anrichten. Der Käfer ist etwa 1,2 cm lang, schwarzbraun und sehr schnell. Er frißt meist nachts halbmondförmige Löcher in die Blätter. Die Larven, weiß mit braunem Kopf, und ebenso lang, bringen die Pflanzen durch Fraß an den Wurzeln und Knollen zu plötzlichem Absterben.

- Biologische Bekämpfung der Larven durch parasitäre Nematoden oder Bakterien. Pflanzen nicht auf den Kompost werfen.

Springschwänze

Etwa 2–3 mm kleine, meist weißliche bis graue Tierchen hüpfen auf der Topfoberfläche. Sie verursachen aber erst Fraßschäden an Wurzeln durch übermäßige Vermehrung in zu feuchtem Substrat.

- Abwehr: Über Nacht tauchen und anschließend den Topf trocken halten.

Der Dickmaulrüßler (links) besitzt äußerst gefräßge Larven (rechts).

Trauermücken

Winzige, schwarze, umherschwärmende Mücken und ihre etwa 5 mm langen, durchsichtig-weißen Maden, die bei zu feuchtem, schlecht durchlüftetem Substrat auftreten. Sie werden mit den torfhaltigen Erden eingeschleppt. Larven fressen bei Massenauftreten an feinen Wurzeln – gefährlich bei Jungpflanzen und Stecklingen.

- Fliegende Exemplare mit beleimten Gelbstickern fangen. Larven unter Umständen mit parasitären Nematoden oder speziellen Bakterien bekämpfen (siehe Seite 196f.).

Asseln, Schnecken, Würmer

Sie stellen meist nur bei hoher Luftfeuchtigkeit in Kleingewächshäusern eine Plage dar.

Maßnahmen zur Schädlingsbekämpfung

Wichtigste Voraussetzung zur Schädlingsbekämpfungs ist, daß man sie **rechtzeitig** erkennt und einzuordnen weiß. Dabei hilft unter Umständen das nächste Pflanzenschutzamt. Dort bekommt man auch spezielle Tips zu Bekämpfungsverfahren.

Pflanzenhilfsmittel

Die alte Weisheit »Vorbeugen ist besser als Heilen« wurde schon bei den Kapiteln über Standort und Pflege zitiert. Hier nun Vorschläge für konkreten Pflanzenschutz. Zimmerpflanzen leben meist in einem für sie ungünstigen Umfeld, so daß gewisse Stärkungsmittel – pflanzlicher und/oder mineralischer Herkunft – ihre Gesundheit fördern können – z. B. auf Kräuter- oder Algenbasis, als selbstgemachte oder besser als käufliche Präparate.

• TIP •

Mit Wasser gefüllte, gelbe Gefäße haben einen ähnlichen Effekt wie die Gelbtafeln. Der Flüssigkeit Geschirrspülmittel zusetzen, um die Oberflächenspannung zu verringern. Von der Farbe angelockt, ertrinken die Insekten.

Mechanische Bekämpfung

Bei geringem Befall und vereinzelt auftretenden Kolonien genügt es, rein mechanisch mit Fingern, Wattestäbchen, Zahnbürste usw. die tierischen Schädlinge zu beseitigen. Ein etwas ausgedehnterer Befall wird unter lauwarmem Wasser entfernt – Topferde dabei mit Plastik abdecken (fertige Hauben im Handel), damit man die Pflanze umlegen kann und nichts ab- bzw. eingeschwemmt wird. Oft genügt es, Teile der Pflanze zu entfernen.

Biotechnische Verfahren

Zur Früherkennung und auch zur Bekämpfung in bestimmten Fällen gibt es sogenannte biotechnische Verfahren. Dazu zählen die giftfreien **Insektenleimtafeln** oder -sticker. Die fliegenden Schadinsekten bleiben an dem geruchslosem Leim, der nicht austrocknet hängen. Dabei macht man sich die Vorliebe bestimmter Tiere für die Farbe Gelb zunutze. In Form von kleineren **Gelbstickern,** die direkt in den Blumentopf gesteckt werden, eignen sie sich besser für Einzeltöpfe, **Gelbtafeln** eher für große Pflanzen, Blumenfenster und Wintergärten. Sie locken hauptsächlich Weiße Fliege und Trauermücken an, aber auch andere fliegende Schadinsekten. Die Pflanzen ab und zu schütteln, damit auch träge Tierchen auffliegen und klebenbleiben.

Die klebenden Gelbsticker und Gelbtafeln locken durch ihre Farbe viele Schadinsekten an.

Mittel mit natürlichen Wirkstoffen

Die auf Seifen- oder Ölbasis aufbauenden Mittel haben gegen bestimmte Schädlinge (Woll- und Schildläuse, Spinnmilben) zum Teil sehr gute Wirkung. Diese Präparate sollten nur bei robusten, hartlaubigen Pflanzen Anwendung finden, z. B. bei Zimmerbäumen wie *Ficus, Monstera* und *Schefflera*. Auch junge Triebe muß man aussparen. Für alle empfindlicheren Topfpflanzen, z. B. alle Farne sowie weichbehaarte und buntblättrige Pflanzen, eignen sich besser Mittel auf Basis von natürlichen Fettsäuren. Sie sind zudem nützlingsschonend.
Grundsätzlich sind die Anwendungsbereiche der einzelnen Mittel zu beachten sowie ihre spezielle Wirkungsweise auf bestimmte Schädlinge. Bei geringem Bedarf sind anwendungsfertige Präparate (Pump- oder Druckluftflaschen) vorzuziehen. Neuerdings gibt es auch viele Präparate bereits mit Dosiersystemen – kleine Hilfen, die sehr nützlich sind.
In Notfällen, wenn andere Maßnahmen nicht greifen, können im Wohnbereich auch **Pyrethrum-Produkte** eingesetzt werden. Dieser Blütenextrakt einer afrikanischen Margeritenart *(Tanacetum* bzw. *Pyrethrum cinerariifolium)* wird von vielen Firmen angeboten. Er wirkt im Augenblick der Ausbringung auf alle kaltblütigen Lebewesen giftig – also auch auf Nützlinge und Fische (nicht in der Nähe von Aquarien anwenden). Beste Wirkung gegen Blattläuse, er ist teilweise aber auch gegen Thripse und andere saugende Insekten wirksam.
Als Hausmittel bei unempfindlichen Pflanzen hat sich **Seifenbrühe** bewährt. Sie ist einfach herzustellen: 20 g Schmierseife in 1 l Wasser mit einem Schuß Brennspiritus (Blattläuse) oder einigen Tropfen Weißöl (Schildläuse). Anwendung wiederholen. Fertigpräparate sind wegen ihrer gleichmäßigeren Anwendungs- und Wirkungsweise für Zimmerpflanzen vorzuziehen.

Biologische Bekämpfung

Der gezielte Einsatz von **Nützlingen** ist die modernste Errungenschaft des biologischen Pflanzenschutzes. Seit längerer Zeit schon im Erwerbsgartenbau erprobt, besteht nun auch die Möglichkeit für Hobbygärtner, sich dieser Methode zu bedienen. Allerdings bringt der Einsatz der Nützlinge den gewünschten Erfolg hauptsächlich in größeren Blumenfenstern, Wintergärten oder Kleingewächshäusern, denn die per Postpaket verschickten Nutzinsekten bzw. ihre Larven benötigen häufig eine hohe Luftfeuchtigkeit.

Nicht jeder findet die Vorstellung angenehm, sich zu den Schadinsekten zusätzlich andere Krabbeltiere ins Zimmer zu holen. Allerdings sind die meisten so klein, daß man sie kaum bemerkt – Ausnahme: der Australische Marienkäfer gegen Woll- und Schmierläuse.
Außerdem muß man wissen, daß diese Tiere nach getaner Arbeit eingehen, wenn die weitere Ernährungsgrundlage fehlt. Ein sogenanntes biologisches Gleichgewicht stellt sich unter den künstlichen Bedingungen nicht ein.

Vorteile des Einsatzes von Nützlingen

- Die Nützlinge schädigen weder Menschen, noch Haustiere oder andere Nützlinge
- Luft, Wasser und Boden werden nicht belastet
- Die Pflanzen werden nicht geschädigt, und es gibt keine Rückstände
- Resistenzbildung bei den Schädlingen ist ausgeschlossen

Die meisten Nützlinge vertilgen ihre Gegenspieler, andere, die Schlupfwespen etwa, wirken als Parasiten: Die Weibchen legen ihre Eier zur Ernährung der Nachkommen in die Larven der Weißen Fliege.
Im Handel gibt es Florfliegen gegen Blattläuse und Thripse, räuberische Gallmücken gegen Blattläuse, Schlupfwespen gegen Weiße Fliege, Raubmilben gegen Spinnmilben, Nematoden gegen Dickmaulrüssler und Trauermücken sowie Australische Marienkäfer gegen Woll- und Schmierläuse. Die Forschung auf diesem Gebiet ist längst nicht abgeschlossen, und in ein paar Jahren werden sicherlich noch viel mehr geprüfte Nützlinge zum Einsatz kommen.
Wichtig ist, daß all diese Nützlinge rechtzeitig, beim allerersten Auftreten der Schädlinge eingesetzt werden müssen – nicht nach einer vorherigen Behandlung mit chemischen Pflanzenschutzmitteln. Bestellungen laufen über den Fachhandel. Wenn die Lieferung per Post ankommt, muß man die Nützlinge sofort freilassen, da keine Lagerung möglich ist.

Herkömmliche Pflanzenschutzmittel

Diese Präparate sollen heute im Haus und Gartenbereich möglichst nicht mehr zum Einsatz kommen. Auch wenn es sich um ungefährlichere (unterschiedliche Giftklassen) und von der Biologischen Bundesanstalt in Braunschweig zugelassene Mittel handelt, sind sie im weitesten Sinne gesundheitsschädlich und umweltbelastend (Sondermüll etc.). Der Hobbygärtner sollte mit gutem Beispiel vorangehen und seine Pflanzen giftfrei pflegen und kultivieren und sich lieber auf diejenigen beschränken, die bei ihm gut gedeihen.

Der beste Pflanzenschutz läßt sich durch gute Pflege erreichen, ergänzt durch mechanische Behandlungsmethoden.

Pflanzenpflege im Überblick

Damit Ihre Zimmerpflanzen gut gedeihen, müssen Licht, Luft, Wärme, Wasser und Nährstoffe in einem ausgewogenen Verhältnis zueinander stehen. Zusätzlich gilt es, die Ruhezeiten zu beachten.

Licht

- Der Lichtbedarf von Pflanzen ist sehr unterschiedlich (siehe Seite 165).
- Optimal für die meisten Pflanzen ist ein heller Standort ohne direkte (pralle) Sonne mit Ausnahme der Morgen- und Abendstunden und des Winterhalbjahres.
- Blütenpflanzen haben insgesamt einen höheren Lichtanspruch als reine Blattpflanzen.
- Lichtmangel bewirkt verstärktes Längenwachstum, die Blätter werden kleiner und heller; bunte Pflanzenteile vergrünen.
- Schattierungen werden am besten außen angebracht (Fenster oder Kleingewächshaus), um einen Hitzestau zu vermeiden.
- Vorsicht im Frühjahr: Wenn die Pflanzen noch nicht an das Licht gewöhnt sind oder nach den Eisheiligen ins Freie gebracht werden, bekommen sie leicht einen »Sonnenbrand«.
- Pflanzen nicht ständig umstellen, weil sie ihre Wuchsrichtung zum Licht hin orientieren; eventuell Topf markieren und Stück für Stück etwas drehen.
- Je heller es ist, um so wärmer darf es im Raum werden (Ausnahme: Ruhezeiten).

Temperatur

- Je nach Herkunft haben die Pflanzen auch unterschiedliche Temperaturansprüche (siehe Seite 167).
- Die überwiegende Zahl der Zimmerpflanzen hat jedoch einen ähnlichen Wärmebedarf wie der Mensch, er liegt zwischen 16 und 22 °C, möglichst mit einer geringen Nachtabsenkung als Erholungsphase.
- Bodenwärme: Niedrige Bodentemperatur behindert Wasser- und Nährstoffaufnahme und verursacht Wurzelschäden. Die Bodentemperatur sollte möglichst nicht niedriger als die Lufttemperatur sein. Besonders wichtig bei tropischen Pflanzen, Vermehrung und Hydrokultur sind »warme Füße!
- Pflanzen, die nach den Eisheiligen ins Freie kommen, sind noch nicht abgehärtet – also empfindlicher gegen niedrige Temperaturen.

• TIP •

In dunklen Wintermonaten und geheizten Räumen vergeilen Pflanzen leicht. Deshalb die Gewächse möglichst nah zur Lichtquelle rücken und/oder in kühle Räume bringen. Zumindest jedoch für eine Nachtabsenkung der Temperatur sorgen!

Ruhezeiten

- Je nach ihrer Herkunft brauchen Pflanzen gleichmäßige Bedingungen oder auch mehr oder weniger ausgeprägte Ruhezeiten eventuell mit Temperaturabsenkung.
- Viele Pflanzen brauchen Ruhezeiten sowohl zur Blütenbildung als auch zur Gesunderhaltung.
- Ruhezeiten können je nach Pflanzenart helle und kühle, aber auch lichtarme warme bzw. kühle Standorte erfordern. Wasser- und Nährstoffversorgung müssen dabei reduziert oder eingestellt werden.
- Auch bei Pflanzen ohne ausgeprägte Ruhezeiten sollten die Wassergaben über Winter reduziert und die Nährstoffgaben zum Teil ganz eingestellt werden. Dabei möglichst auch die Temperaturen etwas absenken, da dann auch der Bedarf der Pflanzen geringer ist. Hat man keine Möglichkeiten, solche Bedingungen zu bieten, muß Zusatzbeleuchtung gegeben werden.

Luft

- Pflanzen benötigen überdurchschnittlich hohe Luftfeuchtigkeit (meist zwischen 50 und 70% relative Luftfeuchte). Besonders im Winter sind die Räume oft zu lufttrocken.
- Um ein optimales Kleinklima für die Pflanzen zu schaffen, Töpfe in größere Gefäße einfüttern oder auf gefüllte Wasserschalen stellen. Beste Bedingungen erreicht man im geschlossenen Blumenfenster. Sprühen hat nur sehr kurzen Effekt.
- Beim Lüften darf keine Zugluft entstehen – weder kalt noch warm.
- Trocken-heiße Luft fördert Schädlinge, feucht-warme oder feucht-kühle Luft dagegen pilzliche Erreger.
- Auch das Pflanzsubstrat muß genügend Luft für die Wurzeln halten, d. h. locker und durchlässig sein.
- Viele Zimmerpflanzen, auch die, die nicht ausgesprochen als Kübelpflanzen deklariert wurden, sind für einen Sommeraufenthalt im Freien dankbar, wenn sie einen geschützten Platz erhalten; jedoch keine Pflanzen mit zarten und empfindlichen Blättern, denen beispielsweise Regen schaden würde, ins Freie stellen.

Wasser

- Gießwasser soll temperiert, d. h. hand- oder zimmerwarm, möglichst auch abgestanden und kalkarm sein.
- Nässe in Verbindung mit Kälte und Lichtmangel ist besonders schädlich!
- Je kühler (und lichtärmer), um so weniger, je wärmer (und sonniger), um so mehr Wasser.
- Regelmäßig gießen heißt: weder ganz austrocknen lassen (Ballentrockenheit) noch ständig naß halten. Lieber gründlich gießen und dann mit dem nächsten Gießen solange warten, bis die Bodenoberfläche wieder abgetrocknet ist. Fingerprobe machen!
- Pflanzen, bis auf wenige Ausnahmen, nicht über längere Zeit im Wasser stehen lassen (Staunässe). Vorsicht bei Übertöpfen.
- Nach dem Gießen und Sprühen sollten die Pflanzen bis zum Abend wieder abtrocknen.
- Möglichst Knollen, Rosetten, empfindliche Blätter usw. nicht benetzen. Vorsicht auch bei Sonne – Brennglaswirkung. In diesen besonderen Fällen über den Untersatz gießen.
- Lieber weniger als zuviel gießen!

Nährstoffe

- Wasser- und Nährstoffgaben richten sich nach dem Bedarf der Pflanzen und nach den Wachstums- bzw. Ruhezeiten.
- Regelmäßig düngen bedeutet meist 8–14tägig, aber abhängig von der Ballen- bzw. Topfgröße und dem Durchwurzelungsgrad.
- Gedüngt wird nur, wenn der Ballen gut durchfeuchtet ist.
- Für empfindliche Kulturen (Orchideen, Kakteen, Hydrokultur) gibt es Spezialdüngemittel in unterschiedlicher Zusammensetzung; auch eine Versorgung mit Standardvolldüngern in halber Konzentration ist möglich.
- Jungpflanzen und kranke Pflanzen nur schwach düngen.
- Vom zeitigen Frühjahr ab werden die Düngegaben im allgemeinen langsam gesteigert – ab Spätsommer wieder reduziert.
- Nach dem Umpflanzen etwa 6 Wochen warten bis zur ersten Düngung.
- Neuerworbene Pflanzen bald düngen.

Substrate

- Substrate sollen keimfrei sein und lange Zeit luftdurchlässig, d. h. strukturstabil bleiben.
- Sonderkulturen brauchen Spezialsubstrate (Orchideen, Bromelien, Kakteen, Azaleen).
- Hauptbestandteil der Fertigsubstrate ist Torf. Er wird neuerdings teilweise auch durch Holzfasern, Reisspelzen o. ä. ersetzt. Diesen organischen Stoffen werden häufig synthetische (z. B. Styromull) oder mineralische Bestandteile (z. B. Ton, Lehm, Lavagrus) beigemischt.
- Reine Torferden darf man nie ganz austrocknen lassen.

Umpflanzen

- Ist der Topfballen völlig durchwurzelt, wird umgepflanzt. Jüngere Pflanzen regelmäßig, mit zunehmendem Alter in größeren Abständen, hier wird z. T. nur die oberste Erdschicht erneuert. Im Durchschnitt topft man alle 2 bis 3 Jahre um
- Die Topfgröße richtet sich nach der Größe des Ballens und dem Zustand der Pflanze. Töpfe jedoch nicht zu groß wählen.
- Beste Zeit für Umpflanzungsarbeiten ist das zeitige Frühjahr.
- Beim Umtopfen sollte der Ballen feucht sein, damit er zusammenhält; nur Pflanzen mit leicht brechenden Blättern sollten vorher etwas abtrocknen.
- Wurzeln schonen; bei völliger Durchwurzelung jedoch den Ballen auflockern.
- Guter Wasserabzug muß gewährleistet sein.
- Gründlich angießen, danach aber nur mäßig feucht halten; einige Zeit halbschattig und bodenwarm halten.
- Neuerworbene Pflanzen haben oft zu kleine Gefäße und müssen bald umgetopft werden.

Weitere Pflegemaßnahmen

- Vorsicht mit Blattglanzmitteln; nur bei hartlaubigen, unempfindlichen Arten! Keine anderen »Hausmittel« verwenden. Keinesfalls die Blattunterseiten behandeln.
- Rückschnitt möglichst nach einer Ruheperiode oder nach der Blüte. Ältere Pflanzen dadurch verjüngen; jüngere Pflanzen stutzen, damit sie sich verzweigen

Pflanzenschutz

- Optimale Standortbedingungen und Pflege sind Voraussetzung für die Gesundheit der Pflanzen.
- Auch das Einhalten von Ruhezeiten sowie hygienische Maßnahmen, wie das gelegentliche Reinigen der Pflanzen und der Gefäße, beugen dem Befall von Krankheiten und Schädlingen vor.

• TIP •

Pflanzen regelmäßig durchputzen, damit keine Fäulnisherde entstehen können. Vorbeugend immer wieder auf Schädlinge und Krankheiten kontrollieren, um rechtzeitig einen eventuellen Befall zu erkennen und entsprechende Maßnahmen ergreifen zu können.

Blühkalender

Deutscher Name	Wissenschaftlicher Name	Blütezeit	Blütenfarbe
Schönmalve	*Abutilon*-Sorten	Frühjahr-Herbst	gelb, orange,rot
Katzenschwanz	*Acalypha hispida*	Sommer	rot, weiß
Känguruhdorn	*Acacia armata*	Frühjahr	gelb
Schiefteller	*Achimenes*-Sorten	Frühjahr-Herbst	rot, rosa, blauviolett
Wüstenrose	*Adenium obesum*	Frühjahr-Herbst	rosarot
Schamblume	*Aeschynanthus*-Arten	Frühjahr-Sommer	orange, rot
Goldtrompete	*Allamanda cathartica*	Frühjahr-Herbst	gelb
Känguruhpfote	*Anigozanthos*-Sorten	Frühjahr	grün-gelb, orange
Scheinmalve	*Anisodontea capensis*	Frühsommer-Herbst	rosa, rot
Flamingoblume	*Anthurium*-Sorten	ganzjährig	weiß, rosa, rot
Glanzkölbchen	*Aphelandra squarrosa*	Frühjahr-Herbst	gelb
Blütenbegonie	*Begonia*-Elatior-Gruppe	ganzjährig	weiß, gelb, rot, rosa
Zimmerhopfen	*Beloperone guttata*	Frühjahr-Herbst	gelbgrün-rot
Bougainvillee	*Bougainvillea glabra*	Frühjahr-Herbst	rot, orange
Brunfelsie	*Brunfelsia pauciflora*	Frühjahr-Sommer	blau, violett
Calathee	*Calathea crocata*	Winter	orange
Pantoffelblume	*Calceolaria*-Sorten	Frühjahr	gelb, orange, rot
Kamelie	*Camellia japonica*	Winter-Frühjahr	rot, rosa, weiß
Glockenblume	*Campanula isophylla*	Sommer-Herbst	blau, weiß
Zwergorange	x *Citrofortunella-/Citrus*-Arten	ganzjährig	weiß
Losbaum	*Clerodendrum thomsoniae*	Frühjahr-Sommer	weiß-rot
Klivie	*Clivia miniata*	Frühjahr	orange
Kolumnee	*Columnea*-Sorten	Herbst-Frühjahr	orange
Crossandre	*Crossandra infundibuliformis*	Herbst-Frühjahr	orange
Safranwurz	*Curcuma alismatifolia*	Sommer	rosa
Alpenveilchen	*Cyclamen persicum*	Herbst-Frühjahr	weiß, rosa, rot, violett
Geißklee	*Cytisus* x *racemosus*	Frühjahr	gelb
Dipladenie	*Dipladenia sanderi*	Frühjahr-Herbst	rosa-gelb
Ruellie	*Dipteracanthus devosianus*	Herbst-Winter	rosa, weiß
Schattenröhre	*Episcia cupreata*	Frühjahr-Herbst	rot
Christusdorn	*Euphorbia miliil, E.* x lomii	ganzjährig	rot, weiß, creme
Weihnachtsstern	*Euphorbia pulcherrima*	Winter	rot, rosa, creme
Blaues Lieschen	*Exacum affine*	Sommer-Herbst	blau, weiß
Gardenie	*Gardenia jasminoides*	ganzjährig	creme
Ruhmeskrone	*Gloriosa rothschildiana*	Sommer	rot, gelb
Elefantenohr	*Haemanthus albiflos*	ganzjährig	weiß
Roseneibisch	*Hibiscus rosa-sinensis*	ganzjährig	rot, rosa, orange, weiß
Ritterstern	*Hippeastrum*-Sorten	Winter-Frühjahr	rot, lachs, weiß
Wachsblume	*Hoya*-Arten	Frühjahr-Herbst	weiß
Hortensie	*Hydrangea macrophylla*	Frühjahr-Sommer	weiß, rosa, blau
Ixore	*Ixora coccinea*	Sommer	rot, gelb
Jakobinie	*Jacobinia carnea*	Sommer-Herbst	rosa
Jakobinie	*Jacobinia pauciflora*	Winter-Frühjahr	gelb-orange
Jasmin	*Jasminum*-Arten	Sommer-Herbst	weiß
Flammendes Käthchen	*Kalanchoë*-Blossfeldiana-Gruppe	Frühjahr	gelb, orange, rosa, rot
Madagaskarglöckchen	*Kalanchoë manginii*	Frühjahr	rotviolett
Südseemyrte	*Leptospermum scoparium*	Winter-Sommer	weiß, rosa, rot
Medinille	*Medinilla magnifica*	Frühjahr-Sommer	rosa
Brautmyrte	*Myrtus communis*	Frühjahr-Sommer	weiß
Oleander	*Nerium oleander*	Sommer	weiß, rosa, rot
Goldähre	*Pachystachys lutea*	Frühjahr-Herbst	gelb
Passionsblume	*Passiflora*-Arten	Sommer-Herbst	weiß-blau, violett, rot
Pavonie	*Pavonia multiflora*	Herbst-Frühjahr	rotblau
Edelpelargonie	*Pelargonium*-Grandiflorum-Gruppe	Frühjahr	pastellfarben
Geranie	*Pelargonium*-Zonale-Gruppe	Frühjahr-Herbst	rot, rosa, weiß, violett
Pentas	*Pentas lanceolata*	Frühjahr-Herbst	weiß, rosa, rot, violett
Becherprimel	*Primula obconica*	Frühjahr-Sommer	weiß, rosa, rot, violett
Azalee	*Rhododendron*-Simsii-Gruppe	Herbst-Frühjahr	rot, rosa, weiß, violett
Topfrose	*Rosa chinensis*	Frühjahr-Herbst	rot, rosa, weiß
Usambaraveilchen	*Saintpaulia ionantha*	ganzjährig	weiß, rot, rosa, blau
Blutblume	*Scadoxus multiflorus* ssp. *katharinae*	Sommer	orange
Helmkraut	*Scutellaria costaricana*	Frühjahr-Sommer	orange, rot
Cinerarie	*Senecio*-Cruentus-Gruppe	Frühjahr	rot, rosa, weiß, blau
Gloxinie	*Sinningia*-Sorten	Frühjahr-Sommer	weiß, rosa, rot, blau
Einblatt	*Spathiphyllum*-Arten	ganzjährig	weiß
Kranzschlinge	*Stephanotis floribunda*	Winter-Sommer	weiß
Paradiesvogelblume	*Strelitzia reginae*	Sommer-Herbst	orange
Drehfrucht	*Streptocarpus*-Sorten	ganzjährig	weiß, rosa, rot, blau
Tibouchine	*Tibouchina urvilleana*	Sommer-Frühjahr	violett, blau
Whitfieldie	*Whitfieldia elongata*	Sommer	weiß
Zimmerkalla	*Zantedeschia aethiopica*	Frühjahr-Sommer	weiß
Zimmerkalla	*Zantedeschia*-Sorten	Sommer-Herbst	gelb, rosa

Buntblättrige Grünpflanzen

Deutscher Name	Wissenschaftlicher Name	mehrfarbige Blätter	panaschierte Blätter
Nesselschön	*Acalypha*-Wilkensiana-Gruppe	●	
Agave	*Agave victoriae-reginae*		●
Kolbenfaden	*Aglaonema*-Arten		●
Scheinrebe	*Ampelopsis brevipedunculata*	●	
Zierananas	*Ananas*-Arten	●	
Goldorange	*Aucuba japonica*		●
Blattbegonien	*Begonia*-Rex-Hybriden	●	
Buntwurz	*Caladium bicolor*	●	
Calathee	*Calathea*-Arten	●	
Grünlilie	*Chlorophytum comosum*		●
Wunderstrauch	*Codiaeum variegatum*	●	
Keulenlilie	*Cordyline fruticosa*	●	
Dieffenbachie	*Dieffenbachia*-Arten und -Sorten		●
Drachenbaum	*Dracaena*-Arten und -Sorten	●	●
Efeutute	*Epipremnum pinnatum*		●
Efeuaralie	x *Fatshedera lizei*		●
Zimmeraralie	*Fatsia japonica*		●
Gummibaum	*Ficus*-Arten		●
Fittonie	*Fittonia verschaffeltii*		●
Gynure	*Gynura aurantiaca*	●	
Efeu	*Hedera helix*		●
Punktblume	*Hypoestes phyllostachya*	●	
Marante	*Maranta leuconeura*	●	
Fensterblatt	*Monstera deliciosa*		●
Zwergpfeffer	*Peperomia*-Arten	●	
Kanonierblume	*Pilea*-Arten	●	
Pisonie	*Pisonia umbellifera*		●
Harfenstrauch	*Plectranthus*-Arten		●
Fiederaralie	*Polyscias balfouriana*		●
Saumfarn	*Pteris cretica*		●
Bogenhanf	*Sansevieria trifasciata*		●
Judenbart	*Saxifraga stolonifera*	●	
Strahlenaralie	*Schefflera arboricola*		●
Gefleckte Efeutute	*Scindapsus pictus*		●
Moosfarn	*Selaginella*-Arten		●
Buntnessel	*Solenostemon scutellarioides*	●	
Bootspflanze	*Tradescantia spathacea*	●	

Kletter- und Ampelpflanzen

Deutscher Name	Wissenschaftlicher Name	Kletterpflanze	Ampelpflanze
Schönmalve	*Abutilon megapotamicum*		●
Katzenschwanz	*Acalypha hispaniolae*		●
Frauenhaarfarn	*Adiantum raddianum*		●
Schamblume	*Aeschynanthus*-Arten		●
Goldtrompete	*Allamanda cathartica*	●	
Scheinrebe	*Ampelopsis brevipedunculata*	●	●
Schlangenkaktus	*Aporocactus*-Arten und -Sorten		●
Zierspargel	*Asparagus*-Arten und -Sorten	●	●
Blattbegonie	*Begonia glabra, B. limmingheana*		●
Leuchterblume	*Ceropegia woodii*	●	●
Grünlilie	*Chlorophytum comosum*		●
Klimme	*Cissus*-Arten	●	●
Losbaum	*Clerodendrum thomsoniae*	●	
Kolumnee	*Columnea*-Arten und -Sorten		●
Efeutute	*Epipremnum pinnatum*	●	●
Schattenröhre	*Episcia cupreata*		●

Kletter- und Ampelpflanzen

Deutscher Name	Wissenschaftlicher Name	Kletterpflanze	Ampelpflanze
Kletterfeige	*Ficus pumila*	●	●
Gynure	*Gynura aurantiaca*	●	●
Efeu	*Hedera helix*	●	●
Wachsblume	*Hoya*-Arten	●	●
Jasmin	*Jasminum*-Arten	●	
Madagaskarglöckchen	*Kalanchoë manginii*		●
Dipladenie	Mandevilla	●	
Marante	*Maranta leuconeura*		●
Fensterblatt	*Monstera deliciosa*	●	
Schwertfarn	*Nephrolepis exaltata*		●
Passionsblume	*Passiflora*-Arten	●	
Zwergpfeffer	*Peperomia rotundifolia*		●
Philodendron	*Philodendron erubescens*	●	
Kletterphilodendron	*Philodendron scandens*	●	●
Hirschgeweihfarn	*Platycerium bifurcatum*		●
Harfenstrauch	*Plectranthus*-Arten		●
Judenbart	*Saxifraga stolonifera*		●
Gefleckte Efeutute	*Scindapsus pictus*	●	●
Königin der Nacht	*Selenicereus grandiflorus*	●	
Erbsenpflanze	*Senecio herreianus*		●
Simse	*Scirpus cernuus*		●
Fetthenne	*Sedum sieboldii, S. morganianum*		●
Purpurtute	*Syngonium*-Arten	●	●
Kranzschlinge	*Stephanotis floribunda*	●	
Henne mit Küken	*Tolmiea menziesii*		●
Tradeskantie	*Tradescantia*-Arten		●
Zebrakraut	*Tradescantia zebrina*		●

Pflanzen, die einen Rückschnitt benötigen

Deutscher Name	Wissenschaftlicher Name	Regelmäßig	Gelegentlich
Schönmalve	*Abutilon*-Sorten	●	
Katzenschwanz	*Acalypha hispida*	●	
Nesselschön	*Acalypha*-Wilkensiana-Gruppe		●
Schamblume	*Aeschynanthus*-Arten		●
Goldtrompete	*Allamanda catharthica*	●	
Scheinrebe	*Ampelopsis brevipedunculata*		●
Scheinmalve	*Anisodontea capensis*	●	
Glanzkölbchen	*Aphelandra squarrosa*	●	
Begonien	*Begonia*-Arten und -Sorten	●	
Zimmerhopfen	*Justitia brandegeana*	●	
Bougainvillee	*Bougainvillea glabra*	●	
Brunfelsie	*Brunfelsia pauciflora*		●
Kamelie	*Camellia japonica*		●
Klimme	*Cissus*-Arten		●
Zwergorange	x *Citrofortunella-/Citrus*-Arten		●
Losbaum	*Clerodendrum thomsoniae*		●
Crossandre	*Crossandra infundibuliformis*	●	
Buntnessel	*Solenostemon scutellarioides*	●	
Geißklee	*Cytisus* x *racemosus*	●	
Dieffenbachie	*Dieffenbachia*-Arten		●
Fingeraralie	*Dizygotheca elegantissima*		●
Dipladenie	*Mandevilla sanderi*		●
Drachenbaum	*Dracaena*-Arten und -Sorten		●
Efeutute	*Epipremnum pinnatum*		●
Weihnachtsstern	*Euphorbia pulcherrima*		●
Efeuaralie	x *Fatshedera lizei*		●
Zimmeraralie	*Fatisa japonica*		●
Gummibaum	*Ficus*-Arten		●

Deutscher Name	Wissenschaftlicher Name	Regelmäßig	Gelegentlich
Gardenie	*Gardenia jasminoides*	●	
Gynure	*Gynura aurantiaca*	●	
Efeu	*Hedera helix*		●
Roseneibisch	*Hibiscus rosa-sinensis*	●	
Punktblume	*Hypoestes phyllostachys*	●	
Jakobinie	*Justitia carnea*	●	
Jasmin	*Jasminum*-Arten	●	
Madagaskarglöckchen	*Kalanchoë manginii*		●
Medinille	*Medinilla magnifica*		●
Fensterblatt	*Monstera deliciosa*		●
Brautmyrte	*Myrtus communis*		●
Oleander	*Nerium oleander*		●
Goldähre	*Pachystachys lutea*	●	
Passionsblume	*Passiflora*-Arten	●	
Pavonie	*Pavonia multiflora*	●	
Edelpelargonie	*Pelargonium*-Grandiflorum-Gruppe	●	
Geranie	*Pelargonium*-Zonale-Gruppe	●	
Philodendron	*Philodendron*-Arten		●
Pisonie	*Pisonia umbellifera*		●
Azalee	*Rhododendron*-Simsii-Gruppe	●	
Topfrose	*Rosa chinensis*	●	
Strahlenaralie	*Schefflera*-Arten		●
Zimmerlinde	*Sparmannia africana*	●	
Kranzschlinge	*Stephanotis floribunda*		●
Tibouchine	*Tibouchina urvilleana*	●	
Tradeskantie	*Tradescantia*-Arten	●	

Adressen

Die Arbeitsgemeinschaft Deutscher Pflanzenliebhaber-Gesellschaften, Godesberger Allee 142–148, 53175 Bonn, informiert Sie über die aktuellen Adressen der verschiedenen Liebhaber-Gesellschaften, wie

- Vereinigung Deutscher Orchideenfreunde e. V.
- Deutsche Kakteen-Gesellschaft e.V.
- Deutsche Bromelien-Gesellschaft e.V.
- Deutsche Gesellschaft für Hydrokultur e.V.
- Gesellschaft für Fleischfressende Pflanzen e.V.
- Bonsai-Club Deutschland e.V.

Auch in Österreich und der Schweiz gibt es Liebhabergesellschaften. Informationen bei:

- Österreichische Gartenbaugesellschaft, Parkring 12 III/1, A-1010 Wien
- Verband Deutsch-Schweizerischer Gartenbauvereine, Peter Kuerth, Hasenweide 18, CH-4612 Wangen BO.

Örtliche Pflanzenschutzämter beraten bei Spezialproblemen (Adressen siehe örtliches Telefonbuch).

Weiterführende Literatur

Encke, Fritz: Kalt- und Warmhauspflanzen. Ulmer Verlag, Stuttgart, 2. Aufl. 1987

Rücker, Karlheinz: Die Pflanzen im Haus. Ulmer Verlag, Stuttgart, 2. Aufl. 1999

Schubert, Margot: Wohnen mit Blumen. BLV Verlag, München, 18. Aufl. 1998

Waechter, Dorothée und Stork, Jürgen: Gestalten mit Zimmerpflanzen. Gräfe und Unzer Verlag, München, 1997

Hecht, Hans: BLV Handbuch der Kakteen. BLV Verlag, München, 2. Aufl. 1991

Manke, Elisabeth: Das BLV Kakteen-Buch. BLV Verlag, München, München, 1998

Manke, Elisabeth: Palmen und Zimmerbäume. BLV Verlag, München, 2002

Rysy, Wolfgang: Das BLV Orchideen-Buch. BLV Verlag, München, 5. Aufl. 1998

Rauh, Werner: Bromelien. Ulmer Verlag, Stuttgart, 3. Aufl. 1990

Lötschert, Wilhelm: Palmen. Ulmer Verlag, Stuttgart, 2. Aufl. 1995

Henseler, Kurt: Was fehlt denn meiner Zimmerpflanze? BLV Verlag, München, 2. Aufl. 1992

Laufende Informationen erhalten Sie über Fachzeitschriften, z. B.

- Gartenpraxis. Ulmer Verlag, Postfach 705061, 70574 Stuttgart
- kraut & rüben. dlv-Verlag, Lothstraße 19, 80797 München
- mein schöner Garten. Burda Senator Verlag, Postfach 1520, 77605 Offenburg
- FLORA. Gruner + Jahr AG & Co., Brieffach 20, 20444 Hamburg
- Garten Zeitung. Deutscher Bauernverlag GmbH, Brunnenstraße 128, 13355 Berlin
- The Garden, Journal of the Royal Horticultural Society. 80 Vincent Square, London, SW1P 2PE.

Stichwortverzeichnis

Die mit * gekennzeichneten Seitenzahlen verweisen auf Abbildungen

Acalypha hispida 61
Anigozanthos manglesii 48
Ableger 181
Absenker 181
Abutilon-Gruppe 48, 48*
*A. megapotamicum** 48
Acacia armata 158, 158*
Acalypha hispaniolae 61
A. hispida 61*
A.-Wilkensiana-Gruppe 61, 61*
Accessoires 15
Achimenes 56*
Adenium obesum 28, 28*
Adiantum 146, 146*
A. caudatum 146
A. hispidulum 146
A. raddianum 146
A. tenerum 146
Aechmea 134*
A. chantinii 134
A. fasciata 134, 137*
A. fulgens 134
Aeschynanthus pulcher 87
A. radicans 87, 87*
A. speciosus 87, 87*
Affenschaukel 122
Agave americana 120
A. filifera 120*
A. victoriae-reginae 120*
Aglaonema commutatum 10, 91*
Älchen 195
Allamanda cathartica 60, 60*
Alocasia 91, 91*
A. x *amazonica* 91
A. sanderiana 91
Aloë 10, 121, 121*
A. arborescens 121, 121*
A. aristata 121
A. variegata 121
A. vera 10
Alpenveilchen 35, 35*
Amaryllis 23*, 46, 46*
Amaryllisgewächse 49
Ampelopsis brevipedunculata 75, 75*
Ananas 134, 134*
Ananas bracteatus 134
A. comosus 134, 134*
Ananasgewächse 132ff.
Anastatica hierochuntica 145
Anigozanthos flavidus 48, 48*
Anthurium andraeanum 88, 88*
A. scherzerianum 88
Anzuchtkasten 183*, 184
Anzuchtsubstrat 180
Aphelandra squarrosa 153, 153*
Aporocactus flagelliformis 111, 111*
Aralia elegantissima 92
A. japonica 104
Araucaria excelsa 52, 52*
A. heterophylla 52
Ardisia crenata 39, 39*
Areca-Palme 142
Aschenblume 155, 155*
Asparagus acutifolius 78*
A. densiflorus 78, 78*
A. falcatus 78, 78*
A. plumosus 78
A. setaceus 78, 78*
A. sprengeri 78
Aspidistra elatior 102, 102*
Asplenium nidus 148, 148*
A. scolopendrium 150, 150*
Asseln 195
Assimilation 17
Astrophytum 111
A. myriostigma 111*
Aucuba japonica 107, 107*
Auferstehungspflanze 145
Aufsitzer 132
Ausläuferpflanzen 181
Aussaat 180
Australische Silbereiche 81, 81*
Australischer Flaschenbaum 30
Automatische Wasserversorgung 172, 173*
Azalee 10, 34, 34*

Bakterienkrankheiten 191
Banane 63, 63*
Banyanbaum 82
Baumfreund 98, 98*
Beaucarnea recurvata 30, 30*
Becherprimel 155, 155*
Begonia 72
B. boweri-Sorten 72
B.-Corallina-Gruppe 72*, 73, 73*
B.-Elatior-Gruppe 152, 152*
B. glabra 73
B. limmingheana 73
B. masoniana ['Iron Cross'] 72, 73*
B. metallica 72
B.-Rex-Cultorum-Gruppe 72, 73*
B. 'Tamaya' 72*
Beleuchtung 166
Belichtung 18
Beloperone guttata 51, 51*
Bergpalme 10, 142, 142*
Betelpalmen 142
Bewässerungssysteme 171
Bewurzelungshormon 183
Billbergia nutans 135, 135*
Biologische Pflanzenschutz 196
Biotechnische Verfahren 196
Birkenfeige 10, 82, 82*
Bischofsmütze 111, 111*
Blasenfüße 193
Blattälchen 195
Blattbegonien 72
Blattflecken 188, 190*, 191
Blattglanzmittel 199
Blattgrün 17
Blattläuse 192, 192*
Blattpflanzen 12, 24ff.
Blattpflanzen-Dünger 172
Blattrandschäden 188
Blattschäden 186*, 187
Blattstecklinge 182, 182*
Blaues Lieschen 153, 153*
Blechnum gibbum 145, 145*
Bleiwurz 159
Blickfang 14
Blumenbänke 16
Blumenfenster 14, 21
Blumenkrippe 16
Blumenständer 16
Blumentische 16
Blumentöpfe 175
Blutblume 49, 49*
Blütenbegonien 152, 152*
Blütendünger 172
Blütenpflanzen 24ff.
Bodenwärme 168, 198
Bogenhanf 10, 79, 79*
Bootspflanze 65, 65*
Botrytis 190
Bougainvillea glabra 156, 156*
Brachychiton rupestris 30, 30*
Brandpilz 191
Brautmyrte 159, 159*
Bromelien 132ff., 132*, 171
Brunfelsia pauciflora var. *calycina* 41, 41*
Brutblatt 119, 119*
Brutpflanzen 181
Brutzwiebeln 181
Bryophyllum 119, 118
Bryophyllum miniatum 118
B. tubiflorum 119
B. porphyrocalyx 118
Bubiköpfchen 77, 77*
Buntnessel 51, 51*
Buntwurz 71, 71*

Caladium bicolor-Gruppe 71, 71*
Calamondine 38
Calathea 94
C. crocata 95
C. makoyana 95
C. oppenheimiana 95*
C. picturata 94*, 95*
C. zebrina 95
Calceolaria 154, 154*
Camellia japonica 36, 36*
Capsicum annuum 154, 154*
Carnivoren 32
Caryota mitis 140, 140*
Cephalocereus 111
C. senilis 111, 111*
Cereus 111
C. peruvianus 111
Ceropegia woodii 125, 125*
Chamaedorea elegans 10, 142, 142*
Chamaerops humilis 141, 159
Chlorophyll 17
Chlorophytum comosum 10, 79, 79*
Chlorose 188, 188*, 189
Christusdorn 116, 116*
Chrysalidocarpus lutescens 142, 142*
Chrysanthemen 10
Cinerarie 155, 155*
Cissus antarctica 100, 100*
C. discolor 100
C. rhombifolia 10, 100, 100*
x *Citrofortunella microcarpa* 38, 38*
Cleistocactus 111
C. strausii 111
Clerodendrum thomsoniae 59, 59*
Clivia miniata 47, 47*
Cocos nucifera 139, 139*
Codiaeum variegatum 66, 66*
Coffea arabica 69, 69*
Coleus blumei 51, 51*
Columnea hirta 86
C. microphylla 86
C. x *kewensis* 86
Cordyline australis 67
C. fruticosa 67, 67*
C. indivisa 67
C. stricta 67
Crassula 122
Crassula falcata 123*
C. obliqua 122
C. ovata 122, 122*
C. portulacea 122
Crossandra infundibuliformis 55, 55*
Croton variegatus 66
Cryptanthus zonatus 135*
Ctenanthe 94, 95
C. lubbersiana 95, 95*
Cupressus macrocarpa 52, 52*
Curcuma alismatifolia 62, 62*
Cycas revoluta 53, 53*
Cyclamen persicum 35, 35*
Cyclamenmilben 195
Cymbidium 127, 127*
Cyperus albostriatus 76, 76*
C. alternifolius 76
C. diffusus 76
C. gracilis 76
C. haspan 76
Cypripedium calceolus 128
Cyrtomium falcatum 150, 150*
Cytisus canariensis 158
C. maderensis 158
C. x *racemosus* 158, 158*

Dachwurz 122
Darlingtonia 32, 32*
Dattelpalme 141, 141*
Davallia 146
D. bullata 146
D. mariesii 146*
Dekoration 15
Dendrobium 130
D. nobile 130*
D. phalaenopsis 130
Deutsche Eiche 122
Dickblatt 122
Dickmaulrüßler 195, 195*
Didymochlaena truncatula 147, 147*
Dieffenbachia 90, 90*
Dionaea muscipula 32, 33*
Dipladenia sanderi 57, 57*
Dipteracanthus devosianus 85, 85*
Dizygotheca elegantissima 92
Dracaena 93, 93*
D. deremensis 10, 93, 93*
D. draco 93*
D. fragrans 93
D. marginata 10, 93, 102, 102*
D. marginata 'Tricolor' 93*
D. sanderiana 93*
Drachenbaum 9*, 10, 93, 93*, 102, 102*
Drazäne 93, 93*, 102*
Drehfrucht 85, 85*
Drosera 32, 33*
Duftgeranie 27, 27*
Düngemittel 172, 173
Düngetorf 180
Dunkelkeimer 180

Echinocereus 112, 112*
Echter Mehltau 189
Echte Feige 159
Edelpelargonie 26, 26*
Efeu 10, 105, 105*
Efeuaralie 104, 104*
Efeutute 10, 99*, 101, 101*
Einblatt 10, 89, 89*
Einheitserde 174
Einjährige Pflanzen 152
Eisenmangel 175, 188, 188*
Elefantenfuß 30, 30*

Elefantenohr 49, 49*
Elettaria cardamomum 75, 75*
Engelstrompete 156*
Ensete ventricosum 63
Epiphyllum 115
Epiphyten 127, 132
Epiphytenstamm 15, 21
Epipremnum 10, 101, 101*
Episcia cupreata 86, 86*
Erbsenpflanze 125, 125*
Erden 174
Erdorchideen 127
Ernährungsfehler 187
Etageren 16
Eukalyptus 159
Euphorbia 116, 117
E. caput-medusae 117, 117*
E. grandicornis 117, 117*
E. x Lomii 116, 116*
E. milii 116, 116*
E. obesa 117
E. pulcherrima 152, 152*
E. splendens 116
E. tirucalli 117
E. trigona 117
Exacum affine 153, 153*

Falscher Paradiesvogel 62
Farben kombinieren 12
Farne 144ff., 144*, 180
x *Fatshedera lizei* 104, 104*
Fatsia japonica 104, 104*
Faucaria 123, 123*
Fensterbank 14
Fensterblatt 103*
Fetthenne 122
Fettkraut 32, 32*, 33, 33*
Ficus 10, 82, 83
Ficus benghalensis 82, 83*
F. benjamina 10, 82, 83*
F. binnendijkii 82, 82*
F. deltoidea 83*
F. elastica 82, 83*
F. lyrata 82, 83*
F. pumila 83, 83*
F. repens 83
F. sagittata 83, 83*
Fiederaralie 92, 92*
Filteranlagen 170
Fingeraralie 92, 92*
Fischschwanzpalme 140, 140*
Fittonia verschaffeltii 96, 96*
Flamingoblume 21*, 88, 88*
Flammendes Käthchen 154, 154*
Flammendes Schwert 137, 137*
Flaschenbaum, 30*
Flaschenpflanze 124, 124*
Fleischfressende Pflanzen 32ff., 32*
Flood-Lampen 166
Fortunella japonica 38
Frauenhaar 70, 70*
Frauenhaarfarn 146, 146*
Frauenschuh 128, 128*
Fusarium 191
Fuchsie 159
Fußkrankheit 191, 191*

Gardenia jasminoides 37, 37*
Gasteria 121
G. verrucosa 121*
Gefleckte Efeutute 99, 99*
Geigenfeige 82
Geißklee 158, 158*
Gelbsticker 196
Gelbtafel 196
Geldbaum 122, 122*
Geranie 26, 26*
Gerbera 10
Gesneriengewächse 84
gespannte Luft 184
Gestaltungsbeispiele 16
Gießautomatik 172
Gießen 170
Ginster 158
Glanzkölbchen 153, 153*
Gloriosa rothschildiana 60, 60*
Gloxinie 153, 153*
Goldähre 55, 55*
Goldblatt 107, 107*
Goldfruchtpalme 142, 142*
Goldmargerite 159
Goldorange 107, 107*
Goldtrompete 60, 60*
Granatapfelbaum 159
graue Tillandsien 133, 133*
Grauschimmel 190
Greisenhaupt 111, 111*
Grenadille 42
Grevillea robusta 81, 81*
Großblättrige Pflanzen 12
Großhörnige Wolfsmilch 117, 117*
grüne Tillandsien 133, 133*
Grünlilie 9*, 10, 79, 79*
Gruppenbildung 13
Guatemala-Rhabarber 124
Gummibaum 82
Guzmania 136*, 137
G. dissitiflora 137*
Gymnocalycium 112, 112*
Gynura aurantiaca 65*

Haemanthus albiflos 49*
H. katherinae 49
H. multiflorus 49
halbschattige Standorte 20
Hammerstrauch 159
Hanfpalme 141
Hängendes Walzensedum 122
Harfenstrauch 106, 106*
Hatiora salicornioides 114, 114*
Hauswurz 122
Haworthia 121
H. attenuata 121
H. fasciata 121
H. glabrata 121
Hebe-Andersonii-Gruppe 159
Hedera 105, 105*
H. helix 10, 105
Heizkabel 168
Heliconia 62*
H. aurantiaca 62
H. rostrata 62
H. stricta 62
helle Standorte 19
Helligkeit 19
Helmkraut 54, 54*
Helxine soleirolii 77
Henne mit Küken 107, 107*
Hibiscus rosa-sinensis 40, 40*
Hibiskus 40, 40*
Himmelsrichtungen 18
Hippeastrum 46, 46*
Hirschgeweihfarn 148, 148*
Hirschzungenfarn 150, 150*
Holzfasern 175
Honigtau 190
Hortensie 159
Howeia belmoreana 143, 143*
H. forsteriana 143, 143*
Hoya bella 58, 58*
H. carnosa 58, 58*
Huckepackpflanze 107
Hummerschere,
Aufrechte 62
Hängende 62
Hydrokultur 160ff., 171
Hygiene 199
Hypoestes phyllostachia 96, 96*

Ilex-Farn 150
Insektenfangende Pflanzen 32, 32*
Insektenleimtafeln 196
Insektivoren 32
Ixora coccinea 54*

Jacaranda mimosifolia 81, 81*
Jacobinia carnea 45, 45*
J. pauciflora 157, 157*
Jakobslilie 47
Japanische Faserbanane 63
Jasminum 43
J. nudiflorum 43
J. officinale 43, 43*
J. polyanthum 43
J. sambac 43
Jatropha podagrica 124, 124*
Judasbaum 122
Judenbart 77, 77*
Jungpflanzen weiterkultivieren 184
Justitia brandegeana 51*
Justitia carnea 45*
J. rizzinii 157*

Kaffeebäumchen 69, 69*
Kahnlippe 127, 127*
Kakteen 19*, 108ff.
Kakteenerde 109, 175
Kaladie 71, 71*
Kalanchoë 119
K. beharensis 119*
K. blossfeldiana 154 , 154*
K. daigremontiana 119
K. manginii 118, 118*
K. thyrsiflora 119
K. tomentosa 119
Kaliummangel 188
Kalkausfällung 170
Kalkgehalt 169, 170
Kalla 44*
Kalthaus 23
Kamelie 36
Kanarischer Geißklee 158
Kanarischer Ginster 158
Känguruhdorn 158, 158*
Känguruhpfote 48, 48*
Kannenpflanze 59, 59*
Kanonierblume 97, 97*
Kardamom 75, 75*
Kastanienwein 106, 106*
Katzenohr 119
Katzenschwanz 61, 61*
Kauf von Zimmerpflanzen 8
Keimdauer 180
Keimprobe 180
Kentie 143, 143*
Keulenlilie 67, 67*
Kindchen im Schoß 107
Kindel 132, 181
King's Crown 45
Klebsame 159
Kleingewächshäuser 22
Kleinklima 21
Kleinmöbel 16
Kletterfeige 83, 83*
Kletterhilfen 178
Kletterphilodendron 101, 101*
Klimmen 100
Klivie 47, 47*
Kokosfasern 175
Kokospälmchen 139, 139*
Kokospalme 139, 139*
Kolbenfaden 10, 91, 91*
Kolumnee 86, 86*
Königin der Nacht 113, 113*
Königswein 10, 100, 100*
Kopfstecklinge 182, 182*
Korallenkaktus 114, 114*
Korallenmoos 77, 77*
Kranzschlinge 39, 39*
Kroton 66
Kübelpflanzen 156ff.
Kugelkakteen 112
Kühlperioden 167
Kulturfehler 187
Kumquat 38, 38*
Kunststofftöpfe 176
Kurkume 62, 62*
Kurztagspflanzen 18, 165

Langzeitbewässerung 172
Lantana-Camara-Gruppe 159
Lanzenrosette 134, 134*
Lebende Steine 123, 123*
Leea amabilis 68, 68*
Lehm 174
Leimtafeln 196
Lepismium houlletianum 114, 114*
Leptospermum scoparium 158, 158*
Leuchterblume 125, 125*
Leuchtstoffröhren 166
Licht 17, 18, 164, 198
Lichtansprüche 165
Lichtbedarf 17
Lichtkeimer 180
Lichtmeßgeräte 167
Lithops 121, 123, 123*
Losbaum 59, 59*
Lorbeerbaum 159
Louisianamoos 133
Luft 168, 198
Luftbefeuchtung 169
Luftfeuchtigkeit 16, 168, 198
Luftfilter 9
Luftnelke 133, 133*
Luftschadstoffe 9
Lytocaryum 139

Madagaskarglöckchen 118, 118*
Madagaskarpalme 124*
Madeira-Ginster 158
Magnesiummangel 188
Malaienblume 129, 129*
Mammillaria 112, 112*
Mandevilla x *amabilis* 57
M. sanderi 57
Manganmangel 188
Mantelfarn 147, 147*
Maracuja 42
Maranta 94, 95
M. leuconeura 94, 95
Medinilla magnifica 57, 57*
Medinille 57, 57*
Medusenhaupt 117, 117*
Mehltau 189*
–, Echter 189
–, Falscher 189
Metzgerpalme 102
Microcoelum weddellianum 139, 139*
Mikronährstoffe 173
Miltonia 130
Miltoniopsis 130
Mimosen 158
Mineralische Dünger 173
Miniatur-Cymbidien 127
Miniaturgärtchen 15
Minigewächshäuser 184
Mittagsblumen 123

Monopodiale Wuchsformen 127
Monstera deliciosa 103, 103*
Moosfarn 145, 145*
Mottenkönig 106
Mottenschildlaus 193
Muehlenbeckia adpressa 53, 53*
Musa acuminata 10, 63, 63*
M. basjoo 63
M. cavendishii 63
M. ensete 63
M. x *paradisiaca* 63
Myrtus communis 159, 159*

Nachtfalterblume 129, 129*
Nährstoffe 172, 199
Nematoden 195
Neoregelia carolinae 136 136*
Nepenthes 59, 59*
Nephrolepis exaltata 149, 149*
Nerium oleander 28, 157, 157*
Nertera granadensis 77, 77*
Nesselschön 61, 61*
Nestfarn 148, 148*
Nestrosette 136, 136*
Nickende Simse 70, 70*
Nidularie 136, 136*
Nidularium 136, 136*
N. billbergioides 136
Nischenblätter 148
Nolina 30
Nützlinge 196, 197

Odontoglossum 131*
x *Odontocidium* 131
x *Odontonia* 131
Ohrläppchenkrankheit 191
Oleander 28, 157, 157*
Orchideen 127ff.*
Orchideen-Gattungshybriden 131
Orchideensubstrate 175
Organische Dünger 173
Osterkaktus 115, 115*

Pachira 68, 68*
Pachira aquatica 68, 68*
Pachypodium geayi 124
P. lamerei 124, 124*
Pachystachys lutea 55, 55*
Palisander 81, 81*
Palmen 10, 138*ff, 156
Palmfarn 53, 53*
Palmlilie 31
Pandanus veitchii 29, 29*
Pantoffelblume 154, 154*
Papageibromelie 137
Paphiopedilum 128, 128*
P. callosum 128
P. hirsutissimum 128
P. insigne 128
P. sukhakulii 128
P. venustum 128
P. villosum 128
Papyrus 76
Paradiesvogelblume 63, 63*
Passiflora 42
P. caerulea 42, 42*
P. coccinea 42, 42*
P. edulis 42
P. quadrangularis 42
P. racemosa 42
P. violacea 42, 42*
Passionsblume 42
Pavonia 64, 64*
Peitschenkaktus 111
Pelargonium 26*, 27
P. capitatum 27
P. x *citrosum* 27
P. crispum 27
P. exstipulatum 27
P.-Grandiflorum-Gruppe 26, 26*
P. x graveolens 27, 27*
P. radens 27
P. tomentosum *27*
P.-Zonale-Gruppe 26, 26*
Pentas 45, 45*
Pentas lanceolata 45, 45*
Peperomia obtusifolia 97*
Pereskia 109
Perilepta dyeriana 99, 99*
Perlite 180
Persisches Schild 99, 99*
Pfauenpflanze 95
Pfeilförmige Feige 83
Pflanzenhilfsmittel 173, 195
Pflanzenkauf 8
Pflanzenkombinationen 12
Pflanzenleuchten 16*, 166
Pflanzenschutz 185, 199
Pflanzenschutzmittel 197
Pflege 164, 198, 199
Phalaenopsis 129, 129*
Philodendron 10, 98, 98*, 101*
P. bipinnatifidum 98, 98*
P. cannifolium 98
P. erubescens 98, 98*
P. martianum 98
P. scandens 98, 101, 101*
P. selloum 10, 98
Phlebodium aureum 147, 147*
Phoenix 141
P. canariensis 141, 141*
P. dactylifera 141
P. roebelenii 141, 141*
Phosphormangel 188
Photosynthese 17
Phragmipedium 128
Phyllitis scolopendrium 150, 150*
Phyllocladien 78
Pikieren 180
Pilea 97, 97*
P. cardierei 97*
P. crassifolia 97, 97*
P. involucrata 97, 97*
P. microphylla 97
Pilzkrankheiten 189ff.
Pinguicula 32, 32*, 33*
Pinzieren 182
Pisonia umbellifera 69, 69*
Pisonie 69, 69*
Platycerium bifurcatum 148, 148*
Plectranthus 106, 106*
P. coleoides 106
P. forsteri 106
P. fruticosus 106
P. oertendahlii 106
Pogonatherum 70, 70*
Poinsettie 152
Polyscias balfouriana 92
P. scutellaria 92, 92*
Polystichum falcatum 150
Porzellanblume 58
Priesterpalme 141
Primula obconica 155, 155*
Prinzessin der Nacht 113
Pseudobulben 127
Pteris 151
P. cretica 151, 151*
P. ensiformis 151
Punktblume 96, 96*
Purpurtute 10, 90, 90*
Pyrethrum-Produkte 196
Pythium 191

Radermachera sinica 81, 81*
Raumgestaltung 10, 13
Raumteiler 15
Rebutia 112, 112*
Rhapis 140, 140*
R. humilis 140
Rhipsalidopsis gaertneri 115
R. x *graeseri* 115
R. rosea 115, 115*
Rhipsalis capilliformis 114
Rhododendron-Simsii
R. molle subsp. *japonicum*-Gruppe 34, 34*
Rhoeo discolor 65
R. spathacea 65
Riemenblatt 47
Riesen-Palmlilie 31, 31*
Rippenfarn 145, 145*
Ritterstern 23*, 46, 46*, 47*
Rosa chinensis 155, 155*
Rose von Jericho 145
Roseneibisch 40
Rosengeranien 27
Rosmarin 159
Rostpilze 190
Rote Spinne 194
Roter Brenner 191
Rückschnitt 177, 199
Ruellia devosiana 85*
Ruhezeit 167, 174, 198
Ruhmeskrone 60, 60*
Russischer Wein 100, 100*
Rußtau 190*
Rutenpalme 140, 140*

Saatgut 180
Sabal minor 141, 141*
Sabalpalme 141, 141*
Saccharum paniceum 70
Safranwurz 62, 62*
Sagopalme 53
Saintpaulia ionantha 84, 84*
Saisonpflanzen 152ff.
Salzanreicherung 173, 176
Samtpflanze 65, 65*
Sand 174
Sansevieria trifasciata 10, 79, 79*
Sarracenia 32
Saugschuppen 132
Säulenkakteen 111
Saumfarn 151, 151*
Saxifraga stolonifera 77, 77*
Scadoxus multiflorus ssp. *katherinae* 49, 49*
Schadbilder 186
Schädlinge 192ff.
Schädlingsbekämpfung 195ff.
Schamblume 87, 87*
Schattenpflanzen 17
Schattenröhre 86, 86*
schattige Standorte 20
Schefflera actinophylla 80, 80*
Sch. arboricola 10, 80, 80*
Sch. elegantissima 92, 92*
Sch. veitchii 92
Scheinmalve 159
Scheinrebe 75, 75*
Schiefteller 56, 56*
Schlangenkaktus 111, 111*
Schlangenwurz 44
Schlauchpflanzen 32
Schlumbergera 115, 115*
Schmierläuse 192, 193*
Schmucklilie 159
Schnecken 195
Schnittstellen 183
Schönfaden 159
Schönmalve 48, 48*
Schraubenbaum 29, 29*
Schusterpalme 102, 102*
Schwächeparasiten 185
Schwärzepilze 190
Schwarzfleckigkeit 189
Schwertfarn 149, 149*
Scindapsus aureus 101
S. pictus 99, 99*
Scirpus cernuus 70, 70*
Scutellaria costaricana 54, 54*
Sedum 122
Sedum morganianum 122, 122*
Seidenbaum 159
S. sieboldii 123, 123*
Seifenbrühe 196
Selaginella 145
S. kraussiana 145*
S. lepidophylla 145
S. martensii 145*
S. grandiflorus 113, 113*
S. pteranthus 113
Selenicereus 113
Sempervivum 122
Senecio-Cruentus-Gruppe 155, 155*
S. herreianus 125, 125*
Seramis 175
Sichelfarn 150, 150*
Silbereiche 81, 81*
Silberkerze 111
Sinningia-Hybriden 153, 153*
Soleirolia soleirolii 77, 77*
Solenostemon scutellarioides 51*
Sonne 18
Sonnenbrand 188, 189*
Sonnenpflanzen 17
Sonnentau 32, 33, 33*
sonnige Standorte 18
Spaliere 15
Sparmannia africana 50, 50*
Spathiphyllum wallisii 10, 89, 89*
Spezialdünger 173
Spezialerde 175
Spinnmilben 194, 194*
Spitzblume 39, 39*
Sporen 144
Sporenaussaat 180
Spotlights 14
Sprekelia formosissima 47
Springschwänze 195
Spurenelemente 173
Stammfäule 191
Stammstecklinge 182
Stammsukkulenten 110
Standorte 17, 164
–, halbschattige 20
–, schattige 20
–, sonnige 18
Standortverhältnisse 17, 18, 21, 23
Stärkungsmittel 173
Steckenpalme 140, 140*
Stecklinge 182
Stecklingsvermehrung im Wasser 179*
Stengelfäule 191
Stengelhalsfäule 190
Stephanotis floribunda 39
Sternjasmin 43
Stickstoffmangel 187, 187*
Strahlenaralie 9*, 10, 15*, 80, 80*
Strahler 166
Strauchbegonien 72
Strauchmargerite 159
Strauchveronika 159
Strelitzia reginae 63, 63*
Streptocarpus 85, 85*
Stromanthe 94, 95
Strukturstabilität 174
Stutzen 178, 182
Substrate 174, 199

Südseemyrte 158, 158*
Sukkulenten 108ff.
Sympodiale Wuchsformen 127
Syngonium 10, 90, 90*

Tauchbad 171
Tausendmütterchen 107
Teilstecklinge 182, 182*
Teilung 181
Temperatur 18, 167, 198
Terrakotta 16*
Terrarien 15
Terrestrische Orchideen 127
Tetrastigma voinierianum 106, 106*
Thripse 193, 194*
Ti-plants 31
Tibouchina urvilleana 157, 157*
Tierische Schädlinge 192ff.
Tigerrachen 123, 123*
Tillandsia 133
T. cyanea 133, 133*
T. lindenii 133
T. usneoides 133
Tochterpflanzen 181
Tolmiea menziesii 107, 107*
Ton 174
Tontöpfe 175
Topfrose 155, 155*
Torf 174
Torfersatzstoffe 175
Torfkultursubstrate 174
Trachelospermum jasminoides 43
Trachycarpus 141
Tradescantia 74
T. albiflora 74, 74*
T. cerinthoides 74, 74*
T. fluminensis 74
T. zebrina 74, 74*
T. spathacea 65
Tradeskantie 74
Trauermücken 195
Trichocereus 109
Trichterbromelien 132
Triplochlamys multiflora 64, 64*
Tropenfenster 14
Tropenwurz 91, 91*
Tröpfchenbewässerung 172
Tropische Gewächse 21
Tüpfelfarn 147, 147*

Überdüngung 173
Übertöpfe 15, 16
Umfallkrankheit 190
Umpflanzen 176, 176*, 199
Umtopfen 182*
Urlaubsversorgung 172
Usambaraveilchen 84, 84*

Venusfliegenfalle 32, 33*
Venusschuh 128, 128*
Verdunstungsschutz 184
Verjüngen 178, 178*
Vermehrung 179
Vermehrungskasten 183*, 184
Versteckblüte 135, 135*
Virosen 191
Viruskrankheiten 191
Vitrine 14, 21
Vorbeugender Pflanzenschutz 186
Vriesea 137
V. 'Poelmannii' 137
V. psittacina 137, 137*
V. splendens 137, 137*
x *Vuylstekeara* 131
x *V.* 'Cambria' 131*
x *V.* 'Edna' 131*

Wachsblume 58, 58*
Warmhaus 22
Wandelröschen 159
Warzenkakteen 112
Washingtonia 141
Wasser 169, 199
Wasserenthärtung 170
Wasserqualität 169
Wasserspiele 16
Weichhautmilben 195
Weihnachtskaktus 115, 115*
Weihnachtsstern 152, 152*
Weihrauchpflanze 106
Weiße Fliege 193, 193*
Welkeerscheinungen 187
Whitfieldia elongata 64, 64*
Wintergärten 22, 22*
Wollläuse 192, 193*
Wollmispel 159
Wuchsformen 11
Wuchshemmstoffe 8
Wunderstrauch 66, 66*
Würmer 195
Wurzel- und Knollenfäule 191
Wurzelälchen 195
Wurzelbildung 183
Wurzelhalsfäule 190
Wurzelläuse 194
Wüstenrose 28, 28*

Yucca 31, 176*, 178*
Yucca aloifolia 31
Y. elephantipes 31, 31*
Y. filamentosa 31
Y. gloriosa 31

Zantedeschia aethiopica 44, 44*
Z. elliottiana 44
Z. rehmannii 44
Zebra-Marante 95
Zebrabromelie 135, 135*
Zebrakraut 74, 74*
Zebrina pendula 74
Zierananas 134, 134*
Zierbanane 10
Zierpaprika 154, 154*
Zierspargel 78*
Zimmeraralie 104, 104*
Zimmerbambus 70, 70*
Zimmerbäume 10*, 138
Zimmerbrunnen 16
Zimmerefeu 105, 105*
Zimmeresche 81, 81*
Zimmerhafer 135, 135*
Zimmerhopfen 51, 51*
Zimmerkalla 44, 44*
Zimmerlinde 50, 50*
Zimmerpalmen 138
Zimmertanne 52, 52*
Zimmerzypresse 52, 52*
Zitrusbaum 16*
Zitrusgewächse 38, 38*
Zonalpelargonie 26
Zugluft 169
Zusatzbeleuchtung 20, 166
Zwerg-Bengalrose 155
Zwergbanane 63, 63*
Zwergorange 38, 38*
Zwergpalme 141
Zwergpfeffer 97
Zygocactus 115
Zypergras 76, 76*

Die Deutsche Bibliothek – CIP-Einheitsaufnahme

Ein Titeldatensatz für diese Publikation ist bei der Deutschen Bibliothek erhältlich.

Bildnachweis:

Apel: 159
Becherer: 31, 33liM (Einklinker), 40u, 48ore, 53u, 54li außen, 60u, 62uli, 74oli, 74u, 79re, 82u, 83o, 94uli, 114u, 115u, 124o, 125o, 129o, 132, 134re, 134li, 136o, 137oli, 137u, 140li, 141ore, 143u, 149, 175, 176, 180, 184, 186, 187, 190re, 192u, 193ore, 193uli, 197
Bušek: 19o, 30re, 127
Eisenbeiss: 26u, 27o, 28, 30li, 35, 37, 39o, 39u, 40li, 41, 42o, 43, 44o, 45o, 46li, 47o, 48oli, 48u, 50o, 51o, 51u, 52li, 55o, 55u, 57o, 57u, 58liM, 59li, 60o, 61o, 65u, 66o, 66u, 67u, 79li, 70re, 73uli, 73ure, 74reM, 75u, 77oli, 77ore, 77u, 80o, 80u, 81o, 81ure, 81uli, 84, 85o, 88u, 90o, 91o, 92li, 92re, 93o, 96li, 96re, 97o, 99o, 100li, 100re, 101o, 101u, 107o, 110, 111uli, 111ure, 112oli, 112ore, 112uli, 112ure, 113, 114u (Einklinker) 115o, 116o, 117oli, 117ore, 123oli, 123uli, 123ore, 123ure, 124u, 126, 130ore, 130uli, 131o, 133re, 135u, 139li, 141u, 142o, 142u, 144, 145o, 145u, 146li, 148u, 150o, 151u, 152o, 153o, 153M, 154o, 154M, 154u, 155o, 155M, 155u, 156u,157o,157M,157u, 158o, 158u, 158M, 193ure
Henseler: 188, 189o, 190li, 191, 195, 196
Jesse: 69li
Laux: 69reM, 76li
Morell: 32ore, 33ure, 49o, 94ore, 94ure, 107re außen, 150u
Redeleit: 10, 14, 15o, 18/19, 20ure 105li, 114o, 156o, 166o, 173, 182oli, 182ore
Sammer: 160o, 189u
Schmied: 192o, 194o, 194ure
Seibold: 29, 49u, 65o, 133li
Seidl: 8, 26o, 32li, 33ore, 36, 42re, 61u, 64li, 72u, 74ore, 86u, 87u, 98u, 104u, 107u, 119o, 119u, 120, 121u, 122reM, 122u, 125u, 129u,130oli, 131ure, 136M, 143o, 146re,148o, 151o, 152re, 193oli, 194uli
Strauß: 1, 2/3, 4/5, 7, 9, 11, 12o, 12u, 13o, 13u, 15u, 16o, 16u, 20o, 20uli, 21o, 22u, 24/25, 32/33, 34, 38, 38li, 40o, 42uli, 44u, 45u, 46re, 47u, 50li, 52re, 53o, 54o, 54u, 56, 58uli, 58re, 59re, 62o, 62ure, 63o, 63u, 64re, 67o, 68o, 68u, 69ure, 71, 72o, 73o, 75o, 76re, 78, 79li, 82o, 83u, 85u, 86o, 87o, 88o, 89, 90u, 91u, 93u, 94oli, 95ore, 95oli, 95u, 97u, 98o, 99u, 102o, 102u, 103li, 103re, 104o, 105re, 106o, 106u, 108/109, 111o, 116u, 117u, 118o, 118u, 121oli, 121ore, 122o, 128, 131uli, 135o, 136u, 137ore, 138, 139re, 140re,141oli, 147o,147u, 153u, 162/163, 160u, 164/165, 166u, 168, 169, 170, 171, 172, 177, 178u, 178o, 179, 181o, 181u, 183, 185
Welsch: 21u, 22o, 27u
Grafik S. 182: Marlene Gemke

Achte, durchgesehene Auflage

BLV Verlagsgesellschaft mbH
München Wien Zürich
80797 München

Umschlaggestaltung: Studio Schübel, München
Umschlagfotos:
Vorderseite: *Hibiscus rosa-sinensis* (Eisenbeiss)
Rückseite: *Passiflora caerulea* (Strauß)

Lektorat: Dr. Thomas Hagen
Herstellung: Hermann Maxant
Layout: Anton Walter, Gundelfingen
Satz: DTP-Design Walter, Gundelfingen
Druck und Bindung: Appl, Wemding

Gedruckt auf chlorfrei gebleichtem Papier

Printed in Germany ISBN 3-405-15483-9

Pflanzenpracht für Haus und Garten

Friedrich Strauß / Tanja Ratsch
Terrassen-Träume
Gestalten mit Kübelpflanzen
Schöner Wohnen im Freien: Terrassengestaltungen rund ums Jahr für verschiedene Stile und Themen; die besten Pflanzen für Topf und Kübel im Porträt; Pflanzen, Pflegen, Überwintern, Gefäße, Accessoires.

Elisabeth Manke
Das BLV Kakteen-Buch
380 Arten mit ihren Merkmalen (Herkunft, Wuchsform, Blütezeit usw.); zu jeder Art: Tipps zur speziellen Pflege und interessante Details; Botanik und Herkunft der Kakteen, Wuchsformen, Allgemeines zu Pflege, Überwinterung, Pflanzenschutz.

blv garten plus
Elisabeth Manke
Palmen und Zimmerbäume
Die schönsten Palmen und Zimmerbäume im Porträt, Gefäße, Substrate, Pflege, Umtopfen, Vermehren, Pflanzenschutz.

Wolfgang Rysy
Das BLV Orchideen-Buch
Die schönsten und wichtigsten Orchideen aus 60 Gattungen im Porträt mit Informationen zu Herkunft, allen wichtigen Merkmalen, Verbreitung und Lebensweise, Pflanzen- und Blütenaufbau, genauer Kulturanleitung.

Christoph Köchel / Lutz Köhler
Wintergarten
Wintergartentechnik von der Planung bis zur Bauausführung; Bepflanzungen für verschiedene Temperaturbereiche – jeweils mit Porträts typischer Pflanzen; Beispiele mit Pflanzplänen; Pflanz- und Pflegepraxis.

Margot Schubert
Wohnen mit Blumen
Das Standardwerk – komplett überarbeitet und mit erweitertem Artensortiment: über 500 Pflanzen mit 541 Farbfotos; alles Wissenswerte zu Herkunft, Aussehen und Pflege jeder Pflanze; die Gestaltung von Wohnung und Arbeitsplatz mit Zimmerpflanzen.

blv garten plus
Peter Lange
Kübelpflanzen
Urlaubsstimmung für zu Hause: die schönsten Arten und Sorten im Porträt, Standorte, Gefäße, Pflegen, Überwintern, Pflanzenschutz.

Im BLV Verlag finden Sie Bücher zu den Themen: Garten und Zimmerpflanzen • Natur • Heimtiere • Jagd und Angeln • Pferde und Reiten • Sport und Fitness • Wandern und Alpinismus • Essen und Trinken

blv

Ausführliche Informationen erhalten Sie bei:

BLV Verlagsgesellschaft mbH • Postfach 40 03 20 • 80703 München
Tel. 089 / 127 05-0 • Fax 089 / 127 05-543 • http://www.blv.de